KB069346

III
가야연구

가야와 주변, 그리고 바깥

한국고대사학회 엮음

주류성

차 례

책을 내면서 |

이 책은 2019년 10월 11일에 한국고대사학회가 (주)영원무역의 후원으로 창녕 성씨고가에서 개최한, '가야와 주변, 그리고 바깥'이라는 주제의 가야사 기획 학술회의의 성과와 몇 편의 관련 논문을 함께 묶은 것이다. 주지하다시 피 가야는 고구려·백제·신라처럼 단일한 정치체를 이루지 못하고 여러 나라 가 다양한 형태로 존재하였다.

그런 만큼 가야 지역 안에 존재한 여러 나라의 독자적인 성격을 파악하 고, 이 나라들 사이에 형성된 상호관계를 종합적으로 정리·검토하는 작업은, 가야사 연구에서 그 무엇보다도 중요한 일이다. 이와 같은 작업의 토대 위에 서 가야의 대외관계사를 아울러 살펴볼 때, 가야사의 실체를 제대로 파악할 수 있음은 물론이다. 이 책은 여기에 부응하여, 그동안 문헌과 고고 분야에서 온축된 관련 연구성과를 고스란히 담고 있다. 이런 깊이 있는 가야사의 연구 성과는 궁극적으로 한국고대사의 재구성에도 이바지하게 된다.

가야사는 아쉽게도 한국고대사에서 차지하는 비중이 그리 높은 편이 아 니다. 가장 큰 이유는 가야가 삼국처럼 통일된 왕국을 형성하지 못하였고, 그 성립부터 멸망에 이르는 과정을 보여주는 연대기적 자료 또한 남아 있지 않 기 때문이다. 더욱이 단편적으로 전하는 사료마저도 그 내용이 너무 설화적이거나 빈약하다는 점 역시 무시할 수가 없다. 그 결과 문헌사료를 통한 가야사 연구는 일정한 한계를 가질 수밖에 없는 상황이다.

이처럼 관련 문헌사료가 절대적으로 부족한 현실에서, 고고자료의 활용 없이는 제대로 된 가야사의 복원이 거의 불가능하다고 여겨진다. 그동안 문헌사료에 근거하여 정립된 가야사 인식이 새로운 고고자료의 출현으로 인해 바뀌는 경우도 더러 있었다. 그런 만큼 가야사 연구에서 문헌과 고고자료는, 양 날개가 서로 합쳐야 날 수 있는 比翼鳥에 비견될 수 있다. 다만 고고자료는 지역별·시기별로 여러 양상을 띠고 있어, 이를 유기적으로 엮어 해석하기가 쉽지 않다. 따라서 고고자료를 제대로 활용하기 위해서는 해당 자료를 전체적인 관점에서 바라볼 수 있는 안목이 필요하다. 또한 『일본서기』의 방대한 임나관계 사료도 문헌사료의 부족을 보충하는데 빼놓을 수 없는 부분이다. 『일본서기』의 임나관계 사료는 이미 많은 가야사 연구자들이 활용하고 있지만, 사료 자체가 가진 여러 문제를 어떻게 비판적으로 극복·활용하느냐 하는 점이 관건이다.

가야사 연구는 역사학과 고고학이 서로 성과를 공유하면서 진행하지 않으면 만족할 만한 수준에 이르기가 힘들다. 따라서 한국고대사학회에서는 그동안 두 학문 분야 간의 소통을 위해 역사학자와 고고학자를 아우르는 가야사 학술회의를 꾸준히 개최하였다. 그 결과 쟁점이 되는 문제에 일정한 공감대를 형성한 경우도 있었으나, 하나로 합치된 결론에 이르지 못하고 서로의 입장만 확인한 때도 있었다. 하지만 두 학문 분야의 연구자들이 지속적인 만남과 토론을 통해서 서로의 간극을 줄여나간다면, 언젠가는 충분히 수용할 수 있는 단계에 도달할 것이라 믿는다. 따라서 우리 학회에서는 앞으로도 문헌사료와 고고자료 양 측면을 함께 검토하면서 가야사의 실체에 접근하는 노력을 계속할 작정이다.

이러한 노력을 통해서 한국고대사학회는 미해결의 과제들을 하나하나씩 풀어갈 예정이다. 그 몇 가지의 과제들을 언급하면 다음과 같다. 먼저 가야사의 시기구분과 관련된 문제이다. 곧 변한사를 가야사에 포함시킬 것인가, 아니면 삼한사의 한 부분으로 이해할 것인가 하는 점이다. 이는 가야와 변한의 관계를 어떻게 인식하느냐에 따른 차이로서, 합일점을 찾기가 매우 어렵다. 다음으로 가야사회의 정치적 성격과 관련된 문제인데, 다름 아니라 개별국가설과 연맹체설(단일연맹체설·지역연맹체설)이 그것이다. 가야 각국의 정치적 발전수준과 관할 영역이 동일하지 않은 만큼, 정치적 성격을 하나의 기준으로 설명하기가 쉽지 않다. 마지막으로 가야의 영역과 관련된 문제인데, 대부분 가야와 신라의 경계를 어디에 설정할 것인가에 집중되고 있다. 특정한 지역에 대해 이를 가야사에 넣을 것이냐, 아니면 신라사에 편입시킬 것이냐를 두고 극명한 의견 차이를 보인다. 고대사회에 있어서 국가 간의 경계는 오늘날 국경의 기준으로 판단할 수 없으므로, 신중하게 접근해야 할 대목이다. 이처럼 가야사에서 쟁점이 많다는 사실은, 우리 학회가 가야사를 제대로 자리매김하는 일을 결코 소홀히 할 수 없는 이유이기도 하다.

끝으로 한국고대사학회가 이와 같이 가야사 연구에 지속적으로 관심을 갖고 매진할 수 있는 배경에는, 이를 적극적으로 도와주는 분이 계신다는 점을 여기서 밝혀두고자 한다. 실제 가야사 연구라는 순수 학술활동을 어떠한 대가도 바라지 않고 후원하기는 결코 쉬운 일이 아니다. 더욱이 학술회의의 형식과 내용 등에 어떠한 조건이나 한계를 설정하지도 않는다. 그러면서도 묵묵히 한국고대사학회를 후원하시는 (주)영원무역의 성기학 회장님께 깊이 감사드린다. 이처럼 가야사 연구를 순수한 열정으로 후원하는 분이 있기에, 앞으로도 우리 학회의 가야사 연구와 단행본 출간은 계속 이루어질 전망이다.

아무런 상업성이 없는 학술서를 기꺼이 맡아주신 도서출판 주류성의 최병식 사장님과 이준 이사님을 비롯한 편집자들께도 고마운 마음을 전한다.

2020년 9월
한국고대사학회 회장 이수훈

제1부
가야와 그 주변

중국사서로 본 변진弁辰과 모한慕韓

- 전존문헌傳存文獻의 시대적 변용을 중심으로 -

· 윤용구 ·

1. 머리말

弁辰을 기반으로 성립한 加耶諸國은 스스로의 문자 기록을 남기지 못하여 『일본서기』등 주변세력의 교섭 기사 속에서만 그 片鱗을 볼 수 있다. 그나마 기록도 남긴 주체의 입장에서 재해석된 것이었다. 이 때문에 가야사 이해에 적지 않은 지장을 초래해 온 것은 잘 알려진 사실이다.[1]

변진과 가야의 대중교섭은 더욱 이해의 어려움이 있다. 3세기 이전은 『삼국지』한전에 다소 기록이 남아 있으나, 3세기 후반 마한과 辰韓諸國이 맹렬하게 전개된 西晉과의 교섭에 변진만이 빠져있는 것은 물론 『진서』진한전에 附記되어 명맥만을 볼 다름이다. 4세기 이후 가야의 대외관계는 중국보다는 주변 백제·신라·고구려, 그리고 바다 건너 倭와의 교섭을 중심으로 이해되어 왔다.[2] 중국과의 교섭은 479년 加羅國王 荷知의 南齊로의 遣使와 封爵이 한

---

1) 이영식, 2006 「가야사연구의 성과와 전망」 『한국고대사입문』 2, 신서원.
   이영식, 2007 「《일본서기》 활용의 성과와 문제점」 『한국고대사의 새 동향』, 서경문화사.
2) 최근 발표된 논고만을 정리하면 다음과 같다.
   선석렬, 2018 「가야와 주변국」 『가야사총론』(가야고분군 연구총서1).

차례 찾아질 뿐이다.

백제·신라·고구려·왜국이 '朝貢冊封體制'에 의하여 중국 여러 왕조와 빈번하게 교섭하던 이른바 '동아시아 세계' 속에 弁辰과 加耶는 능동적으로 합류하지 못한 것이다. 하지만 '동아시아 세계론'은 중국 주변국이 가지는 독자적인 국제질서(小中華 혹은 '天下觀')를 보다 중시하는 것이 최근의 경향이다.[3] 요컨대 고대 동아시아 국제질서는 중국과의 외교관계만으로 결정되는 것이 아니라는 생각이다.[4]

이러한 추세는 가야사에서도 두드러진다. 특히 급증하는 고고자료를 통하여 삼국·왜는 물론 중국과의 교섭과 유통 네트워크 연구가 활발하다.[5] 이와 달리 문헌사는 기초적 검토를 통해 해석의 다양성을 제공하지 못하고 있다는 지적이다.[6] 곧 사료 자체가 영성할수록 그 내부의 논리를 정밀하게 추구해야 한다는 점은 강조하여도 지나침이 없을 것이다. 본고에서 변진과 가야의 대중교섭을 되풀이하여 개관하기보다 사료이해와 해석을 달리해 볼 몇 가지 논점에 대해서만 살펴보려는 이유도 그러하다.

II장에서는 『삼국지』한전의 「國出鐵」의 주체와 관련하여 『魏略』에 기재된 변진의 '철' 기사가 보이지 않는 것은 陳壽에 의해 진한과 중복된 기사를 삭제한 데 따른 것이며, 이를 통해 변진전이 어떤 과정을 거쳐 현재 모습이 되

백승옥, 2018 「가야와 중국·왜」 『가야사총론』(가야고분군 연구총서1).
김태식, 2018 「문헌으로 본 가야의 대외 교류」 『가야고분군II』(가야고분군 연구총서3).
백승옥, 2018 「가야와 중국의 교류사」 부산대학교 한국전통복식연구소 학술심포지움자료집.
3) 李成市, 2008 「東アジア世界論の再考-地域文化圏の形成中心に」 『歴史評論』 697.
4) 赤羽奈津子, 2014 「加耶諸国の對外關係」 『朝鮮三国時代における対外関係史研究』, 龍谷大学博士論文.
5) 홍보식, 2019 「가야와 삼국의 유통 네트워크」 『한국상고사학보』 106.
6) 주보돈, 2018 『가야사 이해의 기초』, 주류성, pp.53~54.

었는지 추정하였다.

Ⅲ장에서는 『진서』에 변진이 따로 입전되지 않고, 진한전에 附記된 이유를 3세기대 변진사회의 급격한 쇠퇴로 보는 견해와 달리 『진서』를 重撰하던 唐太宗代 辰韓에 기반한 신라가 옛 변진 지역의 加耶諸國을 통합한 현실인식과 관련지어 보았다.

Ⅳ장에서는 『송서』 왜국전의 '慕韓'을 馬韓의 이칭 곧 영산강유역으로 보는 통설에 대하여 倭五王 책봉기사의 서술 구조로 통해 변진의 다른 표현이거나, 임나·가라와 공간을 달리하는 존재로 이해하였다.

2. 「國出鐵」의 주체 : 『삼국지』 변진전의 구성

'弁辰韓'의 형성과 성장은 「魏略」에 전하는 廉斯鑡의 낙랑군과의 통교기사, 그리고 뒤에 보는 대로 『삼국지』 한전에 「國出鐵」로 시작하는 '철'의 생산과 유통기록을 중심으로 설명해 왔다.[7] 염사치가 辰韓右渠帥로 나오고, 「國出鐵」 이하 기록이 『삼국지』 변진전에 들어 있음에도 진한과 변진의 공통기사처럼 여겨져 온 것이다.[8]

두 기록 모두 변진을 주체로 이해한 경우도 있다. 곧 염사치의 경우 대규모 인원을 대동하고 수로교통을 이용한 것으로 나타나 낙동강 하구의 김해지역이 중심역할을 하였음을 강조한 것이다.[9] 이는 물질자료를 염두에 둔 해

---

[7] 李賢惠, 1984 「三韓 小國의 成長」 『三韓社會形成過程硏究』, 일조각, pp.142~145.
　백승충, 1989 「1~3세기 가야세력의 성격과 추이」 『釜大史學』 13, pp.17~27.

[8] 國史編纂委員會, 1987 『中國正史 朝鮮傳 譯註』(一), p.288.
　東北亞歷史財團, 2020 『譯註 中國正史 東夷傳1-史記·漢書·後漢書·三國志』, 동북아역사재단, p.187. 주)261.

[9] 백승충, 1989 앞의 논문, p.23 ; 金泰植, 1993 『加耶聯盟史』, 일조각, p.64.

석으로 고고학적 양상만으로 문헌자료를 재단하기는 어려운 부분이다. 실제 기원 2~3세기 변진한 지역에서 철기 출토 양상이 광범위한 까닭에 '철' 기사의 주체에 대해서는 논란의 여지가 있다.

이런 측면에서 「國出鐵」 기사(이하 '철' 기사로 약함)의 주체는 진한이며, 이것이 변진으로 이해된 것은 1933년 조선사편수회에서 『삼국지』 한전의 단락에 따라 分傳하고, 「弁辰傳」이라는 標題를 붙인 것이[10] 오해를 일으켰다는 견해도[11] 나왔다.

아래 그림에서 보는 대로 동이전의 표제는 이미 南宋代 『삼국지』 판본에서도 확인된다. 하지만 표제에 따라 '철' 기사를 弁辰의 사적으로 보게 된 원인이 됐다는 지적은 타당하다고 하겠다. 확인 가능한 『삼국지』 판본으로 볼 때, 동이전에 단락을 짓고 표제를 붙인 시기는 남송대로 생각된다.

〔그림〕 1과 2는 현존하는 남송대 판각된 3종의 『삼국지』 한전의 단락과 표제를 보여준다.[12] 남송초기 판각으로 보이는 蜀刻小字本과 紹興本은 段落만 지어져 있고, 紹熙本은 단락을 기준으로 分傳하고 標題까지 붙어 있다. 촉각소자본에는 「辰韓在馬韓之東」으로 시작하는 부분이 단락 없이 馬韓條에 붙어 있다. 단락이 보편화 되지 않았던 시기의 모습으로 생각된다.[13] 하지만 소

---

10) 朝鮮史編修會, 1933 『朝鮮史』 第1編第3卷(支那史料), 朝鮮總督府, 別錄 p.40. 「三國志」 弁辰傳.

11) 李道學, 2018 「弁韓 '國出鐵' 論의 檢證과 意味」 『단군학연구』 39.

12) '宋刻本'으로 분류된 3종의 『삼국지』는 모두 北京 中國國家圖書館에 소장되어 있다. 곧, 촉각소자본·소흥본·소희본 3종은 모두 한국학계에 처음 소개하는 것이다. 다만 일본 궁내청 서릉부에 소희본의 同版이 남아 전한다. 이른바 '百衲本'으로 불리는 송본 『삼국지』는 궁내청 서릉부 소장본을 底本으로 한 것이다. 하지만 백납본은 武英殿本 등 諸本과 대교하여 상당 수 字句를 校刻한 것으로 순수한 송본이 아니었다(윤용구, 2010 「《삼국지》 판본과 〈동이전〉 교감」 『한국고대사연구』 60. 〈표 1〉 현존 『삼국지』 송본 일람 참조). '宋刻本' 3종의 동이전은 金慶浩(성균관대)·戴衛紅(경북대) 선생님으로부터 제공받았다. 이 자리를 통해 감사의 말씀을 드린다.

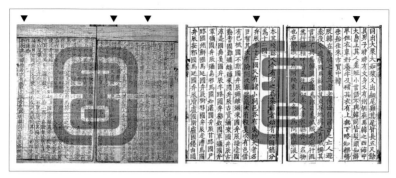

〔그림 1〕 남송 蜀刻小字本(좌) · 紹興本(우)의 단락(북경, 중국국가도서관 소장)

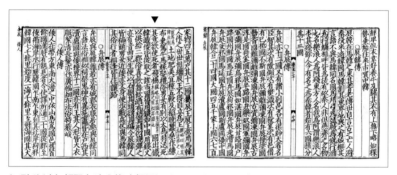

〔그림 2〕 남송 紹熙本의 分傳과 標題(북경, 중국국가도서관 소장)

흥본은 표제가 없을 뿐 단락은 소희본으로 이어지고 현재까지도 동일하다.

이처럼 한전의 단락은 紹興本, 표제는 紹熙本에서 정리되었다고 하겠다. 단락은 필사본 시기에도 가능하겠지만, 蜀刻小字本에 단락 구분이 불완전한 것으로 미루어 본다면 『삼국지』가 판각되면서 본격화 되었다고 볼 수 있다.

그런데 「변진전」의 단락과 표제가 두 차례 나오는 이유는 설명이 필요하다.[14) 현재는 진한전과 두 번째 변진전은 각각의 고유 기사이고, 첫 번째 변진

---

13) 이밖에 촉각소자본에는 오환·선비전 부분은 아예 단락이 없으며, 부여와 고구려전 사이도 단락 없이 이어져 있다.

중국사서로 본 변진弁辰과 모한慕韓 17

전은 표제와 달리 '변진한' 공통의 기사로 여겨지고 있다. 문제의 '철' 기사는 첫 번째 변진전에 들어 있다. 진한과 변한 모두 해당되는 기록으로 보는 이유라 하겠다.

하지만 唐代 이전 기록에서 '철' 기사는 모두 辰韓의 일로 서술되고 있다. 『通典』(185, 동이전 진한)이 대표적이다. 또한 '철' 기사 앞뒤의 기록들이 당태종 연간에 나온 『진서』 진한전, 『梁書』와 『남사』 신라전에서 散見된다. 특히 『삼국지』를 대본으로 작성된 范曄의 『후한서』 한전에도 '철' 기사는 辰韓의 일로 서술하고 있는데, 이를 『太平御覽』에서 辰韓傳에 인용하고(사료 〔B-2〕) 있는 것도 같은 맥락이다.

> A-1. 「國出鐵, 韓濊倭皆從取之, 諸市買皆用鐵, 如中國用錢. 又以
>   供給二郡」(『삼국지』 30, 한전)
> -2. 「(辰韓)...國出鐵, 濊倭馬韓並從市之, 凡諸貨易, 皆以鐵為
>   貨」(『후한서』 85, 한전)

위의 사료 〔A-1〕은 『삼국지』 한전, 〔A-2〕는 『후한서』 한전 진한조에 '철' 기사가 배치되어 있다. 적어도 8세기 말까지 〔A-1〕의 기록은 辰韓의 사정을 전하는 것으로 이해하였다고 보겠다. 이를 변진 혹은 '변진한' 공통의 기록으로 보게 된 것은 앞서 본대로 『삼국지』 한전의 단락과 분전, 그리고 표제를 붙이면서 생긴 것이다.

이처럼 사료 〔A-1〕의 '철' 기사를 辰韓의 기록으로 본다고 하더라도 해결

---

14) 표제까지 붙인 것은 2개의 변진이 있다는 뜻이다. 마치 고구려전 말미에 「句驪」를 단락 지은 것과 같은 모양이다. 이를 제1, 제2 변진전으로 보기도 하고, 남송대 『통지』(194, 동이전)와 같이 앞의 변진은 弁韓이고, 뒤는 변진인데 변한의 別種으로 보았다.

되지 않는 부분이 있다. 다음의 기록 때문이다.

> B-1. 「魏略曰, 弁辰, 國出鐵, 韓穢皆從市之, 諸市買皆用鐵, 而中
>   國用錢也」(송본 『태평어람』 813, 珍實部 鐵)
> −2. 「(辰韓) 後漢書曰...國出鐵, 濊倭馬韓並從市之, 凡諸貨易, 皆
>   以鐵為貨」(송본 『태평어람』 780, 四夷部 辰韓)

위의 사료〔B-1〕는 북송대 간행(977~983)된 類書 『太平御覽』에 인용된 「魏略」의 기록이다. 변진에서 철이 생산되고 유통되고 있다는[15] 것을 보여준다. 앞의 사료〔A-1〕에 보이는 진한의 '철' 기사와 약간의 字句異同이 있을 뿐이다. 그런데 類書의 편찬에서는 일일이 원문을 확인하지 않고, 기존 類書의 기사를 재수록 하는 경우도 많아 유의할 필요가 있다. 하지만 사료〔B-2〕에서 보는 대로 『太平御覽』의 찬자가 진한의 '철' 기사를 인지하고 있다는 점에서 弁辰의 '철' 기사를 부정하기는 쉽지 않다.

이와 같이 보아올 때, 『삼국지』에 진한의 '철' 기사는 있으나, 변진의 '철' 기사는 보이지 않는 것이 문제가 된다. 그렇다고 「위략」 弁辰의 '철' 기사를 『삼국지』에서 진한의 '철' 기사로 변경했다고 보기는 어렵다. 오히려 「위략」에는 진한과 변진 모두에 同字同文의 '철' 기사가 중복된 것을 『삼국지』에서 변진의 기사는 삭제한 결과로 생각된다. 그런데 이는 「위략」에 진한의 '철' 기사를 확인해야 가능한 논리라 하겠다.

아래의〔표 1〕은 『한원』에 인용된 「위략」의 진한 기록과 『삼국지』의 진한 기록을 비교한 것이다. 이를 보면 '철' 기사는 없지만, 그 앞뒤의 기록은 대부

---

15) 이를 통해 사료 A-1의 '철' 기사를 변진의 철생산을 나타낸 것으로 본 견해가 있다 (박대재, 2006 「弁韓의 王과 浦上八國 전쟁」 『고대한국 초기국가의 왕과 전쟁』, 경인 문화사, p.232, 注94).

분 「위략」에서 확인된다는 것을 볼 수 있다. 『한원』에 인용된 「위략」 기사는 진한의 葬俗과 編頭 습속을 설명하면서 그 전거자료로 인용된 것이다. '철' 기사가 인용될 이유는 없는 부분이다. 하지만 [표 1]은 『삼국지』에 보이는 진한의 생활·습속 기록이 대부분 「위략」에 의거한 것을 확인할 수 있다. '철' 기사의 존재만 부정할 필요는 없을 것이다.

표 1. 「위략」과 『삼국지』 진한 기사 비교

『翰苑』 번이부, 三韓傳 所引 「魏略」	『삼국지』 30, 한전
「鳥羽攸設, 方盡送往之儀」 魏略曰 : 辰韓人常用馬韓人作主, 代代相承, 其地宜五穀, 若作縑布. 服牛乘馬, 其俗嫁娶, 男女有別. 以大鳥羽送死, 其意欲使死者飛颺.	辰王常用馬韓人作之 世世相繼 辰王不得自立為王. 土地肥美, 宜種五穀及稻. 曉蠶桑, 作縑布. 乘駕牛馬. 嫁娶禮俗, 男女有別. 以大鳥羽送死, 其意欲使死者飛揚.
「矜容表也麗, 扁首之俗仍存」 魏略曰 : 辰韓俗喜歌舞彈瑟, 瑟形似筑. 兒生, 欲其頭扁, 便以石押其頭. 今辰韓人皆扁頭. 亦文身.	國出鐵, 韓濊倭皆從取之, 諸市買皆用鐵, 如中國用錢. 又以供給二郡. 俗喜歌舞飲酒, 有瑟, 其形似筑,, 弹之亦有音曲. 兒生便以石壓其頭, 欲其褊, 今辰韓人皆褊頭. 男女近倭, 亦文身. 便步戰, 兵仗與馬韓同. 其俗行者相逢, 皆住讓路.

다 아는 바와 같이 『삼국지』는 「魏略」을 대본으로 동이전을 작성하면서 그대로 전재한 것이 아니라, 대대적으로 재편집하였다. 특히 後漢末 이전의 기록과 민족지적 서술을 중심으로 삭제와 변개를 하였다. 삭제된 기사는 대부분 東夷諸族의 기원과 생활상을 알려주는 구체적이고 생생한 民族誌였다.[16]

---

16) 윤용구, 1998 「3세기 이전 中國史書에 나타난 韓國古代史像」 『한국고대사연구』 14, p.139.

C-1. 「魏略曰, 高驪俗, 好歌舞...以十月會, 祭天, 名曰東盟. 有軍
事, 亦有祭天, 煞牛觀蹄, 以占吉凶.」(『翰苑』蕃夷部, 高驪)

-2. 魏略曰, 鮮之俗常用十月飲食歌舞, 名之舞天. 有軍事, 祭天,
煞一牛觀蹄, 以占吉凶. 牛蹄解者爲凶, 合者爲吉」(『菀園策
府』권1, 征東夷)

-3. 「魏略曰, 夫餘俗, 有軍事, 煞牛祭天, 以牛蹄占, (解者)凶, 合
者吉.」(『翰苑』蕃夷部, 夫餘)

-4. 「夫餘...以殷正月祭天, 國中大會, 連日飲食歌舞, 名曰迎
鼓...有軍事, 亦祭天, 殺牛觀蹄, 以占吉凶. 蹄解者爲凶, 合者
爲吉.」(『三國志』30, 東夷傳 夫餘)

사료 [C-1~3]은 전쟁과 같은 유사시(有軍事)에 고구려, 예, 부여에서 하
늘에 제사하고, 소를 죽여 그 발굽(牛蹄)의 형상으로 吉凶을 점쳤다는 『위략』
의 기록이다.[17] 『삼국지』는 부여전에만 기록하였다. 고구려와 예의 관련 기사
는 보이지 않는다. 그런데 「위략」의 관련기사가 거의 同字同文이라는 점이 주
목된다. 「魏略」의 重出記事가 『삼국지』 동이전에서 어떻게 편재되었는지 보
여주는 대목이라 하겠다.[18]

陳壽는 동이전을 작성함에 있어서 夫餘와 韓 그리고 倭를 지역 단위의 기
준으로 삼아 그와 同類同屬의 동이사회를 비교 서술하였다. 그 결과 軍事時

---

17) 고구려와 부여의 우제점은 張楚金(?~689)이 편찬한 『한원』에 인용되어 있고, 濊의
우제점 기사는 杜嗣先(634~712)이 지은 『菀園策府』에 인용된 것이다. 『菀園策府』는
杜嗣先에 의해 660년대 초 成書된 것이다(尹龍九, 2018 「杜嗣先墓誌와《菀園策府·征
東夷》」 『隋唐洛陽と東アジア』, 明治大學東アジア石刻文物研究所).

18) 일찍부터 고구려 우제점 기사를 들어 陳壽가 중출기사를 縮約 혹은 省略하였다는 지
적이 있었다(全海宗, 1980 앞의 책, pp.53~55). 하지만 東夷傳 전편에 걸친 중출기사
편재에는 미치지 못하였다.

祭天과 우제점 같은 同一한 祭儀만이 아니라, 有似한 것으로 간주한 동옥저의 嫁娶之法에 대한 장문의 기록을 삭제하였다. 요컨대 민족지적 기록에 대해 동일하거나 유사하다고 판단되면, 多與~同, 혹은 大抵與~同, 有似~ 등으로 묘사하고 삭제한 것이다.[19] 이는 韓傳도 마찬가지였다.

> D. (진한은)...그 말은 마한과 같지 않으며...兵仗器는 마한과 같다...변진은 진한과 함께 섞여 사는데, (진한과) 마찬가지로 성곽이 있으며, 의복·거처는 진한과 동일하며, 언어와 法俗은 서로 비슷하고, 귀신에게 제사하는 것은 달라서 門의 서쪽에 모두들 竈(神)을 둔다.[20]

『삼국지』진·변한전을 보면 진한은 마한과 언어는 같지 않으나 兵仗器는 동일하다고 하였고, 변진은 성곽·의복·居處·언어·법속은 진한과 같거나 비슷하고, 귀신을 제사 지내는 부분만 다르다고 하면서 그 실례로 竈神의 사례만을 기술하였다.

이 때문에 실제 한전의 생활·풍속 기사를 보면 馬韓 349字(州胡 제외), 辰韓 148字, 弁辰 73자로 나타난다. 진한은 마한의 절반이 되지 않으며, 변진은 진한의 절반에도 미치지 못한다. 이러한 불균등한 서술 분량은 대본이 된 『위략』한전의 본 모습이라 보기 어렵다. 마한·진한과 동일하거나 유사한 변진의 민족지적 서술을 모두 삭제되었을 것으로 보이기 때문이다.

이런 점에서 「위략」의 韓傳에는 진한과 변진 모두에 同字同文의 '철' 생산

---

19) 윤용구, 2019 「《삼국지》와 《후한서》 한전의 '辰王' 이해」『역사와 담론』 92, pp.86~94.

20) 「其言語不與馬韓同...兵仗與馬韓同....弁辰與辰韓雜居, 亦有城郭. 衣服居處與辰韓同, 言語法俗相似, 祠祭鬼神有異. 施竈皆在戶西.」(『삼국지』 30 동이전 변진전)

과 유통 기사가 있었던 것을 陳壽가 『삼국지』 동이전을 작성함에 있어서 진한의 '철' 기사와 중복되는 변진의 해당 기록은 삭제한 결과로 보고자 한다. 『삼국지』 변진전의 빈약한 모습은 이러한 과정의 산물이었다.

3. 「진한전」의 변진부기弁辰附記 : 『진서』 찬자의 현실인식

현존 『진서』는 서술 대상 시기보다 4세기 가까이 지난 後代의 편찬이기도 하지만, 그 동이전의 내용 또한 『삼국지』와 다른 새로운 내용이 없다고 보아 사료적 가치를 낮게 보아 왔다. 때문에 史書에 대한 관심도 적게 마련이어서, 정작 이를 자료로 이용하고자 할 때는 이해의 한계에 이르곤 하였다.

> E. 「辰韓在馬韓之東, 自言秦之亡人避役入韓, 韓割東界以居之.
> 立城柵, 言語有類秦人, 由是或謂之爲秦韓. 初有六國, 後稍分
> 爲十二. ㉠又有弁辰, 亦十二國, 合四五萬戶. 各有渠帥, 皆屬於
> 辰韓. 辰韓常用馬韓人作主, 雖世世相承, 而不得自立, 明其流
> 移之人, 故爲馬韓所制也. 地宜五穀, 俗饒蠶桑, 善作縑布, 服牛
> 乘馬. 其風俗有類馬韓, 兵器亦與之同. 初生子, 便以石押其頭
> 使扁. 喜舞, 善彈瑟. 瑟形似筑. 武帝太康元年, 其王遣使獻方
> 物, 二年復來朝貢, 七年又來. (『진서』 97, 辰韓傳)

사료 〔E〕는 『진서』 진한전의 내용이다. 변진은 여기에 내용이 전하는데, 3가지 문제를 제기할 수 있다. 먼저 변진은 마한과 진한과 달리 별도로 立傳하지 않고, 辰韓傳에 그 존재만이 附記되어 있다. 둘째, 마한과 진한의 빈번한 서진 통교와 달리 변진의 교섭기사는 전무하다. 셋째, 진한, 변진 각 12개국이 모두 辰韓에 속해 있다는 점이다.

『진서』의 서술 대상은 3세기 후반부터 4세기로 서진의 쇠퇴와 더불어 중국 주변 이민족이 성장하던 격동기였다. 마한과 진한에서는 백제와 신라가 고대국가로 성장하고 있었고, 변진사회도 가야로 변환되는 시기였으나 『진서』 동이전에서는 그 존재를 거의 찾을 수 없는 것이다.

이와 같은 『진서』의 부실한 기록으로 인해 3세기 변진 특히 狗邪國의 세력 약화와 같은 논의가 시종 이어졌다.[21] 김해를 중심으로 한 지배층의 집단 이주(혹은 渡倭), 신라의 압박과 대외교섭권의 상실 등이 제기되었다. 중국과의 통교에 대하여 진한의 통교 기사에 포함되었다거나,[22] 아예 서진과 통교하지 않았다는 설명도[23] 있었다. 현재로선 다른 사료가 출현하지 않는 한 새로운 이해를 제시하기 어려운 실정이다. 다만 『진서』에 변진이 입전되지 않은 부분, 서진과의 교섭기사가 전무한 점 그리고 변진한 24개국이 모두 진한에 속해 있다는 내용이 모두 맞물려 있다는 생각이다. 필자는 『진서』에 고구려와 예맥이 입전되지 않은 이유에 대하여 논의한 바 있는데,[24] 이로부터 논의를 진행하고자 한다.

『진서』 동이전에는 夫餘國, 馬韓, 辰韓, 肅愼氏, 倭人, 裨離等10國이 입전되어 있다. 입전된 경우로 보면 서진대 동이제족을 나타낸 것이다. 당연히 있어야 할 고구려, 예맥 등이 빠져 있음을 본다. 서진이 주변민족과 교섭의 결과 남겨진 인장 가운데 「晉高句驪率善邑長」, 「晉率善貊佰長」[25], 「晉率善穢佰長」

21) 千寬宇, 1991 「복원 가야사」 『加耶史研究』, 일조각, pp.18~19 ; 백승충, 1990 「3~4세기 한반도 남부지방의 제세력 동향」 『釜山史學』 15 ; 박대재, 2019 「변진사회의 분화와 구야국의 성장」 『한국고대사연구』 94, pp.107~122.

22) 宣石悅, 1996 「3세기 후반 弁·辰韓 勢力圈의 변화」 『加羅文化』 13, p.87.

23) 백승옥, 2018 앞의 논문, p.133.

24) 尹龍九, 1998 앞의 논문, pp.151~156.

25) "眞直, 「漢晉少數民族所用印文通考」(中國秦漢史研究會編, 1981 『秦漢史論叢』 1, pp.354~355)
이승호, 2012 「3세기 후반 '晉高句麗率善'印과 高句麗의 對西晉 관계」 『한국고대사연이 전존되고 있음을 보더라도 『진서』에 이들의 열전이 누락된 것은 의문이다. 그런데 『진서』 사이전 序에는,

> F. 武帝受終衰魏, 廓境全吳, 威略其申, 招攜斯廣, 迷亂華之議, 矜
> 來遠之名, 撫舊懷新, 歲時無怠, 凡四夷入貢者, 有二十三國. 旣
> 以惠皇失德, 中宗播遷, 凶徒分據, 天邑傾淪, 朝化所覃, 江外而
> 已, 賝貢之禮, 於玆殆絶, 殊風異俗, 所未能詳. 故採其可知者,
> 爲之傳云. 北狄竊號中壤, 備於載記 ; 在其諸部種類, 今略書
> 之.

라 하여 서진 武帝代 23국이 입공한 외에는 자세한 상황을 알지 못해 "略書"하였다고 말하고 있다. 서문의 내용대로라면 동이전의 구성은 武帝代 입공한 23국이 주대상이였을 것이다. 일찍이 『晉書斠注』에서 무제본기에 東夷馬韓등 수십 국이 조공한 사실을 지적하며[26] 서문의 入貢國數의 모순을 지적하기도 하였다. 고구려와 예맥, 변진의 조공은 武帝本紀에도 보이지 않는다.

이로 본다면 『진서』 동이전에 있어야 할 고구려와 예맥, 그리고 변진이 누락된 이유는 우선 『진서』 찬자가 入貢하지 않았다고 여긴 때문이었다. 그런데 무제대 마한, 진한의 조공 기사를 특기하고, 고구려와 예맥, 변진 등이 누락된 것은 당태종대 『진서』의 重撰배경 및 시대상황과 관련이 있는 듯하다.[27]

『진서』는 646년 당태종의 칙명으로 시작하여 648년에 완성하였다. 당 이전에 이미 22종에 달하던 諸家의 晋史는 이로써 대부분 散逸되었다. 당태종이 지은 『진서』의 서문에서 당시까지 가장 방대했던 臧榮緖(415~448)의 『진서』

구』 67, p.304. 〈표 1〉魏晉 시대 한·중 교섭 관련 官印 일람.
26) 吳仕鑑·劉承幹同注, 新文豊出版公司 影印本, p.1628.
27) 윤용구, 1998 앞의 논문, pp.152~155.

를 "번잡하고 핵심이 적다(繁而寡要)"는 결점을 지적하였으나, 실제 『진서』의 重撰이유는 다른데 있었다.

곧 당태종에 의한 정변과 찬탈로 불안정한 정국의 안정을 역시 쿠데타로 정권을 잡은 司馬懿의 서진 건국의 사례를 자신의 거울로 삼고자 하였으나, 기왕의 晉史는 司馬懿의 집권을 찬탈에 의한 부도덕한 행위로 묘사한 것이 발단이 된 것이다. 특히 서진 무제대의 입공을 높이고, 무제에 대한 論贊에서 '歷世未附者'의 조공을 찬양한 것도, 唐初의 四夷 항복과 서진 무제대의 조공을 견주려는 것이었다.

『진서』에 고구려가 누락되고 本紀에도 조공 기사가 없는 것은 『진서』 중찬을 전후한 시기(646~648)은 裴矩(?~627)의 고압적 대외관에 경도되어 고구려와 전쟁 중이었다. 요컨대 『진서』의 찬자를 포함한 수당대 君臣은 고구려를 '失地'로 이해하였다. 곧 서진대까지 직접 통치하던 곳이라 조공의 대상으로 보지도 않았다는 점이다. 예맥이 입전되지 않은 사정은 고구려의 영역에 포함된 지 오래되어 동일체로 인식한 때문일 것이다.[28]

그러면 『진서』는 진한의 附記로 존재만을 남긴 '弁辰'을 어떠한 존재로 이해했을까. 언급한대로 서진에 조공하지 않았다고 여겼을 것이다. 하지만 3세기 후반부터 김해 대성동 29호분을 비롯한 금관가야의 분묘에서 나타나는 북방계 문물을 존재는 활발한 대외 교섭의 증거를 보여주고 있다.[29]

변진이 서진과 대외 교섭을 하지 않았다는 것은 의문이 아닐 수 없다. 언급한대로 진한에 관련 기록이 포함되었다거나, 아예 통교하지 않았다는 설명으로는 이해의 한계가 있는 것이다. 이 점에서 진한에 기반한 신라가 6세기 중엽 변진의 고지에 세워진 가야의 정치체를 대부분 정복한 사실과 관련이

---

28) 윤용구, 2008 「고구려와 요동·현도군 : 수당군신의 '군현회복론' 검토」 『초기 고구려 역사 연구』, 동북아역사재단·중국사회과학원, pp.150~158.

29) 심재용, 2016 「金官加耶의 外來系 威勢品 受用과 意味」 『영남고고학』 74.

있는 듯하다. 곧 고구려에 포함된 예맥이 『진서』에 조공 기사는 물론 열전에 들어가지 않은 사례와 비슷하다는 생각이다.

> G-1.「新羅國, 在高麗東南, 居漢時樂浪之地......兼有沃沮不耐韓濊
>   之地......高祖拜眞平爲上開府樂浪郡公新羅王. 其先附庸於百
>   濟, 後因百濟征高麗, 高麗人不堪戎役, 相率歸之, 遂致强盛,
>   因襲百濟附庸於迦羅國.」(『수서』81, 신라전)
> -2.「新羅國, 本弁韓之苗裔也. 其國在漢時樂浪之地....貞觀五年,
>   遣使獻女樂二人, 皆鬐髮美色...自是新羅漸有高麗百濟之地,
>   其界益大, 西至于海」(『구당서』199上, 신라전)

사료 [G]에서 보는 대로 신라는 6세기 말 진평왕 이후 지속적으로 隋와 唐에 사신을 보내 백제와 고구려의 압박으로부터 벗어나고자 하였다. 이미 6세기 들어 가야의 여러 지역과 한강 유역 등 고구려 동·남부 지역으로 영역을 넓혀 나갔다. 이를 바탕으로 신라의 땅을 '漢時樂浪之地'라 하거나 '本弁韓之苗裔'로 자처하였다.

강원도와 함경도의 옛 군현지역인 옥저·불내지역 및 한강유역을 차지한 것을 빌미삼아 신라를 한대 낙랑군의 고지로 과장 광고를 하였으며, 백제 지배하의 가야지역에 대한 정복을 통해 변진의 후예를 표방한 것이다. 『수서』와 『구당서』 신라전은 신라의 일방적인 정보 제공을 그대로 수용하고 있음을 보여준다. 이는 백제와 고구려가 수당과 적대적이고 전쟁을 하던 틈바구니에서 신라의 외교력이 발휘된 결과일 것이다.

백제와 고구려에 대한 대대적인 전쟁을 준비하던 당태종 대 『진서』 찬자에게 있어서 '변진'은 신라 그 자체로 여겼다고 생각된다. 곧 백제의 영향력을 밀어내고 영역화한 것을 넘어 변진의 후예를 자처하던 신라와 당은 이미 동맹과 다름없는 긴밀한 관계였다.

그렇다고 할 때, 『진서』에 변진 12개국을 언급하면서 모두 진한에 속해 있다는 기록을 다시 살펴보고자 한다. 편의상 관련 사료를 정리하면 다음과 같다.

> H-1. 「㉠辰韓在馬韓之東...初有六國, 後稍分爲十二. ㉡又有弁辰,
> 亦十二國, 合四五萬戶. 各有渠帥, 皆屬於辰韓. (『진서』97,
> 진한전)
>
> -2. 「辰韓在馬韓之東...始有六國, 稍分爲十二國. 弁辰亦十二
> 國...(변진한 24개국명 나열) 弁辰韓合二十四國....總四五萬
> 戶. ㉠其十二國屬辰王. (『삼국지』30, 진한전)

사료 [H-1]은 『진서』, [H-2]는 『삼국지』한전의 기록이다. 언뜻 보면 두 기록은 동일한 것처럼 보인다. 그러나 『삼국지』에서는 변진한 24국 가운데 12개국이 辰王에게 속한다고 하였고, 『진서』에서는 진변한 24개국 모두가 辰韓에 속하였다 하여 차이를 보인다.

먼저 [H-2]의 ㉠에는 12국이 속한 것이 진한이 아니라 辰王이라 전하지만 이는 辰韓의 오기로 이해되고 있다.[30] 그렇다면 차이는 진한에 속한 대상이 누구인지 하는 점이다. 『진서』에서는 진한과 변한 각기 12개국 모두가 속한다고 보아서 명확한 표현이다. 반면 『삼국지』에서는 변진과 진한의 24개국의 國名을 나열한 뒤에 그 가운데 12국이 진한에 속한다고 하였다.

『삼국지』의 진한에 속한 12국은 명료하지 않다. 이에 관해서는 많은 견해가 있지만, 辰韓과 弁辰 12개국 어느 한 군데를 지칭하거나, 변진과 진한 관계없이 12개국이라는 견해로 정리된다. 번거롭지만 『삼국지』 변진한 24개 국명을 나열해 보겠다.

---

30) 윤용구, 2019 앞의 논문, p.96.

I. 有已柢國・不斯國・弁辰彌離彌凍國・弁辰接塗國・勤耆國・
難彌離彌凍國・弁辰古資彌凍國・弁辰古淳是國・冉奚國・弁
辰半路國・弁樂奴國・軍彌國・弁軍彌國・弁辰彌烏邪馬國・
如湛國・弁辰甘路國・戶路國・州鮮國・馬延國・弁辰狗邪國・
弁辰走漕馬國・弁辰安邪國・馬延國・弁辰瀆盧國・斯盧國・
優中國 弁辰韓合二十四國 大國四五千家 小國六七百家 總四五
萬戶. 其十二國屬辰王

사료 [I]에 보이는 24개 국명의 배열 기준은 알기 어렵다. 하지만 '弁辰'이
붙은 것과 없는 국명으로 구별되고, 배열은 뒤 섞여 있음을 보여준다. 이는
「弁辰與辰韓雜居」라 한 『삼국지』의 기록을 실감 있게 반증하는 것으로 여겨
져 왔다.[31] '弁辰'이 붙은 것을 弁辰系로 구분할 수 있다면, 나머지는 자연 '辰
韓系'가 된다.[32] 『삼국지』의 변진한 24국 가운데 진한에 속한 12국은 '弁辰'이
붙지 않은 '辰韓系' 12국을 말한다고 하겠다.[33] 지극히 당연한 분류가 논란이
된 것은 사료 [I]의 말미 '辰王'이란 자구의 혼란 때문임은 앞서 언급한 바다.

그럼 앞서 제시한 사료 [H-1] 『진서』의 기록을 정리해 보기로 한다. 살펴
본대로 진한과 변진의 24개국 모두가 '진한'에 속한다고 하였다. 『진서』의 찬

---

31) 千寬宇, 1976 「辰・弁韓 諸國의 位置 試論」『白山學報』 20 ; 1991 앞의 책, p.60.

32) 千寬宇, 1976 위의 논문, p.61. 表1 참조.

33) 현행본 『삼국지』에는 '변진한' 국명이 26개가 列記되어 있다. 弁(辰)이 붙은 것과 없
는 국명이 각기 13개국으로 軍彌國과 弁軍彌國, 馬延國이 중복 기재된 때문이다. 변・
진한이 12개국씩 총 24개국이라는 것은 본문에 明示되었기에 각기 하나는 오류로
생각할 수밖에 없다. 남송 이래 판본과 이의 전문을 인용한 『통지』(194, 변한전)에도
모두 사료 [G]와 같다. 다만 『한원』(신라전)에 인용된 『魏志』에는 弁軍彌國이 없으
며, 弁辰安邪國과 弁辰瀆盧國 사이의 馬延國이 없다. 州鮮國과 弁辰狗邪國 사이에는
'馬'字만이 전한다. 현재로선 弁軍彌國과 두 번째 나오는 馬延國은 잘못 기재된 것으
로 생각된다. 국명을 포함한 변진전의 사료적 검토는 별고를 기약한다.

자는 『삼국지』의 표현을 염두에 두면서 새로운 정보를 더하는 형태로 작성한 듯하다. 곧 『삼국지』 단계에서는 변진이 붙지 않은 12국이 진한에 속하였지만, 『진서』에는 변진 12국까지 모두 '진한'이 되었다는 것으로 이해된다.

『진서』에 변진전이 없는 것은 撰者가 변진은 조공의 대상이 되지 않는다고 여겼을 것이다. 그것은 변진 12개국 모두가 辰韓(新羅)에 포함되었기 때문이라고 판단한 것이다. 이 때문에 蕃國으로서 조공의 대상이 되지 않는 弁辰은 입전할 필요가 없었다. 하지만 이것이 3세기 후반 변진사회의 실상에 부합하는 것은 아니다. 신라에 의한 옛 변진지역 곧 加耶 全域이 新羅化된 6세기 중엽 이후 현실을 반영한 것에 지나지 않는다.

4. 「모한지지慕韓之地」: 『송서』와 『한원翰苑』의 이해

『송서』(97, 夷蠻) 왜국전에는 이른바 倭五王이 南朝宋에 조공하면서 자칭하거나, 책봉 받은 작호가 전한다.

> J-1. 「太祖元嘉三年..珍立, 遣使貢獻, 自稱使持節 · 都督倭百濟新
> 羅任那秦韓慕韓六國諸軍事 · 安東大將軍 · 倭國王」
>
> -2. 「(元嘉)二十八年, 加使持節, 都督倭新羅任那加羅秦韓慕韓
> 六國諸軍事 · 安東將軍如故」
>
> -3. 「世祖大明六年...武立, 自稱使持節 · 都督倭百濟新羅任那加
> 羅秦韓慕韓七國諸軍事 · 安東大將軍 · 倭國王」
>
> -4. 「(順帝昇明二年)...詔除武使持節 · 都督倭新羅任那加羅秦韓
> 慕韓六國諸軍事 · 安東大將軍 · 倭王」

사료 [J]에서 보는 대로 왜왕 珍과 武는 426년부터 478년까지 백제를 포함한 신라, 가야 등 한반도 중남부 전역에 대한 都督諸軍事를 自稱하였고, 이에 대해 남조 송에서는 백제를 제외한 지역의 군사권을 허락하는 책봉호를 내렸다. 『송서』의 倭五王 기사는 일본의 거대 고분으로 상징되는 大和政權의 국제적 성장을 보여주는 문헌 기록으로 여기고 있지만, 한국에서는 倭五王이 받은 책봉호로 한반도 남부지역에 대한 실효적 군사지배를 인정하지는 않고 있다.[34]

沈約(441~513)이 488년에 완성한 『송서』는 동시대 사서로서 사료적 가치를 높게 인정받고 있다. 또한 新羅를 비롯하여 任那・加羅・慕韓의 명칭이 문헌으로 처음 확인된다는 점에서 가야사 연구에서도 주목할 자료라 하겠다. 倭王의 작호에 내재된 字句의 서술 논리를 면밀하게 검토할 필요가 있다고 생각된다.

먼저 426년 왜왕 珍이 자칭한 작호는 "倭・百濟/新羅・任那・加羅・秦韓・慕韓" 7국의 都督諸軍事이다. 이로부터 23년 지나서야 송이 내려준 작호는 百濟를 제외하고 "倭/新羅・任那・加羅・秦韓・慕韓"의 6국의 군사권이었다. 462년 왜왕 武가 7국의 그것을 자칭하였고, 18년이 지나서야 마찬가지로 6국의 작호를 허락하였다. 자칭과 제수 모두 실효성에 의문이 들지 않을 수밖에 없는 이례적인 현상이다.

아무튼 왜와 송에서 인정하지 않았던 백제를 제외하면 "新羅・任那・加羅・秦韓・慕韓"의 5개 국명이 남는다. 여기서 검토하려는 기본 단위가 된다. 이에 대해서는 다음의 2가지 견해로 나뉘어져 있다.

① 新羅・任那・加羅는 현실의 정치체, 秦韓・慕韓는 존재하지 않
   는 허구

---

34) 盧重國, 2005 「5世紀 韓日關係史-《宋書》倭國傳의 檢討」 『한일역사공동연구보고서』 (제1분과편), pp.177~187.

② 6국 모두를 現實의 정치체로 보는 견해

①의 견해가 일반론이다.[35] 이 경우 존재하지 않는 허구인 秦韓·慕韓을 반세기 이상 반복하는 이유를 설명하기 어렵다는 문제가 있다. ②는 任那·加羅를 가야의 양대 유력국(금관가야와 대가야)을 지칭한다고 보고, 秦韓·慕韓은 신라와 백제에 포함되지 않은 진한과 마한세력으로 해석하는 견해이다.[36] 任那·加羅를 김해(加羅)와 고령(大伽倻)로 본다면, 安羅 등 경남 서남부에서 섬진강 유역에 이르는 가야세력은 공백이 되는 점을 설명하기 어렵다는 문제가 나타난다.

〔그림 3〕倭王이 요구한 '7國'(河內春人, 2018, p.75 재편집)

그럼 검토의 기본 단락 "新羅·任那加羅/秦韓·慕韓"을 다시 보기로 한다. 먼저 '慕韓'은 마한인가? 하는 부분이다. 慕韓=馬韓說은 조선 후기(李瀷·安鼎福 등) 이래 통설[37]이나, 音相似 외

---

35) 동북아역사재단, 2010 『宋書 外國傳 譯註』, 동북아역사재단, p.120.

36) 河內春人, 2018 『倭の五王』(中公新書 2470), 中央公論新社, p.106.

37) "慕韓是馬韓, 加羅是駕洛, 任那是伽耶. 慕馬駕加洛羅, 音相似而誤傳也"(李瀷, 「駕洛伽耶」 『星湖僿說』 19, 經史門) ; "秦韓指辰韓), 慕韓指馬韓, 加羅指駕洛, 音似而誤傳也."(安鼎福, 「加羅任那慕韓休忍州胡考」 『東史綱目』 附錄(下卷) ; "至馬韓亦作慕韓, 辰韓亦作秦韓, 弁韓亦作弁辰, 又作卞韓."(『滿洲原流考』 2, 部族 三韓)

에 다른 근거가 없다는 것이 약점이다. 여기서 왜왕이 시종 받기를 열망했던 '백제'에 대한 군사권을 남조 송은 끝내 인정하지 않은 점을 상기할 필요가 있다. 백제는 마한의 일원이자, '馬韓之地'를 통일하며 성장하였다.[38] 곧 百濟와 다름없는 馬韓의 군사권 제수는 불가능하다고 생각된다. 이런 점에서 慕韓의 구체적 위치를 영산강유역(혹은 전라남도 일원)으로 보고, 이를 『일본서기』 계체기의 '任那四縣'의 실체로 여기려는 일본학계의 견해는[39] 받아들이기 어렵다.

이처럼 慕韓을 馬韓으로 보지 않는다면, "新羅·任那加羅/秦韓·慕韓"으로 구분하고 다음과 같이 추정할 수 있다.

① 현실과 과거의 조합일 경우 : 新羅·任那加羅 / 秦韓·慕韓
② 현실의 정치체일 경우 : 新羅·秦漢 / 任那·加羅·慕韓

①의 경우 신라에 秦韓(=辰韓)이 대응된다면, 慕韓은 任那·加羅의 과거 표현이 될 것이다. 곧 慕韓이 弁韓의 이칭일 가능성이다. ②의 경우는 진한은 신라에 인접하고, 慕韓은 임나·가라에 근접한 지역명이 될 것이다. 慕韓이 임나·가라와 근접하되, 공간적으로 구분되는 지역의 정치체로 볼 가능성이 있

---

38) 당 태종대에 저술된 『양서』(백제전)에도 백제는 馬韓에 기반하여 삼한 전체의 대표자로 여겨졌다("百濟者, 其先東夷有三韓國...伯濟是其一也, 後漸強大, 兼諸小國."). 이에 대해서는 윤용구, 2018 「부여 구태와 마한 진왕-백제가 표방한 두 개의 출자관」 『초기 백제사의 제문제』, 동북아역사재단, pp.31~32 ; 백길남, 2020 「4세기말~5세기초엽 '백제왕'호의 책봉 배경과 '都督百濟制軍事'호의 의미」 『역사와 현실』 115, pp.257~264.

39) '任那四縣'의 위치를 전라남도 일원으로 보고, 이를 慕韓과 연계시키려는 일본학계의 연구에 대해서는 위가야, 2020 「일본서기 소재 임나4현의 할양 기사의 재해석」 『가야에서 백제로, 백제에서 가야로』, 부경역사연구소 2020 상반기 공동학술심포지엄 자료집의 정리가 상세하다.

다.

하지만 『송서』 倭五王의 작호만으로는 慕韓의 실체를 확인하기 어렵다. 아무런 행위 없이 단지 명칭만을 남기고 있기 때문이다. 다만 통설대로 馬韓일 가능성보다는 변진 혹은 任那加羅와 연계하여 이해될 수 있다는 점만 확인하고자 한다. 『송서』 외에 慕韓에 관한 기록은 659년 張楚金에 의해 편찬된 『翰苑』(蕃夷部 新羅傳)에서 볼 수 있다.

> K-1. 「땅을 넓히고 강역을 열어, 卞辰의 영역에 터전을 개창하다.(宅壤疏疆, 創趾卞辰之域)...今案, 新羅 · 百濟, 共有三韓之地. 百濟在西, 馬韓之地. 新羅在東, 辰韓卞辰之地也.」
>
> -2. 「땅은 任那를 총괄하였다.(地惣任那)...今訊新羅耆老云, "加羅 · 任那, 昔有新羅所滅, 其故〔地〕, 今並在國南七八百里" 此新羅有辰韓 · 卞辰卄四國及任那 · 加羅 · 慕韓之地也.」[40]

사료 〔K-1〕은 7세기 중엽 신라의 영역관념을 보여주고 있다. 〔K-1〕에서 신라의 출발은 辰韓과 卞辰(弁辰)이며, 〔K-2〕에서 영토는 진한·변진 24국과 任那·加羅·慕韓之地를 총괄하였다고 쓰고 있다. 주목되는 것은 이 기록을 '今案'과 '今訊新羅耆老云'이라 한 注文에서 보는 대로 신라 측 전승에 따라 작성하였다는 것이다.

『翰苑』 신라전의 注文에서 확인되는 '慕韓之地'는 『송서』 왜왕의 책봉호에서 확인한 '慕韓'의 위치를 확인할 문헌자료라 하겠다. 다시 말해서 慕韓의 위치를 변진 혹은 任那加羅와 근접하되 그와 구별되는 명칭이라는 추론이 타당하다는 증거이다.

---

40) 원문 교감은 동북아역사재단, 2018 『譯註 翰苑』, 동북아역사재단, pp.248~249에 따름.

'慕韓'을 弁辰(弁韓)과 관련된 지명이라고 할 때 한 가지 더 검토할 자료가 있다. 「위략」의 廉斯鑡에 의한 낙랑통교 기사 가운데 진한에서 낙랑으로 거두어간 '牟韓布 萬五千匹'의 문제이다.[41] '牟韓布'의 牟韓은 弁韓의 誤記로 여겨지고 있다. 염사치의 출자를 辰韓으로 하고 있는 이상 牟韓을 弁韓으로 보는 것은 자연스런 추론이다.

그런데 염사치의 기록은 『삼국지』에 인용된 「魏略」이 유일할 뿐이어서 그 오기 여부는 확인된 것이 아니다. '音相似에 근거한 통설'이 아닌 자료만 본다면 '牟韓'의 비교 자료는 『송서』의 慕韓, 『한원』에 인용된 '慕韓之地'라 하겠다. 더욱이 두 기록 모두 변진이거나 임나가라에 근접한 지역에서 그 위치를 찾아야 한다면 비교가 아닌 직접적인 검토 대상이라 아니할 수 없다.

『삼국지』에 인용된 「魏略」의 표기를 南宋 이래 판본에서 확인해 보면 청대 武英殿本을 사고전서에 편입하면서 붙인 校勘記(「殿本考證」)에서 처음 '牟韓'을 '弁韓'의 오기라 보았다.[42] 하지만 본문의 字句는 앞서 소개한 남송대 3종의 판본은 물론이고 원명청대 판본 모두 '牟韓'이라는 것을 확인하였다. 明末의 汲古閣本을 南京 江南書局에서 校刊(일명 '局本')할 때 처음으로 본문을 '弁韓布'로 수정하였다.[43] 현재의 자료상으로 「魏略」 '牟韓布'를 손쉽게 '弁韓

---

41) "魏畧曰...王莽地皇時, 廉斯鑡為辰韓右渠帥, 聞樂浪土地美, 人民饒樂, 亡欲来降, 出其邑落, 見田中驅雀男子一人, 其語非韓人, 問之男子曰, 我等漢人, 名戶来, 我等輩千五百人, 伐材木為韓所擊得, 皆斷髪為奴, 積三年矣. 鑡白我當降漢樂浪, 汝欲去不, 戶来曰可, 鑡因將戶来, 来出詣含資縣. 縣言郡, 郡即以鑡為譯, 從芩中乗大船入辰韓, 逆取戶来. 降伴輩尚得千人, 其五百人已死. 鑡時曉謂辰韓, 汝還五百人, 若不者, 樂浪當遣萬兵, 乗船来擊汝. 辰韓曰, 五百人已死, 我當出贖直耳, 乃出辰韓萬五千人, 弁韓布萬五千匹, 鑡收取直還郡. 表鑡功義, 賜冠幘田宅. 子孫數世至安帝延光四年時, 故受復除."(『삼국지』 30, 韓傳 所引 「魏略」)

42) "四時朝謁注...又注, 乃出辰韓萬五千人 · 牟韓布萬五千匹 ○牟韓疑作弁韓"(『三國志考證』 魏志 30, 考證, 1784년)

43) 清金陵書局仿汲古閣本 『三國志』(南京, 江南書局 重刊本) 1887(서울대도서관 고문헌자

布'라 고쳐 볼 일은 아니라고 생각된다.

5. 맺음말

본고는 2019년 가야사 학술회의의 발표문을 수정한 것이다.[44] 당초 기획
은 중국 사서를 통한 변진과 가야의 대 중국교섭의 문제였으나, 필자의 역량
부족으로 몇 가지 지엽적인 문제에 대한 문헌고증으로 일관하였다.

변진과 가야의 대중관계에서 가장 큰 특징은 중국사서에 그 모습이 거의
보이지 않는다는 점일 것이다. 주변의 백제와 신라, 그리고 가야보다도 중국
에서 현격하게 떨어진 바다건너 倭와도 다른 모습이다. 자연 중국사서에 대
한 관심도 적게 마련이여서, 정작 이를 이용하고자 할 때는 이해의 한계에 이
르곤 하였다.

중국 사서를 통한 변진의 문제를 이해함에 있어서도 후대 문헌에 재수록
과정에서 나타나는 字句變化와 찬자의 현실인식에 따른 변용에 유의하였다.
언급한 내용을 요약하는 것으로 맺음말에 대신하고자 한다.

1. 『삼국지』 한전 「國出鐵」의 주체는 宋代를 경계로 진한에서 변진으로 바
뀌었다. 『魏略』에는 진한과 변진에 동일한 '철' 기사가 있다고 추정하였고, 『삼
국지』에서는 진한과 중복되는 변진의 기사는 삭제한 것으로 이해하였다. 변
진전 만이 아니라 동이전 전편에 걸쳐 「위략」의 기록 중에 동일하거나 유사한
것은 『삼국지』 편찬과정에서 삭제되었다는 문제를 제기하였다. 곧 陳壽가 『위
략』을 어떠한 기준에 의하여 현재의 『삼국지』 동이전으로 재편성하였는지 하

료실 남창952.01)

44) 윤용구, 2019 「중국사서로 본 弁辰과 加羅」 『가야의 대외관계』, 한국고대사학회 가
   야사 기획 학술회의 자료집(창녕, 2019.10.11.), pp.7~17.

는 것이다. 단지 변진한의 '철' 기사를 가지고 논단할 내용은 아닐 것이다.

2. 『진서』 진한전에 변진은 附記로 명맥을 유지하였지만, 변진 12개국 모두 辰韓에 속했다거나, 西晉과의 통교기록이 전무하는 등 존재 자체를 없앤 것은 『진서』를 重撰하던 唐太宗代 변진 지역(任那·加羅)이 이미 신라에 의해 정복된 현실인식에 따른 것으로 이해하였다. 이러한 모습은 같은 시기에 나온 『梁書』에서도 찾아 볼 수 있다. 고구려전의 경우 7세기 중엽의 위상과 동떨어진 『삼국지』 고구려전의 기록을 전재하다시피 하였다. 고구려는 현도군과 요동군의 군현지배 아래 있는 존재임을 강조한 것이라 하겠다. 백제와 신라전의 경우에도 그 대본이 된 「梁職貢圖」와 달리 백제의 旁小國 기록과 그에 맞춰 백제의 附庸國이었던 신라의 기록은 제외되었다. 이와 관련하여 '弁辰'을 놓고 왜·백제·신라가 모두 자신의 영토관념(세계관)의 대상으로 삼았다. 倭王이 都督制軍事의 관할지역으로 여겼고, 백제 또한 『建康實錄』에 "百濟弁辰之國"을 표방하였다. 신라는 아예 "本弁韓之苗裔"를 자임하였다. 변진과 가야를 둘러싼 주변의 인식을 잘 보여주는 부분이다.

3. 『송서』 倭五王 책봉기사의 '慕韓'에 대해 馬韓의 異稱이라고 볼 근거가 없다고 보았다. 직접적인 비교자료가 되는 『翰苑』 신라전의 '慕韓之地', 그리고 廉斯鑞에 의한 낙랑군 통교기사에 보이는 '牟韓布'의 존재를 통해 그것이 弁辰의 이칭이거나, 아니면 옛 변진 지역 안에서 任那·加羅와 공간을 달리하던 정치체로 이해하였다. '慕韓'의 문제는 그동안 馬韓의 異稱이자 현실의 실체가 아닌 倭王이 자칭한 爵號 속에서만 보이고 있기 때문에 주목하지 않았던 부분이다. 7세기 중엽 가야와 한강유역을 장악한 신라인의 영토관념 속에서 이해될 부분이다.

참고문헌

國史編纂委員會, 1987 『中國正史 朝鮮傳 譯註』(一)

金泰植, 1993 『加耶聯盟史』, 일조각

김태식, 2018 「문헌으로 본 가야의 대외 교류」 『가야고분군Ⅱ』(가야고분군 연구총서3)

盧重國, 2005 「5世紀 韓日關係史-《宋書》倭國傳의 檢討」 『한일역사공동연구보고서』(제1 분과편)

동북아역사재단, 2010 『宋書 外國傳 譯註』, 동북아역사재단

동북아역사재단, 2018 『譯註 翰苑』, 동북아역사재단

東北亞歷史財團, 2020 『譯註 中國正史 東夷傳1-史記·漢書·後漢書·三國志』, 동북아역사재단

박대재, 2006 「弁韓의 王과 浦上八國 전쟁」 『고대한국 초기국가의 왕과 전쟁』, 경인문화사

박대재, 2019 「변진사회의 분화와 구야국의 성장」 『한국고대사연구』 94

백길남, 2020 「4세기말~5세기초엽 '백제왕'호의 책봉 배경과 '都督百濟制軍事'호의 의미」 『역사와 현실』 115

백승옥, 2018 「가야와 중국·왜」 『가야사총론』(가야고분군 연구총서1)

백승옥, 2018 「가야와 중국의 교류사」 『부산대학교 한국전통복식연구소 학술심포지움 자료집』

백승충, 1989 「1~3세기 가야세력의 성격과 추이」 『釜大史學』 13

백승충, 1990 「3~4세기 한반도 남부지방의 제세력 동향」 『釜山史學』 15

宣石悅, 1996 「3세기 후반 弁·辰韓 勢力圈의 변화」 『加羅文化』 13

선석렬, 2018 「가야와 주변국」 『가야사총론』(가야고분군 연구총서1)

심재용, 2016 「金官加耶의 外來系 威勢品 受用과 意味」 『영남고고학』 74

위가야, 2020 「일본서기 소재 임나4현의 할양 기사의 재해석」 『가야에서 백제로, 백제에서 가야로』, 부경역사연구소 2020 상반기 공동학술심포지엄 자료집

윤용구, 1998 「3세기 이전 中國史書에 나타난 韓國古代史像」 『한국고대사연구』 14

윤용구, 2008 「고구려와 요동·현도군 : 수당군신의 '군현회복론' 검토」 『초기 고구려역사 연구』, 동북아역사재단·중국사회과학원

윤용구, 2010 「《삼국지》 판본과 〈동이전〉 교감」 『한국고대사연구』 60

윤용구, 2018 「부여 구태와 마한 진왕-백제가 표방한 두 개의 출자관」 『초기 백제사의

제문제』, 동북아역사재단

윤용구, 2019 「《삼국지》와 《후한서》 한전의 '辰王' 이해」 『역사와 담론』 92

윤용구, 2019 「중국사서로 본 弁辰과 加羅」 『가야의 대외관계』, 한국고대사학회 가야사 기획 학술회의 자료집(창녕, 2019.10.11.)

李道學, 2018 「弁韓 '國出鐵' 論의 檢證과 意味」 『단군학연구』 39

이승호, 2012 「3세기 후반 '晉高句麗率善'印과 高句麗의 對西晉 관계」 『한국고대사연구』 67

이영식, 2006 「가야사연구의 성과와 전망」 『한국고대사입문』 2, 신서원

이영식, 2007 「《일본서기》 활용의 성과와 문제점」 『한국고대사의 새 동향』, 서경문화사

李賢惠, 1984 「三韓 小國의 成長」 『三韓社會形成過程研究』, 일조각

주보돈, 2018 『가야사 이해의 기초』, 주류성

千寬宇, 1976 「辰·弁韓 諸國의 位置 試論」 『白山學報』 20

千寬宇, 1991 「복원 가야사」 『加耶史研究』, 일조각

홍보식, 2019 「가야와 삼국의 유통 네트워크」 『한국상고사학보』 106

尹龍九, 2018 「杜嗣先墓誌와 《苑園策府·征東夷》」 『隋唐洛陽と東アジア』, 明治大學東アジア石刻文物研究所

李成市, 2008 「東アジア世界論の再考-地域文化圏の形成中心に」 『歷史評論』 697

赤羽奈津子, 2014 「加耶諸国の對外關係」 『朝鮮三国時代における対外関係史研究』, 龍谷大学博士論文

朝鮮史編修會, 1933 『朝鮮史』, 朝鮮總督府

中國秦漢史研究會編, 1981 『秦漢史論叢』 1

河內春人, 2018 『倭の五王』(中公新書 2470), 中央公論新社

고고 자료로 본
변한과 가야의 구분
- 금관가야를 중심으로 -

• 이동희 •

1. 머리말

辰韓의 斯盧國에서 新羅로, 마한의 伯濟國에서 百濟로 성장한 바와 같이 加耶의 뿌리는 弁韓이라는 점은 주지의 사실이다.

고고학적 관점에서 변한과 가야를 구분하는 것이 본고의 목적이지만 그 구분이 용이하지는 않다. 가야를 연구하는 문헌사학자들은 대개 前期論的 입장이고, 고고학에서 가야를 보는 관점은 前史論的 측면이 강하다. 필자는 두 가지 관점의 접점을 찾을 수 있는 방향에서 접근하고자 한다.

본 주제를 다룸에 있어, 그 주된 대상은 변한·가야에서 가장 선진적인 구야국과 금관가야이다. 고고학적 측면에서 변한(특히, 구야국)과 가야(금관가야)를 구분할 때, 3세기 후 반대를 경계로 전사론적인 입장에 선 견해가 먼저 제기된 바 있다.[1] 하지만, 변한의 구야국이 가야국으로 발전하였고 구야국의 김수로왕이 가야국의 시조라는 측면에서 문헌사의 관점에서 전기론[2]의 입장

---

1) 신경철, 1992 「김해 예안리 160호분에 대하여」 『가야고고학논총 1』, 가락국사적개발 연구원.

2) 이영식, 2016 「문헌사학으로 본 가야」 『가야고고학개론』, 진인진.

도 꾸준히 제기되었다. 이 견해에서는 3세기 후반 이전을 가야 전기로 본다. 그런데, 구야국 및 금관가야를 엄밀히 구분해 보면 기존에 언급된 바와 같이 3세기 후 반의 획기 뿐만 아니라 400년 광개토대왕 남정 이후 532년 멸망할 때까지 쇠퇴하는 100여 년이 있어 3기로 구분되기도 한다. 따라서, 변한·가야사의 시대구분은 단순하지 않다.

『삼국지』 위지 동이전의 기사를 보면 3세기 중엽까지의 구야국은 변한 속의 일소국이고, 고고학적인 성과로 보면 3세기 후엽~4세기대에는 구야국·금관가야가 변한 전체를 통제하는 것은 아니지만 낙동강 하류역(부산·창원·진영 포함)을 정치·문화적으로 주도하며, 종래 낙동강 이서지역의 '변한'의 호칭을 '가야(구야)'로 인식하는 데 영향을 끼친 위상으로 격상되어 정치·문화적 영역권을 가진 대국의 위치로 올라간다.

3세기 후엽 이후에 구야국에서 한 단계 상향된 금관가야 성립에 대한 고고학적 구분의 근거(대형 목곽묘·순장·부곽·지역 양식 토기의 등장 등)를 찾았다고 하더라도 이는 김해를 중심으로 한 부산·창원 일원에 국한된다는 한계성이 있다.

본고에서는 변한과 가야의 관련성에 대한 전기론과 전사론을 먼저 검토해 보고, 고고학적 관점에서 변한과 가야의 전환점을 살펴보고자 한다. 변한과 가야의 구분에 있어 종래 주로 묘제와 토기 양식 등의 출토유물을 주 대상으로 하였는데 본고에서는 주거와 취락, 창고시설 등의 자료도 함께 검토하고자 한다. 변한에서도 각 소국별로 사회발전단계가 동일하지 않았듯이 가야에서도 여러 나라 사이에 사회발전단계가 같지 않다. 따라서 이러한 변한·가야 소국 간의 사회발전단계의 차이를 지역성이라는 관점에서 접근해보고자 하며, 그 원인도 살펴볼 것이다. 즉, 변한·가야에서 가장 선진적인 구야국·금관가야와 달리, 문화 지체 현상을 보이는 서부 경남내륙 지역의 정치체도 상호 비교해서 논의할 필요성이 있다.

2. 전기론과 전사론의 재검토

진한과 신라, 마한과 백제의 관계와 동일한 맥락에서 가야의 기원은 변한이라는 점은 부정할 수 없다.

변한과 가야의 상호 관련성에 대한 본격적인 논의는 주보돈[3]에 의해 이루어졌다. 3세기 이전의 변한 사회와 4세기 이후의 가야 사회를 어떻게 이해할 것인가에 대한 고민 속에서 그는 변한사를 가야사의 일부로 포함하는 입장을 前期論, 양자를 분리하는 입장을 前史論으로 명명하고 스스로 전사론을 택하였다. 이에 대한 찬반논의가 진행되고 있다.[4]

가야를 연구하는 문헌학자들은 대개 변한을 포함한 가야사라는 인식하고 있으며, 고고학자 중에서는 변한과 가야를 구분해 보는 의견이 강하다.[5] 고고학적 관점에서 변한과 가야를 구분하는 것이 본고의 목적이지만 그 구분이 용이하지는 않다. 본고에서는 전기론과 전사론에 대한 기존 연구성과를 비교 검토해 보고, 그 절충점을 찾아보려고 한다.

1) 문헌사에서 본 전기론과 전사론

(1) 전기론

전기론은 가야의 전기가 변한이므로 가야와 변한을 별도로 구분할 수 없다는 입장이다. 이에 대한 기존 연구 성과를 개략적으로 정리해 본다.

---

3) 주보돈, 1995 「가야사의 새로운 정립을 위하여」 『가야사 연구』, 경상북도.

4) 권오영, 2001 「가야제국의 사회발전단계」 『한국 고대사 속의 가야』, 혜안, p.502.

5) 남재우, 2017 「전기 가야사 연구의 성과와 과제」 『한국고대사연구』 85 ; 동서문물연구원, 2012 『마산 현동 유적 Ⅰ』.

먼저, 권오영은 백제·신라·가야가 삼한의 백제국·사로국·구야국에서 잉태된 만큼 양자의 관계를 단절시켜 볼 수는 없으며 연속 선상에서 국가의 형성과정을 이해해야 한다고 주장한 바 있다.[6]

가야사를 전공하는 대표적인 학자들은 대개 전기론의 입장에 서 있다.

먼저, 김태식은 3세기 말~4세기 초라는 시점은 가야사에서는 변한의 해체 및 가야사의 시작이 진행된 단절의 시기가 아니라 3세기경부터 성립된 구야국 중심의 소국연맹체가 더욱 강화되어간 발전의 시기로 보았다. 그리고, 광개토왕 남정을 대변동기로 보아 가야사의 전·후기 구분의 기준으로 설정하였다.[7]

전기론에 대한 좀 더 상세한 설명은 이영식의 다음 견해에서 살펴볼 수 있다.

"구야국을 비롯한 변한 12개국은 가야제국이 종말을 고하는 6세기 중엽까지 병립해 있던 왕국들로 삼국지가 기록한 변한사가 가야사와 구별되는 前史로서가 아니라 연속적인 가야 前期의 역사로 파악하는 것이 타당하다. 구야국과 가야국 사이에 혁명적인 주민 이동이나 왕권 교체를 상정하기 어려운 만큼 변한의 12개국은 전기 가야의 12개국으로 파악함이 타당하다. 변한과 가야를 구별하여 변한 12개국이 가야와 무관하고 3세기 후반부터를 가야사의 시작으로 보는 견해도 있으나, 김해의 소국인 구야국이 가야국과 같은 것이기에 구야국의 시작을 가야사의 시작으로 본다. 최초 가야 소국의 성립을 청동기문화가 철기문화로 교체되는 시기와 변화에서 찾고, 소국에서 대국으로 성장했던 전기를 대성동 29호분의 등장처럼 대형 목곽묘가 출현하고 풍부한 철산

---

6) 권오영, 1995 「삼한의 국의 구성에 대한 고찰」 『삼한의 사회와 문화』, 신서원.
7) 김태식, 2000 「가야연맹체의 성격 재론」 『한국고대사논총 10』, pp.160~161.

이 확인되는 3세기 중후반의 단계로 보는 해석이 설득력이 있을 것이다. 3세기 후반 대성동 29호분을 가야사의 시작으로 보고 김해 가락국과 고령 가라국의 멸망까지 250~300년도 못 되는 기간을 가야사의 시간적 범위로 설정하는 시각은 온당치 못하다."[8]

이처럼, 이영식 견해의 논점은 고고학에서 보는 3세기 후반 대성동 29호분을 가야사의 시작으로 본다면 존속 기간은 금관가야 기준으로 300년이 안되며, 삼국지 속의 구야국이 가야국이기에 철기문화가 시작되는 시기를 가야사의 시작으로 보아야 한다는 것이다. 대성동 29호분 단계가 하나의 획기이긴 하지만 소국에서 대국으로 성장한 전환기일 뿐이라는 것이다.

(2) 전사론

전사론 논의의 대표자인 주보돈은 한국 고대사를 고대 동아시아 전체 틀속에서 파악하였는데, 3세기 후반 내지 4세기 초를 중요 획기로 보았다. 즉, 중국 대륙에서 五胡세력의 진출로 인한 정치적 파동과 그로 인한 고구려의 313년·314년 낙랑군과 대방군의 축출은 삼한 사회를 크게 변화시켰다는 것이다. 기존의 교역체계가 변화하고, 그에 따른 정치변동으로 새로운 정치세력인 백제·신라·가야가 출현했다고 보았다.[9]

주보돈의 최근 논고를 살펴보면, 좀 더 자세한 내용을 알 수 있다.

"변한을 가야사의 전기라고 설정한 사실이 큰 문제다. 즉, 변한으로부터 가야로 이행해간 과정이나 양자의 관계를 해명하지도 않은 채 당

---

8) 이영식, 2016 앞의 논문, pp.530~560.
9) 주보돈, 1995 앞의 논문, p.18.

연하다고 여기는 것은 큰 문제다. 그 점은 삼한의 일원이었던 마한으로 부터 백제로, 진한으로부터 신라로 전환하여 간 사정과 대비하면 저절로 드러난다. 마한과 진한의 경우 커다란 정치적 · 사회적 변동을 경험한 결과로 그 속에서 백제와 신라가 각기 출현하였다. 마한과 진한은 낙랑과 대방이 몰락하면서 발생한 유이민의 유입 등 외부로부터 가해진 충격으로 야기된 내부의 통합 운동을 거치면서 하나의 왕국으로 성장 · 발전해간 것이다. 그 결과로서 내부의 질적 변화를 거쳐 백제와 신라가 탄생하였다. 마찬가지로 가야 사회가 성립하는 과정에서 비록 결과론적으로 통합 왕국을 성립시키지는 못하였지만 유독 변한만이 아무런 변동을 겪지 않았다고 단언하기에는 곤란하다. 일단 백제와 신라처럼 변한으로부터 가야 사회로의 이행도 역시 내부적인 변동을 경험한 결과라 풀이하여도 무방하다. 4세기 가야연맹체의 존재를 설정하게 된 것은 직전의 변한연맹체의 상태가 그대로 이어진 것으로 보기 때문이겠으나 그것이 설득력이 있으려면 양자의 구조적인 차이 · 운영상의 차이 등도 충분히 논의되어야 한다."[10]

2) 고고학에서 본 전기론과 전사론

(1) 전기론

전기론적 견해에 따르면, 늦어도 기원전 1세기부터 가야가 시작된 것으로 보고 기원후 3세기 후 반의 물질자료와 4세기의 물질자료에서 획기를 설정할 수 있을 만큼 변화가 크지 않았다는 점을 강조한다. 고고학에서 전기론적 입

10) 주보돈, 2017 「가야사의 체계적 이해를 위한 제언」 『쟁점 대가야사–대가야의 국가 발전단계』(대가야 학술총서 11), 대동문화재연구원 · 고령군 대가야박물관.

장에 있는 대표적인 학자는 임효택과 이성주이다. 즉, 분묘 군의 위계화 과정을 분석하여 변한과 가야 사회의 획기 설정이 어렵다는 견해[11]와 분묘 및 부장품의 구성을 통해, 큰 사회적 변화를 설정하기 어렵다는 견해[12]가 있다.[13]

김해지역의 정치체 성장을 검토한 연구에 따르면, 급격한 변화보다는 점진적인 발전상을 보인다.[14] 즉, 홍보식은 김해지역의 분묘·출토유물에 근거해 위계화의 양상을 검토하였는데, 1기(기원 전후-2세기 전반), 2기(2세기 후반-3세기 3/4분기), 3기(3세기 4/4분기-5세기 초)로 구분된다. 1기에는 구성원 간 사회적 지위의 차이가 나타나지만 명확한 위계화가 이루어지지 못하였고 2기에는 구성원 간 계층화가 진전되며 3기에는 피라미드 형태의 계급사회가 형성되었다고 보았다.

(2) 전사론과 그 반론

① 전사론
전사론적 관점의 대표 격인 신경철의 견해를 검토해 보기로 한다.

신경철은 금관가야 최초의 왕릉이라 할 수 있는 대성동 29호분의 연대를 3세기 말로 편년하고 거기에 부장된 동복이나 마구류·금공품·도질토기[15] 등

---

11) 이성주, 1993 「1~3세기 가야 정치체의 성장」『한국고대사논총 5』, 가락국사적개발연구원.

12) 임효택, 1993 『낙동강하류역 가야의 토광목관묘 연구』, 한양대학교 박사학위논문.

13) 홍보식, 2017 「전기 가야의 고고학적 연구 쟁점과 전망」『한국고대사연구』 85, pp.67~68.

14) 홍보식, 1999 「고고학으로 본 금관가야-성립·위계·권역-」『고고학을 통해 본 가야』, 제23회 한국고고학전국대회.

15) 토기의 다량 부장은 대성동 29호분 단계 이후부터이며 앞 시기의 목곽묘와 분명히 구별된다(신경철, 2000 「금관가야의 성립과 연맹의 결성」『가야 각국사의 재구성』, 혜안).

의 후장, 순장, 선행분묘의 파괴 등의 매장의례가 북방 기마민족과 직접 관련된다고 주장하였다. 북방 기마민족 이주의 결과로 대성동 29호분이 축조되며 금관가야가 성립된 것으로 보았다.[16]

이와 같이, 고고학적 관점에서 변한과 가야를 구분하는 기준은 대개 대성동고분군에 대한 연구를 통한 구야국과 금관가야의 구분이다.

② 전사론에 대한 수정론과 반론

이러한 전사론에 대해 반론이나 수정론이 제기된 바 있다.

먼저, 박천수의 견해는 북방 기마민족의 이주보다는 구야국에서 금관가야로의 자체발전론의 입장에 서 있다. 박천수의 견해를 살펴본다.

"대성동 29호분의 축조 시기가 3세기 중엽으로 소급되고 무덤이나 부장품으로 보아 그 축조세력을 북방 기마민족으로 볼 수 없다. 구야국의 왕 묘역이 양동리에서 김해 시내 대성동고분군으로 이동하고 양동리 고분군에서 볼 수 없었던 구릉 정상부에 독립된 왕 묘역이 형성되고 순장이 행해지는 것은 이 지역 사회의 큰 변화를 반영한다. 하지만 이를 북방 기마민족의 이주로 볼 수 없다. 왜냐하면, 대성동 고분군의 남쪽에 인접한 원삼국시대의 칠기·동경·칠초철검이 출토된 유력 수장묘인 가야의 숲 3호 목관묘를 비롯하여 계기적으로 분묘가 조성된 것으로 보아 대성동 29호분 같은 탁월한 수장묘의 축조는 자체적인 성장에 의한 것으로 파악된다. 성립기인 3세기 후반에 대성동고분군에 북방 기마민족이 일상적으로 사용하고 고분에 반드시 부장하는 마구가 전혀 부장되지 않는 것은 이 고분군 축조집단이 기마민족이 아닌 구야국 이래의

---

16) 신경철 1992, 앞의 논문.

토착세력임을 웅변하는 것이다."[17]

한편, 김영민에 의해 수정론이 제기되었다.

"토기의 다량 부장이나 도질토기 등장 등의 제 요소는 재고의 여지
가 있다. 물론 순장이나 오르도스형 동복 등의 요소는 김해지역에서 새
롭게 등장한 특이한 현상임이 분명하며, 직간접적으로 북방문물과 연
결될 가능성이 크다. 이러한 요소들이 부여족의 남하에 의한 결과일 수
도 있지만, 그 외에 교역이나 교섭에 의한 산물의 가능성도 있다. 토기
의 다량 부장은 북방문화의 일반적인 현상으로 보기 어렵고, 오히려 김
해지역 목곽묘의 변화과정에서 나타난 현상으로 이해하는 것이 타당
하다. 도질토기가 북방문물의 소산이라고 할 결정적 증거가 빈약하다.
와질토기가 도질토기로 발전할 내재적 가능성도 충분하다. 오르도스형
동복도 북방적 요소임은 분명하지만, 부여족의 남하가 아니더라도 교
역이나 유민의 이주 과정에서도 유입이 가능하다. 따라서 대성동 29호
묘에 보이는 제 요소 중에서 북방문물이라고 할 수 있는 순장과 오르도
스형 동복을 제외하면 다른 사례들은 직접 북방요소로 간주하는 것에
회의적인 입장을 가질 수밖에 없다."[18]

순장을 자체발전에 의한 산물로 보는 견해도 있다. 즉, 순장이 시행된 것
은 부곽의 등장과 일맥상통하며 특정인의 권력 표현의 산물이며, 외부로부터
들어온 습속이 아니라 생산력 발달에 의한 인구증가를 나타내는 것으로 보는

---

17) 박천수, 2016 「가야사 연구 서설-소국에서 영역 국가로-」『가야고고학개론』, 진인
   진, pp.9~11.
18) 김영민, 2008 『금관가야의 고고학적 연구』, 부산대학교 박사학위논문, pp.87~89.

것이다.[19]

이러한 점에서 보면, 순장은 권력의 성장에 따른 자생적인 면과 함께 일부 북방 이주민의 영향 혹은 문화의 수용이라는 측면 등 다각도로 접근해서 볼 필요가 있다.

③ 대성동 고분군 중복현상에 대한 해석과 전사론의 재검토

김해 대성동 고분군의 목곽묘 단계에 무덤 간의 중복현상이 주로 보인다. 대표적인 예가 3세기 후반에 대성동 29호분이 만들어졌고, 4세기 후반에 39호분에 의해 29호분이 파괴하면서 중복관계를 보인다. 두 무덤은 3세대 정도의 시간차로, 손자 세대의 39호분이 할아버지 세대의 29호분을 파괴한 셈이다. 이에 대해 다음과 같은 3가지 정도의 해석이 있다.[20]

첫째로, 새 이주 집단이 전 시대의 권위를 파괴하고자 의식적으로 토착집단의 무덤을 파괴하면서 자신들의 무덤을 세웠다는 견해이다.[21] 3세기 후반에 만주의 길림시 일원에 있던 부여국이 285년에 모용외의 침입을 받아 두만강 하류 지역으로 피난했을 때, 한 갈래가 동해를 거쳐 김해에 들어와 새 왕조를 세웠던 증거로써 그 주인공의 무덤이 29호분이며, 가락국의 시작이었다는 것이다. 그런데 29호분이 다른 고분을 파괴한 것이 아니라 오히려 후대의 39호분 때문에 파괴되었다는 것이 문제이다. 그리고, 문자 기록에서 보더라도, 부여에서 갈려 나갔던 동부여는 물론, 고구려와 백제까지 드문 기록 속에서도 반드시 그 흔적을 남기고 있다. 이러한 가설대로라면 부여족이 세운 왕국이 가락국이었을 것인데 그에 관련된 티끌만 한 흔적조차 보이지 않는다.

---

19) 홍보식, 1998 「묘제의 비교로 본 가야와 고대 일본」 『가야사 논집 1-가야와 고대 일본-』, 김해시, p.54.

20) 이영식, 2009 『이야기로 떠나는 가야 역사여행』, 지식산업사, pp.112~118.

21) 신경철, 1992 앞의 논문.

이에 대해서는 홍보식의 반론도 제기된 바 있다.

즉,

> "II류 목곽묘(부여계)가 I류 목곽묘(낙랑계)를 파괴하는 현상을 부
> 여족의 남하에 의한 의도적인 파괴행위로 해석하여 목곽묘의 계통이
> 다르다고 한다.[22] 그런데 II류 목곽묘 출현기의 것으로 되어 있는 대성
> 동 29호 묘는 I류 목곽묘를 파괴하고 설치된 것이 아니다. 오히려 대성
> 동 고분군에서 중복현상이 집중적으로 나타나는 시기는 4세기 후반대
> 이다. 목곽묘에서의 중복현상은 김해지역 분묘 군에서만 나타난 고유
> 한 현상이 아니고 남부지방 목곽묘에서의 보편적 현상이다. 즉, 분묘 간
> 의 중복현상은 대성동뿐만 아니라 양동리 · 칠산동 · 예안리 고분군과
> 합천 옥전 고분군, 부산 노포동고분군, 울산 하대 고분군, 흥해 옥성리
> 고분군 등에서도 보인다."[23]

는 것이다.

둘째로, 墓域論이다. 무덤을 쓰는 자리가 정해져 있다는 견해[24]이다. 수백
년간 이 좁은 언덕에만 무덤을 썼으니, 중복될 수밖에 없지 않으냐는 것이다.
현재의 김해 도심에서 대성동의 '애구지'만이 묘역으로 선택되었고, 같은 언
덕에서도 다시 좋은 땅과 나쁜 땅의 구별이 있어, 좋은 땅에만 무덤을 쓰느라
중복될 수밖에 없었다는 논리이다.

셋째는 田中良之가 언급했던 것[25]으로, 대성동 고분군의 중복이 몇 개의

---

22) 신경철, 1992 앞의 논문.
23) 홍보식, 1998 앞의 논문, p.52.
24) 임효택, 1993 앞의 박사학위논문.
25) 선행하는 고분을 일부 파괴하는 행위는 선행 묘에 대한 부정이 아니고, 오히려 새로
운 死者와 선행하는 死者와의 계보 관계를 강조하기 위한 행위라는 것이다(田中良之,

무리로 나누어져 있다는 특징과 일본에서 비슷한 경우의 인골 자료에 관한 연구를 거쳐 얻어진 해석이다. 몇 기의 고분으로 구성되고 중복된 덩어리가 하나의 친족집단이었다는 것이다. 즉, 자식이 죽은 뒤에 어버이의 품으로 돌아간다는 생각에서 선대의 무덤 한 부분을 깨고 후손의 무덤을 만들었다는 것이다. 다시 말하면, "대성동 고분군에서 보이는 중복은 하나의 가족 또는 친족집단의 표시이다."라고 해석할 수 있다.

요컨대, 김해 대성동고분군 외에도 영남 동남부지방의 여러 고분군에서도 분묘 간 중복현상이 뚜렷하다는 점에서 해당 집단의 무덤을 쓰는 공간이 한정되어 있다는 묘역론과 조상 무덤에 귀의한다는 2가지 요인을 같이 볼 필요가 있다. 후자와 관련하여, 인도네시아 원시 부족에 대한 조사성과가 참고된다. 즉, 인도네시아 숨바섬에서는 할아버지의 석관에 손자가 합장되는 풍습이 전해지고 있다.[26]

한편, 대성동고분군의 규칙성 있는 무덤 중복에 근거하여 다음과 같은 견해도 제시되었다. 즉, 왕묘 급의 고분은 새로운 묘역을 개척해 나가고, 1세기가 지난 후 좀 더 작은 고분은 선대 왕묘 급의 묘지에 중복된다. 이렇게 시차를 두고 중복됨은 왕족의 방계가 선대 왕의 후손이라는 정체성을 나타내고자 선대 왕묘의 주변이나 위에 묘를 축조함으로써 그러한 현상이 발생하였다는 것인데, 다분히 의도적인 면이 있다는 것이다.[27]

이 견해도 세 번째 견해와 일맥상통한다는 점에서 주목된다.

1996 「埋葬人骨による日韓古墳時代の比較」『4·5世紀の日韓考古學』, 九州考古學會·嶺南考古學會 第2回 合同考古學大會, p.79).

26) 이동희, 2011 「인도네시아 숨바섬과 한국 지석묘사회의 비교 연구」『호남고고학보』 38.

27) 김용성, 2018 「왕묘 급 고분을 통해 본 가야 묘제의 특성」『가야 고분군 세계유산 등재를 위한 국제학술대회』, 가야 고분군 세계유산 등재추진단, pp.242~243.

④ 소결

신경철의 전사론은 대성동 29호분 단계에 북방이주민의 이동과 관련 문물을 근거로 하여 정치적인 큰 변혁이 있다는 주장이다. 그런데 신경철이 북방이주민에 의한 무덤 파괴를 언급하고 있지만, 가장 중요한 획기인 대성동 29호분은 기존의 목곽묘를 파괴하는 것이 아니라 오히려 29호분이 1세기 뒤의 39호분에 의해 일부 파괴하는 현상을 설명하기 어렵다. 이는 묘역의 제한성에 기인하거나 지배 친족 집단 내에서의 친연성을 보여주는 것으로 보는 것이 더 합리적일 듯하다. 그리고, 도질토기의 등장을 와질토기의 내재적 발전으로 볼 수 있고, 동복도 부여족의 남하가 아니더라고 교역이나 유민의 이주 과정에서 유입되었을 가능성을 지적한 견해는 참고할 만하다. 따라서 중요한 획기인 3세기 후 반대의 대성동 29호분 단계를 급진적인 변혁보다는 완만한 자체발전론으로 보는 것이 더 합리적이다.

요컨대, 금관가야와 아라가야에 있어 3세기 말-4세기 초를 획기로 큰 변혁을 겪는 것은 優號 칭호를 받은 변한 유력세력의 자체성장으로 보아야 할 것이다.

3세기 말~4세기 초 무렵 동북아의 급변기라는 외부 충격과 함께, 마한권에서의 백제의 성장·진한권에서의 신라의 성장이 자극되어 변한권 주요 세력(구야국과 안야국) 스스로 자체적인 내부 통합을 도모하였을 가능성이 크다. 즉, 외부의 영향이 분명히 있지만, 변한 소국 단위에서 소국들이 상호 연맹 관계를 맺으며 정치적 발전을 하는 주체는 토착세력으로 보아야 할 것이다.

3세기 중엽 이전에도 변한 가운데 큰 나라였던 구야국·안야국이 그 지역에서 주변 지역을 아우른 연맹왕국으로 성장하는 것은 당연하며, 그 과정에 선진문물을 받아들이거나 일부 이주민을 수용하는 것은 가능하지만 기존 체제를 뒤흔들 만한 사건은 발생하기 어렵다는 점을 고려하면 전사론의 문제점은 드러난다. 선진문물이나 새로운 장묘 부장 풍습 등을 모두 이주민과 직결시키는 것은 적절하지 못하다. 만일, 구야국을 북방이주민의 영향으로 국가체제가 새로이 개편되었다면, 비슷한 시기에 연맹왕국으로 성장하는 안야국에도 동일하게 적용되어야 하겠지만 고고학적 양상은 그렇지 않다.

3. 고고 자료로 본 변한과 가야

1) 분묘로 본 변한과 가야의 구분

변한의 대표적인 묘제인 목관묘는 기원전 1세기경부터 시작된 새로운 무덤 양식이다.

목관묘 단계에 수장급이라 할 만한 후장묘는 상대적으로 극소수이다. 즉, 일정 지역 집단에서 한 세대에 하나 정도가 존재할 정도이며, 목관묘 군에 누세 대적으로 조영되는 수장계열은 없다. 반면에, 목곽묘 단계는 일정 능선을 누세 대적으로 점유해간 수장묘열이 나타난다. 3세기 후반에 이런 중심고분군이 등장하고 그것을 지배적 친족집단의 등장이라 볼 수 있다.[28]

영남지역에서 목곽묘는 2세기 중엽에 출현하는데, 3세기 중엽까지는 동래 복천동, 김해 양동리, 창원 다호리 등의 여러 세력과 비교해서 대성동 세력이 절대 우위에 있었다고 볼 수 없고 서로 독자성을 유지한 대등한 정치체였다고 판단된다. 다만 구야국이 『삼국지』위서 동이전에 기록된 가장 대표적인 정치세력인 점에서 보면 대외적인 활동에서는 일정한 구심세력을 중심으로 연합이나 공동보조를 취했을 것이다. 그러다가 3세기 후엽부터는 대성동 세력이 주변의 여러 세력보다 절대적 우위를 확보하면서 이들을 정치체의 하부 단위로 편제하여 더욱 큰 국가단계의 정치체로 발전하였는데 그것을 학계에

---

28) 이성주, 1993 앞의 논문 ; 2016 「복합사회 형성과 발전에 관한 고고학 연구」『진·변한 '國'의 형성과 발전』, 제25회 영남고고학회 정기학술발표회.

서는 이 전시기의 구야국과 구분하여 금관가야로 칭하고 있다.[29]

3세기 후엽에 편년되는 대성동 29호분은 구릉에 단독으로 입지한 대형 목곽묘로 순장이 최초로 확인되고 피장자의 발치에 토기를 대량 매납한 부장 공간을 마련한 것도 확인된다. 이어서 축조된 대성동 13호분(4세기 전반)부터는 피장자 발치에 주곽과는 별도의 토광을 파고 부곽을 설치한 이혈주부곽식 목곽묘로 발전하는데, 이는 신라식 목곽묘라 불리면서 경주와 그 주변 지역에서 유행한 동혈주부곽식 목곽묘와 대비된다. 금관가야의 목곽묘는 주곽만 확인되는 단곽식과 주곽과 부곽이 분리되어 각각의 묘광을 마련한 주부곽식으로 구분되고, 4세기를 기점으로 전자에서 후자로의 대략적인 변화상이다. 독립 부곽의 발생은 목곽묘가 구조적으로 대형화됨과 동시에 극단화된 유물의 후장으로 인해 발생한다. 김해지역에서는 대성동 29호분의 단곽식목곽묘에서부터 출현한 순장의 풍습이 부곽의 출현과 함께 더욱더 성행하는 특징을 보인다.[30] 이러한 이혈주부곽식목곽묘는 김해 양동리 고분군·대성동고분군·예안리 고분군·확정 고분군 등에서 조사되었는데 목곽의 규모와 유물의 질적인 면에서 대성동고분군이 여타 고분군과는 월등한 차이를 보여 당시 금관가야의 중심세력임을 짐작할 수 있다.[31]

이상과 같이, 대성동 29호분 단계 이후 대성동 13호분에 이르기까지 대형 목곽묘의 조영, 순장, 토기의 다량 부장, 외래계 위세품, 이혈주부곽식 목곽묘의 출현 등의 양상은 앞 단계의 분묘들과는 뚜렷이 구별되는 모습이다. 일반적으로 구야국에서 금관가야로의 성장의 획기라고 보고 있다. 특히, 이혈주부곽식은 신라식 목곽묘(동혈주부곽식 목곽묘)와 분명히 다르다는 점에서 가

---

29) 이재현, 2003(b) 「김해지역 정치체의 성장과 무덤의 변화」 『대성동고분박물관 전시 안내도록』, 대성동고분박물관, p.100.

30) 김수환, 2005 「금관가야의 순장:대성동고분군 순장 양상을 중심으로」 『영남고고학』 37.

31) 김준식·김규운, 2016 「가야의 묘제」 『가야고고학개론』, 진인진, pp.73~85.

야와 신라의 분화와도 맞물려 있다.

2) 생활유적으로 본 변한과 가야의 구분

고분뿐만 아니라 생활유적인 주거·취락을 통해 변한·가야의 구분에 대해 살펴보기로 한다.

주거형태를 보면, 3세기 후반·4세기 초에 변한권역에서 가장 선진적인 낙동강 하류역의 김해를 중심으로 한 창원·진해 일원이 서부 경남지역과 구분되는 모습이 보인다. 주거 형식의 분화 획기를 300년경으로 본다면, 변한-가야의 구분 시기와 어느 정도 부합한다. 이러한 점을 고려하면 변한에서 가야로의 전환이 급작스럽게 이루어진 것이 아니라 내재적인 발전을 고려하지 않을 수 없다.

영남지방의 주거·취락의 최근 연구성과[32]를 참고하여 다음과 같이 변한·가야의 전환기를 살펴보고자 한다.

(1) 주거 양식

기원전 1세기부터 기원후 3세기 전반 무렵까지 영남 일원의 주거지 특징은 대개 평면 원형(타원형), 벽주식 또는 다주식의 주혈배치, 석재 구들 및 부뚜막 등으로 요약된다. 원삼국시대 주거는 세부 시기별로 약간의 구조 차이를 보이지만 대체로 동일한 유형이 영남 일원에서 유행하였다.[33]

그런데, 3세기 후반을 전후한 무렵부터 낙동강을 경계로 영남 동부와 서

---

32) 공봉석, 2015 「신라·가야 취락의 분화와 전개」 『영남고고학』 73.

33) 공봉석, 2013 「영남지방 원삼국·삼국시대 주거」 『주거의 고고학』, 제37회 한국고고학 전국대회, p.130.

부지역으로 구분되고, 서부지역은 낙동강 하류역과 서부내륙·남해안 일대의 비교적 광역단위별로 주거지의 구조가 분화되어 일정한 차이를 보인다. 영남 서부권은 낙동강 하류역과 서부내륙·남해안 일대 지역으로 구분되는데, 낙동강 하류역은 김해를 중심으로 한 창원과 진해지역이다.[34]

주거 양식으로 보면, 3세기 후 반대 이후 낙동강 하류역의 금관가야문화권은 영남 동부권과 유사하면서 경남 서부권(서부내륙·남해안 일대)과 차별성을 보인다. 이러한 점이 특별한데, 김해를 중심으로 창원과 진해지역 등이 4세기대에 모두 금관가야 토기 문화권에 속하는 점과도 맥락이 통한다. 4세기 후반대 이후 경남 서부 내륙권에서 점차 낙동강 하류역의 주거문화를 수용한다는 점에서 보면, 김해를 중심으로 한 금관가야문화권이 선진적이었다고 볼 수 있다.

낙동강 하류역은 원삼국시대 원형계 주거지가 4세기 초엽까지 일부 관찰되나 대개 3세기 후 반경에 등장한 방형계 주거지가 4세기 후반까지 지속한다. 방형계 주거지는 ㄱ자형 점토 구들이 설치되고 벽구시설이 확인되는 경우가 많으며 벽주식 또는 무질서한 주혈 배치 양상을 보이는 등 영남 동부지역 주거지와 매우 유사한 구조이다.[35]

이에 비해, 경남 서부내륙 및 남해안 일대는 원삼국시대부터 줄곧 유행하였던 원형계 주거지의 전통이 4세기 후엽까지 지속하는데 중심주는 확인되지 않고 벽주만 설치된다. 구릉에 입지한 주거지는 벽주와 더불어 벽구의 설치비율이 높다.[36] 구들은 주거지의 벽을 따라 점토를 이용하여 설치하되 전체 둘레의 1/3 이상을 넘지 않는 특징이다. 4세기 말·5세기 초를 전후한 시기

---

34) 공봉석, 2015 앞의 논문, p.29.

35) 권귀향, 2012 「낙동강 이서지역 삼국시대 주거지의 전개 양상」, 부산대학교 석사학위논문.

36) 김진철, 2008 「삼국시대 타원형 수혈주거지 연구」, 동아대학교 석사학위논문.

부터 영남 서부지역은 더 원형계 주거지가 사용되지 않고 방형계 주거지가 등장하여 6세기 전반경까지 이어진다.[37] 방형계 주거지는 대개 부뚜막이 설치되는 예가 많으며 중심 4주와 벽구가 설치되기도 한다.[38]

이처럼, 낙동강하류역 즉 금관가야문화권(김해·창원·진해 일대)이 영남 동부지역과 유사한 주거 구조로 되어 있어 가야권에서는 이질적이고 특징적이다. 3-4세기대에 금관가야 주거 형식은 신라권과 오히려 유사한 특징을 보여 가야권 내에서 가장 선진지역이면서 서부 경남과는 이질적이라는 점에서 변한-가야의 전환기의 양상을 바로 보여준다. 즉, 경남 서부내륙 및 남해안 일대에 타원형 주거지가 4세기까지 잔존하고 있다는 점에서, 변한권에서 가장 선진적인 금관가야권역의 방형계 주거문화는 문화 지체 현상이 있는 서부내륙의 변한권과 차별성을 보인다.

요컨대, 낙동강 하류역의 발전된 방형계 주거지의 서부지역으로의 확산은 선진문화의 파급으로 볼 수 있다.[39] 낙동강 서부 하류역인 김해뿐만 아니라 인근 지역(창원·진해)에서 방형계가 일찍 보이는 것은 3세기 후반 이후 김해가 단위 소국이 아니라 주변으로 영역을 확장하는 상황과 부합된다. 4세기 후엽 이후 경남 서부권까지 낙동강 하류역의 주거문화 확산은 경남 서부권이 선진적인 금관가야 주거문화를 수용한 것으로 보인다. 이러한 점에서 보면 4세기 말 5세기 초도 가야의 발전에 있어 큰 획기라고 볼 수 있는데, 이 무렵에

---

37) 이동희, 2013 「삼국시대 남해안 지역 주거·취락의 지역성과 변동」 『한일취락연구』, 서경문화사.

38) 공봉석, 2015 앞의 논문, p.29.

39) 이러한 양상은 동시기에 전남권에서도 확인된다. 전남 서부지역의 4주식 방형주거지가 4세기 후반 이후 섬진강 유역의 전남 동부권으로 확산되어 원형계 주거지를 대치하는 변화상이 보인다. 종래 원형계 주거지를 사용하던 전남 동부권에서 4주식 방형계 주거지를 채택한 것은 전남 서부권의 선진문물 수용과 관련될 것이다. 원삼국~삼국시대에 평야 지대가 넓은 전남 서부권이 산지가 많은 전남 동부권보다 농업 생산력이나 사회복합도가 더 높았던 것은 주지의 사실이다.

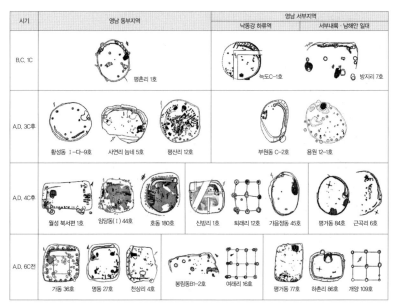

시기	영남 동부지역			영남 서부지역	
				낙동강 하류역	서부내륙·남해안 일대
B.C. 1C		평촌리 1호		늑도C-1호	방지리 7호
A.D. 3C후	황성동Ⅰ-다-9호	사연리 늠네 5호	평산리 12호	부원동 C-2호	용원 12-1호
A.D. 4C후	월성 북서편 1호	임당동(Ⅰ) 44호	호동 180호	신방리 1호　퇴래리 12호　가음정동 45호	평거동 84호　근곡리 6호
A.D. 6C전	가동 36호	명동 27호	천상리 4호	봉림동B1-2호　여래리 16호	평거동 77호　하촌리 86호　개양 109호

그림 1. 영남지역 원삼국·삼국시대 주거 변화 양상(공봉석, 2015)

가야의 초기 중심지인 금관가야문화가 경남 서부까지 파급되는 시기로 추정
된다.

(2) 창고시설

3세기 후반 이후 대규모 취락에서 창고시설이 집중되는 것이 주목된다.
통상 창고는 잉여생산물을 저장·분배 등의 기능과 직결되며 나아가 수취물
이 보관되는 시설이기에 취락 내부의 사정뿐만 아니라 정치 권력의 성장에
대해서도 많은 정보를 제공하므로,[40] 3~4세기대 영남지방의 창고 운영방식
등을 통해 신라와 가야의 형성과 성장을 알 수 있다.[41]

---

40) 권오영, 1996 『三韓의「國」에 대한 研究』, 서울대학교 박사학위논문.

금관가야권역에서 창고로 사용된 것으로 파악되는 지상식 건물지, 수혈 등은 김해 봉황동유적 지상식 건물지 26기·수혈 182기, 김해 퇴래리 지상식 건물지 21기·수혈 1기, 창원 남산 수혈 13기, 창원 가음정동 지상식 건물지 1기·수혈 10기, 창원 신방리 지상식 건물지 7기·수혈 19기 등이다.

3~4세기대 고상 창고와 저장혈 등 대규모 창고군을 갖춘 취락은 주로 영남 동부지역에 집중된다. 다수의 주혈군을 지상식 건물지로 본다면 김해 봉황동유적을 중심으로 낙동강 하류역까지 그 범위를 확대할 수 있다.

이에 비해, 경남 서부 내륙지역과 남해안 일대는 단일 취락 내 주거 건물의 비율이 압도적으로 높은 편이며, 상대적으로 지상식 건물지나 수혈유구 등 부속시설의 비율은 낮은 편이다. 즉 대규모 창고시설을 갖춘 취락의 비율이 매우 낮다. 예를 들면 함양 화산리 유적이나 사천 봉계리 유적, 진주 가좌동 유적 등 대규모취락에서 수혈유구와 지상식 건물지가 거의 확인되지 않고 있다.

3~4세기대 김해 봉황동 제 유적의 양상을 고려하면 봉황대를 중심으로 동쪽에 최상위 계층의 주거역·생산시설(제철), 서쪽에 항구와 같은 교통시설이 있고, 이와 관련된 창고역이 주거역과 항구 주변의 일정 공간에 대규모로 분포한다(그림 2). 현재로서는 낙동강 하류역에 김해 봉황동유적을 제외하면, 대규모 창고 군을 가지는 취락을 찾아보기 힘든 실정이다.[42]

요컨대, 김해 봉황동유적을 중심으로 한 금관가야권역에서 대규모 창고군의 존재는 철 생산 및 대외교역을 중심으로 성장한 금관가야의 선진성을 보여주는 것이다. 이는 경남 서부 내륙권에서 대규모 창고시설을 갖춘 취락의 비율이 매우 낮다는 점과 뚜렷이 대비되는 것으로, 변한에서 가장 선진적인 금관가야의 발전상을 보여주는 것이다.

---

41) 공봉석, 2015 앞의 논문, p.40.
42) 공봉석, 2015 앞의 논문, pp.40~44.

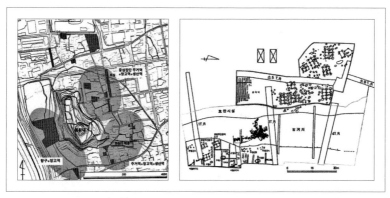

그림 2. 김해 봉황동 유적(좌측) 및 김해 가야인 생활체험촌 조성부지내 유적(창고시설, 우측)
(공봉석 2015)

3) 김해 양동리 고분군에서 대성동 고분군으로의 중심세력 변화의 의미

2세기를 전후한 시기에는 양동리 고분군 일대의 조만천변이 구야국의 중심지로 성장한다. 이 고분군에서는 한·왜의 문물과 함께 철기가 다수 출토된다. 『삼국지』위서 동이전 한조의 기사에서 확인되듯이 구야국에서는 철을 산출하며, 한·예·왜가 모두 철을 구해 가고 시장의 매매에서도 모두 철을 사용한다. 즉, 낙랑·대방에도 공급하였다는 기록과 함께 철을 매개로 한 동아시아의 교역이 구야국을 중심으로 행해진 것을 알 수 있다. 그런데 양동리 고분군에서는 대형 목곽묘가 조영되나 중소형 목곽묘와 같이 묘역을 형성하고 있어 『삼국지』위서 동이전 한조의 "비록 국읍에 主帥가 있으나 읍락에 잡거하여 잘 제어하지 못한다."라는 기록과 부합한다. 3세기 중후엽부터 김해 시내 중심부의 대성동고분군에서 양동리 고분군을 능가하는 대형 목곽묘의 조영이 개시되며 이때부터 대성동고분군이 위치한 해반천 변이 중심지로 성장한다.[43]

김해 주촌면 양동리 고분군의 1~3세기 고분들에서 천군과 같은 종교적 지도자의 성격을 볼 수 있다면 가락국 왕(금관가야왕)으로서 정치적 君長의 면모를 더 선명하게 보여주는 곳이 대성동 고분군이다. 가락국의 역대 왕릉이 자리한 대성동 고분군 가운데 최초의 왕릉이라고 할 수 있는 3세기 후반대의 29호분에서는 파편이긴 하지만 금동으로 만든 왕관이 나오기도 하였다.[44]

3세기 후엽의 대성동 29호분 단계가 되면 양동리 고분군과는 더는 견줄 수 없게 되고 김해지역의 부와 권력은 대성동 고분군으로 집중된다. 이 단계부터 구야국(가락국)은 대국으로 봄이 타당하다. 대국으로의 성장에 가장 중요한 기반이 되었던 것이 해상교역과 더불어 철 생산시스템의 구축이다. 『三國志』의 철 생산과 유통에 관련된 기술도 바로 이러한 가야를 기록한 것이다.[45]

대성동 29호분에서는 시신이 안치되는 바닥 면에 판상철부 100여 점을 열을 지어 깔았으며 음식물을 공헌한 것으로 추정되는 수십 점의 토기가 동복과 함께 부장된다. 3세기 전반까지 조영된 양동리 고분군의 대형 목곽묘에서는 철기가 주로 부장되고 토기는 소수였으나 이 시기부터 음식물을 공헌한 토기가 다수 부장된 것에서 가야인의 내세관 변화를 엿볼 수 있다. 대성동 고분군에서는 양동리 고분군에 보이지 않던 순장이 처음 시행되는데 이는 계세사상과 관련된다. 계세사상은 죽은 후의 세계에서도 삶이 현재의 삶을 이어간다는 것으로, 사후의 세계가 현세와 같으며 내세의 삶을 위하여 생전의 생활을 그대로 저승으로 가져간 것이 厚葬으로 표현되는 것이다.[46]

이와 같이, 대성동 29호묘의 등장은 변한 속의 구야국에서 한 단계 발전

---

43) 박천수, 2016 앞의 논문, pp.10~11.

44) 이영식, 2009 앞의 책, pp.92~108.

45) 이영식, 2018 「가야사의 시기 구분과 공간적 범위」 『가야사총론』(가야 고분군 연구 총서 1권), 가야 고분군 세계유산 등재 추진단, p.28.

46) 박천수, 2016 앞의 논문, pp.10~11.

한 금관가야의 시작을 알리는 중요한 지표이다. 금관가야의 등장은 변한소국의 전통이 점차 사라지고 초기국가로 진화하는 과정이며 이후 금관가야는 주변의 유력정치체와 연합함으로써 점차 정치세력화하는 경향을 보인다.[47]

4. 고고 자료로 본 가야의 성립

한국 고대사에서의 정치체 발달 과정은 읍락단계→읍락통합단계(「國」단계; 국읍단계; 小國단계)→연맹왕국(소국연맹단계→部 체제단계)→집권적 귀족국가(집권 국가)로 정리될 수 있다.

한성백제 성립과정 연구에서는 연맹왕국을 국가(state)의 시작으로 보고 있다. 특정 토기 양식의 형성과 분포 양상, 대형 분묘의 출현, 성곽의 등장이라는 3가지 고고학적 현상이 국가체의 형성을 보여주는 지표임을 확인하였다.[48]

같은 맥락에서 변한은 소국 단계, 가야는 소국간 연맹체가 형성된 이후 단계로 보고자 한다. 연맹왕국 단계는 변한의 소국 단계보다 더 강력해진 국가 권력으로 나타나는데, 그러한 증좌가 대형 분묘·순장·토성·토기 양식의 출현 등이다.

고고 자료에 근거하여 가야 가운데 가장 선진적인 금관가야를 중심으로 가야의 성립과정에 대해 살펴보고자 한다.

---

47) 김영민, 2008 앞의 박사학위논문.
48) 박순발, 2001 『한성백제의 탄생』, 서경문화사, p.251.

1) 금관가야

(1) 토기 양식의 출현[49]

금관가야 양식 토기의 출현은 대성동 29호분 축조 다음 단계인 김해 구지로 1호분에서 환형파수부 노형 기대와 격자문타날호가 조합을 이루는 3세기 후엽으로 파악된다. 김해지역과 부산지역의 토기 양식이 같아지는 시기는 복천동 38호분에서 환형파수부 노형 기대가 부장되는 4세기 초엽이다. 이는 복천동 38호분에서 대성동고분군에서 다수 출토된 통형동기가 부장되기 시작하는 것에서도 그러하다. 4세기 1/4분기에는 금관가야의 영향력이 부산 복천동까지 확대된 연맹왕국의 시작으로 보아도 될 것이다.[50]

김해 대성동 세력과 부산 복천동 세력이 4세기 초에 문화적 동질성을 보인다는 것은 3세기 말에 이미 그 네트워크가 시작된 것으로 볼 수 있다.

(2) 토성의 출현

봉황 토성의 연대에 대해서는 현재까지의 출토유물로 보아 5세기 후반으로 추정하고 있는데, 너무 늦은 시기로 과연 성 전체가 이 시기에 축조되었는지 의구심이 든다. 아니면 그 이전에 축조되었지만, 이때 개축되었을 가능성이 크다.[51]

---

49) 고구려, 신라 등의 예에서 삼국시대 토기 양식 분포권과 정치영역이 거의 일치한다. 이러한 점에서 특정 양식 토기의 형성 및 그러한 양식의 공간적 지배는 국가단계 정치체의 형성과 밀접히 관련된다(위의 책, p.251).

50) 박천수, 2010 『가야토기』, 진인진, pp.144~145.

51) 이성주, 2018 「국읍으로서의 봉황동유적」 『김해 봉황동유적과 고대 동아시아』, 제24회 가야사 국제학술회의 ; 전옥연, 2013 「고고 자료로 본 봉황동유적의 성격」 『봉

4세기 후엽 대성동 고분군에서 마지막으로 조영된 왕묘인 1호분에서 유개장경호가 출토되었는데, 봉황토성 내에서도 이 시기의 토기가 확인되기에 늦어도 4세기 후반에는 본격적인 왕성이 축조되었을 가능성이 크다. 봉황토성은 봉황대를 둘러싼 하단 폭이 20m에 달하고 내외면을 즙석한 성벽을 가진 평지성으로 『삼국유사』 가락국기에 나오는 금관가야의 왕성이며 광개토왕비에 보이는 '임라가라 종발성'으로 추정된다. 이는 금관가야의 발전을 웅변하는 유적이다.[52]

이와 관련하여 경산 임당토성을 살펴볼 필요가 있다. 임당유적의 경우, 4세기 어느 시점에 토성을 축조하게 되고 엘리트 주거는 그 안으로 이주해 간 것으로 파악된다.[53]

이러한 점들을 고려하면, 가야에서 가장 선진적인 금관가야의 봉황 토성도 4세기대에는 축조되었을 가능성이 있다. 향후 조사성과를 기대한다.

(3) 순장의 출현

순장은 초월적인 절대권력을 가진 통치자의 존재를 나타낸다.[54]

한반도 남부에서 순장은 3세기 후엽 금관가야의 대성동고분군에서 처음 시작된다. 가장 이른 사례는 대성동 29호분이고, 4세기대가 되면 순장은 이전보다 그 규모가 확대되고 순장을 시행하는 계층도 확대된다. 순장이 확인된

황동유적』, 주류성.
52) 박천수, 2016 앞의 논문, pp.12~13.
53) 장용석, 2008 「4세기 신라의 토성축조 배경-달성과 임당토성의 예를 통하여-」 『영남고고학』 46 ; 2016 「임당토성 축조에 따른 취락공간의 재편」 『한국고고학보』 101 ; 이성주, 2018 앞의 논문 ; 하진호, 2012 「임당유적 취락의 형성과 전개」 『영남문화재연구』 25.
54) 이재현, 2003(a) 『변·진한 사회의 고고학적 연구』, 부산대학교 박사학위논문.

고분은 대성동 13호·91호·2호·88호·70호·23호·3호·39호·57호 등이다. 3세기 말 최고지배층의 순장자가 1명인데 비해, 4세기대에는 3~5명, 5세기 전엽에는 5~6명, 5세기 중후엽에는 1명으로 순장 규모가 시대의 변화에 따라 확대 또는 축소되어가는 경향이 확인된다. 순장이 시행되는 시기는 대형 목곽묘의 등장과 북방의 문물이 대거 유입되던 때이자 인구증가와 생산력 증대 등 내재적 발전 요인들이 복합적으로 작용하던 때이다. 금관가야의 순장은 4세기대 대성동고분군 조영집단을 비롯한 금관가야 연맹을 중심으로 널리 유행한다. 금관가야 내 연맹관계인 김해 양동리 고분군에서는 4세기 후엽의 양동리 349호분과 5세기 전엽의 양동리 304호분 단 2기에서만 순장이 확인되며 순장 규모는 1명으로 단순하다. 부산 복천동 고분군에서는 4세기 전엽에 순장이 시행되며 이후 신라 지배를 받는 5세기 중엽을 거쳐 5세기 말까지 지속한다. 순장 규모는 4명을 매장한 복천동 11, 22호분을 제외하면 1~2명이 대부분이다. 이처럼 금관가야연맹내의 중심고분군 간에도 현격한 차이를 보인다.[55]

요컨대, 순장은 금관가야의 중심세력인 대성동고분군에서 가장 이르면서 성행하였고, 연맹관계인 양동리 고분군이나 부산 복천동 고분군으로 확대되고 있어 금관가야연맹체의 존재를 인식할 수 있다.

(4) 대형 고분(목곽묘)의 출현

대성동고분군은 훼손되어 현재로서는 육안상 봉토가 확인되지 않는다. 다만, 대형의 목곽을 덮을만한 방대형의 봉토가 있었을 가능성을 제시하는 정도이다.

---

55) 김수환, 2018 「가야의 순장」 『가야사 총론』(가야 고분군 연구총서 1권), 가야 고분군 세계유산 등재 추진단 pp.159~176.

경주의 경우, 평지에 고분을 축조함으로써 무덤이라 인식하는 데에 높은 봉토가 필요해서 단위 고분마다 높은 봉토를 축조했고, 금관가야의 경우 比高 15m인 애꾸지라는 독립된 구릉 자체가 族團의 묘지로 선정되어 그것이 이미 묘지로서 표지를 이루고 있기에 단위 고분의 봉토를 높게 축조할 필요성이 적었기 때문이 아닐까 추측한다. 또한, 개별적인 단위 조상보다는 족단의 공통 조상이라는 개념을 가지고 무덤을 축조해 감으로써 독립된 봉토분의 필요성이 없을 수도 있다.[56]

이러한 점을 고려하면, 대성동고분군이 입지한 구릉 전체를 지배층의 유택으로서의 큰 분구로 보는 것도 가능하다. 5~6세기대 말이산·지산동 고분군의 개별적인 거대 봉토분과 달리, 3~4세기대에 낮은 구릉 전체를 활용한 대성동 고분군은 지배층만의 배타적인 묘역을 가진 공동체 의식의 잔존이라는 측면에서 접근해 볼 만하다.

(5) 연맹왕국의 출현

변한의 구야국에서 금관가야로의 전환은 연맹왕국과 관련될 것이다. 즉 김해 구야국이 주변 소국을 통제하는 주도적 동맹 관계일 것이다. 전술한 바와 같이, 금관가야의 성립은 대성동 29호분 단계와 관련되며 연맹왕국 단계의 시작이라고 볼 수 있다.

이에 대해서는 신경철도 이미 주장한 바 있다. 즉, 동래 복천동 세력을 금관가야의 한 세력으로 보는 관점에서 원삼국시대 김해에는 구야국, 동래에는 독로국이 존재하였으며 4세기대 김해 대성동고분군과 부산 복천동 고분군에서 동일 양식의 토기와 통형동기를 공유한 것은 양국 간의 정치적 연합으로 구야국에서 금관가야로 전환하는 고고학적 증거로 보았다.[57]

---

56) 김용성, 2018 앞의 논문, p.241.

이와 관련하여, 홍보식도 김해세력이 3세기 후반경에는 소국 단계를 벗어나 초기국가로 발전하였다고 보며 그 구체적인 내용은 김해와 부산세력이 결합한 소국연맹 국가라고 보았다. 구야국의 대성동 집단이 독로국의 복천동 집단을 간섭하고 통제하는 방식이었다고 파악하였다.[58] 김해와 부산지역이라는 지역 단위의 연맹을 상정한 점에서 일종의 지역연맹체론이다.[59]

4세기 초 이후에는 금관가야가 진영 분지, 창원 분지, 진해·마산만까지 권역을 넓히는 것으로 파악된다.[60] 그 권역은 금관가야 양식 토기의 분포로 볼 때 동으로는 복천동 고분군이 조영된 부산지역, 북으로는 파수부노형기대가 출토된 김해 퇴래리고분군이 조영된 진영지역, 서로는 파수부노형기대가 출토된 창원 삼동동 고분군이 자리하는 창원 분지를 포함한다. 이 시기를 획기로 보는 이유는 구야국이라는 옛 김해만 연안의 소국을 탈피하여 독로국을 비롯한 창원 분지의 소국을 포괄하는 광역연맹체를 형성하고 그 교섭대상이 규슈지역을 벗어나 새롭게 일본열도의 중심지로 성장한 나라 분지 북부의 사기세력으로 확대되는 시기로 파악되기 때문이다. 그 배경에는 313년·314년 낙랑과 대방의 멸망을 계기로 한 동아시아 정치적 변화와 무관하지 않을 것이다.[61]

대가야연맹이 고령의 가라가 대표이고 나머지 구성국은 독립성을 유지하되 어느 정도의 상하 관계를 맺은 것으로 본다면,[62] 금관가야연맹도 같은 맥락에서 접근할 수 있다. 즉, 금관가야연맹도 김해의 가락국이 대표이고 부산

57) 신경철, 1995 「김해 대성동·동래복천동고분군 점묘-금관가야 이해의 일단-」 『부대사학』 19.
58) 홍보식, 1999 앞의 논문.
59) 권오영, 2001 앞의 논문.
60) 홍보식, 1999 앞의 논문.
61) 박천수, 2010 앞의 책, pp.144~145.
62) 이희준, 1995 「토기로 본 대가야의 권역과 그 변천」 『가야사 연구』, 경상북도, p.420.

등의 구성국은 독립성을 유지하되 상하 관계를 맺은 것으로 볼 수 있다.

연맹체 내의 대표국(대국)과 소속국(소국)과의 관계는 정치적인 측면 외에도 사회·경제적 문제와도 긴밀히 연결되어 있다. 이와 관련하여 다음의 내용은 참고할 만하다.

"진·변한 국 간에는 대국과 소국으로 규모의 차이가 생겼는데 그것은 생산기반의 차이와 무관하지 않다. 삼국지에 기록된 대국에는 사로국과 구야국이 포함되는데 철기 생산과 대외교역에 절대적으로 유리한 여건을 가진 공통점이 있다. 이들을 중심으로 주변 소국이 우호적인 관계로 연결되고 발전하였을 것이다. 대국은 철기 생산과 대외무역, 주변 소국으로의 중요자원 공급 등을 권력의 기반으로 삼았고, 주변 소국은 농업과 가내 수공업적 생산기반을 기초로 하면서 대국과의 사회·경제적 관계, 소국 내의 재분배와 유통 등을 권력의 기반으로 삼았을 것이다. 상층의 엘리트세력은 목곽묘에 대량의 기물을 부장하였고, 주변 엘리트세력은 대국과의 사회적 관계를 통한 철기의 입수, 자체적인 단조철기 및 와질토기의 생산과 유통은 중요한 경제적·정치적 기반이 되었을 것이다."[63]

(6) 소결

전술한 바와 같이, 3세기 후반~4세기 초엽에 변한(구야국)에서 가야(금관가야)로의 질적 성장에 대한 고고학적 증좌로서 다음의 여러 속성을 제시하였다. 즉, 토기 양식·순장·토성 등의 방어시설·대형분[64]의 출현과 함께 연

---

63) 이재현, 2016「진·변한 사회의 계층분화 과정과 양상」『진·변한 '國'의 형성과 발전』, 제25회 영남고고학회 정기학술발표회, pp.97~101.

맹왕국의 성립을 들 수 있다.

대표적인 유적이 김해 대성동 고분군이다. 최초의 왕릉인 대성동 29호분이 축조된 낮은 구릉을 누세 대적으로 활용하는 고총의 경관·금관가야 토기 양식 출현·순장 등과 함께, 금관가야의 부산·창원·진해 등지로의 영향력의 확대는 연맹왕국의 출현으로 볼 수 있어, 백제·신라와 비교해 보아도 고대국가로 가는 경로상에 있음은 뚜렷이 확인된다. 즉, 금관가야 양식 토기의 출현과 주변 지역으로의 파급, 부곽을 가진 대형 목곽묘의 출현과 주변으로의 확대 등은 김해 대성동 세력을 정점으로 부산·창원·진해 등지에 걸쳐 간접지배 혹은 상하 동맹 관계를 구축한 것으로 보인다.

2세기~3세기(중엽)대의 구야국 단계에 김해세력이 낙랑·대방군과의 대외교역에서 창구 기능을 하면서 여러 소국의 대표 격 역할을 했을 수 있지만, 이는 경제적 관계에 치중한 것이고, 좀 더 정치적인 관계의 발현은 연맹왕국의 시작과 관련되며 그 시작은 3세기 말~4세기 초에 해당할 것이다.

요컨대, 초대형 목곽묘의 출현과 후장·외래 위세품의 다량 부장·부곽과 순장·토성 등의 방어시설 등장·금관가야 토기 양식의 출현과 전파 등은 가야 권역에서 가장 이르며, 이는 구야국 단계부터의 철의 생산과 유통, 교역 중심지로서 구야국의 내적 성장의 결과물로 볼 수 있다.

2) 아라가야(안라국)[65]

3세기 중엽의 안야국은 김해의 구야국과 함께 진왕으로부터 優號를 받는

---

64) 고분으로서의 필요조건은 입지의 우월성, 매장주체부의 대형화와 부곽의 등장, 무기의 개인 집중화, 순장 시행 등이 거론된 바 있다(최종규, 1983 「경주 구정동 일대 발굴조사」 『박물관 신문』 139).

65) 안라국에 관한 내용은 필자의 글(이동희, 2018 「고고학을 통해 본 안라국의 형성과 정과 영역 변화」 『지역과 역사』 42)을 주로 인용하였음을 밝혀둔다.

유력한 세력으로 성장하였다.[66]

　안야국은 3세기 중후엽에서 4세기 전반 사이에 일어난 것으로 보이는 포
상팔국 전쟁을 계기로 급속한 성장을 이룬다. 포상팔국 중 일부 국의 병합과
진동만을 통한 해안으로의 진출이 중요 성장기반이 되었을 것으로 추정된다.
이 시기부터 국명도 安羅로 바뀌었을 것이다.[67]

　아라가야 토기의 성립 단계는 4세기 1/4분기로 추정되며, 남강 유역인 의
령 남부의 예둔리까지 확대된다. 즉, 4세기 이후 안라국의 영역은 급격히 확
장되어 남강 유역인 의령 남부와 진주 동부권 외에 마산만·진동만으로 영향
력을 확대한다. 이 단계가 획기로 볼 수 있다.[68]

　아라가야 양식 토기의 출현과 주변 지역으로의 영역 확장 시기인 4세기
이후는 안야국의 국호가 안라국(아라가야)으로 변경된 시점과 부합된다. 통
형고배 등의 아라가야 토기에 근거해 보면 4세기 이후 안라국의 영역은 급격
히 확장된다. 특히, 안라국의 마산만·진동만의 확보는 남해안 여러 세력 및
倭와의 폭넓은 교류와 교섭을 가능하게 하여 안라국의 위상을 높이는 계기가
되었다.

　마산만 일대의 정치체나 칠원의 칠포국 등 종래 소국 명을 가진 정치체는
포상팔국 난 이후 안라국의 영향권 하에 들어가는데, 직접지배라기보다는 간
접지배 혹은 상하연맹체 정도라고 파악된다. 마산만 일대에서 아라가야의 흔
적을 확인할 수 있는 대표 유적은 마산 현동 유적이다. 이 유적에서는 4세기
초부터 통형고배 등의 아라가야 양식의 토기들이 다량 출토된다.[69]

　아라가야에는 대성동 29호분에 따르는 목곽묘가 아직 확인되지 않았지만

---

66) 이영식, 2016 앞의 논문, p.528 ; 박천수, 2016 앞의 논문, p.18.
67) 백승옥, 2003 『가야 각국사 연구』, 혜안.
68) 박천수, 2010 앞의 책, p.63.
69) 동서문물연구원, 2012 앞의 책.

향후 함안 도항리 일원에서 발견될 가능성이 크다. 그리고, 최근에 아라가야 궁성 터가 조사되고 있어 주목된다. 고고학적 추가조사가 이루어지면, 변한 소국(안야국)에서 성장한 4세기대 가야 연맹왕국의 하나인 아라가야(안라국)의 실상을 알 수 있을 것이다.

3) 대가야와 소가야

소가야·대가야의 토기 양식 및 고분의 출현은 5세기 이후로 보는 것이 일 반적이다. 그러한 점에서 소가야·대가야의 연맹왕국으로의 성장은 금관가 야·아라가야에 비해 후진적이었음은 분명한 사실이다. 이와 관련하여 다음 의 견해는 참고된다.

> "5세기대가 되면 서부 경남 가야 고분에서 가장 눈에 띄는 현상은 앞 시기와는 비교할 수 없을 정도의 거대한 목곽묘가 축조되면서 갑주 와 마구의 부장과 함께 귀금속류의 冠帽와 귀걸이 등이 새롭게 부장된 다. 이처럼 무덤이 커지고 다양한 철기와 귀금속류가 부장된 유구는 이 러한 유물을 소지한 자의 강대한 사회·경제적인 위치를 알려주며 궁극 적으로는 가야 유력세력의 등장을 알려주는 고고 자료임이 분명하 다."[70]

대가야의 지배층 고분군인 고령 지산동 30호분에서는 5세기 전엽경의 대 가야 양식 토기, 즉 통형기대·발형기대·장경호·고배가 기종을 이루어 부장 된 것이 확인된다. 이 시기야말로 대가야양식토기의 성립기라 할 수 있으며

---

70) 조영제, 2018 「소가야의 고분문화」 『소가야의 고분문화와 대외교류』(2018년 가야 고분 조사·연구 학술대회), 국립가야문화재연구소, pp.6~7.

지산동 고분군에 대규모 고총이 출현하는 시기이다.[71] 또한, 지산동 고분군에서는 5세기 전엽부터 순장이 확인되어 주목된다.

한편, 고성과 통영지역에서는 5세기 전반에 해당하는 소가야 양식 토기가 출토되고 소가야식 묘제가 확인되는 점으로 미루어 고성지역이 5세기 전반 이후 멸망에 이르기까지 소가야의 중심지인 것으로 상정된다. 토기 외에 고성지역 대형 고총 군의 분포 역시 이를 시사한다. 5세기 전반에는 고성 중심으로 경남 서남부지역을 비롯해 남원 아영지역·전남 동남부지역까지 세력을 넓히게 된다. 5세기 후반에는 대가야세력의 확대로 호남 동부지역이 모두 소가야 권역에서 벗어나고, 6세기에는 소가야의 권역이 급격히 축소되고 소가야 내 제 지역의 집단 결속력도 약화한다.[72]

소가야는 고성을 중심으로 한 지역의 소국 연합이나, 이 지역에도 송학동 고분군에 필적하는 내산리 고분군이 존재하고 산청군 중촌리 고분군에도 대형분이 조영된 점에서 연맹국 간에는 대가야권·아라가야권과 같은 중앙과 지방간의 명확한 상하 관계가 형성되지는 않았던 것으로 보인다.[73]

4) 소결

본고에서는 가야 성립기를 이주민에 의한 급변이 아닌 자체발전의 관점에서 소국 단계를 넘어선 연맹왕국의 출현으로 보고자 하였다. 가야의 연맹왕국 단계는 변한의 소국 단계보다 더 강력해진 국가 권력으로 나타나는데, 그러한 증좌가 대형 분묘·순장·토성·토기 양식 등의 출현 등이다.

그런데, 같이 성장하던 신라(사로국)와 가야(가락국)의 차이점이라면 가

---

71) 박천수, 2010 앞의 책, p.180.
72) 김규운, 2009 「고고 자료로 본 5~6세기 소가야의 변천」, 경북대학교 석사학위논문.
73) 박천수, 2016 앞의 논문, p.34.

야는 광개토왕 남정을 계기로 고대국가로 성장하지 못하고 비교적 좁은 범위의 연맹왕국에서 멈추었다는 점이고, 신라는 지속해서 고대국가로 성장했다는 점이다.

우리가 일반적으로 알고 있는 여러 가야(금관가야·아라가야·대가야·소가야 등)는 개별 소국이 아니라 인접한 가야 소국 몇 개가 합쳐진 이름으로 지역 연맹체 수준이다. 즉, 가야의 시작은 연맹왕국의 고고학적 현상이 드러나는 단계로서, 그 상한은 3세기 후엽이며 가장 선진적인 금관가야가 이에 해당한다.[74]

가야가 다른 삼국에 비해 빨리 멸망한 것은 여러 개로 나뉜 소국연맹체(연맹왕국)가 멸망기까지 통일되지 못했다는 점이다. 가야 멸망기에 10여 개국의 국명이 확인되므로 개별 연맹체 내부에 자치권이 있는 소국이 존재한 양상임을 알 수 있다. 개별 연맹체 내의 구조가 맹주와 소속국의 구조라면, 맹주국에 의한 간접지배체제라고 볼 수 있다. 이러한 연맹체구조는 고고학적 유물상(문화적)으로는 유사성을 보이지만 개별 소국의 자치권이 있는 셈이다. 대가야의 늦은 단계에는 연맹왕국 다음 단계로, 부체제 그리고 고대국가에 근접하는 단계까지 거론되고 있지만, 그 소속국인 다라국은 문화적으로는 대가야와 긴밀한 연결성을 보이면서도 독자성도 함께 확인된다.

전술한 바와 같이, 변한 소국에서 연맹왕국으로의 전환 시기는 각 연맹체별로 상이하다. 즉, 금관가야는 3세기 후엽-4세기 초, 아라가야는 4세기 초, 대가야와 소가야는 고고학적 양상으로 보면 5세기 초로 보는 것이 안정적이다. 이러한 점을 고려하면, 변한-가야 전환기를 논의할 때 지역성이 언급되어야 한다.

전술한 바와 같이, 기본적으로 개별 소국 단계였던 변한을 초월하는 새로

---

74) 물론, 5세기 후반 이후의 대가야는 고대국가까지 성장했다는 것이 최근 고고학계의 의견이며, 그럴 가능성은 크다.

운 단계, 즉, 고고학적으로 확인되는 지역 연맹체 단계의 시작을 가야의 시작으로 보았다. 즉, 고고학적 유물 상(특히, 토기)이나 묘제로 보면 4개 정도의 문화권으로 구분되는 것이 지역 연맹체와 부합한다. 이 단계는 개별 소국 간의 관계가 단순한 교류 관계가 아닌 한쪽 나라가 인접 나라를 정치적으로 통제하는 단계로 볼 수 있다. 이러한 양상이 변한의 여러 나라 중 大國으로 나오는 안야국과 구야국에서 가장 먼저 나타난 것은 자연스럽다. 그중에서도 변한을 대표하는 구야국이 인접 독로국과 연맹 관계를 맺은 가운데 구야국이 독로국을 통제한 양상이 고고학적으로 확인되는 것은 시사하는 바가 크다.

즉, 백제·신라가 마한·진한권역 내 인접 소국과 연합하여 주도권을 가지면서 연맹왕국, 部 체제단계, 고대국가로 나아갔듯이 변한의 주도적 세력이 그러한 과정을 시작하는 단계를 사회발전 단계상 가장 큰 획기로 볼 수 있다. 400년 고구려 광개토왕 남정이 가야사 전체적으로 큰 획기이지만 이는 외부의 충격이고, 자체 발전과정으로 보면 그 이전단계에 소국 간의 연합체가 더 중요하다고 하겠다. 이 단계는 변한 소국 중 강력한 세력이 등장하였음을 가시적으로 보여주었다는 점에서 사회발전 단계상에서도 새로운 진보이다.

물론, 포상팔국과 같이 4세기 이전단계에 연맹의 기사가 보이지만, 이는 경제적 측면이 강하고 이해관계에 의해 일시적으로 연합한 경우로서 고고학적으로 확인이 어렵다. 이러한 포상팔국의 연맹에 대해, 고고학자들은 고고학적 물증이 보이지 않기에 그 시기를 하향 조정해 5세기대 소가야의 고고 자료와 연결하고자 하지만, 재고의 여지가 있다.

요컨대, 가야의 성립은 변한 속의 구야국(소국 단계, 병렬적)이 아니라 주변 소국을 정치적으로 통제하려는 새로운 금관가야 단계(소국연맹단계, 지배·종속적)로 진입하는 것과 관련된다. 이러한 단계에서 왕의 권력이 강력해졌으며, 고고학적으로 발현된 것이 대형 분묘(대형 목곽묘)·순장·부곽·지역 양식 토기·토성 등의 등장이라 할 수 있다.

5. 변한·가야의 지역성

이렇듯 3세기 후반~4세기 초 옆에 구야국에서 한 단계 발전된 금관가야로의 성장을 고고학적 구분의 근거를 찾았다고 하더라도 이는 김해·부산·창원 일원에 국한된다. 그 뒤를 이어 4세기 초엽에 안야국이 안라국(아라가야)으로 성장한다.

그런데, 서부 경남이나 고령 대가야권역에서는 현재까지 5세기가 되기 전인 3~4세기대에 금관가야문화권과 같이 뚜렷이 구분되는 고고학적 특징은 보이지 않는다. 이러한 원인으로는 弁韓 諸國의 규모 차이를 거론할 수 있다. 즉, 변한 여러 나라 가운데 구야국이나 안야국 같은 大國은 數千家에 달하지만, 小國은 千家 미만이다. 대국과 달리, 서부 경남 같은 주변부에서는 그 발전상황이 지체된 것을 고려해야 한다. 구야국 기준으로 주변 작은 소국을 같은 기준으로 접근하는 것은 옳지 못하다. 요컨대, 3세기 후반대에 금관가야를 중심으로 새로운 전환기를 마련하였다 하더라도 변한 내의 사회발전단계 차이와 동일하게 가야 내의 발전단계의 차별성을 인정하여야 한다는 것이다.

김해를 중심으로 한 금관가야연맹체와 같이 소국연맹체의 시작을 가야의 시작으로 본다면, 변한·가야의 지역성은 뚜렷하다. 즉, 변한에서 새로운 정치체 단계인 가야로의 전환은 시기 차가 있을 수밖에 없다. 서부 경남권은 변한 연장선에서 오래되어, 소가야와 대가야연맹체의 성립은 5세기 이후로 볼 수 있다.

서부 경남의 정치체들은 읍락 수준의 비교적 작은 정치체가 많았다고 보는 것이 합리적이다. 즉, 국읍 있는 읍락과 국읍 없는 읍락 등 정치체의 규모상의 차별성을 고려한다면,[75] 대국인 구야국 기준으로[76] 서부 경남권의 소규

---

75) 마한의 '大國'과 진·변한의 '大國' 가운데 성곽과 官家를 갖추고 있던 중심지를 국읍이라고 파악할 수 있을 것이다. 국읍이 주변의 읍락을 제어하는 대국의 구조와 달리,

모 변한 정치체를 동일시하면 안 된다.

　이러한 점을 고려하면서 다음 견해를 살펴보기로 한다.

　　"하동·산청·의령·사천과 고성의 내륙지역에서는 아예 와질토기 문화가 확인되지 않는다. 이러한 이유로 소가야지역으로 비정되는 서남부 경남지역에는 변한 소국이 존재했을 가능성이 없다. 고성 동외동 패총에 대한 후기 와질토기 문화의 존재를 근거로 삼국지 위지 동이전의 고자미동국이 이 지역에 있었을 가능성을 타진해 볼 수는 있으나, 동시기 김해나 경주지역의 양상을 보면 그 가능성은 대단히 낮다. 김해 양동리의 거대 목곽묘와 부장유물, 경주·경산 등지의 이 단계 유구·유물은 아주 밀집되어 있으면서 규모도 크고 철기유물도 다량으로 부장되고 있기에 이러한 자료를 근거로 진변한 정치체의 존재를 상정하는 것은 충분히 이해되지만, 동외동 패총 자료는 이러한 자료들과는 비교할 수 없을 정도로 빈약하기 때문이다. 와질토기 문화를 종식하고 등장하는 고식 도질토기 문화는 더욱 거대해진 목곽묘의 축조와 함께 더 많은 철제무기가 부장된다. 극히 일부 지역이지만, 갑주나 마구가 부장됨으로써 본격적인 가야의 역사가 전개되는데 대성동·양동리 고분군으로 대표되는 김해의 가락국이 대표적이다. 그러나 김해지역을 벗어난 다른 가야지역에서는 고식 도질토기 단계의 유구나 유물을 볼 때 가야 소국의 존재를 상정하기가 어렵다. 이런 사유로 4세기까지도 함안지역

　　　　　　소국은 소수의 읍락이 서로 대등하게 연결된 구조일 것이다. 대국은 국읍을 중심으로 한 피라미드형 구조로 주변의 읍락이 복속되어 있다면, 소국은 중심읍락 없이 읍락들이 평면으로 연결된 벌집형 구조라고 보인다(박대재, 2018「삼한의 국읍을 통해 본 구야국」『김해 봉황동유적과 고대 동아시아』, 제24회 가야사 국제학술회의, pp.24~25).

76)『삼국지』기록을 보면 3세기 당시 구야국과 안야국은 변한에서 양대 세력이었다.

에 안라국이나 소가야지역에도 가야 소국이 존재하지 않았을 것이
다."[77]

이러한 견해에 대해 얼마간의 논의가 필요하다.

먼저, 와질토기 문화와 변한 소국을 직결시켰는데, 와질토기 문화는 영남
동남부지역을 중심으로 분포한다. 영남 동남부지역이 변진한의 중심지임은
부인하지 못하지만, 정치체의 규모의 차등성을 감안하면 경남 서부권에 소규
모일지라도 변한 정치체의 존재를 인정하는 것이 자연스럽다.

낙동강 하류역과 경남 서부권은 여러 고고학적 양상이 다르다. 서부 경남
권이 문화적으로 지체되었음이 고고학적으로 확인되고 있다. 즉, 목곽묘의
규모나 부장품의 차이뿐만 아니라, 원삼국시대 토기 양상도 다음과 같이 뚜
렷한 차별성이 보인다.

와질토기의 제작이 정형화 단계에 들어가면서 김해·부산지역은 일찍부
터 일상토기에 큰 전환점을 맞이한다. 늑도식토기에서 연질토기로의 전환이
다. 와질토기의 영향으로 원저 중심의 토기문화로 변한다. 이에 비해, 서부 경
남지역은 늑도식 토기가 2세기까지 잔존하며, 3~4세기대까지도 봉계리식 토
기와 같은 무문토기의 전통이 매우 강하게 남아 뚜렷한 차별성을 보인다.[78]

『三國志』에 표현된 東夷 사회의 정치체들은 그 규모와 조직의 수준에 극
히 불균등하다. 韓의 '國' 중에도 그 규모는 천차만별이어서 대국의 인구는 소
국에 약 20여 배나 될 정도이다. 즉, 읍락 십수 개를 연결하여 하나의 국을 이
루기도 했지만 하나의 읍락 정도가 독립적 정치체로서 행세하기도 했을 것이
다. 3세기 진변한 국의 규모와 조직이 무척 불균등하였던 것은 국의 형성과정

---

77) 조영제, 2018 앞의 논문, pp.6~7.

78) 이창희, 2016 「변한의 성장과 정치체의 형성」 『진·변한 '國'의 형성과 발전』, 제25회
    영남고고학회 정기학술발표회, p.74.

에서 큰 차이가 있었기 때문이다. 같은 영남지역 안에서도 동남부지역에서는 국의 성장이 이르고 북부와 서부내륙으로 갈수록 정치체의 성장이 지체되었던 것으로 보인다. 영남 북서부지역 국의 중심취락과 국의 중심고분군 형성도 상대적으로 늦다. 3세기 후반이면 동남부지역에서는 능선의 정선부를 따라 대형 목곽묘가 배열되는 중심고분군의 형성이 시작되지만, 동시기 내륙지역에서는 이러한 양상을 볼 수 없으며 수장묘군의 형성 시기는 훨씬 지체된다.[79)]

같은 맥락에서 변한으로부터 가야의 성립과 발전과정도 같지 않다는 것은 재론할 필요가 없다.

6. 맺음말

변한과 가야의 연구에서 3세기 이전의 변한 사회와 4세기 이후의 가야 사회에 대한 인식차는 前期論과 前史論으로 대비된다. 즉, 변한사를 가야사 일부로 포함하는 입장을 前期論, 양자를 분리하는 입장이 前史論이다. 이에 대한 찬반논의가 진행되고 있다.

가야를 연구하는 문헌학자들은 대개 변한을 포함한 가야사라 인식하고 있으며, 고고학자 중에서는 변한과 가야를 구분해 보는 의견이 적지 않다.

고고학적 관점에서 변한과 가야를 구분하는 것이 본고의 목적이지만 그 구분이 용이하지는 않다. 이미, 고고학적 관점에서 변한과 가야를 구분한 바 있다. 대표적인 예가 대성동 고분군에 대한 연구를 통한 변한(구야국)과 가야(금관가야)의 구분이다.[80)] 이 견해에서는 변한과 구분되는 가야의 등장을 대

---

79) 이성주, 2018 앞의 논문, pp.91~92.
80) 신경철, 1992 앞의 논문.

형의 분묘(목곽묘)와 탁월한 입지·순장·후장·토기 양식의 출현 등에 근거한
다. 가야로의 전환 시기를 3세기 후엽으로 비정하고, 변한 소국에서 두드러진
성장을 보인 김해 대성동 세력을 중심으로 부산·창원 등이 연맹체를 형성한
단계로 보고 있다.

신경철의 전사론은 대성동 29호분 단계에 북방이주민의 이동과 관련 문
물을 근거로 하여 정치적인 큰 변혁이 있다는 주장이다. 그런데 신경철이 북
방이주민에 의한 무덤 파괴를 언급하고 있지만, 가장 중요한 획기인 대성동
29호분은 기존의 목곽묘를 파괴하는 것이 아니라 오히려 29호분이 1세기 뒤
의 39호분에 의해 일부 파괴하는 현상은 설명이 어렵다. 이는 묘역의 제한성
에 기인하거나 지배층 친족집단 내에서의 친연성을 보여주는 것으로 보는 것
이 더 합리적일 듯하다. 그리고, 도질토기의 등장을 와질토기의 내재적 발전
으로 볼 수 있고, 동복도 부여족의 남하가 아니더라고 교역이나 유민의 이주
과정에서 유입되었을 가능성을 지적한 견해는 참고할 만하다. 따라서 중요한
획기인 3세기 후반대의 대성동 29호분 단계를 급진적인 변혁보다는 완만한
자체발전론으로 보는 것이 더 합리적이다.

본고에서는 변한과 가야의 전환기를 이주민에 의한 혁명적 변화가 아닌
자체발전의 관점에서 소국 단계를 넘어선 연맹왕국 단계로 보고자 한다. 가
야의 연맹왕국 단계는 변한의 소국 단계보다 더 강력해진 국가 권력으로 나
타나는데, 그러한 증좌가 대형 분묘·순장·토성·토기 양식의 출현 등이다.

가야의 성립은 변한 속의 구야(소국 단계, 병렬적)가 아니라 주변 소국을
정치적으로 통제하려는 새로운 금관가야단계(소국연맹단계, 지배·종속적)로
의 진입과 관련된다.

3세기 말~4세기 초를 전후하여 금관가야와 아라가야가 연맹왕국으로 전
환되는 큰 변혁은 優號 칭호를 받은 변한의 유력세력(구야국과 안야국)의 자
체성장으로 보아야 할 것이다. 3세기 말·4세기 초 무렵 동북아의 급변기라는
외부 충격과 마한권에서의 백제의 성장, 진한권에서의 신라의 성장이 자극제

가 되어 변한권 내에서 구야국과 안야국이 각기 자체적인 내부 통합을 도모하였을 가능성이 있다. 즉, 외부의 영향이 있었겠지만, 변한 소국들이 주체가 되어 상호 연맹 관계를 맺으며 정치적 발전을 이룩하였을 것이다.

3세기 중엽 이전에도 弁韓의 大國이었던 구야국·안야국이 해당 지역에서 각기 주변 지역을 아우른 연맹왕국으로 성장하는 것은 자연스러우며, 그 과정에 선진문물을 받아들이거나 일부 이주민을 수용하는 것은 가능하지만 기존 체제를 뒤흔들만한 사건은 발생하기 어렵다는 점을 고려하면 전사론의 문제점은 드러난다. 선진문물이나 새로운 장묘 부장 풍습 등을 모두 이주민과 직결시키는 것은 적절하지 못하다. 만일, 구야국이 북방이주민의 영향으로 국가체제가 새로이 개편되었다면, 안야국도 같게 적용되어야 하겠지만 고고학적 양상은 그렇지 않다.

우리가 일반적으로 알고 있는 금관가야·아라가야·대가야 등은 모두 개별 소국이 아닌 여러 가야 소국이 합쳐진 이름으로 지역 연맹체 수준이다. 즉, 가야의 시작은 고고학적으로 뚜렷이 연맹왕국으로서의 정체성이 발현된 단계이다. 그 상한은 금관가야로서 3세기 후엽으로 본다.

물론, 포상팔국과 같이 4세기 이전단계에 연맹의 기사가 보이지만, 이는 경제적 측면이 강하고 이해관계에 의해 일시적으로 연합한 경우로서 고고학적으로 확인이 어렵다. 이러한 포상팔국의 연맹에 대해, 적지 않은 고고학자들은 고고학적 물증이 보이지 않기에 그 시기를 하향 조정해 5세기대 소가야의 고고 자료와 연결하고자 하지만, 재고의 여지가 있다.

가야 멸망기에 10여 개국의 국명이 확인되는 것은 각 지역 연맹체 내부에서 자치권이 있는 소국의 존재와 관련될 것이다. 개별 지역 연맹체 내의 구조가 맹주와 소속국의 구조라면 맹주국에 의한 간접지배체제 혹은 상하연맹 관계라고 볼 수 있다. 이러한 연맹체구조는 문화적으로는 유사성을 띠지만 자치권이 있는 셈이다. 예컨대, 대가야연맹체의 늦은 단계에는 연맹왕국 다음 단계로, 부체제 및 고대국가에 근접하는 단계까지 거론되고 있지만, 소속국인 다라국은 문화적으로 대가야와 긴밀한 연결성을 보이면서도 개별 소국의 자치성이 확인된다.

변한 소국에서 가야연맹 왕국으로의 전환 시기는 각 지역 연맹체별로 상이하다. 즉, 금관가야는 3세기 후반, 아라가야 4세기 초, 대가야와 소가야는 현재 고고학적 양상으로 보면 5세기 초로 보는 것이 안정적이다. 이러한 점에서 변한-가야 전환기를 논의할 때 지역성이 언급되어야 한다.

경남 서부내륙 지역이나 고령 대가야권역에서는 3~4세기대 무렵의 가야 지역 연맹체의 출현과 관련지을 만한 고고학적 특징(대형 분묘·순장·토성·지역 양식 토기 등)이 보이지 않는다. 이러한 원인으로는 전 단계인 변한 소국의 규모 차이와도 유기적으로 연결되어 있다. 즉, 변한 여러 나라 가운데 구야국이나 안야국 같은 대국은 數千 家에 달하지만, 소국은 千家 미만이다. 대국이 먼저 발전하였고 경남 서부내륙 지역 같은 주변부에서는 그 발전양상이 지체된 것으로 보인다. 구야국같은 대국 기준으로 주변 소국을 재단하는 것은 적절하지 않다는 것을 의미한다.

참고문헌

공봉석, 2013 「영남지방 원삼국·삼국시대 주거」『주거의 고고학』, 제37회 한국고고학
　　　　전국대회

공봉석, 2015 「신라·가야 취락의 분화와 전개」『영남고고학』 73

권귀향, 2012 「낙동강 이서지역 삼국시대 주거지의 전개 양상」, 부산대학교 석사학위
　　　　논문

권오영, 1995 「삼한의 국의 구성에 대한 고찰」『삼한의 사회와 문화』, 신서원

권오영, 1996 『三韓의 『國』에 대한 硏究』, 서울대학교 박사학위논문

권오영, 2001 「가야제국의 사회발전단계」『한국 고대사 속의 가야』, 혜안

김규운, 2009 「고고 자료로 본 5~6세기 소가야의 변천」, 경북대학교 석사학위논문

김수환, 2005 「금관가야의 순장:대성동고분군 순장 양상을 중심으로」『영남고고학』 37

김수환, 2018 「가야의 순장」『가야사 총론』(가야 고분군 연구총서 1권), 가야 고분군 세
　　　　계유산 등재 추진단

김영민, 2008 『금관가야의 고고학적 연구』, 부산대학교 박사학위논문

김용성, 2018 「왕묘 급 고분을 통해 본 가야 묘제의 특성」『가야 고분군 세계유산 등재
　　　　를 위한 국제학술대회』, 가야 고분군 세계유산 등재추진단

김준식·김규운, 2016 「가야의 묘제」『가야고고학개론』, 진인진

김진철, 2008 「삼국시대 타원형 수혈주거지 연구」, 동아대학교 석사학위논문

김태식, 2000 「가야연맹체의 성격 재론」『한국고대사논총 10』

남재우, 2017 「전기 가야사 연구의 성과와 과제」『한국고대사연구』 85

동서문물연구원, 2012 『마산 현동 유적 I』

박대재, 2018 「삼한의 국읍을 통해 본 구야국」『김해 봉황동유적과 고대 동아시아』, 제
　　　　24회 가야사 국제학술회의

박순발, 2001 『한성백제의 탄생』, 서경문화사

박천수, 2010 『가야토기』, 진인진

박천수, 2016 「가야사 연구 서설-소국에서 영역 국가로-」『가야고고학개론』, 진인진

백승옥, 2003 『가야 각국사 연구』, 혜안

신경철, 1992 「김해 예안리 160호분에 대하여」『가야고고학논총 1』, 가락국사적개발
　　　　연구원

신경철, 1995 「김해 대성동·동래복천동고분군 점묘-금관가야 이해의 일단-」『부대사

학』19

신경철, 2000 「금관가야의 성립과 연맹의 결성」『가야 각국사의 재구성』, 혜안

이동희, 2011 「인도네시아 숨바섬과 한국 지석묘사회의 비교 연구」『호남고고학보』38

이동희, 2013 「삼국시대 남해안 지역 주거·취락의 지역성과 변동」『한일취락연구』, 서경문화사

이동희, 2018 「고고학을 통해 본 안라국의 형성과정과 영역 변화」『지역과 역사』42

이성주, 1993 「1~3세기 가야 정치체의 성장」『한국고대사논총 5』, 가락국사적개발연구원

이성주, 2016 「복합사회 형성과 발전에 관한 고고학 연구」『진·변한 '國'의 형성과 발전』, 제25회 영남고고학회 정기학술발표회

이성주, 2018 「국읍으로서의 봉황동유적」『김해 봉황동유적과 고대 동아시아』, 제24회 가야사 국제학술회의

이영식, 2009 『이야기로 떠나는 가야 역사여행』, 지식산업사

이영식, 2016 「문헌사학으로 본 가야」『가야고고학개론』, 진인진

이영식, 2018 「가야사의 시기 구분과 공간적 범위」『가야사총론』(가야 고분군 연구총서 1권), 가야 고분군 세계유산 등재 추진단

이재현, 2003(a) 『변·진한 사회의 고고학적 연구』, 부산대학교 박사학위논문

이재현, 2003(b) 「김해지역 정치체의 성장과 무덤의 변화」『대성동고분박물관 전시안내도록』, 대성동고분박물관

이재현, 2016 「진·변한 사회의 계층분화 과정과 양상」『진·변한 '國'의 형성과 발전』, 제25회 영남고고학회 정기학술발표회

이창희, 2016 「변한의 성장과 정치체의 형성」『진·변한 '國'의 형성과 발전』, 제25회 영남고고학회 정기학술발표회

이희준, 1995 「토기로 본 대가야의 권역과 그 변천」『가야사 연구』, 경상북도

임효택, 1993 『낙동강하류역 가야의 토광목관묘 연구』, 한양대학교 박사학위논문

장용석, 2008 「4세기 신라의 토성축조 배경-달성과 임당토성의 예를 통하여-」『영남고고학』46

장용석, 2016 「임당토성 축조에 따른 취락공간의 재편」『한국고고학보』101

전옥연, 2013 「고고 자료로 본 봉황동유적의 성격」『봉황동유적』, 주류성

조영제, 2018 「소가야의 고분문화」『소가야의 고분문화와 대외교류』(2018년 가야 고분 조사·연구 학술대회), 국립가야문화재연구소

주보돈, 1995 「가야사의 새로운 정립을 위하여」『가야사 연구』, 경상북도

주보돈, 2017 「가야사의 체계적 이해를 위한 제언」『쟁점 대가야사-대가야의 국가발전
　　　　단계』(대가야 학술총서 11), 대동문화재연구원·고령군 대가야박물관

최종규, 1983 「경주 구정동 일대 발굴조사」『박물관 신문』139

하진호, 2012 「임당유적 취락의 형성과 전개」『영남문화재연구』25

홍보식, 1998 「묘제의 비교로 본 가야와 고대 일본」『가야사 논집 1-가야와 고대 일
　　　　본-』, 김해시

홍보식, 1999 「고고학으로 본 금관가야-성립·위계·권역-」『고고학을 통해 본 가야』,
　　　　제23회 한국고고학전국대회

홍보식, 2017 「전기 가야의 고고학적 연구 쟁점과 전망」『한국고대사연구』85

田中良之, 1996 「埋葬人骨による日韓古墳時代の比較」『4·5世紀の日韓考古學』, 九州考
　　　　古學會·嶺南考古學會 第2回 合同考古學大會

가야 도질토기 생산과 유통, 그리고 소비

· 조성원 ·

본 논고는 『한국고대사연구』 99집에 제출한 원고 중 2장과 3장 일부를 다시 재정리·보완하고, 일부 도면을 새롭게 포함시킨 것임을 밝혀둔다.

가야 도질토기 생산과 유통, 그리고 소비 |
조성원 |

1. 머리말

3세기 후반 영남지역에서 처음 등장하는 도질토기는 이후 가야와 신라의 대표적인 토기문화로 자리 잡는다. 그래서 가야고고학에서는 각 지역 고분에 부장된 도질토기를 이용해 제 가야의 시·공간성을 확보하고, 토기양식의 분포 변화를 통해 정치권 내지는 정치영역의 추이를 파악하고 있다. 물론 이러한 연구 과정과 그 성과에 대해서 신중해야 한다는 의견이 여러 차례 제출되고 있지만, 가야사 연구에 있어서 도질토기가 가진 중요성 그 자체를 부정했던 것은 아니다. 또한 기존 연구를 통해 설정된 제 가야 토기양식의 시·공간적 추이는 상당 부분 타당하다는 것을 인정받고 있다. 하지만 토기의 생산·유통·소비[1]되는 과정과 그 이유에는 다양한 의미가 내포되어 있음에도 불구하고, 대부분의 현상을 정치적 산물로 귀결시켜 버린 점을 지적하지 않을 수 없다.

---

[1] 앞선 논문에서는 유통을 세분해서 '기술 확산 혹은 전파', '소비', '유통' 등으로 세분해서 사용한 바 있다(조성원, 2020 「가야지역 도질토기의 생산체계와 유통의 추이」 『한국고대사연구』 99, 한국고대사학회의 주1). 본고에서도 이를 토대로 토기를 제작하는 일련의 행위를 생산, 생산된 토기가 소비자까지 도달하는 과정을 유통, 소비자가 토기를 사용하는 행위를 소비라는 의미로 사용하고자 한다.

이 같은 문제점을 극복하기 위해서는 토기 외형에 기초한 형식론과 이를 통해 수립된 양식론적 검토에만 머물러서 될 것은 아니다. 즉 여러 가야의 도질토기 생산체계가 어떤 방식으로 변화하며 그 차이점은 무엇인지, 유통되는 것은 무엇이고 그 주체는 누구인지, 사용자는 어떻게 사용하고 있는지 등과 같은 생산에서 소비에 이르는 현상 그 자체에 대한 사실 확인과 검토가 진행되어야 한다. 좀 더 구체적으로 이야기 하자면, 생산체계의 구성방식과 관리 주체의 파악, 물질·기술·이념 등 다양한 부분에서의 유통, 계층별·지역별 소비패턴 등 다양한 문제에 접근이 필요하다. 이 같은 과정을 거쳐야만 가야 도질토기가 가지는 역사적 의미에 대한 접근이 가능할 것이라 생각된다.

하지만 이러한 연구를 진행하기 위한 자료가 부족함은 물론이고, 여전히 고분 부장품에 편중되어 있는 한계가 있다. 하지만 1990년대 후반부터 생산유적의 발굴조사와 함께 생산체계의 복원, 유통의 모습, 소비 패턴을 살펴보기 위한 뛰어난 연구 성과가 계속해서 제출되고 있다. 그래서 본고에서는 기존의 연구 성과를 토대로 4~6세기 가야 도질토기의 생산·유통·소비에 대해 통시적으로 살펴보고, 그 의미에 대해서 간략하게 언급해두고 싶다. 이하에서는 서술상의 편의를 위해 기존의 연구 성과에 따라서 도질토기가 등장하는 3세기 후반에서 4세기 초까지를 출현기, 4세기 2/4분기부터 5세기 1/4분기까지를 공통양식기(고식도질토기문화)와 5세기 2/4분기부터 6세기 3/4분기까지를 지역양식기(이대양식기)로 나누어 검토하고자 한다.[2]

---

2) 여기서 말하는 공통양식기의 '공통'은 가야 전 지역이 동일한 양식을 사용한다는 의미는 아니며, 지역양식기에 비해 비교적 넓은 범위에서 동일양식이 확인된다라는 상대적인 의미이다. 이미 지적되고 있듯이 가야에서도 이 시기에 김해-부산을 중심으로 하는 (낙동강)하구양식, 함안을 중심으로 하는 낙동강 좌우안의 내륙양식, 경호강과 남강상류를 중심으로 하는 경남서부양식 등 최소 3개의 양식권이 분포하고 있다. 또한 출현기라는 용어는 '~양식기'라는 용어와 함께 사용하기 적절치 않으나, 도질토기가 등장할 때의 양상을 강조하기 위해서 임시로 사용하는 용어임을 밝혀둔다.

2. 출현기 및 공통양식의 생산·유통·소비

1) 출현기의 양상

도질토기는 3세기 4/4분기로 비정되는 김해 대성동 29호분과 양동리 235호분 등과 같은 낙동강 하구의 분묘유적에서 처음 등장한다. 도질토기가 어떠한 과정을 거쳐 출현하는가는 외부요소를 강조하는 견해[3]와 소성기술의 발전이라는 내적 요소를 강조하는 견해[4]으로 나누어져 있다. 하지만 여러 차례 지적되고 있는 것처럼, 이전 시기에 유행한 와질토기와 비교해 여러 가지 차이점(표 1)을 보이기 때문에 도질토기를 제작한 공인은 와질토기 공인과 계통을 달리 보는 견해가 많다.[5] 장기적으로 보면 도질토기가 와질토기를 압도

〈표 1〉 와질토기와 출현기 도질토기의 생산측면에서의 비교

	(후기) 와질토기	(출현기) 도질토기
태토	비짐을 거의 섞지 않은 것이 존재	일정 정도 비짐이 포함됨
소성온도	800~1,000℃	1,200~1,300℃
색상	회백색 계열	짙은 회청색 계열
정면기법	회전물손질, 물손질, 마연, 깎기 등	회전물손질, 물손질 등
문양	타날문(격자), 암문, 사격자문, 삼각집선문, 능형문	기본적으로 문양 없음
종류	고배, 노형토기(기대), 단경호, 옹류 대부호류(개) 등	(양이부)단경호

---

3) 申敬澈, 1992「金海禮安里 160號墳에 대하여」『伽耶考古學論叢』1, 駕洛國史蹟開發研究院 ; 최종규, 1994「陶質土器의 起源」『고고학지』6.

4) 이성주, 2003a「伽耶土器의 生産·分配體系」『가야고고학의 새로운 조명』, 혜안.

5) 申敬澈, 1992 앞의 논문 ; 1995「三韓·三國時代의 東萊」『東萊區誌』; 최종규, 1994 앞의 논문 ; 이성주, 2003b「기술혁신의 사회적 조건과 과정」『삼한·삼국시대의 토기생산기술』, 복천박물관.

하면서 토기문화의 교체가 진행되지만, 일정 시기까지는 두 종류의 토기가 공존하고 있다. 이러한 점은 도질토기가 새로운 생산체계를 형성하면서 등장했다는 것을 간접적으로 보여준다. 다만, 후술하듯이 출현기의 도질토기의 단순한 생산기종·분포범위·소비량 등에서 한계를 엿볼 수 있기 때문에, 와질토기의 생산체계[6]에 비해 시험적이고 자급자족적인 생산체계를 갖추었다고 생각된다.

출현기 도질토기의 유통과 소비는 매우 한정적이다. 현재까지의 자료로 보면 대부분 김해를 중심으로 낙동강하구 兩岸에 한정되어 유통되며, 기종도 短頸壺類가 대부분으로 김해 대성동 29호분을 제외하면 출토수량이 적은 편이다. 반면 (후기)와질토기는 분묘유적뿐만 아니라 패총이나 주거지 등 생활유적에서도 출토되고 있고, 지역성이 존재하지만 유통범위도 상대적으로 넓었던 것으로 보인다. 따라서 초현기의 도질토기는 이미 확산되어 있던 와질토기의 유통체계를 그대로 이어받는 것이 아니라, 그 내부에서도 매우 한정적으로 유통된 것을 알 수 있다. 게다가 소비에 있어서 대부분 분묘 부장[7]이라는 특수 목적으로 사용되고 있다. 소비 패턴에 대해서는 아직 명확한 판단이 어렵지만, 단경호류가 주류라고 하는 것은 3세기 중반부터 단경호류의 부장이 지속적으로 증가하는 현상과 관련되는 것으로 보이는데, 특히 액체류 저장에 효율적이고[8] 그것을 활용한 장례의식 유행과 밀접한 관련이 있을 것

---

6) 이성주, 2003b 앞의 논문, p.21.

7) 양산 평산리 유적 제12-2호 유구(주거지 부속유구?)에서는 도질소성의 승문타날단경호·격자타날단경호·완 등이 출토(동아대학교박물관, 1998 『梁山 平山里 遺蹟』)되고 있다. 이성주는 이 유구를 출현기에서 속하는 김해 양동리 235호분과 동일한 시기로 보는 것 같다(이성주, 2003 앞의 논문, p.22). 제작기술 상 이 유구에서 출토된 토기들이 불완전한 것은 사실이지만, 격자타날과 승문타날이 공존하고 있으므로 출현기보다 늦은 시기의 것으로 판단된다.

8) 이성주, 2003 앞의 논문, p.22.

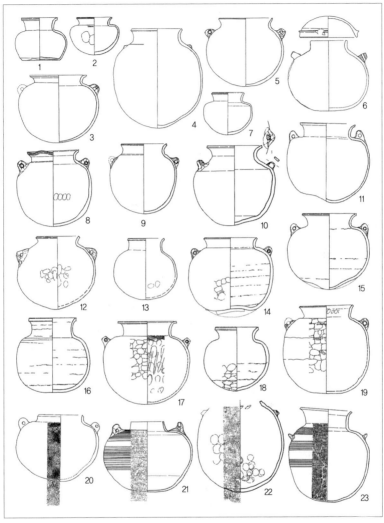

도면 1. 출현기 도질토기(축척부동, 조성원 2020 도면 1 일부 수정)

1~4. 김해 대성동29호분, 5 · 6 · 20. 김해 양동리235호분, 7. 부산 노포동33호분, 8~10 · 21 · 22. 대성동59호분, 11~13. 양동리58호분, 14~19. 김해 예안리160호분, 23.양산 평산리 12-2호 유구. 20 · 22 · 23은 타날문이 채용된 도질토기, 21은 양이가 부착된 와질토기

으로 보인다.

2) 공통양식기의 생산

4세기 2/4분기~3/4분기가 되면 낙동강 하구에서는 타날문 단경호와 함께 컵형토기·고배·노형기대 등과 같이 와질토기에 계보를 두고 있는 기종들이 도질토기로 전환되기 시작한다. 그러나 일부 사례를 제외하면 여전히 와질토기의 제작기법 자체가 도질토기에 반영되지 않는다. 즉 형태적 요소만 모방해서 도질토기로 제작되는 것이다. 이러한 양상은 도질토기 생산체계가 본격화되면서, 와질토기의 생산체계를 압도하기 시작한 것을 보여준다. 다만 와질토기의 생산이 완전히 중단된 것이 아니므로, 이원적 생산체계는 지속되고 있었던 것 같다.

이 시기에 주목해야 할 것은 함안에서 승문타날 단경호로 대표되는 전형적인 함안산 도질토기[9]와 와질토기 전통의 기종 중 노형토기가 도질토기로 제작된다는 점이다. 이 시기의 생산유적은 아직 확인된 바가 없지만, 함안 도항리(말이산) 33·35호분 출토품은 이 시기의 대표적인 도질토기이다. 그런데 이 토기들을 살펴보면 낙동강 하구에서는 보이지 않는 타날문은 물론 마연과 같은 와질토기 제작기법이 도질토기에 구현[10]되고 있음을 알 수 있다. 이러한 양상은 낙동강 하구와 달리 기존의 와질토기 생산체계를 기반에 두고 도질토기 생산이 이루어졌기 때문이라고 생각된다. 다시 말하면 함안지역에서

---

9) 함안산 도질토기에 대해서 소성기술(이정근, 2012 「三國時代 土器 재임방법에 대한 檢討 -古式陶質土器재임방법과 변화를 중심으로-」『嶺南考古學』60)과 제작방식(정주희, 2009 「咸安樣式 古式陶質土器의 分布定型과 意味」『韓國考古學報』67)으로 정의된 바 있다.

10) 대각부의 마연기법은 4세기 2/4분기의 늦은 시점에 등장하는 함안의 고배류에서도 확인된다.

사진 1. 김해와 함안의 도질토기 제작기법 비교
1. 함안 우거리유적 폐기장 47번 고배–깎기풍 마연, 2. 김해 대성동 91호 고배–회전물손질, 3. 우거리유적 폐
기장 170번 컵형토기–깎기풍 마연, 4. 대성동 91호 컵형토기–회전물손질

는 와질토기 공인이 도질토기 생산에 참여했던 것이다.[11] 이 같은 와질토기
생산체계에 기반을 둔 도질토기 생산은 낙동강하구를 제외한, 영남 전역에서
도 유사했을 것으로 추정되며, 이것이 지금까지 내륙양식이라고 명명한 양식
권의 출현과 깊이 관련되어 있을지도 모르겠다.

　아직까지 자료가 부족하기 때문에 단언할 수 없지만 경호강과 남강 상류
일대의 경남 서부지역에서는 조금 다른 양상을 보이는 것 같다. 이 시기에 해
당하는 함양 화산리 유적[12]에서는 이른바 완형고배[13]를 중심으로 단경호, 컵
형토기 등의 형태로 도질토기가 등장하고 있다. 하지만 소성도가 전반적으로

---

11) 함안지역에 도질토기 생산기술이 어떤 방식으로 유입되었는가는 불명이다. 다만 소
　　형단경호와 양이부단경호 등과 같이 낙동강 하구의 출현기 도질토기에 보이는 기종
　　이 함께 출토되므로, 낙동강 하구로부터 생산정보의 확산이 있었던 것으로 추정된다.

12) 보고자는 화산리 유적을 본고의 출현기인 3세기 후반~4세기 전반까지로 보고 있다
　　(박상언, 2007 「花山里遺蹟 住居址 出土 遺物의 檢討」 『咸陽 花山里 遺蹟』, 慶南發展硏
　　究院 歷史文化센터). 필자도 양동리 235호와 유사한 기종이 있다는 점은 수긍하지
　　만, 전반적으로 구형에 가까운 기종이 많다는 점에서 출현기의 늦은 단계인 4세기
　　1/4분기 내지는 공통양식단계인 4세기 2/4분기에 속하는 것이 아닌가 생각된다.

13) 박상언의 無蓋式無透窓 八字形高杯(文化圈)라고 명명하였다. 朴相彦, 2006 『洛東江流
　　域의 古式陶質土器 硏究』, 慶南大學校大學院 碩士學位論文.

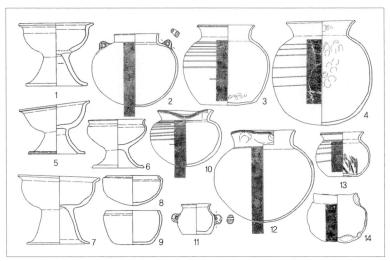

도면 2. 함양 화산리 유적 출토 도질토기와 와질토기(고배류 1/8, 호류 1/10)
1~4, 15-1호 주거지 내부토, 5~14, 28호 주거지 상면, 2 · 3, 10~14는 도질토기 ※재질은 보고서 기준

낙동강 하구나 함안에 비해 좋지 않고, 출토 기종 중 단경호류를 제외하면 완형고배와 같이 연질토기에 계통을 둔 것이 많은 듯하다. 또한 완형고배의 경우, 이 유적에서 이른 단계에 속하는 15-1호 주거지나 28호 주거지 상면 출토품을 볼 때 단경호류에 비해서 늦게 도질화 되는 것 같다. 이러한 점은 경남 서부지역에서는 함안과 마찬가지로 와질토기공인이 도질토기의 생산에 참여했음을 물론, 연질토기 공인도 어느 정도 이 지역의 도질토기 생산에 관여하고 있었음을 보여준다.[14] 다만 이 지역에서는 조사 자료의 미비인지 몰라도 (후기)와질토기문화가 아직 명확하지 않고, 전남지역과의 관계도 있는 등 다양한 각도에서 도질토기 생산의 시작을 검토할 필요가 있다.

---

14) 물론 이 자료가 생활유적 출토품이기 때문에, 여타 지역 자료와 직접적으로 대비하기는 어려운 것은 인정한다. 다만 낙동강하구의 생활유적 자료를 살펴보면, 도질·와질·연질토기의 구분은 서부경남에 비해 뚜렷한 편이다.

4세기 3/4분기가 되면 처음으로 도질토기 생산 유적이 김해 구산동과 함안 우거리, 윗장명 유적 등에서 확인된다. 이때의 가마를 이후 시기의 것과 비교해보면 길이가 짧은 것이 특징이다. 그래서 가마의 길이를 시간적 속성으로 보는 견해도 있지만, 지금까지 확인된 이들 가마가 큰 소비지와 인접한 곳에서 확인된 점에 주목하고 싶다. 즉 대량 생산을 위해서 한정된 공간 내에서 다수의 가마를 제작하기 위한 공간 활용과 가마 내부의 열효율, 생산횟수와 방식 등을 고려해서 길이가 짧은 가마가 고안된 것이 아닐까.[15] 또 하나 지적하고 싶은 점은 이 시기의 가마 내에서도 내부 주혈과 화구부 적석 등 비교적 복잡한 구조를 가지고 있으며 바닥면이 직선적인 구산동과 별도의 시설물이 없이 바닥면이 오목한 우거리·윗장명 등으로 구분이 가능하다는 것이다. 아직 자료가 부족하기 때문에 단정할 수 없지만, 이러한 차이점이 도질토기 생산을 담당했던 제작공인의 계통 차이와 연결될지 지켜볼 필요가 있다.

4세기 4/4분기~5세기 1/4분기에 들어서면 도질토기 생산유적이 양산, 창녕, 경산, 경주 등 영남 전역에서 확인된다. 연구자에 따라 편년의 차이는 있지만, 대체로 창녕 여초리 1~2호, 의령 율산리 토기가마,[16] 양산 산막II구간 1호, 경산 옥산동 4호, 경주 화산리 2~4호, 함안 우거리 유적,[17] 창녕 퇴천리 유적[18] 등이 이 시기에 해당한다. 이 중에서 양산과 창녕의 것은 길이가 10m 전후로 세장한 편인데, 이러한 가마는 보통 1기 내지는 2기 정도가 동일

---

15) 조성원, 2014 「삼국시대 영남지역 도질토기 생산과 유통」 『영남고고학』 69 ; 2019b 「토기생산으로 본 가야와 왜의 토기문화」 『加耶와 倭의 토기생산과 교류』, 국립가야문화재연구소·(재)가야문문연구원·함안군.

16) 단 출토유물을 볼 때 여초리, 율산리 등은 같은 단계에서도 이른 시기에 속하는 것으로 판단된다.

17) 김지연, 2019 「함안 법수면 일대 토기 가마와 조사성과」 『加耶와 倭의 토기생산과 교류』, 국립가야문화재연구소·(재)가야문물연구원·함안군.

18) 김정호, 2019 「창녕지역 비화가야 토기 가마와 조사성과」 『加耶와 倭의 토기생산과 교류』, 국립가야문화재연구소·(재)가야문물연구원·함안군.

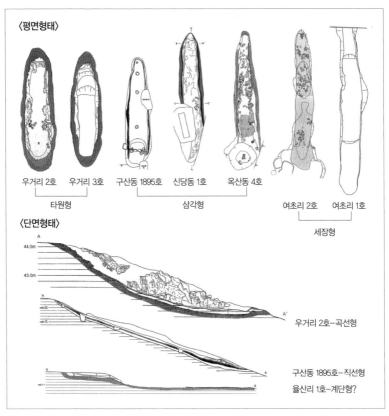

〈평면형태〉

우거리 2호　　우거리 3호　　구산동 1895호　　신당동 1호　　옥산동 4호　　여초리 2호　　여초리 1호

타원형　　　　　　　　　　　　삼각형　　　　　　　　　　　　　　　세장형

〈단면형태〉

44.0m
43.0m

우거리 2호-곡선형

구산동 1895호-직선형
율산리 1호-계단형?

도면 3. 4C3/4~5C1/4의 가마형태 비교 및 분류(축척부동, 조성원 2020 도면 4의 전재)

장소에 있거나 창녕처럼 특정 지역에 1~2기가 모여서 몇몇 장소에 흩어져 있는 경우가 많다. 이는 앞서 서술했듯이 지속적으로 대량생산을 추구했던 김해나 함안과 달리, 도질토기 생산이 단속적이었기 때문에 1회 생산 시 최대량을 생산하기 위해 나타난 것으로 추정된다.

　한 가지 주목되는 것은 이 시기에 대호를 생산이 본격화되는 것이다. 함안 우거리 유적, 창녕 외부리 평동 유적, 양산 호계동 산막 유적이 대표적으로, 이들 가마가 대호생산 전용가마라고 단정할 수는 없지만, 출토유물을 볼

　가야와 주변, 그리고 바깥

때 일정 정도의 대호를 생산 했던 것은 분명하다. 사실 도질제 대호는 4세기 2/4분기의 빠른 시기부터 낙동강 하구를 중심(대성동 91호분)으로 부장되기 시작하므로 생산 시작은 좀 더 이를 것으로 생각된다. 하지만 영남 전체로 생산기술이 확산되는 것은 현재까지의 자료로 보는 한 4세기 3/4분기의 함안 우거리 유적을 시작으로, 4세기 4/4분기~5세기 1/4분기에 창녕·양산·경산 등 낙동강을 따라서 순차적으로 확대되는 것 같다.

3) 공통양식기의 유통과 소비

공통양식기의 도질토기 유통과 소비에 대해서는 주로 김해·부산을 중심으로 형성된 낙동강하구양식(이하 하구양식)의 한정된 유통과 함안산 토기의 광역유통, 도질토기 문화의 확산 등을 중심으로 논의가 진행되고 있다.

먼저 하구양식의 한정적 유통은 외절구연고배와 파수부노형기대를 중심으로 하는 도질토기의 유통이 중심 집단의 강력한 통제 아래 있었기 때문에, 유통-소비 범위가 금관가야 권역과 동일하다는 견해[19]가 제시되어 있다. 하지만 통제라고 하는 것이 유력세력 하의 공인(집단) 만이 유일하게 특정양식의 도질토기를 생산하고 정치적으로 우호관계에 있는 집단에서만 소비되도록 유통을 조정한다는 것인지, 일정 범위에 존재하는 여러 공인집단이 유력세력 혹은 그 세력아래 공인집단의 통제에 의해서 동일한 제품을 생산해서 유통-소비했다는 것인지는 명확하지 않다.

이에 대해서는 김해와 부산의 4세기 3/4분기 이후 문양을 새긴 노형기대의 유통이 지역적 차이를 보인다는 점에서 후자일 가능성이 높다고 생각된다 (도면 4). 즉 외절구연고배와 노형기대라는 기종은 서로 공유하고 있지만, 세부적인 제작기술이나 문양 등을 고려하면 유통과 소비범위는 매우 좁아지는

---

19) 홍보식, 2000 「考古學으로 본 金官加耶」 『考古學을 통해 본 加耶』, 韓國考古學會.

도면 4. 하구양식 내 노형기대 문양 차이(상 : 부산 복천동고분군, 하 : 김해 대성동고분군, 조성원 2020 도면 5 전재)

것이다. 따라서 하구양식의 한정된 유통-소비범위는 특정 집단에서 생산된 제품의 유통과 소비를 통제했다고 하기보다는 생산정보나 기술 공유 혹은 그것을 외부로 유출시키지 않았기 때문에 나타났을 가능성이 높다.[20]

함안산 토기의 분포권은 영남 및 전라도 지역 일부까지 뻗어져 있는 점에서 하구양식의 유통 현상과는 정반대의 양상을 보인다. 특히 얇은 기벽, 저부 타날 방식, 색상 등으로 규정된 함안산의 승(석)문타날단경호는 4세기 2/4분기의 어느 시점부터 영남 각지에 활발하게 유통되고 있다.[21] 반면 4세기대 함안에 토기를 대량으로 유통시킬 수 있는 정치세력이 존재하지 않기 때문에 함안산 토기의 유통을 부정하는 견해도 있다. 사실 함안산 토기의 유통을 적극적으로 인정하는 견해도 함안산 토기가 왜 그렇게 넓은 유통범위를 가지는가에 대해서는 명확히 언급한 바 없고, 반대로 이를 부정하는 견해도 왜 정치권력이 있어야만 토기가 넓은 범위에 유통되는가를 다룬 적이 없다.

최근 포상팔국의 난과 함안산 토기의 유통을 연관 짓는 견해[22]가 제기되

---

20) 문양을 가진 노형기대는 주로 대성동 고분군에 집중하고 있고, 양동리 고분군과 복천동 고분군에서는 잘 보이지 않는다. 이러한 현상을 계층성으로 본다면, 공인집단 혹은 생산된 토기의 유통을 특정 집단에서 통제했을 가능성이 높다.

21) 이정근, 2007 「함안과 창녕지역 토기생산의 특징」『석심 정영화교수 정년퇴임기념 천마고고학논총』, 정주희, 2008 앞의 논문.

22) 김규운, 2019 「4세기대 아라가야 토기의 분포와 그 의미」『아라가야의 전환기 4세

었지만, 함안산 토기가 포상팔국의 난과 관계없는 지역에도 넓게 분포하는 점 등에 대한 보다 상세한 검토가 필요할 것이다. 오히려 함안산 토기 특히, 소비범위가 넓은 승문타날단경호가 동 시기의 다른 지역 단경호에 비해 기벽이 얇고 가볍기 때문에 상품으로서의 가치성 높고, 이것이 넓은 소비범위를 보이는 이유가 아닐까. 이처럼 물품 자체의 이동이 이루어졌다는 점은 인접한 창녕에서는 승문타날단경호가 아닌 유사승석타날문단경호를 생산하고 있는 점[23]에서도 방증된다.

어쨌든 함안산 토기의 정의를 토대로 함안 이외 지역에서는 분묘유적 이외에도 생활유적에서도 다수 확인되므로, 출현기의 도질토기 소비패턴과 차이를 보인다. 이는 함안산 토기 특히 승문타날단경호가 단순히 부장용이 아닌 생활용기로 소비되고 있음을 보여주는 것이고, 상품으로서의 가치가 있었음을 방증한다고 생각한다. 게다가 반대로 부산 복천동54호분과 같이 대형분에서 함안산 혹은 그것을 모방한 것으로 보이는 토기들이 집중해서 부장되는 사례도 이 시기에 확인되기 때문에, 함안산 토기를 중심으로 도질토기의 소비패턴이 다양화되었던 것으로 보인다. 하지만 이러한 함안산토기의 광역 유통과 소비는 4세기 4/4분기에 들어서 둔화되는 느낌이 있다. 아마도 각 지역에서 도질토기 생산이 본격화되는 시점과 맞물리는 것으로 보이는데, 향후 면밀한 검토가 필요하다.

기」, 창원대학교 경남학연구센터, p.137. 포상팔국과의 경쟁에서 승리한 함안(아라가야)이 制海權과 내륙교역망을 장악한 것으로 설명하고 있다. 하지만 낙동강을 따라서 위치한 창녕, 합천 등지에는 독자적인 토기문화가 형성되어 있고, 실제 가마 출토품(여초리 유적의 유사승석문단경호)과 분묘 출토품(합천 옥전54호, 삼가Ⅰ지구1호 등)에서는 함안양식과 함께 다수의 토착토기가 출토되었다. 또한 경주 구어리 유적에서는 함안양식과 함께 하구양식과의 관계가 엿보이는 토기가 출토되고 있어, 교역망의 장악이라는 해석을 쉽게 쓸 수 있을지 의문이다.

23) 이정근, 2007 「함안과 창녕지역 토기생산의 특징」 『석심 정영화교수 정년퇴임기념 천마고고학논총』.

도질토기의 확산에 대한 논의는 기존까지 4세기 4/4분기~5세기 1/4분기
에 확인되는 특정기종의 유통과 관련된 연구가 주를 이루고 있다. 하지만 앞
서 살펴봤듯이 4세기 2/4분기의 어느 시점부터 하구역에서 생산되었다고 생
각되는 무문(양이부)단경호가 영남 각지로 유통되는 것으로 보인다. 아마도
이때의 제품 유통이 가야 각지의 본격적인 도질토기 생산에 영향을 주는 것
이 아닌가 생각된다[24](도면 5).

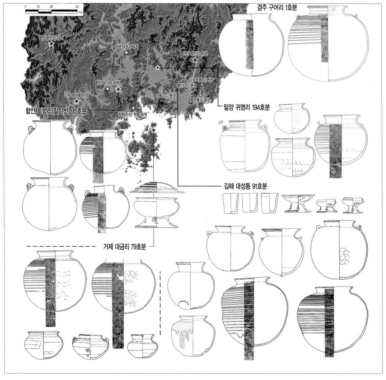

도면 5. 4세기 2/4분기의 도질토기의 유통과 소비(축척부동. 흰색 원은 출현기 도질토기 출토유적, 흰
색 별표는 향후 출토 가능성이 있는 지역, 조성원 2020 도면 3 일부 수정)

---

24) 각지에서 처음 부장되는 도질토기를 보면 대체로 무문(양이부)단경호류가 공반하고

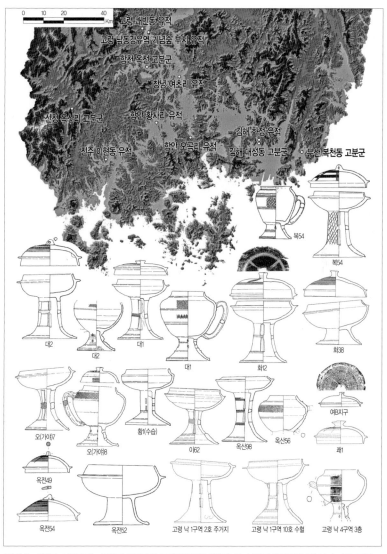

고령 쾌빈동 유적
고령 낙동강유역 기념숲 부지 유적
합천 옥전 고분군
창녕 여초리 유적
산청 옥산리 고분군
함안 황사리 유적
김해 화정 유적
진주 이현동 유적
함안 오곡리 유적
김해 대성동 고분군
부산 복천동 고분군

복54
복54
대2
대2
대1
대1
화12
화38
오(가야)7
오(가야)8
황1(수습)
이62
옥산98
옥산56
여B지구
쾌1
옥전49
옥전54
옥전52
고령 낙 1구역 2호 주거지
고령 낙 1구역 10호 수혈
고령 낙 4구역 3층

도면 6. 4세기 4/4분기~5세기 1/4분기 도질토기의 확산(1/10, 낙동강 하구역은 3/4분기 자료 포함)

4세기 3/4분기~4세기 4/4분기의 늦은 시점부터는 하구역을 중심으로 유개식이단일렬투창고배, 대부파수부호, 유개식장경호, 발형기대 등을 기본구성으로 하는 새로운 토기 조합이 낙동강하구역에서 등장하고, 거의 동시기에 함안, 창녕, 고령, 경산 등 낙동강을 따라서 유통-소비되기 시작한다(도면 6). 이때의 유통-소비방식을 구체적으로 판단할 수 있는 자료는 적지만, 창녕 여초리 가마나 대구 신당동 가마 등에서 유사한 기종이 출토되고 있기 때문에 생산정보의 확산에 따른 것으로 추정된다. 이는 각 지역에서 도질토기 생산기술이 자리잡기 시작했고, 이를 기반으로 각 지역별 유통과 소비가 가능했던 것으로 보인다.[25]

4) 소결

이상에서 살펴본 공통양식기의 토기 생산·유통·소비를 정리하면 크게 3기로 나눌 수 있다.[26] 먼저 1기는 3세기 4/4분기에서 4세기 1/4분기까지로 도질토기의 출현기이다. 이 시기는 부장용으로 소량의 도질토기가 생산되고, 와질토기와 함께 낙동강 하구에서만 소비되고 있다. 즉 1기 와질토기 공인과는 별도의 제작공인(집단)의 등장으로 도질토기 생산이 진행된 이원적 생산체계였다. 그리고 도질토기는 소규모의 자급자족적인 시험적 생산체계이며, 생산지 주변을 중심으로 유통되어 분묘부장품으로 소비되었다고 생각된다.[27]

있다. 그래서 필자는 함안산토기의 유통과 소비도 중요하지만, 하구역의 무문(양이부)단경호의 유통 확산도 가야의 도질토기 생산에 많은 영향을 주었다고 생각한다. 다만 이를 받아들여 도질토기를 생산하는 것은 지역마다 격차가 있었던 것 같다.

25) 이를 도질토기 생산체계의 지역적 평준화로 보는 견해(이성주 2003 : 298)도 있다.

26) 세부적인 내용에는 차이가 있지만, 본고에서 사용한 시기구분은 이성주의 기존 연구(이성주, 2003a의 앞의 논문)에서 개발된 바 크다.

2기는 영남 각 지역으로 도질토기가 확산되는 4세기 2/4분기에서 3/4분기까지이다. 양이부단경호와 소문단경호 등 1기까지 낙동강하구에 집중되었던 도질토기가 영남 각지로 유통-소비되고,[28] 와질토기 생산기술이 구사된 도질토기가 함안을 중심으로 출현하는 점이 특징이다. 경남 서부지역도 자료가 많지 않지만, 도질화되는 기종들을 살펴보면 초기에는 와질토기 생산기술을 가진 공인이 주도를 하면서, 연질토기 공인도 도질토기 생산에 참여했던 것은 아닌가 생각된다. 한편 낙동강 하구에서는 여전히 와질토기가 잔존하고 있기 때문에 1기의 이원적 생산체계가 지속되었던 것 같다. 하지만, 도질토기의 생산기종이 다양해지고 양적 증가도 확인된다. 어쨌든 이상의 지역별 도질토기 제작공인의 계통 차이가 크게는 하구양식과 내륙양식을 잉태한 하나의 원인이 되었다고 보인다.

생산품의 유통과 소비에서 살펴보면 1기에서 2기의 이른 시기인 4세기 2/4분기까지는 낙동강 하구의 무문(양이부)단경호류가 일부 지역에 유통되어 각지에서 분묘부장용으로 소비되었다고 보인다. 또한 현재까지 자료는 부족하지만, 이를 기점으로 도질토기 생산이 가능했던 지역은 1기의 낙동강 하구역처럼 생산지 주변에서만 유통되었을 가능성이 높다. 그러나 4세기 2/4분기의 늦은 시기에서 3/4분기까지 함안산 도질토기가 해안과 수계를 따라서 영남 각 지역에 활발하게 유통, 소비되는데,[29] 분묘 뿐만 아니라 생활유적으로 출토되는 것으로 보아 본격적으로 일상생활용으로 소비가 이루어진 것으로 보인다. 이는 함안산, 그중에서도 승문타날단경호가 기벽이 얇고 가볍기 때문에 일상생활에서 선호되었기 때문이 아닐까 생각한다. 이와는 별도로 양산 평산리 유적·진주 평거동 유적·함양 화산리 유적 등에서도 단경호를 중심

27) 조성원, 2014 앞의 논문 ; 2019b 앞의 논문.
28) 이성주, 2003a 앞의 논문.
29) 鄭朱喜, 2008 앞의 논문.

으로 도질토기가 생활유적에서 출토되고 있어, 큰 틀에서 4세기 2/4분기의 늦은 시점부터는 가야 각지에서 생활용으로 도질토기를 소비했을 가능성이 높다.

3기는 도질토기문화가 영남 전역으로 완전히 확산되는 4세기 4/4분기에서 5세기 1/4분기까지이다. 이때부터 경남 서부지역 일부를 제외하면 영남 전역에서 도질토기 생산유적이 확인된다. 하지만 가마의 형태나 군집양상으로 보아 지역별 소규모 생산이 본격화되므로, 경남 서부지역도 자체적인 생산이 진행되었던 것으로 추정된다. 주목되는 것은 이 시기부터 기존의 하구양식과 내륙양식 이외에 이단일렬투창고배, 집선문 개, 유개식 장경호, 발형기대 등을 중심으로 하는 새로운 기종이 낙동강 하구에서 출현하고, 이것이 영남 각지에서 확인된다는 점이다. 하지만, 주목되는 것은 이 기종이 완전히 동일한 형태를 가졌다고 하기보다는 세부적인 차이를 보이고 있기 때문에 출토지역 주변에서 자체적으로 생산했을 가능성이 높다는 점이다. 이는 이 시기에 지역단위의 가마가 확인되는 것과 괘를 같이 하는 것으로 볼 수 있다. 따라서 이 시기는 2기부터 진행된 도질토기의 유통과 생산기술의 확산에 따라서, 각 지역별 도질토기 생산체계가 운영되기 시작한 시점으로 볼 수 있다.

이 시기의 도질토기 유통과 소비는 기술 확산에 의한 지역단위 생산체계를 기반으로, 여전히 좁은 범위에서 소비되었던 것으로 보인다. 다만 낙동강 하구-창녕-합천-경산에서 공통으로 보이는 유사기종 중 유개식고배 등은 낙동강 하구로 유입된 것으로 생각되는 것도 있기 때문에 이전 시기와는 달리 다양한 유통방식이 존재했다고 생각된다(도면 6 참조). 여하튼 2기부터 진행된 도질토기의 유통과 생산기술의 확산은 3기에 보이는 가야 각 지역의 공통성과 함께, 토착기술과의 융합을 통해 다음 시기의 지역성을 발현시키는 역할을 하는 과도기적 역할을 하였던 것으로 보인다. 이것이 '형식난립기'[30], '양

---

30) 趙榮濟, 2008 「型式亂立期의 加耶土器에 대하여」『考古廣場』1.

식복합기' 내지는 '전환기적 변동'[31]의 생산과 유통의 모습일 것이다.[32]

3. 지역양식 단계의 생산 · 유통 · 소비

4세기 후반 낙동강을 따라서 활발하게 진행된 도질토기 생산기술의 확산과 제품의 유통에 의해서 영남 각지의 도질토기 생산체계와 유통망이 형성되고, 5세기 2/4분기부터는 신라·가야토기의 분화가 시작된다. 특히 가야에서는 고령을 중심으로 하는 대가야양식, 사천·진주·고성을 중심으로 하는 소가야양식, 함안을 중심으로 하는 아라가야양식으로 분화되는 것은 주지의 사실이다.

1) 지역양식 단계의 생산체계

5세기 이후의 생산유적을 시기에 따라 살펴보면, 5세기 2/4분기에서 3/4분기까지의 산청 어서리와 함양 신관리 유적, 5세기 4/4분기에서 6세기 2/4

---

31) 朴升圭, 2010 『加耶土器 樣式 硏究』, 동의대학교 대학원 사학과 문학박사 학위논문.
32) 각 용어는 세부적으로 의미하는 바에 차이는 있으나, 큰 틀에서 3기에 확인되는 토기
   문화의 다양성과 복합성을 염두에 두고 있다. 다만 필자는 이 '형식난립기'와 '전환기
   적 변동'을 보여주는 주요 기종이 4세기 3/4분기 늦은 시점에 낙동강 하구에서 처음
   등장하므로, 하구에서의 토기생산정보 확산과 각지 생산기술의 융합에 따른 다양성
   발현이라는 측면에서 생각을 달리하고 있다(조성원 2014). 이러한 토기문화의 변동
   은 지금까지 고구려군 남정과 관련짓지만, 400년 이전부터 나타난 현상이기 때문에
   다른 원인을 찾을 필요가 있다. 아직 상상에 지나지 않지만, 신라 성장과 함께 고구려
   의 남하라는 위협으로부터 낙동강 양안의 집단을 규합하려는 금관가야의 움직임과
   관계된 것은 아닐까 생각하고 있다. 그러한 과정 중에 선진적인 금관가야의 토기 생
   산기술과 정보-그 이외에도 여러가지 선진기술도 포함-가 유통된 것은 아닐까.

분기까지의 진주 상촌리·고령 송림리·창원 중동유적 등이 대표적이다. 이외에도 고령과 함안에서는 지표조사를 통해 이 시기에 해당하는 다수의 생산유적이 알려진 바 있다. 생산체계에 대해서는 역시 가마의 형태나 군집양상, 전용 적재도구를 통해 살펴볼 수 있다.

먼저 가마의 경우 4세기와 마찬가지로 평면형태가 짧고 타원형을 이루는 것과 세장한 형태인 것으로 나눌 수 있다. 군집양상은 출토유물을 고려하면 비교적 조업기간이 길고 6기 이상의 가마가 모여 있는 장기군집형, 조업기간이 짧고 4기 이상 모여 있는 단기군집형, 조업기간이 짧고 1~2기의 가마가 운용된 단독형 등으로 구분할 수 있다. 장기군집형의 경우 상촌리가 대표적인데, 타원형의 짧은 형태를 가진 것이 많다.

단기군집형은 신관리, 송림리 등을 들 수 있지만, 평면형태는 신관리가 세장방형이고 송림리는 타원형의 짧은 형태를 띠고 있다. 단독형인 어서리[33], 중동도 타원형의 짧은 형태이다. 세장한 형태가 존재하지만 4세기에 비해 짧은 형태가 증가하는 양상이 뚜렷하며, 군집양상과 평면형태의 관계가 뚜렷하게 보이지 않는 것이 특징이다. 이는 지역별 생산기술의 발전과 소비량의 증가와 관계있을 것으로 추정된다(도면 7).

그러나 고령과 진주와 같이 짧은 가마가 밀집도와 생산량의 관계를 보여주는 곳도 존재한다. 우선 대가야의 중심지인 고령에서는 지금까지 조사된 가마는 송림리의 3기에 지나지 않지만, 塼이라는 특수제품을 생산했다는 점에서 중심지로의 토기공급도 담당했을 것으로 보인다. 물론 송림리가 고령 지산동 고분군을 중심으로 하는 중심지의 소비물량을 감당하는 유일한 생산유적이라고는 보기는 어렵고, 지표조사에서 확인된 고령 주변의 여러 생산유적에서 도질토기가 공급되었을 것이다. 진주 상촌리 유적은 가야권 내 최대

---

33) 어서리 유적은 1기만 조사되었지만, 인접해서 산청 생초유적이라는 대단위 소비지가 존재한다. 향후 조사가 진행되면 군집형일 가능성도 배제할 수 없다.

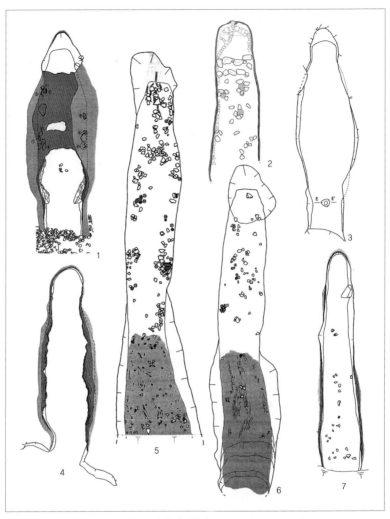

도면 7. 5～6세기대 가야지역의 토기가마 평면형태(조성원 2019의 도면4 전재)
1. 진주 상촌리54호, 2. 산청 어서리유적, 3. 상촌리65호, 4. 상촌리64호, 5. 함양 신관리2호, 6. 신관리4호, 7. 상촌리51호

인 8기의 가마가 짧은 시간범위 내에 군집하고 있기 때문에 처음부터 대량생산을 목표로 했던 가마가 분명하다. 이 두 유적에서 확인된 가마 모두 길이 짧

은 것이 우세하므로, 군집도와 생산량이 가마의 길이를 결정하는 것을 간접적으로 추론할 수 있다.

하지만 두 유적은 주변의 소비유적을 함께 고려할 때 차이가 있을 가능성이 있다. 먼저 고령, 지표조사를 통해 송림리 유적 이외에 다수의 생산유적이 지산동이라는 대규모 소비지 주변에 위치하고 있음이 밝혀졌다. 이는 큰 소비지를 두고, 주변의 다양한 공인집단이 토기를 생산, 공급하는 방식일 가능성을 보여준다. 물론 특정 공인집단이 땔감 등의 여러 가지 이유로 옮겨 다니면서 공방을 조성했을 가능성을 배제할 수도 없다. 하지만 생산한 기물의 종류나 시기로 볼 때 별도로 운영된 공방일 가능성이 높다.[34]

그러나 상촌리 유적은 출토유물로 볼 때 소가야의 생산유적이라는 점은 분명하지만, 주변에서 대규모 소비지를 찾기 쉽지 않다. 따라서 송림리 유적과 달리 중소규모의 소비지[35]에 토기를 공급했을 가능성이 높다. 아마도 이러한 상황이 소가야 토기의 소지역성으로 나타난 것이 아닌가 생각된다.

이외 지역은 산청 어서리와 함양 신관리 유적을 통해서 파악할 수 있다. 이 지역은 일반적으로 대가야 혹은 소가야로 알려져 있지만, 두 유적에서 출토된 유물은 대가야 혹은 소가야토기와 차이가 있다. 또한 인접한 소비지인 생초유적이나 함양일대의 고분군에서도 아직 보고된 사례가 없는 형태가 많다. 이는 두 생산유적가 지역양식의 영향을 받기 전의 것일 가능성을 보여준

---

34) 동일 공인집단이 옮겨다녔다고 한다면, 이는 원료나 연료 등 생산과 관련된 소비재와 관련될 가능성이 높다. 다만 송림리 유적에서 생산한 '塼'과 같이 특정 생산유적에서만 확인되는 유물이 존재하는 것은 각 생산유적이 다른 공인집단이었을 가능성을 보여주는 것이라고 보인다. 향후 발굴조사를 통해 생산유적 간의 조업연대, 생산품 등에 대한 치밀한 검토를 요한다.

35) 인접한 소비지 유적으로는 진주 무촌유적과 사봉유적, 원당고분군, 창촌리유적 등이 대표적이다. 이들 유적은 상촌리유적에서 평지로 이동할 경우 대체로 7㎞ 이내에 위치하고 있다.

다.[36]

　그리고 대가야나 소가야의 지역양식의 영향 직전 짧은 기간 동안 일시적으로 도질토기를 생산했기 때문에 이러한 양상이 나타났던 것으로 보인다. 이는 이성주의 지적처럼 주변부 생산체계의 특징이라고 할 수 있을 듯하다.[37] 다만 이 두 생산유적은 중심지에서의 토기양식 성립기와 거의 동시기에 해당되고, 다양한 요소가 생산품에 반영되어 있는 점에서 단순히 타 정치체나 지역양식을 모방한 것이 아니라 토착공인의 선택적 수용에 의해 도질토기가 생산되었다고 보인다.

　이와 함께 각 가야의 도질토기 생산기술을 비교해 볼 수 있는 것이 적재전용 요도구(이하 요도구)의 사용여부이다. 이 도구는 5세기를 전후해서 출현하고 있으며, 형태에 따라서 몇 가지로 분류가 가능하다. 가야에서도 원통형을 중심으로, 왕관형·장고형 등이 주로 확인되고 있다(도면 8).

　현재까지 가야지역에서 확인되는 요도구와 그 사용흔적을 살펴보면 원통형을 이용하는 함안, 사천-진주-고성, 산청, 함양[38]과 요도구보다 초본류를 주로 이용하는 김해-부산, 합천, 고령 등으로 구분이 가능하다. 즉 낙동강을 중심으로 하는 금관가야-대가야와 남강을 기준으로 하는 아라가야-소가야로, 도질토기 생산기술이 나눠지고 있음을 알 수 있다. 이 같은 지역적 차이는 공통양식의 2~3기에 확인되는 토기생산 정보와 생산물의 유통망과 거의 유사하기 때문에, 5세기 지역양식 성립에 있어서 토기생산 기술의 계통을 반영하고 있다고 생각된다.

---

36) 고령이나 함안과 같이 지역양식의 중심지인 경우, 이미 같은 시기에 지역양식이 성립되어 있다.

37) 이성주, 2003(a) 앞의 논문, p.320.

38) 산청과 함양은 어서리와 신관리유적이 이후 대가야 양식토기가 유행하게 되면, 요도구가 사라진다. 이에 대해서는 후술하도록 한다.

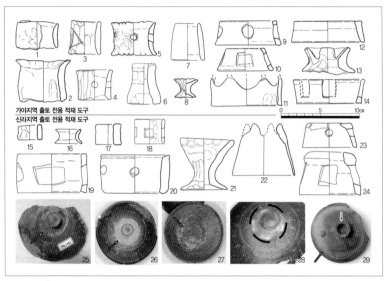

도면 8 지역양식기의 전용적재도구(축척부동, 조성원 2020b 도면 7의 전재)
1 · 2 · 5 · 8~14. 함양 신관리 유적, 3 · 4 · 6 · 7. 진주 상촌리 유적 64호 가마, 15. 경주 손곡동 · 물천리 유적 39호 가마, 16 · 17. 손곡동 · 물천리 유적 33호 가마, 18. 경산 욱수동 · 옥산동 유적 11호 가마, 19 · 24. 대구 신당동 1호 토기가마, 20. 경산 옥산동 유적 11호가마 3호수혈, 21. 욱수동 · 옥산동 27호 가마, 22. 손곡동 · 물천리 28호 가마, 23. 경주 화산리 5 · 6호 가마, 25. 함안 신관리 유적 출토품, 26~28. 함안 말이산 25 · 26호분, 29. 창녕 주매리 유적(25 · 26 · 27은 고리형, 26 · 27은 세트, 28은 왕관형, 29는 전용적재도구 미사용)

2) 지역양식 단계의 유통

이 시기의 가야토기 유통에 대한 연구는 정치적 문제와 밀접한 연관된다는 연구가 대부분이다. 특히 여러 가야 중에서도 대가야와 소가야, 아라가야의 토기양식과 그 분포변화는 각 가야의 지역진출과 외교적 관계를 보여주는 중요한 자료로 인지되고 있는 점에서, 가야에 대한 고고학적 접근의 핵심적인 자료로 활용되고 있다. 하지만 앞서 설명했듯이 정치적 변동이 어떤 메커니즘으로 토기생산과 유통에 영향을 미치는가에 대해서는 상세히 검토된 바가 없는 것 같다. 본고에서도 이에 대한 문제에 접근하는 것은 쉽지 않지만,

여러 선학에 의해서 진행된 각 지역양식별 유통을 정리하면서 그 일단을 언급해두고 싶다.

먼저 대가야양식 토기의 유통에 대한 연구는 형식학적 편년 연구를 토대로, 주변지역으로의 확산과 그 의미에 대한 고찰이 중심을 이루고 있다.[39] 대가야양식이라고 명명할 수 있는 토기가 처음 확인되는 것은 5세기 중반에서도 비교적 이른 단계로 추정되는 (영)지산동1호와 (경)지산동 10호이며, 여기에서 출토된 토기는 아직까지 4세기 후반 낙동강을 따라서 유통된 토기생산 정보의 영향이 남아 있다. 그러나 고배나 유개식장경호 등에서 대가야양식의 proto-type[40]이라고 할 수 있는 것들이 확인되고 있으며, 다음 단계인 (대)지산동73호 단계에 들어서면 대가야양식이 완전히 확립된다.

동 시기의 합천 옥전 23호분 출토품도 4세기 4/4분기의 영향이 남아 있는 것과 토착적인 요소가 가미된 고배가 동시에 확인되고 있지만, 대가야양식으로 볼 만 한 것은 출토되지 않았다.[41] 특히 이 무렵의 생산유적인 합천 어서리유적과 함양 신관리유적에서도 대가야양식으로 볼 만한 토기는 거의 보이지 않고, 신관리유적에서는 오히려 아라가야 양식과 유사한 토기가 출토된

---

39) 禹枝南, 1987 「大伽倻古墳의 編年」 『三佛金元龍教授停年退任紀念論叢』, 一志社 ; 곽종철, 1989 「韓國 慶尙道 陶質土器의 地域相 研究 -소위 高靈系土器를 素材로 하여-」 『古代文化』 40-2 ; 이희준, 1994 「高靈樣式 土器 出土 古墳의 編年」 『嶺南考古學』 15 ; 趙榮濟, 1996 「玉田古墳群의 編年研究」 『嶺南考古學』 18 ; 朴天秀, 1998 「大加耶圈 古墳의 編年」 『韓國考古學報』 39 ; 金斗喆, 2001(b) 「大加耶古墳의 編年 檢討」 『韓國考古學報』 45 ; 박승규, 2015 앞의 논문.

40) 유개식장경호의 proto-type은 30호보다 한 단계 더 빠른 쾌빈동1호분에서도 확인되고 있다. 그러나 그 형태는 하구역의 것과 유사하고 이후의 대가야식 유개식장경호의 변화양상과 일치하지 않기 때문에 본 발표문에서는 35호분 出土品은 proto-type으로 간주한다.

41) 박승규는 옥전 23호를 고령양식의 성립기로 보고 있지만(박승규, 2011 앞의 논문, p.125), 이 시기는 독자적인 토기문화가 존재하거나 창녕, 신라의 영향을 받은 토기가 부장되고 있다.

다. 결국 5세기 중반의 대가야 양식의 유통과 소비는 고령일대에 한정되는, 일종의 자급자족적 생산에 기초하고 있었던 것이다.[42] 이외 합천, 함양 등 이후 대가야토기 양식권에 포함되는 지역도 5세기 2/4분기에서 3/4분기의 어느 시점까지는 독자적인 생산-유통체계를 유지하고 있었던 것으로 보아도 좋을 것이다.

그러나 5세기 후반에서 6세기까지는 합천 옥전고분군을 시작으로 삼가고분군, 산청 생초·평촌리고분군, 함양 백천리고분군, 의령 경산리·천곡리고분군, 진주 옥봉고분군 등 남해안 일대를 제외한 서부경남 전역과 순천 운평리고분, 남원 월산리고분 등의 전라도 일대, 창원 반계동·천선동·다호리고분군, 김해 예안리·능동고분군 등 낙동강하구역 일대에도 대가야양식이 유통된다.[43] 이러한 확산에는 제품의 유통도 있었겠지만, 공인의 이동이나 생산정보의 확산 등 지역마다 차이가 있는 것으로 보인다.

제품의 유통을 보여주는 대표적인 예는 순천 운평리유적이다. 본 유적에 토기를 공급한 생산지는 분명하지 않지만, 출토된 대가야양식 토기 중에는 제작기술의 차이로 인해 유입품과 모방품이 확연히 구별되는 예가 존재한다. 이는 합천 봉계리유적에서도 확인할 수 있다.[44] 이러한 양상은 소규모 집단이나 도질토기문화가 발달하지 않았던 지역에서 뚜렷한 편이다. 아마도 중심집단에서 생산된 토기가 유통·소비되었지만, 공급부족 등의 이유로 기술이 부족하거나 비전문제작자인 토착공인이 모방제작 하면서 나타난 현상일 것이다.

반면 합천 옥전고분군처럼 지역의 중심 집단이면서 이전부터 도질토기문

---

42) 조성원, 2014 앞의 논문.
43) 대가야토기의 유통에 대해서는 朴升圭, 2010 앞의 논문, p.124 ; 박천수, 2010 앞의 논문, pp.173~174에 상세히 설명되어 있다.
44) 이성주, 2003(a) 앞의 논문.

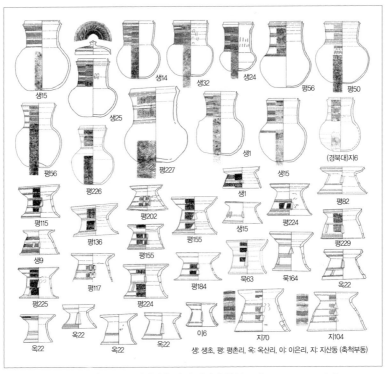

생15 생14 생32 생24 평56 평50
생25 생1 (경북대)지6
평56 평227 생15
평226 생1 평82
평115 평202 평224
평136 평155 평229
생9 평155 묵63 묵164 옥22
평117 평184
평225 평224 지6
옥22 지70 지104
옥22 옥22 옥22

생: 생초, 평: 평촌리, 옥: 옥산리, 이: 이은리, 지: 지산동 (축척부동)

도면 9. 남강 상류에서 출토되는 지역성을 가진 대가야 양식토기(조성원 2019b의 전제)

화가 발달했던 곳은 중심에서 유통된 제품과 모방품의 구분이 모호하다. 이는 토착공인의 우수한 제작기술과 함께 중심지의 공인으로부터 생산정보가 활발하게 유입되었기 때문이다. 이를 계층에 따른 유통방식의 차이로 보는 견해도 있다.[45] 즉 대가야의 핵심지역에서부터 토기가 유통되는 것은 지역집단에서도 중심집단이며, 그 주변세력들은 이를 모방 생산하여 자체적인 유통망을 형성하고 있다는 것이다. 하지만 산청 생초유적에서도 모방품이 확인되고 있기 때문에, 집단 간의 계층 차가 아닌 동일 집단 내의 위계 차에 따른 소

---

45) 이성주, 2003(a) 앞의 논문 ; 박승규, 2015 앞의 논문.

비패턴 차이로 좁혀보는 것이 좋지 않을까 생각된다(도면 9).

이와 달리 공인집단의 이동[46]에 의한 사례도 확인된다. 6세기를 전후해서 낙동강 하구와 창원 일대에서는 대가야 양식토기의 유통, 소비가 급증한다. 기존까지는 제품의 유통으로 보았지만, 창원 중동유적에서 대가야 양식토기를 직접 생산한 가마가 확인됨에 따라서, 5세기 후반에서 6세기 전반에 걸쳐 대가야 토기에 대한 생산정보를 가진 공인(집단)이 창원 일대에 정착했던 것을 알 수 있다. 그래서 여기에서 생산된 토기가 창원 반계동, 다호리, 김해 예안리, 미음동 고분군 등으로 유통, 소비되었던 것 같다.[47]

소가야식 토기[48]도 5세기 2/4분기의 어느 시점에 형성되었다고 생각되지만, 그중에서도 다른 기종에 비해서 비교적 이른 시기에 출현하는 무개식삼각투창고배는 비교적 이른 단계에 성립되었을 가능성이 있다. 소가야 토기는 대가야와 달리 성립단계부터 주변 지역에서 소비되고 있는데, 김해 능

---

46) 앞서 필자는 이식이라는 용어를 사용했으나, 김규운에 의해서 의미에 대한 문제를 지적받은 바 있다. 그래서 좀 더 다양한 가능성을 생각해서 공인의 이동이라는 용어를 사용했으나, 대가야의 정치적 활동과 토착집단의 호응을 염두에 두고 있다.

47) 박승규는 대가야토기의 유통을 4단계로 나누었다. 1기는 5세기 2/4분기로 대가야 중심부인 고령지역에서 유통망이 형성되고, 2기인 5세기 3/4분기에는 신라토기에서의 기술요소의 교류에 의한 생산기술이 반영과 인접지역에 대한 교류에 의한 유통 시작된다고 보았다. 3기는 5세기 4/4분기로 정치경제적 차원의 유통이 전개되어 중심집단은 현물분배, 하위집단은 재지생산에 의한 유통이, 4기인 6세기 1/4분기에는 재지토기 생산체계를 대신한 대가야토기의 새로운 생산체계가 유통되고 2차적 유통되면서 대가야토기 유통권역이 최대가 된다고 지적하였다(박승규, 2015 앞의 논문).

48) 朴升圭, 2000「考古學을 통해 본 小加耶」『考古學을 통해 본 加耶』, 韓國考古學會 ; 金奎運, 2009『考古資料로 본 5~6세기 小加耶의 變遷』, 慶北大學校 碩士學位論文 ; 金志姸, 2013『小加耶樣式 土器의 硏究』, 釜山大學校 碩士學位論文 ; 여창현, 2013『소가야연맹체의 고고학적 연구』, 부산대학교 석사학위논문 ; 하승철, 2015『소가야의 고고학적 연구』, 경상대학교 박사학위논문.

동 나-24호분, 윗덕정14호분 출토품이 대표적이다. 여기에서 출토된 삼각투창고배는 형태나 공반유물로 볼 때 5세기 전반의 늦은 시기에 해당하며, 토기 자체가 유통, 소비되었던 것으로 보인다. 이후 5세기 후반에서 6세기 전반에

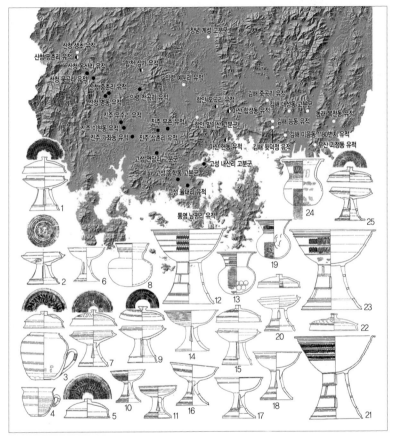

도면 10. 소가야 토기의 유통(축척부동, ●는 소가야양식토기 중심유적, ◑는 경계유적-함안 마산지역은 아라가야·대가야·비화가야양식과 산청은 대가야양식과 혼합된 양상, ○는 소량 유입유적, 이외에도 다수 유적에서 출토되나 생략)

1. 의령 예둔리 1호분, 2~5. 천곡리 20호분, 6. 마산 현동 48호분, 7~9. 현동(동서)9호분, 10. 합성동 36호분, 11. 합성동 109호분, 12. 김해 죽곡리 45호분, 13. 죽곡리 84호분, 14. 죽곡리94호분, 15. 죽곡리99호분, 16. 윗덕정 14호분, 17. 능동 3호목곽, 18. 능동 24호분, 19. 예안리 62호, 20. 우계리5호석실, 21. 대성동73호분, 22. 대성동72호분, 23. 부산 학소대 1구역1호, 24. 창녕 계성1구역2호, 25. 계성 1구역1호

는 고령, 합천, 의령, 함안, 창원-마산, 김해 등 영남 각지로 유통되며, 일부는 순천 운평리 유적에서도 확인된다.

현재까지 소가야 양식토기의 생산지는 진주 상촌리 유적 밖에 조사되지 않았고, 이 유적에서 생산된 토기는 인근의 무촌유적으로 공급되었던 것은 분명하나 다른 곳으로의 공급은 불확실하다. 따라서 이러한 양상이 특정지역에서 제품 자체가 유통되었는지, 아니면 공인 이동에 의한 생산정보의 유통에 따른 것인지는 분명하지 않다. 다만 하구역 일대에 출토되는 양상을 보면 출토량이 한정적이고, 소성상태가 토착토기에 비해 불량하거나 고배 대각의 목리 조정흔 등 소가야토기의 속성을 충실히 반영한 것이 있어서 제품의 유통 직접적인 유통을 상정해 볼 수 있다(도면 10).

아라가야양식 토기[49]는 화염문투창이 투공된 고배와 이단일렬투창의 유개식고배, 장각의 발형기대, 대부호 등으로 대표된다. 이 중 화염문투창고배는 5세기 1/4분기 시점에 출현해서 영남 각지에 유통되고 있기 때문에, 다른 소지역양식에 비해 비교적 일찍 유통되는 것 같다. 특히 경주 화산리 유적에서는 토기가마에서 화염문투창을 가진 무개식 고배가 등장하는 등, 다른 소지역양식에 비해 생산기술과 정보, 그리고 그것을 보유한 공인의 이동이 일찍부터 일어났던 것으로 보인다.

그러나 전체적인 기종이 모두 갖춰지는 5세기 2/4분기~3/4분기가 되면, 유통범위가 급격하게 줄어들면서 함안분지와 그 일대에 지나지 않는다. 즉 고식도질토기 단계부터 5세기 1/4분기까지의 넓은 유통범위가 좁아들면서, 생산품 내지는 생산기술 등의 유통이 극히 제한적이다. 이는 말이산 고분군

---

49) 金正完, 2000 「함안권역 도질토기의 편년과 분포변화」『伽耶考古學論叢 3』, 駕洛國史蹟開發硏究院 ; 이성주, 2000 「考古學을 통해본 阿羅加耶」『考古學을 통해 본 加耶』, 한국고고학회 ; 우지남, 2000 「考察-咸安地域出土陶質土器」『道項里·末山里遺蹟』, 경남고고학연구소 ; 조수현, 2018 『古墳資料로 본 阿羅加耶』, 慶州大學校 博士學位論文.

과 주변고분군 의 비교에서 확연히 들어난다.[50] 하지만 아라가야양식이 완전히 성립되는 5세기 3/4분기~4/4분기에 일부 기종이 김해 대성동 고분군·부산 복천동 고분군과 같이 지역 중심고분군에서 출토되고 있어, 극히 일부 지역과 계층에 토기 자체가 유통되는 것으로 생각된다.[51] 물론 인접하고 있는 합천 삼가고분군 등 함안 주변 내지는 낙동강 서안의 중심 고분군에도 유통되고 있다. 특히 김해의 경우 중소고분군에서는 아라가야양식이 출토되지 않는 반면 대성동 고분군과 같은 중심 집단에서만 출토되는 점을 보면 수장 간의 친분관계를 반영한 것은 아닌가 생각된다.

3) 소결

이상에서 살펴본 지역양식 단계의 생산과 유통은 5세기 2/4~3/4분기의 1기와 5세기 4/4분기 이후의 2기로 나누어서 정리할 수 있다. 먼저 1기는 고식도질토기 단계 3기의 생산기술과 정보의 유통에 의해서 이전의 도질토기 생산과 유통이 활발했던 낙동강하구와 함안 이외의 가야 제 지역에서의 생산-유통이 활발화되는 시점이다. 하지만, 이 시기의 생산과 유통은 일반적으로 알려진 대가야, 소가야, 아라가야양식과 같은 넓은 범위의 생산-유통망이 아닌 각 양식의 핵심지역-고령, 함안, 창녕 등-에서의 도질토기 생산-유통망이 구축되는 시기라고 할 수 있다.

이 시기 도질토기의 생산과 유통 방식을 가장 잘 보여주는 대표적인 사례로 대가야양식을 들 수 있다. 대가야양식 토기는 후술하겠지만, 다음 시기에

---

50) 이성주, 2003(a) 앞의 논문.

51) 복천동 53호분에서 출토된 화염문투창의 무개식 고배는 아라가야와 깊은 관계가 있다고 추정되지만, 완전히 동일한 제품이 함안에서 확인된 적은 없다. 이러한 점은 부산에서의 모방제작 가능성도 배제할 수 없게 한다.

상당히 넓은 광역의 생산-유통망이 형성됨은 주지의 사실이다. 하지만 이 시기에는 대가야양식이 성립되지만, 고령과 그 주변을 벗어나지 못하는 생산-유통망을 가지고 있으며, 이는 이후 대가야양식의 중심지라고 할 수 있는 합천 옥전 고분군에서도 아직 별도의 토기문화가 유지되어 있었다는 점에서도 알 수 있다. 한편으로 남강 상류와 함양 등 일반적으로 대가야양식권에 속해 있는 지역도 산청 어서리와 합양 신관리 유적의 사례를 고려하면, 다양한 지역의 영향을 받으면서도 지역성이 강한 토기가 생산되고 있는 것을 알 수 있다. 이는 이 시기에 지역양식권이 비록 성립되지만, 한정된 범위에 머물로 있음을 잘 보여주고 있다.

반면 남강 중상류와 남해안 일대에서 등장하는 소가야양식 토기는 이 시기의 자료에 불분명한 점이 많지만, 상대적으로 넓은 범위에서 공통성이 확인되고 있다. 이에 대해서 이전 연구성과를 참조[52]하면 지역별 생산-유통망이 형성되지만, 지역 간의 생산 정보의 유통과 공유가 다른 지역보다 일찍부터 진행되어 대가야토기보다 넓은 범위에서 유사한 토기문화가 형성되어 있었을 가능성이 높다고 생각된다. 그 원인에 대해서는 분명하지 않지만, 이들 지역이 고식도질토기 단계부터 완형고배를 중심으로 하는 또 다른 하나의 토기문화권[53](하승철 2008)을 형성하고 있었기 때문에 오래전부터 토기생산정보를 공유하고 있었다는 지역이었음을 고려해 둘 필요가 있지 않을까 한다.

2기에는 지역양식권의 생산기술과 함께 제품의 유통이 활발화 되면서, 소지역양식이 통합되면서 일반적으로 알려진 지역양식권[54]의 범위가 형성된다. 즉 1기에 존재했던 소지역 생산체계와 유통망이, 지역양식의 생산체계와

---

52) 金志姸, 2013 앞의 석사학위논문.

53) 하승철, 2008 앞의 박사학위논문.

54) 여기서 말하는 소지역양식이란 대가야, 소가야, 아라가야와 같은 가야권 내 지역양식을 구성하고 있는 고령, 합천, 산청 등과 같은 지역단위의 토기생산과 유통의 결과로 나타난 양식을 말한다.

유통망으로 통합되면서, 지역양식권 내에서 중심과 주변이 구분되기 시작한다. 대가야양식의 경우 고령 지산동과 합천 옥전을 중심으로 양식의 중심이 형성되는데, 이 같은 대량소비가 가능한 지역을 둘러싸고 몇 곳의 생산유적이 토기를 공급하는 방식이 형성되는 것 같다. 특히 주목되는 것은 博과 같은 특수물품을 생산하는 토기공인집단도 나타나는 것으로 보아, 중앙에서 관리하는 공인집단의 운영도 엿볼 수 있다.[55]

이에 비해서 대가야양식권의 주변이라고 할 수 있는 산청·함양·거창, 섬진강 일대, 남원·운봉고원에서는 대가야양식의 영향을 받고 있지만, 지역성[56]이 강한 토기가 지속적으로 제작되고 있음을 주목하고 싶다(도면 9). 이것이 대형분을 중심으로 부장되는 대가야양식 중심지 생산 토기를 모방해서 만들었기 때문인지, 중심지로부터의 생산정보 유통에 의한 것인지는 확실하지 않다.

다만 이전 시기의 산청과 함양의 지역성을 고려하면, 상당히 급박하게 대가야양식으로 전환되는 것을 알 수 있다. 이러한 점에서 이 시기 대가야양식 토기의 생산과 유통이 신라·백제와의 관계 속에서 대외교섭루트를 확보하고 새로운 정치적 영역 확보하려는 대가야의 움직임 속에서 나타난 현상으로 나타난 결과로 볼 수도 있다.[57] 다만 어디까지나 주변지역에서는 기존의 생산체계와 유통망을 기반으로 하고 있고, 어느 정도 지역성을 인정해주는 느슨

---

55) 중앙에서 관리하는 토기공인집단이 이 시기부터 생겨났다는 것은 아니다. 도질토기가 이전에 없던 원료와 연료를 소비해야 생산되는 물품임을 고려하면, 특정 지역에서는 4세기부터 중앙에서 관리하는 공인집단이 있었을 가능성이 있다.

56) 여기서 지역성이라는 것은 기본적인 형태와 기종은 대가야양식에 속해 있지만, 세부적인 속성-예를 들어 돌대의 수나 투창의 배치 등-에서 지역적 특징이 있다는 의미이다.

57) 朴天秀, 2008 「호남동부지역을 둘러싼 大加耶와 百濟」『전남동부지역의 가야문화』, 제38회 한국상고사학회 학술발표대회.

한 관계였음을 강조해두고 싶다.

이 시기의 소가야양식 토기의 범위도 넓어지는 것은 분명하지만, 생산과 유통의 측면에서 보면 이전 시기의 생산정보 공유 네트워크를 통한 생산-유통망이 계속해서 유지되는 것 같다. 이는 상촌리 유적에서 볼 수 있듯이 하나의 대량생산 공방의 생산물이 비교적 여러 집단에 공급되는 방식을 취하고 있을 가능성이 있다는 점에서도 유추할 수 있다. 즉 현재까지 상촌리 이외에 소가야양식 토기를 생산한 유적이 조사되지 않았기 때문에 단언할 수 없지만, 소가야 양식의 분포 범위 내에는 지역마다 몇 개의 대규모 공방이 형성되어 있고, 이들 대규모 공방들 간의 토기생산 정보 유통이 아마도 소가야양식 토기의 범위가 나타는 것이 아닌가 생각된다.

물론 이 시기 소가야양식 토기의 확산을 고식도질토기 시기 함안양식 토기의 유통권을 그대로 이어받고, 부장되는 집중도를 보아 영역화와 관련되는 현상으로 보는 견해[58]나 합천 삼가고분군의 토기문화 변화를 통한 정치적 입장 추이로 보는 견해[59]도 있다. 이러한 견해는 5~6세기의 역사적 상황을 고려해 보면 타당하다고 생각되지만, 이상의 소가야양식 토기의 생산-유통이라는 측면에서 보면 재검토할 여지가 있으며, 유통의 의미에 대해서 보완 검토가 필요할 것으로 생각된다.

반면 아라가야양식 토기는 고식도질토기 단계의 활발한 생산과 유통과는 전혀 다른 양상을 보인다. 즉 소비유적에서 출토되는 양상을 고려하면 지역양식 단계 1기의 고령지역과 유사한 자급자족적 생산-유통을 보이는 듯하다. 이것이 4세기대 생산-유통망의 쇠퇴와 관련이 있는 것인지, 대가야와 소가야의 생산-유통망의 확대와 관계있는 것인지는 분명하지 않다. 다만, 고식도질

---

58) 김규운, 2019 앞의 논문.

59) 高正龍, 1996 「加耶から新羅へ-韓國陜川三嘉古墳群の土器と葬制について-」 『京都市埋藏文化財研究所 研究紀要 3』, 京都市埋藏文化財研究所.

토기 단계의 생산유적이 집중해 있던 함안 법수면 일대에 여전히 지역양식 단계의 생산유적이 존재하고 있기 때문에 생산체계보다는 유통망의 문제와 연관될 것으로 추정된다.

이상에서 지역양식 도질토기의 생산·유통·소비를 정리해 보면 도면 11 과 같다고 생각된다. 먼저 지역양식 1기는 caseⅢ과 같은 형태가 중심을 이루면서 일부 caseⅠ-2와 같은 형태를 띠고 있었다고 생각된다. 이는 이 시기에 지역양식이 성립되기 시작하지만, 그 분포범위가 넓지 않다는 점에서도 확인할 수 있다. 특히 대가야양식과 소가야양식의 영향이 강하게 작용하는

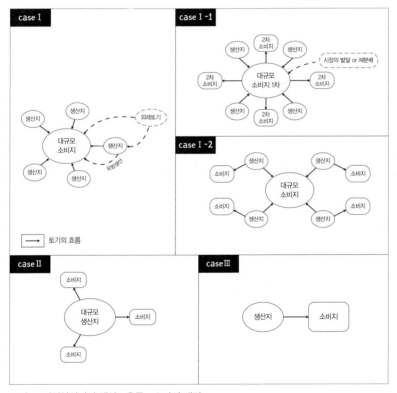

도면 11. 지역양식기의 생산 · 유통 · 소비의 패턴

산청과 함양에서 독자적인 양식의 토기를 생산하고 있는 생산유적이 확인되는 것은, 이 시기까지 caseⅢ과 같은 형태로 생산·유통·소비가 진행되었던 것을 방증한다.

2기에는 일반적으로 알려진 가야의 지역양식 중 대가야·소가야를 중심으로 양식이 확대되는 것을 알 수 있다. 대가야양식의 고령의 경우, 현재까지 확인된 생산유적의 분포로 보아 caseⅠ과 같이 대규모 소비지를 둘러싸고 여러 생산지가 도질토기를 공급하였던 것으로 생각된다. 다만, caseⅠ-1과 같이 대규모 소비지에서 큰 시장이 형성되거나 (재)분배에 의해서 주변집단으로 유통되는지, 생산지에서 직접적으로 주변집단에 유통되는 caseⅠ-2와 같은지는 아직 불명이다. 다만 산청 생초유적이나 남원, 순천과 같이 유입품과 토착공인이 만든 제품의 구분이 가능한 곳에서는 caseⅠ-1일 가능성이 높다고 생각된다. 그런데 소가야의 경우, caseⅡ와 같은 생산·유통·소비를 보이는 것 같다. 이는 지금까지 확인된 소가야 생산유적이 1곳 밖에 없고, 그 주변에 대규모 소비지라고 할 수 있는 중심 집단이 보이지 않기 때문일 가능성이 높다. 이에 대해서는 향후 재검토를 진행하고 싶다.

이와는 별도로 한 가지 부언해두고 싶은 것은 이 시기에는 명확하게 정치적인 측면을 고려해야 할 생산-유통 방식이 존재하고 있다는 점이다. 예를 들어 앞서 CaseⅠ-1이나 특정 지역양식이 다른 지역 양식권 내의 집단에 유통될 경우 그 집단의 대형분에 물품자체가 유통되는 경우가 자주 확인된다던가, 창원 중동유적처럼 제작공인의 이주를 통해 지역양식권이 새롭게 형성되는 경우가 대표적이다. 물론 이러한 생산-유통의 주체가 어디에 있는가에 따라서 해석이 달라질 수 있지만, 어느 쪽이든 정치적인 문제와 밀접한 관련이 있다는 것은 부정할 수 없다.

다만 이러한 정치적 의미로 해석할 수 없는 사례도 다수 존재한다. 이는 이 시기 지역양식권이 뚜렷하지 않는 김해지역이나 양식권의 중심으로 유입되는 주변지역 생산 토기로 종종 확인되는데, 이는 아마도 혼인과 같은 비정치적 인적이동과 관련해서 될 가능성이 있다. 이에 대해서는 별도의 상세한 검토가 필요하지만, 지역양식 단계에 들어오면서 도질토기 생산기술이 소지역 단위로 확산·성숙해지고, 사회의 복잡성 증가에 따라 토기의 생산-유통도 다양한 형태와 의미를 가질 수 있다는 점을 고려해야 할 것이다.

4. 맺음말

영남의 고고학에서는 도질토기의 생산이 삼국시대의 시작을 알리는 물질자료 중 하나로 취급될 만큼 중요한 의미를 지니고 있다. 특히 가야의 고고학적 연구에서 차지하는 도질토기의 비중이 크다는 점은 앞서 언급했듯이 두말할 필요가 없다. 즉 생산의 측면에서 토착기술과 외래기술의 비교검토와 융합 방식, 유통의 측면에서 사용방식의 비교검토 등 생산과 유통의 원인을 결정짓는 실제적인 문제를 도외시 한 채 역사적 의미만을 부여하고자 한 것이다. 물론 토기를 비롯한 고고학에서 다루는 모든 물질자료가 역사적 산물이므로, 이를 이용해 역사적 의미를 파악하는 것은 당연하다. 그러나 그 역사적 의미가 반드시 정치일 필요는 없으며, 또한 그 반대일 필요도 없다. 도질토기의 진정한 의미에 접근하기 위해서는 집단 간의 기술적 수준 차이나 사회적 嗜好와 유행 등과 같은 다양한 요소를 함께 고려해야만 토기를 통한 역사적 복원이 더욱 풍부해 질 것이다. 또한 특수 상형토기를 제외하면 토기의 본질적 기능은 물질을 담거나 보관하는 것이기 때문에, 도질토기의 유통 장면에서 이러한 점을 반드시 고려해야 할 것이다. 본고도 이러한 점을 염두에 두고 시작하였지만, 여러 가지 한계로 인해서 선학의 연구성과를 모방하거나 겉핥기식의 검토만 진행한 것이 아닌가 생각된다. 또한 생산기술적 측면의 비교검토가 세밀하게 진행하지 않고, 감각적인 부분에 의존한 감이 없지 않다. 향후 이 같은 문제점을 보완하여, 가야토기의 본질로의 접근을 기약하고 싶다.

참고문헌

곽종철, 1989 「韓國 慶尙道 陶質土器의 地域相 硏究 -소위 高靈系土器를 素材로 하여-」 『古代文化』 40-2

김경열, 2014 「4世紀代 嶺南地域 短頸壺의 打捺技法 硏究」 『한국고고학보』 93

金光玉, 2004 『嶺南地方 土器가마의 硏究-가마의 構造를 중심으로-』, 嶺南大學校 碩士學位論文

金奎運, 2009 『考古資料로 본 5~6세기 小加耶의 變遷』, 慶北大學校 碩士學位論文

김규운, 2019 「4세기대 아라가야 토기의 분포와 그 의미」 『아라가야의 전환기 4세기』, 창원대학교 경남학연구센터

金斗喆, 2001(a) 「打捺技法의 硏究-金海 禮安里遺蹟 出土品을 中心으로-」 『영남고고학보』 28

金斗喆, 2001(b) 「大加耶古墳의 編年 檢討」 『韓國考古學報』 45

金才喆, 2011 『韓國 古代 土器窯 變遷 硏究』, 경북대학교 석사학위논문

金正完, 2000 「함안권역 도질토기의 편년과 분포변화」 『伽耶考古學論叢 3』, 駕洛國史蹟開發硏究院

김정호, 2019 「창녕지역 비화가야 토기 가마와 조사성과」 『加耶와 倭의 토기생산과 교류』, 국립가야문화재연구소·(재)가야문문연구원·함안군

金志姸, 2013 『小加耶樣式 土器의 硏究』, 釜山大學校 碩士學位論文

김지연, 2019 「함안 법수면 일대 토기 가마와 조사성과」 『加耶와 倭의 토기생산과 교류』, 국립가야문화재연구소·(재)가야문문연구원·함안군

朴升圭, 2000 「考古學을 통해 본 小加耶」 『考古學을 통해 본 加耶』, 韓國考古學會

朴升圭, 2010 『加耶土器 樣式 硏究』, 동의대학교 박사학위논문

박승규, 2015 「대가야토기의 생산체계와 유통」 『대가야 문물의 생산과 유통』, 고령군

朴天秀, 1998 「大加耶圈 古墳의 編年」 『韓國考古學報』 39

朴天秀, 2008 「호남동부지역을 둘러싼 大加耶와 百濟」 『전남동부지역의 가야문화』, 제38회 한국상고사학회 학술발표대회

申敬澈, 1992 「金海禮安里 160號墳에 대하여」 『伽耶考古學論叢 1』, 駕洛國史蹟開發硏究院

申敬澈, 1995 「三韓·三國時代의 東萊」 『東萊區誌』, 東萊區誌編纂委員會

여창현, 2013 『소가야연맹체의 고고학적 연구』, 부산대학교 석사학위논문

禹枝南, 1987 「大伽倻古墳의 編年」 『三佛金元龍教授停年退任紀念論叢』, 一志社

우지남, 2000 「考察-咸安地域出土陶質土器」『道項里·末山里遺蹟』, 경남고고학연구소

이성주, 2000 「考古學을 통해본 阿羅加耶」『考古學을 통해 본 加耶』, 한국고고학회

이성주, 2003(a) 「伽耶土器 生産分配體系」『가야고고학의 새로운 조명』, 혜안

이성주, 2003(b) 「기술혁신의 사회적 조건과 과정」『삼한·삼국시대의 토기생산기술』, 복천박물관

이성주, 2014 『토기제작의 기술혁신과 생산체계』, 학연문화사

이정근, 2007 「함안과 창녕지역 토기생산의 특징」『석심 정영화교수 정년퇴임기념 천마고고학논총』, 석심 정영화교수 정년퇴임기념논총 간행위원회

이지균, 2006 『영남지역 토기가마에 대한 일고찰』, 경주대학교 석사학위논문

이희준, 1994 「高靈樣式 土器 出土 古墳의 編年」『嶺南考古學』15

정주희, 2009 「咸安樣式 古式陶質土器의 分布定型과 意味」『韓國考古學報』73

조성원·홍진근, 2010 「燒成實驗을 통해 본 三國時代소성기술 연구」『야외고고학』9

조성원, 2014 「삼국시대 영남지역 도질토기 생산과 유통」『영남고고학』69

조성원, 2019 「토기생산으로 본 가야와 왜의 토기문화」『加耶와 倭의 토기생산과 교류』, 국립가야문화재연구소·(재)가야문문연구원·함안군

조수현, 2018 『古墳資料로 본 阿羅加耶』, 慶州大學校 博士學位論文

趙榮濟, 1996 「玉田古墳群의 編年研究」『嶺南考古學』18

趙榮濟, 2008 「型式亂立期의 加耶土器에 대하여」『考古廣場』1

최종규, 1994 「陶質土器의 起源」『고고학지』6

하승철, 2015 『소가야의 고고학적 연구』, 경상대학교 박사학위논문

홍보식, 2000 「考古學으로 본 金官加耶」『考古學을 통해 본 加耶』, 韓國考古學會

홍진근, 2003 「三國時代 陶質土器의 燒成痕分析」『삼한·삼국시대의 토기생산 기술』, 복천박물관

高正龍, 1996 「加耶から新羅へ-韓國陜川三嘉古墳群の土器と葬制について-」『京都市埋藏文化財研究所 研究紀要 3』, 京都市埋藏文化財研究所

5세기 말~6세기 중엽 가라국加羅國과 가야제국加耶諸國의 관계

-가라동맹加羅同盟의 성립과 구조에 대하여-

• 백진재 •

5세기 말~6세기 중엽 가라국_{加羅國}과 가야제국_{加耶諸國}의 관계
백진재

1. 머리말

5~6세기 加耶史에 대한 연구는 고령의 加羅國을 중심으로 전개되었다고 해도 과언은 아닐 것이다. 특히 가라국이 주변 加耶諸國[1]에 대한 통합을 지향한 점에 주목하여 연맹체론[2](이하 단일연맹론, 지역연맹론), 국가론[3](이하 초

---

1) 본고에서 加耶諸國은 自國의 이해관계에 따라 전쟁과 동맹 등 상호작용 속에서 성장하였다고 생각한다(이영식, 1985 「伽倻諸國의 國家形成問題 – 伽倻聯盟說의 再檢討와 戰爭記事分析을 中心으로 –」『白山學報』 32, pp.64~76 ; 2016 「가야인의 정신세계」『가야제국사연구』, 생각과종이, pp.1044~1045).

2) 田中俊明, 1992 『大加耶連盟の興亡と「任那」』, 吉川弘文館 ; 김태식, 1993 『加耶聯盟史』, 일조각 ; 백승충, 1995 『加耶의 地域聯盟史 硏究』, 부산대학교 박사학위논문 ; 권학수, 2003 「加耶의 社會發展 動因과 發展段階」『가야 고고학의 새로운 조명』, 혜안.

3) 주보돈, 1995 「序言 – 加耶史의 새로운 定立을 위하여」『加耶史硏究』, 경상북도 ; 김세기, 2003 『대가야 연구』, 학연문화사 ; 조영제, 2007 『옥전고분군과 다라국』, 혜안 ; 남재우, 2009 「가야 말기 于勒의 신라 망명」『樂師 于勒과 의령지역의 加耶史』, 부림(우륵)문화발전연구회 ; 이형기, 2009 『大加耶의 形成과 發展 硏究』, 경인문화사 ; 박대재, 2013 「국가형성기의 복합사회와 초기국가」『선사와 고대』 38 ; 백승옥, 2014 「加耶諸國의 존재형태와 '加耶地域國家論'」『지역과 역사』 34 ; 이영식, 2016 앞의 책 ; 이희준, 2017 『대가야고고학연구』, 사회평론 ; 박천수, 2018 『가야문명사』, 진인진.

5세기 말~6세기 중엽 가라국_{加羅國}과 가야제국_{加耶諸國}의 관계　133

기국가론, 초기고대국가론, 영역국가론, 지역국가론, 고대국가론) 등 국가발전단계에 대한 논의를 중심으로 이루어졌다.

반면 가라국과 주변 가야제국의 관계에 대해서는 연맹체론을 논의하는 과정에서 일부 다루어지기도 하였으나 단선적인 형태인 연맹의 개념만으로는 가라국과 관련된 주변 가야제국의 정치적 자율성을 논한다는 것은 거의 불가능에 가깝다. 즉 시기별 상황변화에 따른 가라와 주변 가야제국이 각각의 상호작용 속에서 성장하였더라도 연맹의 성격 및 그들 사이의 관계가 호혜적이었거나 그 반대였는지 그리고 상호 간의 응집력 등에서 차이가 있었는지는 확인할 방법이 없는 것이다.

한편 동맹은 개별 정치체의 합리적 선택에 의해 결정되는 것인데, 동맹구성국들이 공통의 위협에 대처하기 위해 집결된 힘의 결합이면서도, 상이한 이익의 교환을 통한 제한된 목표의 실현을 위해 형성되기도 하였다. 또한 그 내부를 구성하는 정치체들은 국력의 차이에 따라 상하 우열관계를 형성하였고 동맹의 중심국이 존재하였음에도 개별 국들의 자치권을 크게 간섭하지 않는 등 정치적 자율성이 높았는데, 그 결과 放棄나 連累와 같은 문제에 직면하기도 하였을 것이다.[4]

이와 같은 관점에서 본고에서는 분권된 가야제국(이 글에서는 分權政治體로 명명하고자 한다.)이 상당한 자치권을 행사하면서 가라국을 중심으로 하나의 정치적 공동체를 형성한 것이 가라동맹이라고 생각한다. 이 글의 공간적 범위는 우륵의 가야금 12곡과 임나4현 관련 기사들을 토대로 전라 동부 일부 지역으로부터 경남 서부 일부 지역까지 한정하여 논의를 진행하고자 한다.

먼저 2장에서는 가라국과 주변 가야제국의 관계에 대하여 연맹의 개념이

---

4) Snyder는 동맹은 회원국들에 부과된 의무를 강제할 수 있는 중앙권력이 부재함으로 동맹 의무의 이행은 어디까지나 당사국들의 자기 이익에 달려 있다고 보았다(Glenn H. Snyder, 1998 『*Alliance Politics. Ithaca.*』, Cornell University Press, p.17).

적용 가능한 모델인지 검증해보고 그 대안으로 가라동맹을 제안하고자 한다. 또한 가라동맹의 개념과 구조, 특징, 동맹을 구성하는 분권정치체의 성격을 파악해 볼 것이다.

다음 3장에서는 가라국과 가야제국의 교섭 기사를 통해 시기별 가라동맹의 성격을 검토해 보고 동맹을 구성하는 분권정치체가 항상 상호 호혜적이지만은 않았음을 밝히고자 한다. 그리고 가라동맹은 시기에 따라 수평적 관계에서 가라국을 중심으로 한 종속적 성격의 수직적 관계로 전환된다고 보고 종속적 성격의 의미 또한 살펴볼 것이다. 역량이 부족함에도 무리하게 논지를 전개하였다. 많은 가르침을 부탁드린다.

2. 가라국加羅國과 가야제국加耶諸國의 관계

1) 연맹개념의 적용문제

이 글에서는 연맹의 개념이 5세기 가라국과 주변 가야제국과의 관계를 규명하는 데 활용 가능한지 검토해 보고자 한다. 먼저 연맹의 개념에 대하여 밝히고 5세기대 가라국과 가야제국에 대한 연맹 적용사례를 살펴볼 것이다. 먼저 전근대 동양 사회에서는 『春秋左傳』에 따르면 聯盟이라는 용례는 없고 盟, 同盟 등의 용어가 빈번히 등장하는데 '맹세하다', '맹약을 맺다', '동맹을 맺는다.'와 같은 의미로 풀이되는 등 당사자 간의 약속 준수라는 체결행위로 파악할 수 있다.

한편 연맹의 개념은 집단 또는 도시국가 간의 특별한 공통의 목적을 위한 회합으로 이해되는데, 대등한 정치체간 공동의 대외전쟁 수행과 같은 특수한 상황에서 공동의 이익을 위해 형성한 임시관계로, 그 원인이 해소되면 다시 그 전의 대등한 질서를 회복한다고 정의할 수 있다.[5]

그러나 점차 연맹의 개념은 사전적으로는 연합에 가깝다고 파악하거나,[6] 독립된 국가들로 이루어진 일종의 연합체로서 정치, 군사, 외교 등 공동의 보조를 취하는 정치형태로 해석하였고,[7] 동일한 군사 외교적 처지에서 공동의 이익을 위해 결합한 구조를 가지는 것으로 보거나,[8] 대가야연맹체는 대가야가 맹주국이며 각 구성국은 독립성을 유지하되 어느 정도 상하 관계에 놓여 있다는 관점으로 분석하는 등[9] 기존의 연맹 개념을 적용하지 않는 듯하다.

반면 연맹이라는 개념에 대해서 모건과 엥겔스가 제안한 부족연맹은 기본적으로 무계급 사회의 정치 조직 개념으로 사용하였으나, 현재의 연맹 개념이 무계급 사회를 설명하는 데 이용되면서도, 계급 관계가 포함된 사회를 설명하는데에도 이용됨으로 인해 연맹이란 용어가 너무 폭넓은 의미를 포함한다는 점에서 개념의 모호성을 이미 지적하였다.[10]

한편 5세기 가라국과 주변 가야제국의 관계에 대한 연맹개념의 적용사례는 단일연맹론과 지역연맹론이 있다. 먼저 단일연맹론은 5세기 후반 가라국이 주변 지역 전체의 정통성을 계승한다든지, 스스로 맹주가 되어 주변 세력을 쉽사리 포섭하여 연맹체를 형성하였다는 의견만 제시할 뿐[11] 이들 관계에

---

5) R. Griffeth & C. G. Thomas(eds.), 1981 『*The City-Site in Five Cultures, santa Barbara*』, ABC-Clio, p.185. 백승충은 연맹은 영구적인 종속성을 띨 수밖에 없는 擬制的인 성격을 가질 수밖에 없다고 하였다(백승충, 1995 앞의 논문, p.28). 그러나 포상팔국전쟁에서 확인 할 수 있듯이 가야제국은 각각의 이해관계에 따라 행동한 정황이 확인되므로 이를 그대로 수용할 수는 없을 것이다(이영식, 1985 앞의 논문, pp.74~76).

6) 백승충, 1995 앞의 논문, p.28.

7) 주보돈, 1995 앞의 논문, pp.34~35.

8) 백승옥, 2003 『加耶 各國史 硏究』, 혜안, p.80.

9) 이희준, 2017 앞의 책, pp.157~164 ; 이동희, 2011 「全南 東部地域 加耶文化의 起源과 變遷」『百濟文化』45, pp.30~31.

10) 都出比呂志, 2007 『전방후원분과 사회』, 학연문화사, pp.72~77 ; 박대재, 2013 앞의 논문, p.257.

대한 해석은 전무하다. 또한 안라국과 같이 단일가야연맹 안에 분절체계라 부를 수 있는 다소 영속성이 약한 지역연맹 같은 것들이 존재한다고 주장하였지만,[12] 이것만으로는 가라국과 주변 가야제국의 관계를 통한 연맹의 결성과정 등을 파악하기 어렵다.

지역연맹체론의 경우 가야의 지역권에 다소 발전단계에는 차등이 있으나 4개의 지역권이 존재한다고 하였다. 또한 고고자료를 통해 가라국과 주변 가야제국의 관계를 하나의 범고령권이라는 정치권역으로 설정하고 위신재의 사여와 지역지배자 분묘의 서열화를 통해 소속국을 통제하였다고 보았다. 그뿐만 아니라 자국의 고유문화와 제의를 소속국에 강제적으로 확산 시켜 일체성을 강조하는 등 가라지역연맹은 가라국을 맹주국으로 넓게 퍼진 동질적인 문화기반 위에 다양한 등급의 지역 단위의 정치체가 존재한 유일한 권역으로 평가되었다.[13]

지역연맹론은 지역연맹내 연맹장과 소속국의 관계를 검토하는 등 앞선 단일연맹론에 비하여 가라국과 주변 가야제국의 관계를 파악하고자 하였다. 다만 지역연맹에 소속된 가야제국이 자율성을 상실한 통제대상으로 파악한 점, 지역권 내 세부적인 속성 등에서는 차이점이 확인됨에도 불구하고 분묘를 서열화하였다는 점은 문제라고 생각한다.

또한 동맹을 구성하는 정치체들 역시 국력의 차이에 따라 상하 우열관계를 형성할 수 있으므로 꼭 연맹의 개념으로 설명할 필요는 없다. 그리고 뒤에서 후술하겠지만 가라지역연맹체의 구성 정치체 중 하나인 상기문은 지역연맹에 소속되어 있음에도 불구하고 백제를 통하여 중국과 교섭이 이루어지고 있다는 것은 연맹개념에서 확인할 수 없는 높은 정치적 자율성을 행사하였다

---

11) 김태식, 1993 앞의 책, p.125.

12) 김태식, 2000 「加耶聯盟體의 性格 再論」『韓國古代史論叢』 10, pp.167~168.

13) 백승충, 2005 「加耶의 地域聯盟論」『지역과 역사』 17, pp.32~37.

고 밖에 볼 수 없다. 즉 모든 외교권의 행사가 지역연맹의 중심국인 가라국을 통하여 이루어진다는 연맹의 개념과는 달리 동맹은 그것을 구성하는 개별 정치체들의 자유로운 외교활동이 이루어졌다는 것이다.

다음 가라국의 토목 기술이 지역연맹에 소속된 가야제국에 공유되어 가라식 묘제로 흔적이 확인된다는 점은 인정할 수 있으나, 이것이 곧 위계나 등급으로 이어진다는 것은 받아들이기 어렵다고 생각한다.

그리고 연맹이라는 개념은 각각의 정치체가 가지고 있었던 고유의 전통이나 의식, 가치관 등은 반영하지 못한 결과론적 해석이 될 우려가 있다. 즉 시기에 따른 가라국과 가야제국의 관계, 가야제국 개별 정치체 간 결합 수준, 각각의 발전단계에 대한 사회 진화적 부분, 그리고 통합적인 목적의식을 갖추었는지 등과 같은 것들이 다양한 방향으로 전개되는 다선 진화의 범주임을 고려한다면 연맹이란 용어로 가야제국을 설명하기에는 일정한 한계를 가질 수밖에 없다.

2) 가라동맹의 설정

(1) 가라동맹의 개념과 구조

가야제국은 하나로 통합되지 못하고 독립된 상태로서 상호작용을 통해 발전하였을 것이다. 즉 역사적으로 고정되고 정체된 정치체들의 집합이 아니라 상황에 따라 끊임없이 변화하는 유동적이고 상대적인 존재였으며 상호 의존적인 상호관계를 형성하였다고 생각한다. 이 글에서는 5세기대 가라국을 중심으로 주변 가야제국 즉 분권정치체가 결성한 정치적 공동체를 가라동맹으로 규정한다. 이에 동맹의 개념과 성격을 밝히고 그 구조를 살펴볼 것이다.

먼저 동맹이란 동맹참여국 상호 간의 문제에 관한 일정 기간의 협조를 전제로 방위적인 목적과 같은 구성국들의 공동목표를 달성하기 위한 행위라고 할 수 있다.[14] 그렇다고 꼭 안보적인 목적뿐만 아니라 상이한 이익의 교환을 통한 자국의 이익 증대를 실현하기 위해서 동맹의 가입 또는 결성이 이루어지기도 하였다.

또한 동맹은 평시동맹과 전시동맹으로 분류할 수 있으며 공격적 또는 방어적 동맹으로 나눌 수 있고 한시적 혹은 영구적 동맹, 양자 또는 다자 동맹으로 분류도 가능하다.[15] 그러나 무엇보다도 가장 강력한 협력의 형태는 군사적 동맹의 형성일 것이다. 또한 동맹은 최소한의 정치적 협의체를 통해 이루어지는데, 이를 통해 동맹 구성국들은 동맹의 의무감에 얽매이지 않고 자국의 이익에 따라 언제든지 동맹을 바꿀 수 있는 정치적 자율성을 가질 수 있었다.

한편 동맹 결성의 계기는 자국의 위협으로 인식되는 세력에 대해 균형을 맞추거나 대항하기 위해 형성하였다는 것인데[16] 공통의 적에 대한 인식 또는 이를 공유하였기 때문에 가능한 것이었다. 즉 동맹의 결성은 객관적인 상황에서 공통의 적을 위협으로 인식하는 것에서 시작되는 것이 아니라 위험을 위협이라고 인식하는 인식자와 연결된 상황에서 발생하였다.

이렇게 본다면 동맹 결성의 주요 속성은 적대적 세력의 등장에 따른 결합만이 아니라 동맹 구성국의 정체성이 고려되어야 한다고 볼 수 있다. 정체성은 사회문화적으로 유사하거나 비슷한 경험적 사례의 공유 등 정형화된 행위의 반복을 통해 통시적으로 구성된다.[17] 그렇다면 지역적 동맹의 형성 또한

---

14) 이영식, 1985 앞의 논문, p.64.

15) Glenn H. Snyder, 1990 「Alliance theory : A neorealist first cut」『Journal of International Affairs』 44, pp.105~106.

16) 타 세력의 국력, 지리적 인접성, 공격적 능력, 의도 등을 종합적으로 고려해서 위협이 된다고 판단될 때 동맹을 형성하는 것이지 단순히 해당 세력의 국력증대만으로 동맹을 형성하는 것은 아니다.

17) Campbell, D., 1992 『Writing Security : United States Foreign Policy and the Politics of Identity. Minneapolis』, University of Minnesota Press.

일군의 정치체들이 그 집단을 하나의 지역으로 인식하고 있어야 성립될 것이다. 즉 동일지역에 대한 소속감이라는 정체성이 선행되어야 같은 지역에 속한 것처럼 행동하고 지역적 차원에서 이익을 얻고자 노력한다는 것을 의미한다.

가라동맹은 백제와 신라의 가야지역 진출에 따른 방어적인 목적으로 갑작스럽게 결성되었을 가능성도 있다. 그러나 이미 5세기대 가라국과 가야제국 또한 가라식토기의 분포 등을 보았을 때 하나의 문화권을 형성하고 있었다. 물론 고고학 자료란 하나의 결과물에 해당할 뿐이며 토기자료를 정치권의 범위로 해석하는 것은 곤란하다. 그러나 이와 같은 상호작용은 문화적 동질성의 출현을 내포하고 있을 뿐만 아니라 하나의 문화권 내지 사회 구성체가 형성되었음을 추정해 볼 수 있으며 가라동맹 형성의 근거를 제공했다고 생각한다.

한편 동맹은 그것을 구성하는 정치체의 정치적 자율성에 의해서 연맹의 개념에서 볼 수 없는 현상이 발생하는데 방기와 연루라고 할 수 있다. 방기의 경우 동맹에 대한 배반 행위로서 적과 새로운 동맹을 결성하거나 가입한다든지, 동맹을 탈퇴하거나 책임을 이행하지 않는다든지, 동맹상대국에 지원이 필요할 때 이를 제공하지 않는 가능성을 말하는 것이다. 연루는 자국의 이익과는 무관하게 동맹 또는 동맹상대국의 이익을 위해 원하지 않는 갈등에 끌려 들어가는 것을 말한다.

이러한 위험요소가 있음에도 불구하고 동맹을 결성한 것은 회원국의 안전과 이익의 교환을 통한 구성국 간의 협조를 심화시키고 신뢰를 증가시켰기 때문이다. 이때까지 동맹의 개념과 성격 등을 살펴보았다. 그렇다면 가라동맹의 구조는 어떠하였을까.

이 글에서는 분권체계(Sergmentary Systems)의 개념을 검토해 보고자 한다. 분권체계는 권위가 여러 개의 집단으로 분산된 사회로서 독점적인 중앙집권과 강제적인 권력에 기초하지 않고 중앙에서 부분적으로 독립된 지방의 정치 집단들로 구성되었음을 말한다. 분권체계에서 개념화된 분권국가

(Sergmentary State)는 정치제도와 군사력의 강제에 의해서가 아니라 의식의 공유와 혈연을 통해 중앙의 국왕과 묶여 있는 느슨하게 통합된 구조라고 정의된다.[18]

여기서 의식은 개인을 사회와 공동체에 묶어놓는 공동의 기능을 하였다. 즉 사직제사와 같은 국가의식을 통해 사회관계의 질서뿐만 아니라 작물의 생산, 수확, 분배라는 물질 체계에도 영향을 준다고 보았다.[19]

한편 4~5세기 大和정권에 의한 각 지역 수장들의 통합된 정도는 상당한 차이가 있었는데, 일본 각 지역에 近畿의 거대 고분과 버금갈 정도의 대형 전방후원분 혹은 고분의 밀집지대가 확인되었다. 이와 관련하여 이 글에서는 前方後圓墳國家를 주목하고자 한다. 전방후원국가는 고분시대 수장층이 정치적으로 정리되어 형성된 이익단체, 다시 말하자면 야마토정권을 중심으로 열도 수장층이 분업 생산과 교역의 재분배 시스템으로 공통의 이익을 유지하기 위해 형성된 지배공동체를 말한다.

또한 물자, 사람, 정보의 획득을 둘러싼 하나의 이익공동체로서 철소재를 시작으로 한 물자나 담당 노동력의 제공, 고도의 기술을 가진 사람들이나 다양한 정보 등의 획득을 둘러싸고 형성된 수장층의 정치단체라 할 수 있다.[20] 또한 古市고분군과 百舌鳥고분군, 佐紀고분군, 馬見고분군과 같은 대형 고분군의 조영을 주도한 네 지역의 유력 수장이 야마토정권에서 실시하는 전방후원분 제사라는 이데올로기, 위신재의 분배, 무구의 집적을 매개로 수장층간의 네트워크를 형성하였다고 보았다.[21]

이 글에서는 가라동맹과 전방후원국가의 구조가 유사하다고 생각한다.

---

18) 박대재, 2003 『의식과 전쟁 -고대 국가를 바라보는 새로운 시각』, 까치글방, pp.22~23.

19) 박대재, 2003 앞의 책, pp.43~46.

20) 廣瀬和雄, 2003 『前方後圓墳國家』, 角川選書, pp.170~172.

21) 위의 책, pp.194~220.

즉 가라국과 주변 가야제국의 관계는 개별 분권정치체들에 대한 가라의 의식 공유 및 이익의 교환, 재분배 등으로 통합을 지향한 것이 가라동맹이라 볼 수 있기 때문이다. 다만 전방후원국가와 같은 분권국가 모델은 각 지역의 문화적 다양성 등을 고려할 때 보편적인 법칙으로서 수용할 수는 없을 것이다. 즉 하나의 방법론으로서 공통적인 분모를 추출하고 가야제국의 특수성 등을 고려하여 재설정해야 한다고 생각한다.

전방후원분국가는 4지역 유력 수장의 네트워크라는 다극체제의 형태라면 가라동맹은 가라국을 중심으로 결집한 분권정치체의 결합이므로 단극체제 형태를 띠었을 것이다. 또한 전방후원분국가는 외교권을 야마토정권이 장악한 것으로 보고 있지만 가라동맹은 회원국에게 외교와 같은 정치적 자율성을 보장하면서도 분권정치체들간 이익의 교환이라는 이익공동체적 성격 또한 포함하였을 것으로 생각한다.

다음 가라동맹의 회원국들은 항시 상호 호혜적인 관계는 아니었을 것이다. 동맹의 구성국 중 비교적 변방에 위치한 분권정치체들은 다른 정치체들과 달리 주변 제 세력과 교류 및 교섭이 빈번하게 이루어졌다고 추정된다. 그 결과 방기와 연루가 발생하였다고 생각한다.

한편 가라동맹은 시기에 따라서 가라국과 분권정치체간의 관계가 변형되었을 것이다. 최초 가라동맹의 성격은 동맹을 이익의 교환을 위해 형성된 수평적 구조에 가까웠다. 그러나 가라동맹 내에서 가라국의 의식공유, 회의체의 형성, 재분배가 분권정치체에 공유되면서 점차 수직적 관계(종속적 성격)로 전환되었다고 생각한다. 적대국(백제, 신라)의 위협 또한 동맹의 성격을 변화시킨 요인이라 볼 수 있다.

그런데 종속적인 성격은 근대적 개념의 주권을 갖지 못한 隷屬國을 의미하는 것이 아니다. 종속적 성격은 가라동맹의 중심국인 가라국과 분권정치체가 상하 관계를 맺고 있었으나 내정이나 외교와 같은 정치적 자율성은 그대로 유지하였을 것으로 보인다. 다만 중심국인 가라국이 병사나 인부와 같은

노동력 징발 및 공동 군대를 파견, 공납 등에 대한 요구를 수용하는 관계로 정의하고자 한다.[22]

이때까지 가라동맹의 개념과 구조에 대하여 논의하였다. 다음은 의식의 공유와 공납, 회의체의 형성, 그리고 재분배 등 3가지 요인을 가라동맹의 특징으로 파악하고 이에 대하여 살펴보고자 한다.

(2) 가라동맹의 특징

① 의식의 공유와 공납

의식의 공유와 공납은 5~6세기 가라동맹의 결속을 유지해 주었을 것이다. 의식의 구체적인 방법으로는 樂과 제사의례의 공유라고 생각한다. 먼저 樂은『史記』「樂書」에서 개인과 주요 구성원들의 의사를 수렴하고 결정할 수 있는 소통의 수단으로 보았는데[23] 통치자들의 지배 의식을 강화하는 역할로 사용되었을 것이다. 한편 우륵 12곡 또한 가야제국의 분립된 상황을 극복하고 하나의 통합체를 형성하기 위한 정치적 목적 아래 제작되었다는 것이 정설이다. 본고 또한 이와 무관하지 않지만 사료의 분석을 통해 몇 가지 의미를 도출하고자 한다.

> (A-1) 加耶琴도 중국 악부의 箏을 모방하여 만들었다. ……(중략)
> ……『羅古記』에 ⓐ"加耶國 嘉實王이 唐의 악기를 보고 만

---

22) 시기적으로 후대이지만 전근대 淸과 朝鮮의 관계에서 참고할 수 있는데, 이에 대한 논고는 다음과 같다(최장근, 2009 「東아시아의 전근대 「속국」과 근대 「영토」 및 현대 「주권국가」와의 관계성」『일어일문학연구』70 ; 김선민, 2012 「外國과 屬國의 사이 - 正史를 통해 본 청의 조선 인식」『사림』41).

23) "故樂者 審一以定和 比物以飾節 節奏合以成文 所以合和父子君臣 附親萬民也 是先王立 樂之方也"(『史記』 권24, 樂書)

든 것인데, 가실왕이 스스로 이에 대하여 '다른 나라의 방언은 각각 그 聲音이 다른 것인데 어찌 당나라의 노래만 부를 수 있겠는가?'라고 말하고 ⓑ樂師인 省熱縣 사람 于勒에게 명령하여 12곡을 작곡하게 하였다."고 하였다.[24]

(A-2) 堯는 바로 두 딸을 舜의 아내로 삼게 하여 집안에서의 언행을 관찰하고, 아들 아홉을 함께 거처하게 하여 집밖에서의 언행을 관찰했다.……(중략)…… 요가 곧 순에게 옷과 ⓒ琴을 내리고 창고를 지었으며 소와 양을 주었다. ……(중략)…… 瞽叟와 象은 순이 죽었을 것이라며 기뻐했다. 상이 "이 꾀를 낸 사람은 상입니다."라고 하며 그 부모와 나누면서 "ⓓ순의 아내인 요의 두딸과 금은 내가 갖고, 소와 양, 창고는 아버지 어머니에게 드립니다."라고 했다. 상이 순의 궁에 가서 거처하면서 금을 뜯었다.[25]

(A-1)은 加耶國 嘉悉王이 唐의 악기를 보고 加耶琴을 제작하였고 省熱縣의 樂師 于勒에게 가야금 12곡을 짓게 하였는데, 가실왕은 가라국의 왕으로 보는 것이 정설이다.

한편 해당 사료에서는 몇 가지 사실이 주목되는데 (A-1)의 ⓐ에서는 가야금 제작 배경으로 가야제국이 서로 방언과 성음에 차이가 있었다고 하였다. 가야제국의 지역적 차이를 설명하는 뜻일 수도 있지만, 당시 가라동맹에 소

---

24) "加耶琴 亦法中國樂部箏而爲之 …… 羅古記云 加耶國嘉實王 見唐之樂器 而造之 王以謂諸國方言各異聲音 豈可一哉 乃命樂師省熱縣人于勒 造十二曲"(『三國史記』 권32, 雜志 第1)

25) "堯乃以二女妻舜以觀其內 使九男與處以觀其外 …… 堯乃賜舜絺衣與琴 爲築倉廩 予牛羊 …… 瞽叟 象喜 以舜爲已死 象曰本謀者象 象與其父母分 於是曰舜妻堯二女與琴 像取之 牛羊倉廩 予父母 象乃止舜宮居 鼓其琴"(『史記』 권1, 五帝本紀 第1)

속된 분권정치체가 상당한 정치적 자율성을 누리고 있었다면 가라동맹의 결속력 또한 일정한 차이가 있었다고 볼 수 있다. 이에 가실왕은 가야금을 매개로 가라동맹의 결속력을 공고히 하고자 하였을 것이다. 그렇다면 가실왕은 다른 악기들이 있었음에도 왜 가야금을 제작하게 하였을까.

(A-2)에서는 堯가 舜의 됨됨이를 높게 평가하여 자신의 딸과 琴을 내려 나라의 일을 맡겼다. 이에 순의 이복동생인 象이 질투하여 순을 죽이려 하였고 그 재산을 자신이 차지하려고 하였다는 것이 주요 내용이다. 여기서 (A-2) ⓒ와 ⓓ에서는 상이 琴과 아내를 차지하려는 모습이 보인다. 妻와 琴은 요가 순에게 나라의 일을 맡겼을 때 주는 매개체로 보이는데, 군주권의 상징이라고 할 수 있다. 그렇다면 琴은 군주권을 상징하는 악기이므로 가야금도 똑같은 의미를 지닌 것으로 해석할 수 있다.

가실왕은 당의 악기인 琴이 가지고 있는 역사적 의미를 파악하였을 것이고 가야금이라는 器物의 소유를 통해 가라동맹의 중심국인 가라국의 명분과 권위를 확보하고자 하였을 것이다. 또한, 공통된 의식을 공유함으로써 방기와 연루로부터 동맹의 결속을 강화하고자 하였다고 볼 수 있다.

한편 (A-1)의 ⓑ는 가실왕이 省熱縣 출신 악사 우륵에게 가야금을 제작케 하였다는 것인데 성혈현은 의령군 부림면으로 비정되므로 가라국의 영역인 고령과는 일치하지 않는다. 본고에서는 縣의 성격은 주제의 범위를 벗어나므로 유보하고 (A-1) ⓑ의 의미를 살펴보고자 한다. 가야금 12곡은 대체로 小國의 국명으로 파악하고 있는데, 곡조에서 확인되는 沙八兮은 의령 부림으로 비정된다.[26] 12곡을 구성하는 소국단위인 沙八兮와 省熱縣이 동일하다는 점은 가라국이 우륵 외에 다른 지역에서도 악사를 차출하였을 수 있다는 의미로 해석할 수 있다.

---

26) 이형기, 2015 「합천 의령 지역의 가야 세력 - 대가야의 발전과 관련하여」 『한국고대 사탐구』 20, pp.52~54.

그렇다면 가라동맹을 구성하는 분권정치체들은 각각 악사를 가라국에 차출하였고 그 의식의 대표자가 우륵이라고 할 수 있다. 또한 이와 같은 인명에 대한 차출은 가라동맹의 성격이 당초 수평적 관계였던 가라국과 분권정치체가 수직적 관계(종속적 성격)로 변형되고 있음을 보여주는 것이다.

가야금 12곡 또한 종속의례를 표하는 의식의 산물로도 볼 수 있는데, 고대 일본인들의 음악에 대한 인식에는 종교적인 의식과 정치적인 의도가 함께 포함되어 있었다. 지배자들의 정치적인 의도에는 종래의 종속의례로서의 음악을 그대로 지속시킴과 동시에 이를 장엄화 하려는 것에 최우선의 가치를 두고 있었을 것이다.[27]

다음 제사의례의 공유와 그에 수반되는 공납적 행위 또한 종속의례라 생각한다. 제사의례는 사회의 조직적인 특성 등을 파악할 수 있는 의례화된 결과물이라고 할 수 있는데 피장자에게 음식물을 바치는 행위는 죽은 이에 대한 존경과 감사 즉 권위를 확립하는 의식의 과정으로도 이해할 수 있다.

6세기 1/4분기로 편년 되는 지산동 44호분[28] 순장곽에서는 바다 생선뼈, 바닷조개 등 음식물이 고배에 담긴 채 확인되었다. 이에 대하여 남해안 가야 제국이 고령에 공납을 바친 것으로 파악한 견해가 있다.[29] 이와 비슷한 사례는 고대 일본의 四時祭 및 천황의 신지제사 등에서 확인된다. 사시제에 공납되는 해산물은 祭器類 다음으로 많으며 신지제사의 경우 폐백의 내용물은 전복, 다랑어, 해삼, 소금 등을 주로 사용되었다. 그것은 야마토정권이 지방의 국조층을 복속시키면, 복속의 증거로서 제사료를 바친 것에 기원한 것이다.[30]

27) 萩美津夫, 1997 『日本古代音樂史論』, 吉川弘文館, pp.163~164.

28) 이 글에서는 김두철의 편년을 따른다(김두철, 2001 「대가야고분의 편년」 『한국고고학보』 45 ; 2011 「가야신라 고분 연대관」 『고고광장』 9).

29) 이영식, 2016 앞의 책, pp.486~487 ; 2018 「가야諸國의 발전단계와 초기고대국가론」 『가야사 연구의 현황과 전망』, 주류성, p.263.

다음 매장의례가 공유된 사례도 확인되는데 고령지역에서는 盧와 煮沸具인 옹과 시루를 공반하여 의례가 이루어졌다. 이와 같은 매장의례는 고령지역을 중심으로 합천, 함양, 남원 지역을 포함한 황강 중류 역과 남강 상류 역의 위천 수계 등 가라국의 영향력이 미쳤을 것으로 추정되는 지역에 일치되게 확인되고 있다.[31]

상기 내용으로 보았을 때 가라국은 가라동맹을 구성하는 다수의 분권정치체와 의식의 공유와 공납을 통하여 동맹의 결속력을 강화하고자 하였을 것이다. 또한 이와 같은 동맹의 구조는 점차 수직적인 관계(종속적 성격)로 바뀌면서 가라국을 중심으로 다수의 국이 통합된 국가단계로 나아가는 계기를 제공하였다고 생각한다.

② 회의체의 형성

회의체는 국가의 중대한 현안을 논의하고 공론화하기 위한 목적으로 만들어졌을 것이다. 주요 협의 내용은 국내외 공동 군대의 파병 또는 외교적인 문제의 해결방안 모색, 집단 사이에 발생하는 문제 및 중요 결정사항 등의 처리라고 할 수 있다. 추상적인 논지 전개를 피할 수 없지만 『日本書紀』의 관련 사료를 검토하였을 때 가라동맹 또한 동맹의 결속과 유지, 현안의 해결 등을 위한 회의체가 운영된 것으로 추정해 볼 수 있다.

『日本書紀』에서는 繼體 7년 11월, 欽明 2년 4월, 5년 11월 등 총 3차례 회의에 가라국이 참여하고 있음이 확인된다. 첫 번째 회의는 아마토정권에서 이루어진 기문 및 대사에 대한 논의를 말하는 것이며 나머지 2차례는 백제에서 이루어진 소위 '임나부흥회의'로서 가라국과 가야제국이 참여하고 있음이

---

30) 이근우, 2002 「古代天皇制의 성립과 변질」 『일본역사연구』 16, pp.46~47.
31) 박천수, 1997 「정치체의 상호관계로 본 대가야왕권」 『가야제국의 왕권』, 신서원, p.183 ; 2010 「토기를 통해 본 대가야」 『퇴계학과 유교문화』 46, pp.59~61.

확인된다. 비록 『日本書紀』의 윤색이 이루어졌음에도 불구하고 가라국과 가야제국이 회의에 참여하여 의견을 개진하였다는 것은 가라동맹 내에 회의체가 존재하였을 가능성을 암시하는 것일 수 있다. 『日本書紀』 繼體 23년조 安羅高堂會議 기사의 경우 그 사료적 성격은 차치 하더라도 安羅國의 주도하에 이루어졌다는 사실은 가라국을 위시한 가라동맹 또한 별도의 회의체를 형성하여 운영하였을 개연성이 높다고 생각한다.[32]

다음 회의체의 운용상황에 대하여 현재로서는 추정적인 의견만을 제시할 수밖에 없다. 그러나 安羅高堂會議에서 安羅의 國主와 國內大人 등이 회의에 참석한 점은 남당이라는 회의체를 구성하여 합의 내용을 실행해 옮겼던 신라나 백제의 모습과도 일정 부분 궤를 같이한다고 본다.

다만 회의체의 구성원은 상기 「日本書紀」에서 확인되는 3차례 회의내용을 고려하였을 때, 최소한 가라동맹을 구성하는 분권정치체의 대표자 또는 대리인으로 구성되어 있는 등 표면적으로는 상호 동등한 형태를 띠었을 것이다. 그러나 회의체는 동맹 내 강력한 정치체였던 가라국이 가라동맹을 주도하였을 것으로 추정된다.

③ 재분배

처음 가라동맹은 분권정치체들 사이에서 발생하는 교역을 통한 이익의 교환을 목적으로 형성되었을 것이다. 즉 5세기 4/4분기부터 전라 동부 지역과 경남 서부 지역 등에 정형화된 가라식 토기의 확산이 이루어진다는 점은[33]

---

32) 출처에 대한 이견이 있지만, 합천 梅岸里碑 또한 가라동맹이 회의체를 구성하였던 근거로 해석할 수 있다. 매안리비의 위치가 고령 외곽지역에 위치한 것은 해당 지역에 특정한 분쟁이 있었고 동맹 내부 회의체를 통해 이를 해결한 후 해당사건을 기념하기 위해 비를 건립하였을 가능성이 있기 때문이다. 이와 같은 점은 浦項 冷水里新羅碑와 蔚珍鳳坪里新羅碑에서도 확인된다.
33) 박승규, 2003 「대가야토기의 擴散과 관계망」 『한국고고학보』 49, pp.102~103.

가라동맹을 구성하는 가라국과 분권정치체 사이에 활발한 교역이 이루어지고 있다는 것을 반증한다.

그러나 점차 동맹에 일정한 상하관계가 형성되면서 가라국을 중심으로 한 수직적 관계(종속적 성격)로 변질되었다고 생각되는데 그것은 재분배와 관련이 깊다고 본다. 다시 말하자면 위신재의 공유, 노동력의 분배, 정보의 공유 등 3가지 요소가 가라국을 중심으로 가라동맹에 재분배가 이루어지면서 동맹의 유지 및 결속력을 강화해 주었을 것이고, 수직적 구조를 형성하게 만든 배경이라고 생각한다.

먼저 위신재의 공유는 가라식 장식대도 및 이식이 고령 지산동고분군을 중심으로 가라식토기의 분포와 궤를 같이하고 토기와 같이 공반 되거나 그렇지 않더라도 무덤에 인접해 있다. 다만 토기와 달리 금공품은 금과 은 등 재료의 확보도 중요하였겠지만 고도의 기술력이 있어야 하는 것으로서 전문적인 제작 집단 및 제작 장소가 구비되어 있어야 한다. 기술력의 경우 그 제반 조건을 갖추는 것도 문제가 되겠지만 기술 집단과 정보의 유출 등에 있어서 일정 부분 통제가 필요하였을 것이다.

본고에서는 가라국이 위신재의 공유와 기술전파 등을 통제함으로써 가라동맹을 구성하는 분권정치체에 대한 동맹 결속력을 강화하려는 의도가 있었다고 생각한다. 또한, 가라동맹 내 가라국의 위신재가 공유됨으로써 동맹의 수평적 관계가 수직적 관계(종속적 성격)로 전환되는 계기가 되었다고 볼 수 있다.

두번째 노동력 재분배는 분권정치체에서 필요로 하는 방위거점에 대한 축성 및 봉수대의 설치, 군대의 파견이라고 할 수 있다. 노동력의 징발은 가라동맹을 구성하는 가라국과 분권정치체 일부 내지 다수가 수직적 관계(종속적 성격)가 형성되었음을 보여 준다.

마지막으로 정보의 공유는 기술적 정보만을 말하는 것이 아니라 주변 삼국 및 가라동맹에 소속되지 않은 나머지 가야제국에 대한 동향 등 대내외적인 정보에 대한 재분배라고 생각한다. 가라와 신라의 결혼동맹에 따른 종자의 散置諸縣의 경우 단순히 가라국이 가라동맹의 분권정치체에 대한 노동력 재분배 내지 사여로 이해할 수도 있다. 그러나 신라의 종자가 가지고 있었던 공통의 정보를 분권정치체에 제공함으로써 동맹의 결속력을 강화하고자 하는 측면도 있었을 것이다.

(3) 분권정치체의 성격

분권정치체는 곧 가라동맹을 구성하는 가야제국으로서 정치체가 가진 성격이 동맹의 시기별 성격에 영향을 끼쳤을 것으로 파악된다. 본고에서는 분권정치체가 가진 고유의 성격을 정치적 자율성, 결속력의 차이에 따른 방기와 연루라고 생각한다. 아래 사료를 통해 간접적으로나마 분권정치체의 성격을 파악해 보고자 한다.

> (B-1) 주변 소국으로 叛波, 卓, 多羅, 前羅, 斯羅, 止迷, 麻連, 上巳文, 下枕羅 등이 있어서 백제에 부용 한다.[34]
>
> (B-2) 2년 여름 4월, 耽羅國에서 토산물을 바치니 임금이 기뻐하여 사신을 恩率로 삼았다.[35]
>
> (B-3) 8월, 耽羅가 공물과 조세를 바치지 않는다 하여 임금이 직접 치려고 武珍州에 이르니, 耽羅에서 소문을 듣고 사신을 보내 사죄하므로 곧 중지하였다.[耽羅는 곧 耽牟羅이다.][36]

---

34) "旁小國 有叛波 卓 多羅 前羅 斯羅 止迷 麻連 上巳文 下枕羅等附之"(『梁職貢圖』百濟 國使傳)

35) "耽羅國獻方物 王喜 拜使者爲恩率 秋八月 拜解仇爲兵官佐平"(『三國史記』 권26, 百濟 本紀 第4 2년)

36) "八月 王以耽羅不修貢賦 親征 至武珍州 耽羅聞之 遣使乞罪 乃止[耽羅 即耽牟羅]"(『三

(B-4) 2년 12월 남해 가운데의 耽羅人이 처음으로 百濟國과 통교
하였다.[37]

　(B-1)은 백제에 부용 된 소국의 국명을 나열한 것으로서 叛波, 卓, 多羅, 前
羅, 上巳文은 가야제국의 국명에 속한다. 여기서 부용은 정치적으로 완전히
복속된 의미로 보기도 하지만 천자를 직접 뵐 수 없는 국이 이웃하는 제후국
을 통해 천자를 뵙는 형태를 말한다. 즉 서술된 나라들은 백제를 통해 중국과
통교하였는데 백제의 입장에서는 부용과 마찬가지로 파악한 것이다.[38]

　그렇다면 여기서 서술된 국명의 정치체들은 백제를 통해 개별적으로 중
국과 교섭하였다고 할 수 있다. 연맹의 개념이라면 반파 즉 가라국의 국명만
존재하여야 할 것인데 탁, 다라 등 나머지 가야제국의 국명 또한 확인되고 있
다. 여기서 주목할 점은 상기문이 가라동맹에 소속된 분권정치체임에도 불구
하고 백제를 통해 중국과 교섭하고 있다는 사실이다. 이것은 가라동맹을 구
성하는 분권정치체가 외교와 같은 정치분야에서는 높은 자율성을 보장받았
음을 보여주는 것이다.

　(B-2)는 文周王 2년(476) 耽羅國과 百濟가 처음 통교하였는데 관위의 사
여는 곧 종속적 관계의 형성으로 볼 수 있다. 다만 종속적 관계의 성격에 대해
서는 해당 사료만으로 간접지배였는지 아니면 본고에서 말하고 있는 정치적
자율성이 강한 것인지는 파악하기 어렵다. 다만 「史記」 大宛列傳에서는 大宛
國 동쪽에 속한 여러 나라가 漢과 외교활동을 벌였음이 확인되는데[39] 그중
蘇薤國은 康居國에 속해 있었다.[40] 그렇다면 소해국은 강거국에 종속된 관계

國史記』 권26, 百濟本紀 第4 20년)

37) "十二月 南海中耽羅人 初通百濟國"(『日本書紀』 권17, 男大迹天皇 繼體天皇 2년)

38) 노중국, 2018 『백제정치사』, 일조각, pp.538~539.

39) "及宛西小國驩潛 大益 宛東姑師 扜采 蘇薤之屬 皆隨漢使獻見天子 天子大悅"(『史記』
권123, 大宛列傳)

였음에도 불구하고 별도의 외교 활동을 하고 있다는 것이다. 즉 대국에 종속된 소국일지라도 어느 정도의 정치적 자율성이 보장될 수 있음을 파악할 수 있다.[41]

(B-3)는 東城王 20년(498) 耽羅가 백제에 공물과 조세를 바치지 않자 동성왕이 전라남도 광주로 비정되는 武珍州에 이르니 耽羅가 사죄하였다고 하였다. 여기서 탐라는 (B-2)의 탐라와 동격으로 보이는데 (B-3)에서는 耽羅는 곧 耽牟羅라고 하였다. 즉 耽牟羅는 沈彌多禮(강진·해남지역)로 파악할 수 있는데[42] 동성왕의 군 파견소식에 탐라가 사죄하였다는 것은 탐모라의 위치가 무진주와 가까운 내륙 일대로밖에 설명할 수 없을 것이다.

한편 (B-3)에서는 앞서 (B-2)에서 확인한 바와 같이 탐라가 백제와 종속적 관계를 맺고 있었음에도, 백제에 공물과 조세를 납부하지 않았다. 즉 탐라와 백제의 관계는 항시 호혜적일 수만은 없으며 오히려 방기하고 있는 점만 확인되는데 이것은 종속적 관계를 굳이 간접지배 의 형태로 파악할 필요가 없는 것이다.

마지막으로 (B-4)에서는 탐라와 백제가 다시 통교하였다고 하였는데, 본고에서는 (B-2)와 (B-3)에서 확인한 바와 같이 (B-4)의 탐라도 침미다례라고 생각한다. 그렇다면 498년에서 508년 사이 침미다례와 백제의 관계가 다시 소원해졌거나, 백제와의 종속적 관계로부터 방기했을 가능성도 생각해 볼 수

---

40) "康居有小王五 一曰蘇籌王 治蘇籌城 …… 二曰附墨王 治附墨城 …… 三曰窳匿王 治窳匿城 …… 四曰罽王 治罽城 …… 五曰奧鞬王 治奧鞬城 …… 凡五王 屬康居"(『漢書』 권96, 西域傳)

41) 시기를 달리하지만 羅末麗初 豪族 또한 이와 유사한 성격으로 파악할 수 있다. 호족들은 왕권과 대립하기도 했지만, 각자의 이해관계에 의해서 결합과 배신을 반복하거나 어느 한쪽과도 결합하지 않는 등 후삼국과 일방적인 상호 호혜적인 관계를 형성하지 않았다.

42) 이근우, 1994 『日本書紀에 인용된 百濟三書에 관한 연구』, 한국학중앙연구원 박사학위논문, p.142.

있다.

　이상 상기모습을 참고한다면 가라동맹을 구성하는 분권정치체 역시 가라
국과의 관계 또는 동맹의 결속력이 약화될 때 관계가 소원해질 수도 있고 심
지어 동맹의 이탈로 이어질 수 있다고 볼 수 있다. 이와 같은 점에 근거하여
다음 장에서는 시기별 가라동맹의 성격과 그 변천을 살펴보고자 한다.

3. 가라동맹의 시기별 성격

1) 형성기(479~512)

　본고에서는 가라와 주변 제세력 사이의 교섭기사를 통해 가라동맹의 시
기별 성격을 형성기, 결성기, 해체기와 같은 3시기로 구분하고자 한다. 시기
구분의 기준은 가라국과 분권정치체 사이의 협력을 통해 이익을 교환하는 등
수평적 관계가 유지되었던 형성기, 종속적 성격과 같은 수직적 관계로 변질
되는 결성기, 마지막으로 가라동맹이 와해되는 해체기를 기준으로 하였다.

　5세기대 형성된 가라동맹은 가라국과 주변 가야제국의 상호작용을 통해
결성되었을 것이다. 이 글에서는 먼저 가라국의 성장을 다룬 후 가라동맹의
형성 시기 및 그 배경을 추정해 보고자 한다. 또한 동맹을 구성하는 가라국과
분권정치체의 관계를 살펴봄으로써 해당 시기 동맹의 성격을 파악해 볼 것이
다.

　5세기대 가라국은 안림천 지류의 비옥한 농토에서 나오는 농업생산력과
야로 철산지를 기반으로 성장하였는데 5세기 2/4분기로 편년 되는 쾌빈동고
분군의 경우 고령지역에 처음으로 확인된 목곽묘로써 강력한 정치체가 출현
하였음을 암시하는 것이다. 『宋書』에서는 加羅의 국명이 451년을 시작으로
477년과 478년이 확인되었는데 5세기대 이미 倭에도 가라국의 이름이 전해

졌을 정도로 나라의 기틀과 위상이 성장하였음을 추정해 볼 수 있다.

5세기 3/4분기로 편년되는 지산동 35호분은 해당 시기 가라국의 위상을 단적으로 볼 수 있는데 소위 가라양식 토기의 성립기라고 할 수 있다. 즉 발형기대, 장방형투창과 광폭의 대각을 가진 이단투창고배, 蛇頭形장식 통형기대 등 지역적 특성을 나타내는 기형으로 구성되며 상호 조합관계에 의해 강한 지역양식을 표방하고 있다. 또한 고총고분이 출현하는 등 가라국의 세력 기반이 확실히 구축되었음을 보여준다.[43]

다음 5세기 4/4분기 이른 시기로 편년 되는 지산동 32, 34호분부터 가라양식 토기의 정형화를 이루게 된다. 광각의 대각을 가진 고배가 등장하고 판상파수가 달린 대부파수부완, 궐수문손잡이의 대부파수부호, 저평통형기대가 추가되면서 가라식토기의 구성요소를 완성하였고 주부곽 II자형 묘제가 출현하였다.[44] 가라국의 대내외적인 성장은 加羅王荷知가 中國 南齊에 사신을 파견 기사에서도 확인할 수 있다.

建元元年(479) 가라왕 하지가 중국 남조로부터 輔國將軍本國王을 책봉 받았는데 本國王을 왕 중의 왕 같은 대왕호로 해석하여 가라국이 대가야연맹을 결성하거나 고대국가의 체제를 갖춘 것으로 해석하기도 하였다. 그러나 보국장군본국왕 외에 별도의 장군호 등은 확인할 수 없다. 반면 『宋書』 倭國傳 元嘉 15년(438)에 왜왕 珍이 倭隨 등 13인에게 각각 平西, 冠軍, 輔國將軍号를 요청하였고, 동서 28년(451)에 왜왕 濟가 배하의 23인에게도 軍号를 요청하고 있다. 즉 중국 황제의 권위를 이용하여 국내의 지배 질서를 안정시키고자한 목적으로 보이는데 가라국의 경우와는 상반되는 모습이다.

본고에서는 가라국이 남제와 책봉관계를 형성한 시점이 가라동맹을 결성

---

43) 박승규, 2003 앞의 논문, p.85 ; 조영제, 2007 앞의 책, p.323.

44) 조영제, 2007 앞의 책, pp.323~324 ; 박승규, 2003 앞의 논문, pp.91~92 ; 2014 앞의 논문, pp.212~216.

할 수 있는 계기를 마련한 것으로 생각한다. 이미 5세기 4/4분기 가라식토기는 합천, 거창, 함양 등 경남 서부를 중심으로 남원 등 전라 동부 일부지역까지 광범위하게 확산하고 있다. 가라식토기의 확산은 가라국의 재화가 각각 분권정치체의 무역 또는 교섭에 의해 확산되었음을 의미하고, 정치체 내의 하위 집단에 재분배되는 등 하나의 지역 문화권을 형성하게 되었을 것이다. 그 결과 지역 문화권을 구성하는 정치체들은 비슷한 정체성을 공유하게 됨으로써 가라동맹의 형성에 영향을 주었다.

그러나 무엇보다도 가라국이 남제와 책봉관계를 형성한 시점부터 지역 문화권 내에서 가라가 가지고 있었던 위상은 한층 격상되었을 것이다. 그 결과 지역 문화권을 구성하는 정치체들에게 가라국의 위신재, 선진기술 및 정보에 대한 욕구가 심화되었으며 동맹의 형성을 통하여 이익의 교환을 통한 부의 증대를 꾀하고자 하였을 것으로 추정할 수 있다. 다시 말해서 5세기대 가라동맹의 형성은 지역 문화권의 정체성에 기반한 분권정치체들이 가라국을 통한 부의 증대 및 선진문물을 얻기 위한 욕구에서 출발하게 된 것이지 주변 적대 세력에 대한 방어를 위한 목적은 아닌 듯하다.

한편 각 가야제국은 가라식 문물을 수용하는 데 있어서 각각 차이가 있었던 것으로 파악되는데 박승규의 확산 유형에 의하면 I형은 토기가 모두 가라양식으로 출토되며 고총고분이 확산 초기에는 존속하다가 더 이상 축조되지 않는 양상을 말한다. II형은 가라양식 토기가 다수를 차지하고 있으나, 고총고분군이 계속 축조되고 있는 경우이다. III형은 가라양식 토기가 다수의 기종을 차지하고 있으면서도 재지토기 또는 재지문화가 함께 공존하고 있다는 것이다.[45]

여기서 I형과 II형의 경우 가라동맹을 구성하는 분권정치체가 가라국과의 관계가 가까울 뿐만 아니라 동맹의 결속력 또한 강했다고 볼 수 있다. 반면

---

45) 박승규, 2003 앞의 논문, pp.102~105.

에 Ⅲ형은 남원 월산리 및 두락리 고분군과 장수 동촌리 고분군, 합천 옥전고 분군 등 가라동맹의 변경에 위치하여 동맹의 결속력이 떨어지거나, 가라국과 힘의 균형을 유지할 정도로 강력한 정치체에 적용된다. 그렇다면 이들 분권 정치체의 성격은 어떠하였을까? 본고에서는 가라동맹과 분권정치체의 관계 를 중심으로 해당 사료를 살펴보고자 한다.

(C-1) 3월 高句麗와 靺鞨이 북쪽 변경에 쳐들어와 狐鳴 등 일곱 성을 빼앗고 또 彌秩夫에 진군해왔다. 우리 군사와 百濟, 加耶의 원병이 길을 나누어 막으니 적이 패해 물러갔다.[46]

(C-2) 是歲 紀生磐宿禰가 任那를 근거로 高句麗와 통하였다. … ……(중략)…… ⓐ임나의 左魯那奇他甲背 등의 계책을 이용 하여 適莫爾解를 爾林(爾林은 高句麗 땅이다.)에서 살해하 고, 帶山城을 쌓아 東道를 봉쇄하고 군량을 나르는 나루를 끊어 軍을 곤궁케 하였다. 百濟王이 크게 노하여 領軍古爾 解와 內頭莫古解를 파견하여 무리를 이끌고 대산을 공략하 도록 하였다. ……(중략)…… 이런 고로 백제국은 左魯那奇 他甲背 등 3백여 인을 죽였다.[47]

(C-3) 겨울 12월 百濟가 사신을 보내 調를 바쳤다. 따로 表를 올려 任那國의 上哆唎, 下哆唎, 娑陀, 牟婁 4縣을 청하였다. 哆唎 國守 穗積臣押山이 표하기를 "이4현은 백제에 근접해 있고,

46) "高句麗與靺鞨入北邊 取狐鳴等七城 又進軍於彌秩夫 我軍與百濟加耶援兵 分道禦之" (『三國史記』 권3, 新羅本紀 炤知麻立干 3년)

47) "是歲 紀生磐宿禰 跨據任那 交通高麗 …… 用任那左魯那奇他甲背等計 殺百濟適莫爾解 於爾林(爾林高麗地也) 帶山城 距守東道 斷運糧津 令軍飢因 百濟王大怒 遣領軍古爾解 內頭莫古解等 率衆趣于帶山攻 …… 由是 百濟國殺佐魯那奇他甲背等三百餘人" (『日本 書紀』 권15, 弘計天皇 顯宗天皇 3년)

日本과는 멀리 떨어져있습니다. 아침저녁으로 교통하기 용
이하고 닭과 개의 소리도 어느 쪽의 것인지 구별하기 어렵습
니다. 이제 백제에 주어 같은 나라로 합치게 한다면, 굳게 지
키는 대책이 이보다 나은 것이 없습니다. 나라를 합쳐도 후
세에는 오히려 위험할 수 있는데 하물며 따로 떨어져 있다
면 몇 년도 제대로 지킬 수 없을 것입니다."라고 하였다. …
……(중략)…… 하사물과 칙명의 뜻을 전하고, 상표에 따라
임나 4현을 주었다.[48]

(C-1)은 高句麗와 靺鞨이 新羅 彌秩夫를 공격하자, 百濟와 加耶의 원병이
구원하였다는 내용인데, 가야는 신라 및 백제와 동맹관계를 형성한 것으로
보인다. 다음 여기서 가야는 경북 포항으로 비정되는 미질부라는 지명을 근
거로 하였을 때 가라국으로 비정할 수 있다. 그러나 이것이 가라동맹의 총칭
인지 가라국 단독을 뜻하는 것인지는 알 수 없다. 다만 당시 가라동맹은 형성
한 지 얼마 되지 않은 시점에서 동맹군을 파견하기는 쉽지 않았을 것이다.

그러나 애초에 가라동맹은 방어적 목적에서 결성된 것이 아니었기 때문
에 가라국 단독으로 원병을 파병한 것이 타당할 듯하다. 하지만 6세기대가 되
면 가라국에 대한 분권정치체의 관계가 수직적 관계(종속적 성격)로 바뀌므
로 이때부터 공동 군사의 파병이 이루어졌다고 생각한다.

(C-2)는 任那의 左魯那奇他甲背는 백제의 適莫爾解를 爾林에서 살해하고
帶山城을 축조한 후 백제의 東道를 봉쇄하는 등 백제군에 위협적인 존재로 부

---

48) "冬十二月 百濟遣使貢調 別表請任那國上哆唎 下哆唎 娑陀 牟婁四縣 哆唎國守穗積臣押
山奏曰 此四縣 近連百濟 遠隔日本 旦暮易通 鷄犬難別 今賜百濟 合爲同國 固存之策 無
以過此 然縱賜合國 後世猶危 況爲異場 幾年能守 …… 改使而宣勅 付賜物幷制旨 依表
賜任那四縣"(『日本書紀』 권17, 男大迹天皇 繼體天皇 6년)

상하였으나 결국 백제의 領軍古爾解와 內頭莫古解 등에 의해 대산성은 공파되고 左魯那奇他甲背와 그 무리는 죽임을 당하면서 끝맺고 있다. (C-2)의 ⓐ에서는 任那, 左魯那奇他甲背, 適莫爾解, 爾林, 帶山城과 같은 지명과 인명이 확인된다. 또한 『日本書紀』 欽明 5년 2월 기사에서는 『百濟本紀』의 내용을 分註하였는데, 대산성 전투와 관련된 인명과 상황 등이 확인되었다.

여기서 『百濟本紀』는 미정리된 원자료의 상태에 가까운 문헌자료로 추정하고 그 사료적 가치가 높게 평가된다는 견해가 있다. 즉 백제의 정치, 외교적 입장에서 서술하고 있음으로 액면대로 받아들일 수 있는 것은 아니지만 『百濟本紀』는 『日本書紀』에 가장 많은 분량이 인용되고 있고 欽明紀의 대부분을 차지하고 있다는 점, 『百濟本紀』의 기년을 중시하고 있다는 점 등에서 사료적 가치를 재평가해야 한다는 것이다.[49]

한편 (C-2)의 ⓐ에서는 "임나의 좌로나기타갑배"라고 하여 대산성 축조 세력이 가야제국내 특정정치체임을 밝히고 있다. 본고에서는 513년 백제가 가야제국의 己汶 및 滯沙로 진출한 점에 근거하여 下己汶이 위치한 장수·임실설을 따르고자 한다.

다음 대산성의 위치에 대해서는 고구려의 땅 이림 주변에 축조하였다는 점을 근거한다면 하기문이 위치한 장수 일대로 비정하기 어렵다고 본다. 왜냐하면 우륵의 가야금 12곡에서 下奇物은 하기문으로 비정되고 있음으로 적어도 6세기 전반까지는 하기문이 백제의 영역에 포함되어선 안 된다고 볼 수 있다. 장수 동촌리 고분군에서 6세기 전반까지 재지계 묘제를 기반으로 하면서도 가라식토기 등 유물이 부장되고 있는 점 또한 이를 뒷받침하고 있다.[50]

한편 (C-2)에서는 대산성전투에서 하기문의 좌로나기타갑배를 제외하고

---

49) 이근우, 1994 앞의 논문, pp.269~285.

50) 양숙자, 2019 「금강 상류 가야 고분군의 축조 세력」 『호남과 영남 경계의 가야학술 심포지엄』, pp.13~25.

는 가라동맹 또는 여타 가야제국의 군사적 개입이 확인되지 않는다. 애초에 가라동맹은 군사적 방어의 목적이 아닌 분권정치체들이 가라국과의 교역을 통해 부의 증대를 위해서 결성되었다. 그런데 (C-1)에서 가라국이 단독으로 백제와 신라에 군대를 파견하는 등 이들과 동맹을 형성한 것은 가라동맹의 여러 분권정치체들이 가라국의 태도를 살필 수밖에 없는 상황을 조성하였다. 즉 가라동맹 내 분권정치체들은 하기문에 군사적 지원을 한다는 것은 자칫 가라국과 원하지 않는 갈등에 휩싸여 연루될 우려가 있었다. 하기문 또한 가라동맹의 구성원으로서 대산성 전투에 동맹의 구원군을 요청하였을 가능성이 있으나 가라동맹 또는 가라의 배신으로 방기되었다.

이것은 『日本書紀』 欽明 5년 2월 기사에서 확인되는데, 安羅의 移那斯와 麻都는 좌로나기타갑배의 후예로 불리었는데[51] 그의 사후 가라동맹이 아닌 安羅國에 활동하고 있다는 점, 반백제 정책을 추진하였다는 사실은 이들이 가라동맹 내지 가라국에 원한을 품었을 것으로 추정해 볼 수 있다. 즉 가라동맹은 그것을 구성하는 분권정치체들이 항시 호혜적이지 않았으며 이러한 모습은 연맹의 개념과는 완전히 다른 모습이라고 할 수 있다.

(C-3)에서는 穗積臣押山이 백제의 임나4현 할양 요청을 받아들여 야마토 조정에 4현을 백제에 사여하도록 표하였다는 것이다. 임나4현의 위치에 대하여 이 글에서는 上哆唎·下哆唎(여수), 娑陀(순천), 牟婁(광양)설을 따르고자 한다.

한편 가라동맹은 (C-2)와 마찬가지로 (C-3)에서도 어떠한 형태로든 개입한 모습이 확인되지 않고 있다. 그렇다면 가라동맹을 구성하는 분권정치체 또는 가라국은 (C-2)와 마찬가지로 (C-3)에서도 상호 호혜적인 관계가 성립되지 못하였기 때문에 임나4현 문제에 개입하지 않은 것은 아닐까.

---

51) 이근우, 1994 앞의 논문, p.161 ; 남재우, 2001 「6세기대 安羅國과 百濟와의 관계」 『백산학보』 60, pp.77~78 ; 이영식, 2016 앞의 책, p.829.

본고에서는 임나4현이 애초에 가라국 내지 가라동맹과 결속력이 떨어졌기 때문에 큰 마찰 없이 백제에 편입되었을 것으로 추정할 수 있다. 만약 가라국 또는 분권정치체 중 일부가 임나4현 할양에 반발하였다면 그것을 추정할 수 있는 기록이 남아 있어야 할 것이다. 그러나 이에 대한 언급이 없었던 점은 임나4현의 분권정치체들이 가라동맹에 방기하여 백제에 편입되었다고 보는 것이 합리적이라고 생각한다.

전남 동부지역은 다양한 정치체와 교류하고 있었고 가라계 고분의 숫자가 적고 소규모인 점은 가라동맹 또는 가라국이 임나4현에 영향력을 끼친 기간이 상대적으로 짧았다고 볼 수 있다.[52] 결과적으로 임나4현은 가라동맹에 소속되었음에도 지역적 문화권의 정체성이 얕고 동맹 소속 기간도 짧았으며 지정학적 위치로 인하여 다양한 정치 세력과 교섭하였기 때문에 동맹 결속력

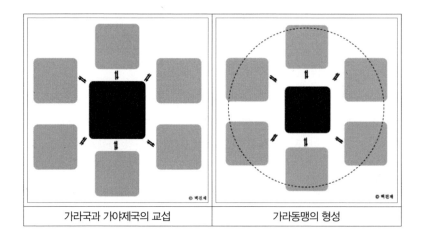

| 가라국과 가야제국의 교섭 | 가라동맹의 형성 |

---

52) 이동희, 2011 앞의 논문, p.31 ; 김양훈, 2015 「4~5세기 남부가야제국과 전남동부 지역집단의 상호관계」『한국고대사연구』 77, pp.210~213 ; 하승철, 2019 「남강 상류 가야 고분군의 축조 세력」『호남과 영남 경계의 가야』, 국립나주문화재연구소·국립가야문화재연구소, p.15.

이 떨어질 수밖에 없었다.

2) 결성기(513~544)

6세기 1/4분기 지산동 44호분의 축조 이후 가라동맹은 가라국에 대한 분권정치체들의 수평적 관계에서 종속적 성격을 내포한 수직적 관계로 변질되었을 것이다. 백제의 기문·대사 진출 기사를 통해서 가라동맹의 성격변화를 살펴보고자 한다.

> (D-1) 7년 여름 6월 百濟 姐彌文貴將軍 州利卽爾將軍을 穗積臣
> 押山[『百濟本紀』에서는 倭의 斯移麻岐彌라고 하였다.]에
> 딸려 보내어 貢五經博士 段楊爾를 보냈다. 따로 주하기를,
> "ⓐ伴跛國이 臣國의 己汶의 땅을 침략하고 있습니다. 엎드
> 려 원컨대 천황이 판단을 내려 원래 속한 곳에 돌려주시기
> 바랍니다."라고 하였다.[53]
>
> (D-2) 7년 겨울 11월, 조정에서 百濟의 姐彌文貴將軍, 斯羅의 汶
> 得至, 安羅의 辛已奚 및 賁巴委佐, 伴跛의 旣殿奚 및 竹汶
> 至 등을 불러 칙을 내리고 ⓑ己汶·滯沙를 百濟國에 주었
> 다.[54]
>
> (D-3) 7년 11월 같은 달, 伴跛國이 헌지를 보내어 진기한 보물을
> 바치고 己汶의 땅을 청하였으나 결국 주지 않았다.[55]

---

53) "百濟遣姐彌文貴將軍·州利卽爾將軍 副穗積臣押山百濟本記云 委意斯移麻岐彌 貢五經
博士段楊爾 別奏云 伴跛國略奪臣國己汶之地 伏願天恩判還本屬"(『日本書紀』 권17, 男
大迹天皇 繼體天皇 7년)

54) "於朝庭 引列百濟姐彌文貴將軍 斯羅汶得至 安羅辛已奚及賁巴委佐 伴跛旣殿奚及竹汶
至等 奉宣恩勅 以己汶·滯沙 賜百濟國"(『日本書紀』 권17, 男大迹天皇 繼體天皇 7년)

(D-4) 8년 3월 伴跛가 子吞·帶沙에 성을 쌓고 滿奚와 연합하여
봉수대와 무기고를 세우고 일본에 대비하였다. 또 爾列比,
麻須比에 성을 쌓고 麻且奚·推封과 연계하였다. 병사와
무기를 모아 新羅를 핍박하고 부녀자들은 약취하고 마을을
약탈하였다.[56]

(D-5) 9년 여름 4월 物部連이 帶沙江에 머무른 지 6일 伴跛가 군
사를 일으켜 공격하였다. 옷을 벗기고 물건을 빼앗았으며
장막을 모두 태웠다. 物部連 등은 두려워 도망하였다.[57]

(D-6) 10년 여름 5월 百濟가 前部木刕不麻甲背를 보내 物部連등
을 己汶에 위문하여 입국시켰다.[58]

(D-1)에서는 513년 백제 姐彌文貴將軍과 州利卽爾將軍이 야마토정권에
五經博士 段楊爾를 파견하였고 따로 伴跛國 즉 가라국의 영토인 기문을 다시
달라고 요청하였는데, 백제의 인명이 자세히 나오고 백제 측 입장에서 서술
된 점이 확인되므로 『百濟本紀』를 인용한 것으로 추정된다. 한편 (D-1)의 ⓐ
에서 확인되는 기문의 위치는 앞서 대산성 전투의 결과만으로 하기문이 백제
의 영역으로 편제되었다고는 보기 어렵다. 하기문으로 비정되는 장수지역 동
촌리 고분군에서는 은제이식, 오각형환두대도와 같은 가라식 위신재가 부장

---

55) "是月 伴跛國遺戢支獻珍寶 乞己汶之地 而終不賜"(『日本書紀』 권17, 男大迹天皇 繼體
天皇 7년)

56) "伴跛築城於子吞·帶沙 而連滿奚 置烽候邸閣 以備日本 復築城於爾列比·麻須比 而絙麻
且奚·推封 聚士卒兵器 以逼新羅 驅略子女 剝掠村邑"(『日本書紀』 권17, 男大迹天皇 繼
體天皇 8년)

57) "物部連於帶沙江停住六日 伴跛興師往伐 逼脫衣裳 劫掠所齎 盡燒帷幕 物部連等 怖畏逃
遁"(『日本書紀』 권17, 男大迹天皇 繼體天皇 9년)

58) "百濟遺前部木刕不麻甲背 迎勞物部連等於己汶 而引導入國"(『日本書紀』 권17, 男大迹
天皇 繼體天皇 10년)

되는 등 6세기 전반까지 가라동맹 소속이었다고 볼 수 있기 때문이다.

상기문 또한 『梁職貢圖』에서 확인되므로 536년 이전에 백제에 점령당했다고 볼 수 없다. 다만 남원 일대로 비정되는 상기문은 가라동맹의 변경에 위치하는 등 동맹의 결속력은 높지 않았다고 생각한다. 월산리고분군은 가라식 토기와 재지 양식 토기가 함께 공존하는 등 박승규의 확산유형 Ⅲ형에 해당하며, 단곽식 구조에 호석을 두르지 않은 지역적 특성을 가지고 있었다. 한편 5세기 4/4분기로 편년 되는 월산리 M5호분에서는 백제와의 교섭을 통해서 입수한 청자 계수호 및 초두가 출토되는 등 정치적 자율성이 높았음을 확인할 수 있다.

반면 유곡리와 두락리 고분군의 경우 5세기 후반에서 6세기 전반에 조영된 것으로 파악되는데, 거의 모든 종류의 토기가 가라양식으로 교체될 뿐만 아니라 정형화된 가라식 묘제가 32호분에서 확인된다. 또한 유곡리와 두락리 고분군 1호분에서는 가라식의 매장의례가 확인되는 등 가라국과 분권정치체의 관계가 수직적 관계로 전환되고 있음을 보여준다. 그러나 유곡리와 두락리 32호분에서는 백제와의 교류를 상징하는 금동제 신발과 청동거울이 출토되는 등 여전히 정치적 자율성이 높았다는 사실도 확인된다.

그렇다면 여기서 말하는 기문은 어디일까. 이와 관련하여 본고에서는 지금의 남원시 중심부 일대를 중기문지로 보는 설을 따르고자 한다. 상기문과 하기문은 최소한 520년대에서 540년대 이전까지 그 존재가 파악된다. 반면 해당지역은 가야계 고총고분뿐만 아니라 봉토분마저 보이지 않으며 백제화가 빠르게 진행되었다.[59]

(D-2)에서는 倭가 百濟, 新羅, 安羅, 加羅의 사신들을 모아놓고 회의를 진행하였으며, 기문과 대사를 백제에 주었다고 하였다. (D-2)의 ⓑ에서 언급과

---

59) 송영근, 2019 「5~6세기 전라 동부지역의 가야제국과 백제의 진출」, 인제대학교 석사학위논문, pp.30~51.

같이 백제가 실제로 기문·대사지역을 점령하였는지 알 수 없지만, 최소한 앞의 (C-3)와 같이 전남 동부 지역으로 진출하고 있는 점에서 백제가 기문, 대사에 진출하기 위한 시도가 이루어지고 있음을 확인할 수 있다.

(D-3)와 (D-4)는 가라국이 야마토정권에 기문 땅을 요청하였지만 받아들여지지 않았다. 이에 4개월 뒤 가라국은 子呑(거창)와 帶沙(하동), 爾列比(의령 대병면)와 麻須比(밀양)에 축성을 하여 推封까지 연결하였는데, 가라동맹의 중심국이었던 가라국의 고령과 교역항 역할을 하였던 대사에 대하여 방어체계를 구축한 것이다. 당시 가라동맹이 백제와 신라 양 세력에게 압박을 받았던 국제정세를 고려한다면 해당 축성 기사는 신빙할 수 있다.

(D-5)에서는 物部連이 대사강에 머무르고 있을 때 가라가 군사를 일으켜 공격함에 두려워 도망하였다는 내용인데, 515년 2월조에 物部連의 존재가 확인되고 당시 백제와 가라동맹의 대립적 상황을 고려한다면 신빙할 수 있는 사료라고 생각한다.

이와 같은 축성 및 군사동원기사는 가라동맹 내에 가라국과 분권정치체의 관계가 수평적 관계에서 수직적 관계로 변질되었음을 보여준다. 수직적 관계의 성립은 동맹의 결속력이 강해야 함을 의미하는데, 결속력은 공동의 적대국이 가하는 위협의 크기에 의해 결정되며 위협이 클수록 동맹의 결속은 강해졌을 것이다. 즉 당시 가라동맹에 대한 백제 및 신라의 위협이 동맹의 결속력을 강화시켰으며 수직적 관계로 전환하게 된 계기를 제공하였다고 생각한다. 아무튼 해당 시기 가라동맹을 구성하는 모든 분권정치체가 가라국에 대한 수직적 관계를 형성하였다고는 볼 수 없으나 동맹의 형성기 때보다 유대 및 결속력이 강화되었다고 할 수 있다.

한편 사료 (D-1)~(D-5)을 통틀어 가라동맹의 기문에 대한 군사적 움직임을 찾을 수 없었다. 오히려 (D-6)에서와 같이 중기문지에 대하여 백제가 영역화를 공고히 하는 점만 파악될 뿐이다. 이에 반해 가라국은 (D-3)에서 빼앗긴 땅을 왜에 다시 요청하는 정도의 움직임만 확인할 수 있다. 그런데 (D-4)와

(D-5)에서 야마토정권은 백제가 요청한 기문과 대사 땅을 그저 추인하고 있을 뿐이다. 그렇다면 중기문지는 앞서 살펴본 임나4현과 같이 애초부터 가라동맹과의 관계가 미성숙하였거나 동맹에 가입하지 못하였을 수도 있다.

다음 가라동맹의 종속적 성격의 수직적 관계를 보여주는 사례는 아래 사료에서도 확인할 수 있다.

> (E) 23년 3월 是月 物部伊勢連父根과 吉士老 등을 보내 津을 백제왕에게 주었다. ……(중략)…… 가라왕은 신라의 왕녀와 혼인하여 드디어 자식을 낳았다. ⓐ신라가 처음에 여자를 보낼 때 아울러 100명을 보내 여종으로 삼게 하였는데, 받아들여서 여러 현에 나누어 두었고 신라의 의관을 입도록 令하였다.[60]

> (F) 우륵이 지은 12곡은 첫째는 下加羅都, 둘째는 上加羅都, 셋째는 寶伎, 넷째는 達己, 다섯째는 思勿, 여섯째는 勿慧, 일곱째는 下奇物, 여덟째는 師子伎, 아홉째는 居烈, 열째는 沙八兮, 열한째는 爾赦, 열두째는 上奇物이다.[61]

(E)는 가라와 신라가 결혼동맹을 맺었으나 종자의 변복 문제로 파탄에 이르렀다는 내용인데 (E)의 ⓐ에서는 가라와 신라가 동맹을 맺고 신라의 왕녀와 가라국왕이 혼인을 하게 되었음이 확인된다. 또한 신라의 왕녀를 수행하

---

60) "是月 遣物部伊勢連父根·吉士老等 以津賜百濟王 …… 加羅王娶新羅王女 遂有兒息 新羅初送女時 并遣百人 爲女從 受而散置諸縣 令着新羅衣冠"(『日本書紀』권17, 男大迹天皇 繼體天皇 23년)

61) "于勒所製十二曲 一曰下加羅都 二曰上加羅都 三曰寶伎 四曰達己 五曰思勿 六曰勿慧 七曰下奇物 八曰師子伎 九曰居烈 十曰沙八兮 十一曰爾赦 十二曰上奇物"(『三國史記』권12, 雜志 第1)

는 종자를 여러 현에 배치하였다는 점이 기술되어 있다.

해석대로라면 529년 신라와 가라가 동맹을 맺고 가라왕이 여러 현에 신라의관을 입고 있는 종자를 파견한 것으로 파악할 수 있는데, 『三國史記』법흥왕 9년(522)에 가야국왕이 신라에 사신을 보내 청혼하였고 법흥왕이 이찬 비조부의 누이동생을 보냈다는 기록이 확인되므로 실제 가라와 신라의 동맹기간은 522년에서 529년 사이라고 할 수 있다.

또한 가라왕은 여러 현에 신라의 종자를 보내는데 그 현이 가라국 내부의 현이라는 것인지, 가라동맹를 구성하는 분권정치체를 뜻하는 것인지는 알 수 없다. 다만 신라 왕녀의 종자를 굳이 여러 현에 나누어 보내는 수고를 한 이유가 단순히 가라국 내부의 안정을 위해서라고 해석하는 것은 (E)의 내용을 충분히 설명할 수 없을 것으로 판단할 수 있다. 오히려 가라동맹의 결속을 강화하기 위한 재분배 활동으로 해석하는 것이 합리적이라고 생각한다.

(F)에서는 가야금 12곡을 나열하고 있는데 이것은 가라동맹의 범위이자 이를 구성하는 분권정치체의 국명일 것이다. 또한 가라국은 가야금이라는 군주권의 상징을 바탕으로 동맹 구성국의 결속력을 강화하였을 것으로 파악된다.

한편 본고에서는 가야금 12곡의 작곡 시기를 529년에서 536년 사이로 보고자 한다.[62] 526년에서 536년 사이에 제작된 『梁職貢圖』에서는 상기문은 확인되는 반면 하기문은 보이지 않는다. 즉 하기문은 526년에서 536년 사이에 백제의 영역으로 편입되었을 가능성이 높다. 그런데 (F)에서는 하기문의 존재가 확인되고 있으므로 양직공도 제작을 전후하여 가야금 12곡이 제작되었음

---

62) 가야금 12곡의 작곡시기를 529년 이후로 추정한 견해는 주보돈과 권주현의 연구가 참고된다(주보돈, 2009 「于勒의 삶과 가야금」 『악성 우륵의 생애와 대가야의 문화』, 고령군 대가야박물관, pp.67~71 ; 권주현, 2009 「嘉悉王과 于勒의 伽倻琴」 『樂師 于勒과 의령지역의 加耶史』, pp.46~48).

을 추정할 수 있다. 그렇다면 529년 가라국과 신라의 혼인동맹 파탄은 가라동맹이 내외부의 위기에 직면하게 되었음을 의미한다. 이때 가라국은 가라동맹의 결속력을 규합할 필요성이 더욱 부각되었을 것이며 529년 이후에 가야금 12곡을 제작하게 되었다고 볼 수 있다.

사료(F)에서는 가라동맹의 범위 또한 파악할 수 있는데 대체로 전북 동부지역과 경남 서부지역일대로 한정하고 있다. 이에 대하여 본고에서는 국명의 위치비정 보다는 上下의 용례에 대해서만 살펴보고자 한다. 아래 표와 같이 대부분의 논자들은 上下를 현대의 위·아래로 파악하고 있는 듯하다.

그렇다면 당시에도 지금과 같이 위와 아래로 파악하였을까. 본고에서는 上下의 개념이 현대적 의미의 위·아래와는 다르게 사용되었다고 생각한다. 현재 대한민국 행정지명에서 上과 下가 동시에 표기된 지명은 양산시 上北面과 下北面이 유일하다.

〈표 1〉 우륵 12곡의 위치비정 비교

곡 명	연 구 자					
	이병도	田中俊明	김태식	이영식	백승충	이형기
下加羅都	고령	김해	김해	김해	합천	합천
上加羅都	김해	고령	고령	고령	고령	고령
寶伎		사천 곤양		사천	보기	
達己	예천	하동		하동	하동	하동
思勿	사천	사천	사천	사천	사천	사천
勿慧		고성		고성	군위?	
下奇物		남원	남원	곡성~구례	남원	남원
師子伎		합천 대명		합천	사자기	
居烈	진주	거창	거창	거창	진주/거창	거창
沙八兮		합천 초계	초계	부림~초계	초계	신반/부림
爾赦		의령 부림		의령읍		
上奇物		장수	임실	남원	남원	남원

그런데 양산시청소재지 즉 양산읍에서 가까운 쪽이 상북이며, 면쪽이 하북이다. 상북과 하북에 대한 지명이 조선시대 언제부터 유래되었는지는 정확하게 알 수 없으나 조선시대 읍치 북쪽에 있어서 북면으로 불리다가 18세기에 제작된『輿地圖書』와『地乘』에서는 하북면, 상북면으로 표기되었다.

그렇다면 가라국이 위치한 고령을 중심으로 보았을 때 가까운 곳이 上이며 먼 곳이 下라고 추정해 볼 수 있을 것이다. 즉 상가라도는 고령보다 가까운 쪽, 하가라도는 상가라도로 비정된 지역보다 더 뒤에 있어야 한다.

그렇다면 합천을 가라도로 비정하기 위해서는 고령을 중심으로 보았을 때 상가라도로 비정해야 함이 맞지만 하가라도가 합천보다 더 뒤로 위치하게 됨으로써 고령을 하가라도로 설정할 수가 없게 되어 버린다. 또한 합천에는 해당시기 가라국과 마찬가지로 강력한 정치체였던 다라국이 존재하고 있으므로 하가라도=합천설은 받아들이기 어렵다.

다음 하가라도를 김해로 비정한다면 방위상 상가라도를 김해보다 조금 더 북쪽에 있는 정치체로 비정해야 하는데 그렇게 된다면 고령이 상가라도가 될 수 없을 뿐만 아니라 우륵 12곡의 지역 범위 또한 넘어가 버리게 된다. 또한 우륵 12곡의 제작 목적이 가라동맹의 결속을 위한 것이었다면 더더욱 김해를 가라도로 규정하는 것은 무리한 해석이라고 판단한다.

그러나 고령 내부의 상하로 가라도를 파악한다면 우륵 12곡의 범위를 벗어날 염려가 사라진다. 즉 가라왕의 처소인 왕궁이나 주산성과 같은 고령 왕경의 구조 속에서 상가라도와 하가라도를 찾아보아야 하지 않을까 추정해 본다.[63]

다음 가야금 12곡이 제작된 이후 가라동맹의 변화상에 대해서는 파악하

---

63) 전덕재 또한 가라도를 고령지역으로 비정하고 아를 두 개의 지역인 상가라 하가로 나눈 것이 상가라도와 하가라도라고 파악하였다(전덕재, 2009『악사 우륵과 의령지역의 가야사』, 우륵문화발전연구회, p.392).

기 어렵다. 다만 541년과 544년 2회에 걸쳐 진행된 이른바 임나부흥회의에서 그 변화상을 추정해 볼 수 있지 않을까.

  (G-1) 2년 여름 4월 安羅 次旱岐夷呑奚, 大不孫 久取柔利 등과 加羅 上首位古殿奚 卒麻 旱岐, 散半奚 旱岐兒, 多羅 下旱岐夷他, 斯二岐 旱岐兒, 子他旱岐와 任那日本府의 吉備臣[이름이 빠졌다.] ……(중략)…… 각각 차가 있었다. 다 기뻐서 돌아갔다.[64]

  (G-2) 5년 11월 日本吉備臣, 安羅下旱岐大不孫, 久取柔利 加羅上首位古殿奚 卒麻君 斯二岐君 散半奚君兒, 多羅二首位訖乾智 子他旱岐 久嗟旱岐가 백제에 갔다. ……(중략)…… 日本 大臣任那에 있는 日本府의 大臣을 일컫는다, 安羅王·加羅王에게 공경히 아뢰고 모두 사신을 보내어 함께 천황에게 주청하기를 원합니다.[65]

 (G-1)은 백제 성왕의 초청으로 安羅와 加羅, 卒麻, 散半奚, 多羅, 斯二岐, 子他 등 7국이 임나 부흥을 위해 회의하였다는 것이다. 여기서 安羅, 加羅, 多羅의 경우 次旱岐夷呑奚, 上首位古殿奚, 下旱岐夷他라 하였고 나머지 4개국은 旱岐 및 旱岐兒으로 표기하였다. 그렇다면 安羅, 加羅, 多羅 3국을 제외한 나머

---

64) "夏四月 安羅次旱岐夷呑奚·大不孫·久取柔利 加羅上首位古殿奚卒麻旱岐散半奚旱岐兒 多羅下旱岐夷他斯二岐旱岐 子他旱岐等 與任那日本府吉備臣厥名字 往赴百濟 俱聽詔書 …… 因贈物各有差 忻忻而還"(『日本書紀』 권19, 天國排開廣庭天皇 欽明天皇 2년)

65) "日本吉備臣 安羅下旱岐大不孫·久取柔利 加羅上首位古殿奚·卒麻君·斯二岐君·散半奚君兒 多羅二首位訖乾智子他旱岐久嗟旱岐 仍赴百濟 …… 今願 歸以敬諮日本大臣謂在任那日本府之大臣也 安羅王·加羅王 俱遣使同奏天皇"(『日本書紀』 권19, 天國排開廣庭天皇 欽明天皇 5년)

지 4국은 가야제국 내에서 비슷한 규모를 가진 것으로 볼 수 있다.

(G-2)는 (G-1)의 7국이 다시 확인되며 久嗟旱岐가 추가되었다. 그런데 (G-1)와 달리 (G-2)에서는 加羅王과 安羅王의 존재가 확인된 점이 특징이다. 그렇다면 加羅과 安羅王이 표기된 배경은 무엇이었을까. (G-1)과 (G-2)에서 확인되는 安羅, 加羅, 多羅 3국을 살펴보면 安羅는 541년에는 次旱岐였던 것이 544년에는 下旱岐로 바뀌었다.

加羅는 양 사료에서 동일한 칭호와 인명이 확인되었다. 多羅는 安羅와 같이 칭호가 下旱岐에서 二首位로 바뀌어 기록되었다. 3국의 칭호는 旱岐가 次와 下로 분화된 점이 확인되고 上首位와 二首位라는 칭호 또한 확인된 점에서 (G-1)과 (G-2)에서 확인되는 나머지 4~5국보다 더 큰 규모의 정치체로 파악할 수 있다.

물론 王은 旱岐 및 君과도 뜻이 통하기도 한다. 그러나 君으로 표기된 정치체들이 加羅王과 安羅王에게 보고 및 별도의 회의를 진행하려 한 점은 (G-2)의 왕이 한기보다 더 큰 존재임을 뜻하는 것이다. 즉 가라동맹의 왕 중의 왕이 가라왕을 뜻한다면, 가라동맹은 국가라는 형태로 나아가고 있다고할 수 있다.

이와 관련하여 (G-2)에서는 加羅, 安羅, 多羅, 그리고 子他와 새로 추가된 久嗟를 제외한 나머지 정치체들이 旱岐와 旱岐兒에서 君과 君兒로 칭호가 교체되어 있다. 물론 군은 군현화된 지역의 지방관이 아닌 가라동맹에 소속된 분권정치체 또는 아라국과 관계를 맺고 있었던 수장의 칭호가 바뀐 것에 불과하다. 그러나 왕을 위시하여 그 아래에 군의 칭호가 주어졌다는 것은 수직적 관계(종속적 성격)가 좀 더 진전되었음을 의미한다. 6세기 2/4분기로 편년되는 大王銘有蓋長頸壺은 이와 같은 관계를 보여주는 물질 증거라고 할 수 있다. 다만 각국의 명칭이 확인되고 있는 점은 아직까지 가라국이 가라동맹을 구성하는 분권정치체를 완전히 장악하지 못하였음을 보여주는 것이라고 생각한다.

한편 安羅와 多羅는 사료상 가라국을 포함한 주요 3국으로 인식할 수 있는데 安羅의 경우 고대국가로 발전하였다는 견해[66]가 있는 만큼 가야제국 내에서 강력한 왕권을 형성하지 않았을까 추정된다. 또한 (G-2)에서 가라국왕과 아라국왕이 회의의 중심적 역할을 하고 있다는 점은 이들 세력이 양자 동맹을 맺고 있다고 밖에 볼 수 없을 것이다.

그러나 (G-2)에서 다수의 가야제국이 가라동맹에 소속되었는지 안라국과 동맹관계에 포함되었는지는 불분명하게 표기되어 있다. 다만 양국의 왕에게 아뢰었다는 대목은 가라와 아라에 대한 나머지 가야제국이 상하관계를 형성하고 있음을 보여주는 것이다. 그렇다면 가라국과 아라국은 비교적 비슷한 국가발전단계를 형성하였다고 추정해 볼 수 있다.

한편 다라국은 대가야연맹에 포함되어 있었지만 연맹체내에서 강력한 위상을 발휘하였다고 하여 지역국가로 본 견해[67] 가라국과 다라국은 각각 장법에 차이가 있으므로 다라의 무력적, 군사적 역량은 가라와의 관계가 상하 관계가 아닌 수평적 상호불가침의 연맹관계로 파악하였다는 점을[68] 참고하였을 때 가라국과 다라국

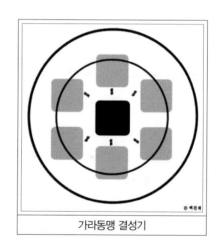

가라동맹 결성기

66) 백승옥, 2003 앞의 책, p.325 ; 남재우, 2018 「가야의 국가발전단계와 가야사연구」 『역사와 세계』 54, pp.172~175.
67) 박승규, 2014 「옥전고분군을 통해 본 다라국과 대가야」『多羅國 그 위상과 역할』, 경상대학교 박물관, pp.234~238.
68) 김두철, 2014 「多羅國의 武裝」『多羅國 그 위상과 역할』, 경상대학교 박물관, pp.175~177.

은 각각의 독립된 정치체로서 상호작용을 통해 발전하였다고 생각한다.[69]

3) 해체기(544~562)

가라동맹은 결성기를 거쳐 가라국에 대한 수직적 관계가 강화되었을 뿐만 아니라 분권정치체의 통합을 지향하고 있었다. 그러나 백제, 신라의 압박은 분권정치체의 가라동맹에 대한 방기를 야기시켰다고 생각한다.

> (H) 23년 봄 정월 新羅가 任那官家를 공격하여 멸망시켰다.[어떤 책에서는 21년에 任那가 멸망했다고 한다. 통틀어 말하면 任那이고, 개별적으로 말하면 加羅國, 安羅國, 斯二岐國, 多羅國, 卒麻國, 古嵯國, 子他國, 散半下國, 乞湌國, 稔禮國 등 모두 열 국이다.[70]

(H)에서는 562년 임나멸망기사로써 가라국을 포함 총 10여 국이 멸망하였다고 하였는데, (F)에서 확인되는 가야금 12곡에 비정되는 국명과 일치되는 나라도 확인되지만, 국의 숫자가 줄어든 점도 보인다. 즉 가라동맹을 구성하는 분권정치체의 숫자가 줄어들었다는 것인데 백제와 신라의 군사적 압박으로 각개 격파를 당하거나 동맹에 방기하였기 때문일 것이다.

(H)는 이미 가라동맹이 해산되어 각국으로 분립된 상황을 보여주는 것으

---

69) 가라와 다라의 관계가 항시 호혜적이었는지, 그리고 다라국의 국가발전단계에 대한 검토는 본고에서 다루기에는 분량 등 한계가 있으므로 차후 과제로 남겨두고자 한다.

70) "春正月 新羅打滅任那官家一本云 廿一年 任那滅焉 總言任那 別言加羅國·安羅國·斯二岐國·多羅國·卒麻國·古嵯國·子他國·散半下國·乞湌國·稔禮國 合十國"(『日本書紀』 권19, 天國排開廣庭天皇 欽明天皇 23년)

로 생각한다. 가라동맹은 동맹의 존립을 지키기 위해 신라 및 백제와 동맹을 맺었다고 파악된다. 즉 가라와 분권정치체는 백제군을 중심으로 신라와 연합군을 형성하여 고구려를 공격한 것이다.[71] 그 결과 백제는 한강 하류 6군을 회복하였고 신라는 한강 상류 10군을 손에 넣었다. 그러나 신라가 한강 유역을 독차지하기 위해 백제군을 축출하고 新州를 설치하였다. 이에 백제는 신라의 관산성을 침공하게 되는데 이때 가라동맹과 연합군을 맺었음이 확인된다.

가라동맹은 백제로부터 모종의 이익을 대가로 백제와 연합군을 구성하는 한편 결속된 동맹의 존립을 위해 또다시 대규모 군대를 파견한 것으로 보인다. 그러나 관산성 전투는 신라의 대승으로 끝나면서 그 충격은 고스란히 가라동맹에 전달되었을 것이다. 그 결과 가라국과 분권정치체는 더 이상 결속할 수 없을 지경에 이르렀고 가라동맹은 관산성 전투 이후 빠르게 와해되었다고 생각한다.

4. 맺음말

이상 가라동맹의 구조와 분권정치체의 성격, 그리고 시기에 따른 동맹의 성격 변화 등을 확인해 보았다. 가라동맹은 지역 문화권의 정체성에 기반하여 479년 이후 가라국을 중심으로 결성되었는데 동맹을 구성하는 분권정치체는 높은 정치적 자율성이 보장되었다. 또한 가라동맹 결성은 이익의 교환을 통한 부의 축적 및 적대국에 대한 군사적 방어권을 형성할 수 있었으나 동맹의 결속력에 따라 분권정치체의 방기와 연루가 발생하는 등 항시 호혜적인 관계를 형성하지는 않았다.

---

71) "是歲 百濟聖明王 親率衆及二國兵二國謂新羅·任那也 往伐高麗 獲漢城之地 又進軍討平壤 凡六郡之地 遂復故地"(『日本書紀』 권19, 天國排開廣庭天皇 欽明天皇 12년)

이와 같은 방기와 연루의 위협으로부터 가라동맹은 의식의 공유, 회의체의 성립, 재분배를 통하여 동맹을 유지하였고 나아가 동맹의 성격이 수평적 관계에서 수직적 관계(종속적 성격)로 전환되었다.

한편 종속적 성격은 근대적 의미의 예속된 관계를 말하는 것이 아니라 정치적 자율성을 유지한 것으로 파악하였다. 다만 가라국이 축성과 같은 역의 부담과 군대의 파견 등에 대한 요청을 받아들여야만 하였다.

가라동맹은 시기에 따라 형성기, 결성기, 해체기로 구분할 수 있다. 형성기 가라동맹은 지역 문화권의 정체성에 기반한 분권정치체들이 가라국을 통한 부의 증대 및 선진문물을 얻기 위한 욕구에서 결성된 수평적 관계였다. 결성기는 신라와 백제라는 적대 세력으로부터 가라동맹을 유지하기 위해 가라국을 중심으로 분권정치체가 수직적 관계를 변질된 것이다.

임나부흥회의가 개최되는 541년과 544년 사이 가라동맹은 가라왕을 정점으로 하는 수직적 관계가 한층 강화되었으며 통합을 지향하며 국가단계로 나아갔다. 그러나 관산성 전투에서 패배하게 되면서 가라동맹은 와해되었고 562년 각각의 정치체로 분립된 채 멸망하게 되었다.

참고문헌

『史記』『漢書』『梁職貢圖』『日本書紀』『三國史記』

권주현, 2009 「嘉悉王과 于勒의 伽倻琴」『樂師 于勒과 의령지역의 加耶史』, 부림(우륵)
        문화발전연구회

김두철, 2001 「대가야고분의 편년」『한국고고학보』 45

김두철, 2011 「가야신라 고분 연대관」『고고광장』 9

김두철, 2014 「多羅國의 武裝」『多羅國 그 위상과 역할』, 경상대학교 박물관

김양훈, 2015 「4~5세기 남부가야제국과 전남동부 지역집단의 상호관계」『한국고대사
        연구』 77

김태식, 1993 『加耶聯盟史』, 일조각

김태식, 2000 「加耶聯盟體의 性格 再論」『韓國古代史論叢 10』

남재우, 2001 「6세기대 安羅國과 百濟와의 관계」『백산학보』 60

남재우, 2018 「가야의 국가발전단계와 가야사연구」『역사와 세계』 54

노중국, 2018 『백제정치사』, 일조각

都出比呂志, 2007 『전방후원분과 사회』, 학연문화사

박대재, 2003 『의식과 전쟁 -고대 국가를 바라보는 새로운 시각』, 까치글방

박대재, 2013 「국가형성기의 복합사회와 초기국가」『선사와 고대』 38

박승규, 2003 「대가야토기의 擴散과 관계망」『한국고고학보』 49

박승규, 2014 「옥전고분군을 통해 본 다라국과 대가야」『多羅國 그 위상과 역할』, 경상
        대학교 박물관

박천수, 1997 「정치체의 상호관계로 본 대가야왕권」『가야제국의 왕권』, 신서원

박천수, 2010 「토기를 통해 본 대가야」『퇴계학과 유교문화』 46

백승옥, 2003 『加耶 各國史 研究』, 혜안

백승옥, 2014 「加耶諸國의 존재형태와 '加耶地域國家論'」『지역과 역사』 34

백승충, 1995 『加耶의 地域聯盟史 研究』, 부산대학교 박사학위논문

백승충, 2005 「加耶의 地域聯盟論」『지역과 역사』 17

송영근, 2019 「5~6세기 전라 동부지역의 가야제국과 백제의 진출」, 인제대학교 석사학
        위논문

양숙자, 2019 「금강 상류 가야 고분군의 축조 세력」『호남과 영남 경계의 가야』, 국립나

주문화재연구소·국립가야문화재연구소

이근우, 1994 『日本書紀에 인용된 百濟三書에 관한 연구』, 한국학중앙연구원 박사학위
　　　논문

이근우, 2002 「古代天皇制의 성립과 변질」『일본역사연구』 16

이동희, 2011 「全南 東部地域 加耶文化의 起源과 變遷」『百濟文化』 45

이영식, 1985 「伽倻諸國의 國家形成問題 - 伽倻聯盟說의 再檢討와 戰爭記事分析을 中心
　　　으로 -」『白山學報』 32

이영식, 2016 「가야인의 정신세계」『가야제국사연구』, 생각과종이

이영식, 2018 「가야諸國의 발전단계와 초기고대국가론」『가야사 연구의 현황과 전망』,
　　　주류성

이형기, 2009 『大加耶의 形成과 發展 研究』, 경인문화사

이희준, 2017 『대가야고고학연구』, 사회평론

주보돈, 1995 「序言 - 加耶史의 새로운 定立을 위하여」『加耶史研究』, 경상북도

주보돈, 2009 「于勒의 삶과 가야금」『악성 우륵의 생애와 대가야의 문화』, 고령군 대가
　　　야박물관

조영제, 2007 『옥전고분군과 다라국』, 혜안

하승철, 2019 「남강 상류 가야 고분군의 축조 세력」『호남과 영남 경계의 가야』, 국립나
　　　주문화재연구소·국립가야문화재연구소

廣瀬和雄, 2003 『前方後圓墳國家』, 角川選書

田中俊明, 1992 『大加耶連盟の興亡と「任那」』, 吉川弘文館

萩美津夫, 1997 『日本古代音樂史論』, 吉川弘文館

Campbell, D., 1992 『*Writing Security ; United States Foreign Policy and the
　　　Politics of Identity. Minneapolis*』, University of Minnesota Press

Glenn H. Snyder, 1990 Alliance theory : A neorealist first cut」『*Journal of Inter-
　　　national Affairs*』 44

Glenn H. Snyder, 1998 『Alliance Politics. Ithaca.』, Cornell University Press

R. Griffeth & C. G. Thomas(eds.), 1981 『*The City-Site in Five Cultures, santa
　　　Barbara*』, ABC-Clio

영·호남 경계지역
가야 정치체의 성격

· 백승옥 ·

이 글은 2019년 11월에 간행된 『百濟學報』 제30호(百濟學會)에 게재된 것을 본서 편집진의 요구에 의해 약간의 교정을 거쳐 실은 것이다.

1. 머리말

이 글에서 다루고자 하는 시·공간적 범위는 5~6세기 대의 호남 동부지역
이다. 주 검토 대상 사료는 『日本書紀』 卷17, 繼體紀에 보이는 任那四縣(上哆
唎, 下哆唎, 婆陀, 牟婁)과 己汶, 帶沙(이하 2地) 관련 기사들이다. 이들의 위치
비정에 대해서는 異見이 있지만, 백제와 가야의 경계지역으로 보는 것이 합리
적이다.

연구 대상 지역이 동북아 전체의 범위에서 보면 좁은 지역이다. 하지만
이에 대한 기록은 한국(『三國史記』), 중국(『梁職貢圖』, 『翰苑』), 일본(『日本書
紀』, 『新撰姓氏錄』, 『續日本後記』)의 문헌에 모두 보이고 있다. 이는 연구의 視
野를 동북아 전체에 두어야 할 필요성을 提起한다. 큰 흐름 속에서 작은 움직
임을 관찰해야 할 것이다.

동북아의 역사는 이미 선사시대부터 서로 연동되어 진행되어 왔다. 중국
대륙에서 꽃피운 선진문화는 한반도를 거쳐 일본열도에까지 이른다. 이 과정
에서 각 지역의 정치체들은 선진문화의 습득 여하에 따라 흥망성쇠를 달리했
다. 또한 그들에게 주어진 시·공간적 상황을 어떻게 활용하는가에 따라 생존
여부가 결정되기도 했다. 그들은 서로 간의 이해득실에 따라 움직였으며, 그

속에서 통합과 분열의 굴곡도 있었다. 이러한 역사의 흐름 속에서 임나 4縣과 2地는 과연 어떠한 모습을 하고 있었던 존재였을까? 본고의 연구 목적이다.

Ⅱ장에서는 연구 현황과 사료의 성격에 대해서 간단히 살펴보고자 한다. 기존의 연구들 가운데 많은 양을 차지하는 것이 위치 비정과 관련한 것들이다. 이에 대해서는 전고에서[1] 다룬 바 있기 때문에 여기서는 약술한다. 다만 그동안 4縣 2地에 대한 연구 부진의 원인이 연구 시각에 문제가 있었다는 점은 지적하고자 한다. Ⅱ장 2절에서는 사료에 대해 언급하고자 한다. 주요 사료의 소개와 더불어 『일본서기』 대외관계기사의 성격에 대하여 살펴보고자 한다. Ⅲ장에서는 임나4현과 2지의 구체적 모습과 성격에 대해 살펴보고자 한다. 1절에서는 4현과 2지의 주변 상황과 지형적 특성에 대해 살펴 볼 것이다. 2절에서는 임나4현에서의 '縣'은 과연 무엇을 말하는가에 초점을 맞추어 볼 것이다. 3절에서는 「繼體紀」 7년(513) 11월조 기사에 주목했다. 이에는 2地를 둘러싼 이해관계가 있는 각국들의 모임이 보인다. 내용 분석을 통해 이를 기문, 대사 귀속 문제를 해결하기 위한 국제회의로 파악하고 논의를 진행했다.

부족한 부분이 많다. 특히 논의를 진행시키다가 좀 더 섬세히 검토하지 못한 부분도 있다. 이는 여러분들의 많은 가르침을 받아 향후 발전시켜 나가고자 한다.

---

1) 백승옥, 2007(a) 「己汶·帶沙의 위치비정과 6세기 전반 대 加羅國과 百濟」 『5~6세기 동아시아의 국제정세와 대가야』, 고령군 대가야박물관·계명대학교 한국학연구원.

2. 연구 현황과 사료

1) 현황과 시각

고대 호남 동부지역에 대한 기존의 연구 경향을 살펴보면, 크게 세 가지 측면에서 이루어지고 있음을 알 수 있다. ① 지명 비정의 문제이다. ② 백제 또는 대가야가 이 지역으로 진출하는 과정과 관련된 연구들이다. ③ 이 지역의 역사적 성격과 관련된 연구들이다.

①에 대한 관심은 일제강점기 일인학자들에 의해 비롯되었다.[2] 『일본서기』에 의하면 임나4현은 애초 日本의 官家인 것을 百濟에 할양하는 형태로 기술되어 있다. 2지 또한 왜가 백제에 사여하는 것으로 되어 있다. 따라서 이른바 '임나일본부설'에서는 이들 지역의 위치에 따라 임나일본부의 관할 지역이 정해지는 것이었다. 이에 의하면 일반적으로 4현은 전라도 지역에, 2地는 섬진강유역으로 비정되어 왔다. 최근 한국학계는 4현의 경우 여수, 순천, 광양 등지의 전남 동부지역으로, 2지는 전북 동부(기문-남강, 금강, 섬진강의 상류)와 경남 하동(대사)으로 봄이 대세이다. 그러나 양자 모두 이견은 있다.[3]

②에 대한 연구는 문헌사학과 고고학자들 모두에 의해 연구가 진행되었다. 백제의 이 지역 진출과 관련해서는 주로 문헌사학자들에 의해서 이루어

---

2) 津田左右吉, 1913 「任那疆域考」『滿鮮歷史地理研究1 -朝鮮歷史地理-』, 南滿洲鐵道株式會社 ; 1964『津田左右吉全集 11』, 岩波書店. 今西龍, 1919 「加羅疆域考」『史林』4-3·4 ; 1920 「加羅疆域考補遺」『史林』5-1 ; 1922 「己汶伴跋考」『史林』7-4. 이상 모두 今西龍, 1937 『朝鮮古史の研究』, 近澤書店에 실려 있음. 鮎貝房之進, 1937 「日本書紀朝鮮地名攷」『雜攷』7-下. 末松保和, 1949 「任那興亡史』, 大八洲出版(본고 인용은 1971년 吉川弘文館 간행 증정 5판).
3) 자세한 연구사와 위치비정에 대한 정리는 백승옥, 2007(a) 앞의 논문 참조.

졌으며,[4] 대가야의 진출과 관련해서는 고고학자들이 많은 관심을 가졌다.[5] 이러한 연구 경향은 현존 자료의 성격과 관련되어 있다.

③에 대한 연구는 매우 빈약한 실정이다. 1970년대 이 지역 발굴이 이루어진 이후 전영래의 연구가 있었지만 그다지 주목하지 않았다.[6] 최근 곽장근의 활발한 연구와 이동희, 김재홍의 연구가 있다.[7] 자료의 영세성이 연구 부진의 1차적 요소임은 부정할 수 없다. 그러나 자료 부족만을 말하기 보다는 연구 시각에 대한 문제점 또한 지적하지 않을 수 없다.

그동안 가야사 연구의 주류는 가야를 단일연맹체로 보는 시각에서 연구되어졌다. 가야 전기에는 김해의 구야국이 중심이 된 가야연맹체, 후기에는 고령의 대가야가 중심이 된 가야연맹체라 하여 전·후기 모두 단일연맹체로

4) 이영식, 1995 「백제의 가야진출 과정」 『한국고대사논총 7』, 한국고대사회연구소 ; 백승충, 2000 「6세기 전반 백제의 가야진출과정」 『百濟研究』 31 ; 주성지, 2003 「웅진시대 백제의 蟾津江 水系 진출」 『慶州史學』 22 ; 정재윤, 2008 「백제의 섬진강 유역 진출에 대한 고찰」 『백제와 섬진강』, 서경문화사 ; 위가야, 2016 「백제의 기문·대사 진출과정에 대한 재검토 - 513년 국제회의의 실상을 중심으로 -」 『史林』 58.

5) 李熙濬, 1995 「토기로 본 大伽耶의 圈域과 그 변천」 『加耶史研究 -대가야의 政治와 文化-』, 慶尙北道 ; 2017 『대가야고고학연구』, 사회평론 ; 朴天秀, 1996 「대가야의 국가 형성과 발전」 『석오 윤용진교수 정년퇴임기념논총』, 석오 윤용진교수 정년논총간행위원회 ; 金世基, 1995 「大伽耶 墓制의 變遷」 『加耶史研究 -대가야의 政治와 文化-』, 慶尙北道.

6) 전영래, 1974 「任實 金城里 石槨墓群」 『全北遺蹟調査報告 3』, 서경문화사 ; 1985 「百濟 南方境域의 變遷」 『천관우선생환력기념한국사논총』, 정음문화사.

7) 곽장근, 1999 『호남 동부지역 석곽묘 연구』, 서경문화사 ; 2000 「湖南 東部地域 高塚의 分布相과 그 意味」 『百濟研究』 31 ; 2018 「동북아 문물교류 허브 남원 유곡리·두락리고분군」 『가야고분군Ⅲ』 (가야고분군 연구총서 4권), 가야고분군 세계유산등재추진단 ; 김재홍, 2012 「전북 동부지역 백제, 가야, 신라의 지역지배」 『한국상고사학보』 78 ; 2018 「전북 동부지역 가야 고분의 위세품과 그 위상」 『호남고고학보』 59 ; 이동희, 2004 「전남동부지역 가야계 토기의 역사적 성격」 『한국상고사학보』 46 ; 2011 「全南 東部地域 加耶文化의 起源과 變遷」 『百濟文化』 45.

보는 것이다.[8] 이 설의 애초 주창자는 이병도였다.[9] 단일연맹체설의 주 근거는 『三國遺事』五伽耶條였다. 이후 단일연맹체설은 한국학계의 정설로 정착되었으며, 현행 국사 교과서들 대부분 이 설에 의해 가야를 설명하고 있다.[10] 이러한 시각에 의하면 호남 동부지역과 같은 곳은 시야에 들어오지 않았다. 뿐만 아니라 그 지역이 가야일 것이라는 생각조차하기 힘들었다.

그러나 가야는 결코 단일연맹체 상태로 존재했었던 것도 아니었으며, 김해와 고령지역에만 가야세력이 존재했었던 것도 아니었다.[11] 함안 안라국(아라가야)의 경우 독자적 세력을 구축하여 존재하고 있었음이 문헌과 고고자료를 통해 확인되고 있다.[12] 또한 포상팔국이 연합하여 (남)가라국을 공격하는 사건은 단일연맹체설로서는 설명하기 어렵다. 옛 가야 각지에는 國의 존재를 인정할 만한 고총고분이 존재하며, 『일본서기』에는 여러 가야 국명들이 등장한다.[13]

단일연맹체론을 주장하는 거의 유일한 근거는 모두 가야라는 단일한 이름으로 불렸다는 점이다. 그러나 이것은 新羅末의 정치적인 사정에 기인하는 것이다. 그리고 『일본서기』에서 '任那'로 표현된 가야지역은 古代 日本 중심주의 藩國史觀에 의해 왜곡, 윤색된 것이기 때문에 이의 용례로서 가야 단일연

---

8) 김태식, 1993 『加耶聯盟史』, 一潮閣 ; 2014 『사국시대의 한일관계사 연구』, 서경문화사 ; 2019 「가야의 공간적 범위 재론」 『가야사의 공간적 범위』, 고령군 대가야박물관·계명교 한국학연구원.

9) 李丙燾, 1948 『朝鮮史大觀』, 同志社 ; 1959 『韓國史 古代篇』, 乙酉文化社 ; 1976 『韓國古代史研究』, 博英社.

10) 백승옥, 2019 「고등학교 한국사 교과서 및 부도에 실린 가야 영역 지도의 검토」 『가야사의 공간적 범위』, 고령군 대가야박물관·계명대학교 한국학연구원.

11) 백승옥, 2003 『加耶 各國史 研究』, 혜안출판사 ; 2014 「加耶諸國의 존재형태와 '加耶地域國家論'」 『지역과 역사』 34 ; 이영식, 2016 『가야제국사연구』, 생각과종이.

12) 남재우, 2003 『安羅國史』, 혜안.

13) 백승옥, 2017 「가야의 왕릉급 고분에 대한 역사적 해석」 『韓國古代史研究』 88.

맹체설의 근거로 할 수는 없다.

　신라에도 백제에도 속하지 않고 그 사이에 있으면서 보통의 國對國의 관계로 존재했던 국들이 후대에 加耶諸國으로 인식된 것이다. 가야 제국은 개별 각국별로 존재하고 있었던 것이다. 이러한 시각을 전제로 하지 않으면 임나4현과 2지 등에 대한 역사는 주변 강대국들에 의해 지배 복속되는 역사로 정리될 수밖에 없다. 역사에서 작은 존재는 작은 존재대로 의미가 있으며, 변경의 역사는 변경이 갖는 역사적 의미가 있다. 이들의 역사도 중시되어야 한다. 결국 이들의 역사가 모여 국가사, 민족사가 된다.

2) 사료의 성격

　4현과 2지에 대한 기록은 한중일 삼국의 문헌에 다양한 형태로 보이고 있다. 사료가 작성된 연대 순서로 보면 ①『梁職貢圖』(6세기 전반), ②『翰苑』(660), ③『日本書紀』(720), ④『新撰姓氏錄』(815), ⑤『續日本後記』(869), ⑥『三國史記』(1145)의 순이다. 이 가운데 ①과 ②는 중국 측 기록이고, ③~⑤는 일본에서 만들어진 것이며, ⑥은 고려의 김부식이 찬술한 것이다.

　이 가운데 대부분 단편적인 기록이지만 ③만이 유일하게 4현과 2지에 관한 내용이 비교적 풍부하게 실려 있다. 그러나 문제는 이 사서가 고대 일본 중심주의 번국사관에 의해 만들어져, 그 내용이 심하게 왜곡되어 있다는 점이다. 이에 대한 주의를 하지 않으면 자칫 오류의 난맥에 휘말릴 수 있다. 왜곡 날조된 사료 속에서 史實을 찾아내기란 쉽지 않다.

　『梁職貢圖』는 梁 武帝(502~549) 때에 만들어졌다. 후의 梁 元帝가 되는 蕭繹이 직접 그리고 그 序를 지었다. 편집 시기는 그가 荊州刺史로 있었던 시기(526~539)로 추정된다. 가야사와 관련하여서는 백제 옆에 있었던 소국들의 위치와 성격이 주목된다. 사신도 속에는 "보통 2년(521)에 백제왕 부여 융이 사신을 보내(普通二年其王餘隆遣使)~"라는 題記가 있다. 이로 보아 사신도는

521년 양에 온 백제 사신을 그렸음을 알 수 있다. 旁小國이라 하여 가야 여러 나라의 이름이 보인다. 그중에 "上己文"도 보인다. 이로 보아 상기문은 521년 까지 존재했었던 가야 소국이었음을 알 수 있다.

『翰苑』은 唐 高宗 顯慶 5년(660) 張楚金(?~689)이 찬술하고 雍公叡가 注를 붙인 類書의 初寫本이다. 『宋史』와 『崇文總目』 등 송대의 여러 書目에서 확인 되는데 온전하게 전하지 않는다. 본래 30卷 분량이지만, 그 마지막 卷으로 여 겨지는 蕃夷部 1卷만이 일본 福岡縣 太宰府 天滿宮에 전해온다. 이는 전장 15.86m에 달하는 墨書의 卷子本으로, 9세기 平安初期의 鈔本으로 알려져 있 다.[14]

『한원』의 이용에서 가장 중시해온 것은 『高麗記』·『括地志』·『隋東蕃風俗 記』 등 전하지 않는 引用文獻의 내용이다. 본고와 관련하여 번이부 백제조에 보이는 '基汶河'도 『괄지지』의 인용에서 보인다. 660년경 동이 지역의 최신 정 보에 기초해 작성된 기록이라는 점에서 사료적 가치는 매우 높다. 특히 '기문' 이라는 국명이 '기문하'라는 하천(강)과 관련된 점은 중요하다.

『新撰姓氏録』는 헤이안(平安) 시대 초기인 815년에 천황의 명으로 편찬된 일본 고대 씨족의 일람서이다. 平安京과 畿內에 사는 1,182씨족을 그 출신별 로 각각 皇別(황실의 자손), 神別(일본 神의 자손), 諸蕃(도래인의 자손)으로 분 류해 그들의 조상과 그 씨족명의 유래 및 가문의 분기를 기술했다. 본고와 관 련해서 '任那國의 東北에 上·中·下의 三己汶地가 있다'는 점과 '地方은 삼 백 리, 土地는 비옥하고 人民 또한 많다.' 등의 기록은 중요하다.

『續日本後記』는 일본 文德天皇이 先代 仁明天皇의 역사가 아직 정리되기 전에 藤原良房 등 5인의 신하에게 撰修를 명하여 만들어진 것이다.[15] 일본 六

---

14) 윤용구, 2018 「해제-"翰苑"의 편찬과 蕃夷部」 『譯註 翰苑』, 동북아역사재단 한국고중 세사연구소, pp.6~8.

15) 坂本太郎, 1970 『六國史』, 吉川弘文館, pp.252~257.

國史 중 하나이다. 仁明天皇 단대의 역사를 정리한 것으로 833년부터 850년 사이의 역사이다. 모두 20권으로 869년에 완성된다. 본고와 관련하여서는, '吉田宿禰高世의 시조가 나라의 명에 따라 三己汶의 땅에 가서 살았다.', '그 땅은 마침내 백제에 예속되었다.' 정도의 내용이다. 기문의 땅이 백제에 예속되었다는 기록은 『일본서기』의 내용과 일치 한다. 이 『續日本後記』 또한 고대 일본 중심주의에 의거해 찬술된 것이다.

『삼국사기』 악지 가야금조에는 가야금곡 12곡명이 보인다. 우륵이 지은 12곡 중에서 중국 南朝에서 전래된 것으로 보이는 伎樂인 사자기, 보기의 두 곡을 빼 놓고는 모두 당시의 지명과 대응된다.[16] 우륵이 지었다고 하는 12곡은 우륵이 새롭게 창작한 것으로 보기보다는, 5~6세기 당시 가야국들의 國歌와 같은 곡들을 모아 정리한 것으로 보아야 할 것이다.

본고와 관련하여, 上·下奇物은 上·下己汶으로 볼 수 있다. 達己는 哆唎와 관련지어 현재의 전남 여수시와 여천군 돌산읍 지방의 옛 음악으로 보는 견해와 達己를 達巳로 읽어 帶沙(하동)로 비정하기도 한다.[17] 우륵이 신라 진흥왕(재위 534~572)에게 귀순한 점으로 보면 12곡이 존재했던 시기는 6세기 전반 대로 보인다. 이로 보면 기문국은 6세기 전반 대까지는 존재하고 있었다고 볼 수 있다.

이상 언급한 사서들에서는 본고의 주제가 되는 임나4현과 기문 대사 관련기사의 내용이 매우 단편적이다. 구체적 내용은 대부분 『일본서기』에 실려 있다. 다음의 제시 사료인 계체기 6년 12월조부터 23년조까지 계속해서 보이고 있다. 이는 흠명기까지도 이어진다. 『일본서기』는 왜 이러한 관심을 보이는 것일까?

---

16) 田中俊明, 1990 「于勒十二曲と大加耶連盟」『東洋史硏究』 48-4, p.13 ; 백승충, 1992 「于勒十二曲의 해석문제」『韓國古代史論叢』 3, 한국고대사회연구소, p.469.
17) 田中俊明, 1990 앞의 논문.

사료 1) 백제가 사신을 보내 調를 바쳤다. 별도로 表를 올려 任那의 國, 上哆唎·下哆唎·娑陀·牟婁 四縣을 청했다. 哆唎國에 파견된 사신(守; 미코토모찌)인 穗積臣押山이 주청해서 말하기를 "이 4현은 백제의 땅에 가깝고 日本에서는 먼 곳입니다. 조석으로 통행하기 쉽고 닭과 개의 주인도 구별하기가 어려울 정도입니다. 지금 백제에게 주어 한 나라로 만들면 보전의 책이 이것보다 나을 것이 없을 것입니다." (중략) 表를 올린대로 임나 4현을 주었다.[18]

백제가 왜(일본)의 官家인 임나 4현을 줄 것을 청하자 이를 허락하는 내용이다. 고대 일본 중심주의 번국사관이 적용된 상태의 내용이다. 고대 일본 중심주의 藩國史觀이란 일본을 중심에 놓고 주변 제국들은 번국으로 설정한 것이다.[19]

『일본서기』의 전반적 내용 구성은 ① '神話의 세계를 중심으로 한 것'과 ② '對外關係', ③ '일본 내의 사정을 기록한 내용'으로 되어 있다. 대외관계와 관련하여 한반도 제국들은 천황의 내관가로 설정하여 매년 調를 바치는 대상이 된다. 이에 위의 사료에서 보이는 바와 같이, '백제가 사신을 보내 調를 바쳤다.'라는 내용이 등장 할 수 있는 것이다. 이는 백제뿐 만이 아니었다. 고구려, 신라, 임나(가야) 모두가 해당되었다. 이러한 번국사관은 『일본서기』 전체를 통하여 일관되어 있다.

---

18) "百濟遣使貢調 別表請任那國上哆唎 下哆唎 娑陀 牟婁 四縣 哆唎國守穗積臣押山奏曰 此四縣 近連百濟 遠隔日本 且暮易通 鷄犬難別 今賜百濟 合爲同國 固存之策 無以過此 (中略) 依表賜任那四縣"(『日本書紀』 권17, 繼體天皇 6년(512) 12월)

19) 이에 대해서는 송완범, 2009 「일본 율령국가와 '일본 중심주의' - "일본서기"를 중심 소재로 하여」『동아시아 세계의 일본사상 -'일본 중심적 세계관' 생성의 시대별 고찰』, 동북아역사재단.

神功皇后의 삼한 정벌 기사가 이야기의 시작이다. 이후 삼한 지역은 천황의 지배지로서 천황의 裁可에 의해 통치되는 대상이다. 이른바 임나일본부는 그 중심에 있다. 특히 임나지역에 대한 지배는 관심의 대상이었다. 대부분의 기사는 임나지역에 초점이 맞추어져 기록되고 있다. 임나지배의 마지막은 孝德紀 大化 2년(646)조에 보이는 '마침내 임나의 調를 그만두게 하였다(遂罷任那之調)'로 끝맺는다.

이러한 흐름 속에서 임나4현의 백제 할양은 임나 지배에 있어서 그 전환점이라 할 수 있다. 『일본서기』 찬자의 이러한 설정은 후대 이른바 임나일본부설을 창안한 학자들에 의해서는 임나의 쇠퇴로 표현하고 있는 것이다.[20] 그러나 『일본서기』의 내용이 모두 창조된 소설과 같은 것은 아니다. 史實과 虛構가 착종되어 있는 것이다.

위의 내용을 모두 그대로 신빙할 수는 없다. 하지만 사실성 있는 기본 사료가 바탕이 된 부분도 結構되어 있기 때문에 몇 가지 사안에 대해서는 역사성을 추구할 수 있다. 첫째는 이 시기가 되면 어느 정도 기년은 안정된다는 점이다. 대부분의 연구자들은 웅략기 이후 연대에 대해서는 믿는 입장이다. 특히 계체기의 내용 중에 『삼국사기』 기록과 동일한 내용을 담고 있는 부분이 있는데, 그 기년에 있어서 정합성을 가지고 있다.[21] 둘째, 지명이나 국명, 인명 등 고유명사의 표기는 인정 할 수 있다는 점이다. 『일본서기』 한반도 관계

---

20) 末松保和, 1971 앞의 책, pp.102~130.

21) 『三國史記』 권4, 新羅本紀4 法興王 9년(522) 춘3월조에는 "加耶國王이 사신을 보내 請婚하므로, 왕이 伊飡 比助夫의 누이동생을 보내었다(加耶國王遣使請婚 王以伊飡比助夫之妹送之)."라는 기록이 있다. 이른바 가야와 신라의 결혼동맹기사이다. 관련하여 『日本書紀』 권17, 繼體天皇 23년(529) 3월조에는 결혼 파탄기사가 보인다. 또한 『삼국사기』의 '比助夫'는 『新增東國輿地勝覽』 권29, 高靈縣 建置沿革條에 인용되어 있는 최치원의 「釋順應傳」에 보이는 比枝輩와 동일인물이다. 이러한 정황은 계체기 기사의 연대는 물론 그 내용도 완전히 무시할 수 없음을 웅변한다.

기사의 기초 자료가 『백제본기』임을 고려할 때 그러하다. 셋째, 내용의 흐름으로 보아 임나4현과 2지 지역을 두고 반파와 백제의 다툼이 있었으며, 최종적으로는 백제가 차지했다는 점이다. 이때 倭의 개입 여부와 정도에 대해서는 검토의 대상이다.

임나4현과 2지는 주로 계체기에 등장하기 때문에 계체기에 대한 충분한 검토를 전제로 하지 않으면 안 된다. 주지하다시피 『일본서기』의 한반도 관계기사가 집중적으로 보이는 곳이 계체·흠명기이다. 특히 계체기는 한두 곳을 제외하고는 처음부터 끝까지 한반도 관계기사로 채워져 있다. 6년 하 4월조의 임나4현 할양기사로부터 시작해서 2지 관련기사(7년 6월, 11월, 同 是月, 8년 3월, 9년 2월, 동 시월, 4월, 10년 5월, 9월조 기사 등), 近江毛野臣의 남가라 지역에서의 활동 기사(21년 6월, 23년 3월, 4월, 24년 9월, 10월조 기사), 가라국 동향 기사(23년 3월, 4월, 9월조 기사)등이다. 문제는 이들 기사들이 매우 복잡하게 얽혀져 있다는 점이다. 그 원인은 허구의 한반도 남부 支配像을 읽어냄에 있어서, 한반도계 사서(아마도 백제계 사서인 『백제본기』가 중심)와 家傳을 중심으로 하는 일본 내에 전해져 오는 기록들을 혼합시켜야 함에서 비롯된 것일 것이다.

繼體紀에 보이는 穗積臣押山, 大伴金村大連, 物部連, 近江毛野臣 등과 같은 씨족들은 『일본서기』 찬술 당시, 왕권과 씨족들의 결합관계를 정당화 시키는 과정에서 정리된 것이다. 각 씨족들은 그들의 조상대부터 당대에 이르기까지 일관되게 천황에 봉사했음을 그들의 家傳을 통하여 정리했다. 이러한 과정에서 姓이 사여되었으며, 姓의 사여와 『일본서기』의 성립은 씨족질서를 확립하는 계기가 되었다.[22]

천황과 제 씨족들 간의 관계, 당시 집권 세력과 각 씨족들 간의 관계 등이 사료 결구와 취사 여부에 크게 작용하였을 것이다. 서로의 견제 속에서 내용

---

22) 長谷部將司, 2004 『日本古代の地方出身氏族』, 岩田書院, pp.21~29.

이 정리되었을 것이다. 이 점은 허구 일변도의 結構는 이루어질 수 없음을 짐작할 수 있게 한다. 이러한 점에서 『일본서기』 분석을 통한 史實 추구의 가능성이 있는 것이다.

3. 영·호남 경계지역 가야의 성격

1) 주변상황과 지형적 특성

5세기 중엽 이후 6세기 대 중국 대륙의 역사는 남북조시대(439~589)로서 분열의 시대였다. 반면 한반도와 일본 열도는 통합이 활발히 진행된 시대였다. 500년에 등극한 新羅 智證王은 즉위 4년에 國號와 尊號를 정하고 그 다음해에는 喪服法을 제정 반포하였다.[23] 514년에는 신라 중흥의 王이라고 하는 法興王이 왕위에 오른다. 신라는 이때부터 年號를 쓰기 시작하는데 이는 당시 신라의 획기적 성장을 상징하는 것이다. 517년의 兵部設置,[24] 520년의 율령반포와 공복제 실시,[25] 521년 南朝 梁에의 사신 파견,[26] 528년[27] 내지 535년[28]의 佛敎 公認 등은 그동안 신라가 내부적으로 쌓은 역량이 비로소 표출된 것으로 보아야 할 것이다.

---

23) 『三國史記』 권4, 新羅本紀4 智證麻立干 4년(503), 5년 4월.

24) 『三國史記』 권4, 新羅本紀4 法興王 4년(517).

25) 『三國史記』 권4, 新羅本紀4 法興王 7년(520).

26) 『三國史記』 권4, 新羅本紀4 法興王 8년(521).

27) 『三國史記』 권4, 新羅本紀4 法興王 15년(528). 『삼국유사』에는 법흥왕 14년에 이차돈이 순교하는 것으로 되어 있다.

28) 李基白, 1976 「新羅 初期佛敎와 貴族勢力」 『震檀學報』 40 ; 1978 『新羅時代의 國家佛敎와 儒敎』, 韓國研究院, pp.82~86.

이를 바탕으로 서쪽 가야지역으로의 진출을 시도하는 것이다. 524년 무렵에 이미 남가라 지역을 장악했으며,[29] 540년대가 되면 탁기탄, 탁순까지 영역을 확장했다. 이 무렵 가라국은 522년 신라와 결혼동맹을 맺어 친신라적인 노선을 취했으나 오래가지 못하고 결렬된다.[30] 이는 기본적으로 신라의 가야진출 야욕 때문이었다.

백제 또한 6세기 대가 되면 가야 서남부지역으로의 진출을 시도한다. 475년, 고구려 장수왕에 의해 수도 漢城이 함락된 후 熊津으로 천도한 백제는 무령왕과 성왕 대에 이르러 중흥의 시기를 맞이한다. 북쪽으로의 구토회복에 힘씀은 물론 남방으로의 진출도 모색되어졌다. 그런데 5세기 후엽 이래 6세기 전반 대에도 고구려의 남쪽으로의 압박은 계속되었다. 이에 백제와 신라는 對고구려 군사동맹을 맺어 남북간 힘의 균형이 이루어진 상태였다.

백제는 중국 南朝의 諸國과 交聘하면서 우호를 다지는 한편 倭에 대해서도 적극적인 친선책을 펼친다. 백제는 倭의 지원을 받으면서 국경에 접한 가야제국을 점령해 간다. '任那4縣'과 己汶·帶沙로의 잠식도 이러한 과정인 것이다. 『일본서기』계체기에 의하면 원래 백제의 땅이었던 己汶을 伴跛가 차지하자 백제는 倭의 힘을 빌려 기문과 대사를 차지한다. 반파는 이에 대해서 반발하였지만 결국 2地는 백제에 귀속되고 만다.[31]

반파는 처음에는 가라국과 별개의 나라였지만 후에 가라국에 복속되었기 때문에 520년대 후반이 되면 가라국과 백제는 직접 접하게 되었다.[32] 529년

---

29) 『三國史記』권4, 新羅本紀4 法興王 11년(524) ; 『日本書紀』권17, 繼體天皇 21년(527) 하6월.

30) 『日本書紀』권17, 繼體天皇 23년(529) 3월.

31) 『日本書紀』권17, 繼體天皇 6년(512) 12월, 동 7년(513) 6월, 동 8년, 동 9년.

32) 반파의 위치 비정과 관련하여 현재 학계의 대세는 반파를 가라국의 이칭으로 보는 것이다. 그러나 이 설의 근거는 빈약하다. 필자는 반파를 원래 경북 성주지역에 존재한 가야국이었지만 521년(양직공도 기준) 이후 541년(伴跛 旣殿奚-加羅 古殿奚) 사

무렵 帶沙(=多沙=하동)까지 진출했던 가라국은 그 지역을 백제에게 빼앗기게 된다. 백제는 더욱 남진하여 531년 무렵에는 현 진주지역까지 진출한다.[33]

이러한 신라와 백제의 가야로의 잠식과정 속에서 당시 가야 제국 가운데 최강국인 가라국의 태도는 어떠했던가? 4세기 중엽 이후 친백제적이었던 洛東江 以西의 가야제국은 5세기 후반이 되면 고구려의 압력에 의한 신라와 백제의 對加耶 지역 힘의 공백을 틈타 백제 세력에서 벗어나고자 하는 노력을 보인다. 建元 원년(479년)에 加羅國王 荷知는 南齊에 遣使하여 輔國將軍本國王을 제수 받는다.[34] 이도 이러한 노력의 일환으로 볼 수 있을 것이다. 또한 가라국의 성장을 보여주는 일례이기도 하다.『三國史記』卷3, 照知麻立干 18年 (496년)條에 보이는 "加耶國이 꼬리가 다섯 척 되는 흰 꿩을 보냈다"라는 기사는 당시 가야제국의 주축이었던 加羅國이 신라와 연계하고자 하는 모습이다. 백제 영향력의 일시 공백기를 틈타 신라와 밀착하여 우호관계를 수립함으로써 對百濟 牽制 및 자립책을 꾀한 것으로 볼 수 있다. 가야제국의 자립책은 529년대까지 이어진다.[35] 그러나 이러한 가야의 노력들은 自主化가 아니라 오히려 신라로 복속되는 방향으로 나아가게 되었다.

529년 안라에서 개최된 안라고당회의는 안라국 주동의 회의였다. 이미 신라 쪽으로 경도된 남가라, 탁기탄의 復建과 가야제국의 자존책을 모색하기 위한 회의였다. 이 회의에 가라국의 모습은 보이지 않고 있다. 이는 결국 가야

이에 고령의 가라국에 복속된 것으로 본 바 있다(백승옥, 2007(a) 앞의 논문, p.222).

33) "師進至于安羅 營乞乇城"(『日本書紀』권17, 繼體天皇 25년(531) 12월 分註)에서 乞乇城의 위치를 현 진주지역 주변으로 비정한다.

34) 『南齊書』東南夷傳 加羅國條 ; 加羅國은 三韓의 한 계통이다. 建元 원년(479, 신라 照知麻立干 1년)에 국왕 荷知가 사신을 보내와 방물을 바쳤다. 이에 詔書를 내렸다. 널리 헤아려 비로소 (조정에) 올라오니, 멀리 있는 夷가 두루 德에 감화됨이라. 加羅 王 荷知는 먼 동쪽 바다 밖에서 폐백을 받들고 관문을 두드렸으니, 輔國將軍本國王의 벼슬을 제수함이 합당하다.

35) 『日本書紀』권17, 繼體天皇 23년(529) 3월.

제국 전체를 아우르는 힘의 구심체가 없었음을 보는 주는 것이다. 541년과 544년 백제의 수도 사비에서 열리는 회의에 안라국과 가라국 사신을 비롯한 가야제국의 대표들이 모이지만 실효는 없었다.[36] 가야부흥을 위한 회의였지만 백제의 야욕만 확인될 뿐 가야제국의 복건과 자존을 위한 방안은 모색되지 않았다.

전북 동부지역은 한반도에 있어서 팽창과 통합의 시기에 각국들 간에 虎視眈眈의 요지였다. 최근 학계에서는 이 지역 어느 곳을 己汶으로 비정하고 있음이 대세이다. 그런데 지명의 비정은 당 지역의 지형적 특성을 잘 이해해야 한다. 특히 『한원』에서 언급하고 있는 '基文河'가 기문 지역을 곁에 두고 흘렀을 것이고, 제 기록들에서 上·(中)·下己汶을 말하고 있는 점을 유의해야 할 것이다. 사료가 말하는 기문의 존재는 지형의 특이성을 추정케 한다. 기존 연구들에서 지형적 특성에 대해서는 소개한 바 있기 때문에[37] 본고에서는 기문 하에 대해서만 약간 언급하고자 한다.

> 사료 2) "括地志에 말하기를 '熊津河는 나라의 동쪽경계로부터 나오고 서남으로 흐르고 나라의 북쪽을 가로질러 흐르는 것이 백리이다. 또 서쪽으로 흘러 바다로 들어간다. 강폭이 넓은 곳은 30보이다. 물이 지극히 맑다. 또 基汶河가 나라에 있는데 源이 나라 안에 있다. 源은 나라의 南山으로부터 나오고 동남쪽으로 흘러 大海에 이른다. 그 水族은 중국과 같다.[38]

---

36) 『日本書紀』 권19, 欽明天皇 2년(541) 4월 ; 동 欽明天皇 5년(544) 11월.

37) 곽장근, 2018 앞의 논문 ; 김재홍, 2012 앞의 논문 ; 2018 앞의 논문.

38) "括地志曰熊津河出國東界 西南流經國北百里 又西流入海 廣慶(處)三百步 其水至淸 又有基汶河在國 源出其國 源出其國南山 東南流入大海 其中水族與中夏同"(『翰苑』 蕃夷部 百濟條)

사료 3) "任那國에서 아뢰기를 저희들의 나라 東北에 三己汶地가 있는데 上己汶과 中己汶과 下己汶이다. 地方은 삼백리인 데, 土地는 비옥하고 人民 또한 많다. 그런데 이 땅을 두고 新羅國과 더불어 서로 다투지만 서로 간에 능히 잘 다스리지 못하고 싸우기만 하니 백성들이 겨우 생만 유지할 뿐이다. 저희가 청하는 것은 장군으로 하여금 이곳을 다스리게 하여 貴國(倭)의 部가 되게 하는 것입니다."[39]

사료 4) "右京人 左京亮 從5位上 吉田宿禰書主, 越中介 從5位下 吉田宿禰高世 등에게 興世朝臣의 성을 주었다. 시조 鹽乘津은 倭人이었는데, 후에 나라의 명에 따라 三己汶의 땅에 가서 살았다. 그 땅은 마침내 백제에 예속되었다. 鹽乘津의 팔세손인 達率 吉大尙과 그의 아우 少尙 등은 고국으로 돌아가고 싶은 마음이 있어 잇달아 우리 조정에 왔다. 대대로 의술을 전수하였고 아울러 文藝에 통달하였다. 자손은 奈良京 田村里에 거주하였으므로 吉田連의 성을 주었다."[40]

---

39) "吉田連~ 任那國 奏曰臣國東北有三巴汶地[上巴汶·中巴汶·下巴汶]地方三百里土地人民亦富饒與新羅國相爭 彼此不能攝治 兵丈相尋 民不聊生 臣請將軍令治此地卽爲貴國之部也"(『新撰姓氏錄』, 左京皇別下)

40) "右京人左京亮從五位上吉田宿禰書主 越中介從五位下同姓高世等 賜姓興世朝臣 始祖鹽乘津 大倭人也 後順國命 往居三己汶地 其地遂隸百濟 鹽乘津八世孫 達率吉大尙 其弟少尙等 有懷土心 相尋來朝 世傳醫術 兼通文藝 子孫家奈良京田村里 仍元賜姓吉田連"(『續日本後紀』권6, 仁明天皇 承和 4년(837) 6월 己未) 번역은 崔根泳 등 편역, 『日本 六國史 韓國關係記事 譯註』, (財)駕洛國史蹟開發研究院, p.330을 참조하였다.

사료 2)의 기문하와 관련하여 동남쪽으로 흘러 바다로 들어가는 강을 대부분 섬진강으로 이해했다. 그러나 최근 곽장근은 이를 남강으로 이해해 기문의 위치를 남강 상류지역인 운봉고원의 남원 유곡리, 두락리고분군과 연계하여 비정하고 있다.[41]

당시 백제인들의 방향 감각이 어느 정도 정확하였는지에 대한 의문은 있지만, 백제의 수도에서 보았을 때 섬진강과 남강 모두 동남쪽으로 흘러 바다로 들어간다고 볼 수도 있었을 것이다. 그러나 보다 정확히 보면 섬진강은 거의 남쪽으로만 흘러 바다로 들어간다. 반면 남강은 남으로 흐르다가 진주 부근에서 동쪽으로 흘러 경남 의령 지정면과 함안 대산면 사이에서 낙동강 본류와 만난다. 그 후 동으로 흐르다가 삼랑진에서 다시 남으로 흘러 부산과 김해 사이에서 바다로 들어간다.

상, 중, 하의 三己汶은 지리적으로 붙어 있을 가능성이 높다. 따라서 기문의 비정에 있어서 소국의 존재를 인정할 만한 유적이 2~3개 붙어 있는 지역을 후보지로 하여야 할 것이다.

2) '현縣'의 존재형태

다음으로 주목해 보아야 할 것이 가야의 '縣'이다. 논의의 대상이 되고 있는 임나4縣은 繼體紀 6년(512) 12月조에서는 "任那國 上哆唎 下哆唎 娑陀 牟婁 四縣", 또는 "此四縣", "任那四縣"의 형태로 보인다. 그에 앞선 3년 2월조에는 "任那日本縣邑"으로도 보인다.

주지하다시피 任那는 좁은 의미에서는 가야의 개별국을 가리키고 넓은 의미에서는 가야 전역을 의미한다.[42] 위 계체기 6년 12월조에서의 임나4현

---

41) 곽장근, 2015 「운봉고원의 제철유적과 그 역동성」 『百濟文化』 52, p.13.
42) "新羅打滅任那官家[一本云 二十一年 任那滅焉 總言任那 別言加羅國 安羅國 斯二岐國

은 '임나의 나라인 상다리 등등의 4현'으로 보아야 할 것이다. 그런데 위 기사에서 '國'과 '縣'이 동시에 사용되고 있어 (上)哆唎國이라 해야 할지 (上)哆唎縣이라해야 할지 혼란이 있을 수 있다. 동일 사료 안에서 "哆唎國"의 표현도 있고 "此四縣", "任那四縣" 등 縣으로도 표현하고 있다. 國이라면 독립된 정치체로 볼 수 있을 것이고, 縣이라면 어떠한 국에 속해 있는 지역집단으로 볼 수 있기 때문에 이에 대한 이해는 중요하다. 縣이라면 과연 가야의 어느 나라에 속한 현이었을까?

가야제국 가운데 縣을 가진 나라가 있었다. 『삼국사기』 가야금조에는 우륵의 출신지로 "省熱縣"이 등장한다.[43] 우륵이 대가야인이라는 전제가 필요하지만, 가라국(=대가야)에 縣이 존재했음을 알 수 있는 사료이다.

아래 기사는 『일본서기』 기사이지만 『삼국사기』에도 동일 기사가 나오고 있어 비교적 신빙성 높은 사료이다. 이에도 가라국의 縣이 보인다.

> 사료 5) "가라왕이 신라왕녀를 아내로 맞아들여 드디어 아이를 가졌다. 신라가 처음 왕녀를 보낼 때 100인을 함께 보내어 그녀의 從으로 삼았다. (가라는) 그들을 받아들여 여러 縣에 나누어 두었다."[44]

이 기사를 통해 보면 加羅國에 현이 존재했음을 알 수 있다. 다만 진정한 의미에서의 군현제 실시는 당시 주변 삼국의 縣制 실시 상황을 감안해 보았

多羅國 卒麻國 古嵯國 子他國 散半下國 乞湌國 稔禮國 合十國]" (『日本書紀』 권19, 欽明天皇 23년 춘정월)

43) 성열현의 위치 비정과 관련하여 연구가 진행된 바 있다. 백승옥, 2007(b) 「加耶 '縣'의 성격과 省熱縣의 위치 -于勒의 출신지에 대한 재검토」 『韓國民族文化』 30.

44) "加羅王 娶新羅王女 遂有兒息 新羅初送女時 幷遣百人 爲女從 受而散置諸縣" (『日本書紀』 권17, 繼體天皇 23년 3월)

을 때 어려웠을 것으로 보인다.[45] 그러나 縣의 존재는 文字 행정이 실시되었음을 의미함으로 사회 발전 정도의 추정과 관련하여 매우 중요한 의미를 갖는다. 가라국 권역 내에서 '下部思利久', '二得知' 명문이 있는 토기나, 加耶碑의 존재 등으로 보아 가라국이 문자 행정을 실시하였을 가능성은 있다.

〈표 1〉 5~6세기 전반 가야 주변정세

시 기	내 용	출 전
433년	羅·濟同盟 結成	新羅本紀 訥祇麻立干 17年 7月條
450	高句麗 邊將 掩殺 事件	〃 34年 7月條.
468~474	新羅 對高句麗 방어를 위해 築城	新羅本紀 慈悲麻立干 11, 13, 14, 16, 17年條.
475	고구려 백제 한성을 점령함, 백제 웅진 천도	高句麗本紀 長壽王 63년조
507	大伴金村 越前에서 男大迹王을 맞이해 즉위시킴 → 繼體天皇	繼體紀 원년조
509	任那의 日本縣邑에 있는 百濟 백성들을 백제로 옮김	〃 3年조
512	任那4縣을 백제가 차지함	〃 6년 12월조
513~515	伴跛가 百濟와 己汶·帶沙을 두고 각축 결과 백제가 차지함	〃 7~9년조
513	百濟, 斯羅, 安羅, 伴跛, 倭 회의 개최	〃 7년 11월조
521	百濟, 新羅 중국 梁에 遣使	梁職貢圖 新羅本紀 법흥왕 8년조
522	加羅-新羅 결혼 동맹	繼體紀 23년조 新羅本紀 9년조
527	筑紫國造 磐井의 亂	繼體紀 21년조
529. 3	백제 다사진 점령으로 加羅-新羅와 결당(가라왕이 신라왕녀와 결혼) → 신라인들의 對加耶 간첩활동에 대해 결혼 동맹 파탄	〃 23년조

---

45) 백승옥, 2007(b) 앞의 논문, pp.12~13.

시기	내용	출전
〃	가야(남가라, 탁기탄)의 復建과 안라국의 自存과 독립을 위한 안라고당회의 개최. 이 회의에서 백제사신 홀대 당함	〃 是月條
529. 9	安羅는 倭(毛野臣으로 상징)의 횡포를 막고자 함. 倭세력의 축출을 위해 신라와 백제에 군사 요청.	〃 9월조
531	백제, 안라 주변의 乞乇城 진주	〃 25년조
532	남가라(=금관가야) 신라에 복속	新羅本紀 법흥왕 19년조
537	신라가 임나를 침공함으로 倭가 大伴大連金村의 아들인 狹手彦을 임나에 보냄	宣化紀 2년조
538	백제 사비 천도	百濟本紀 성왕 16년조
539	繼體 사후 야마토정권은 安閑·宣化天皇을 중심으로 하는 세력과 欽明天皇을 중심으로 하는 세력으로 분열, 전자를 지지한 大伴金村, 후자를 지지한 蘇我稻目.⇒ 2朝 병립.	『일본서기』권18~19
540	大伴金村 가야문제로 인해 실각	흠명기 원년조
541	* 安羅 次旱岐 夷呑奚·大不孫·久取柔利, 加羅의 上首位 古殿奚, 卒麻의 旱岐, 散半奚의 旱岐의 兒, 多羅의 下旱岐 夷他, 斯二岐의 旱岐의 兒, 子他의 旱岐 등과 任那日本府 吉備臣 백제에 감 → 1차 사비회의 * 백제 성왕 下部 中佐平 麻鹵, 城方 甲背昧奴 등 加羅에 파견 任那日本府와 會盟케함.	흠명기 2년 4월조
544	日本(府)吉備臣, 安羅의 下旱岐 大不孫과 久取柔利, 加羅의 上首位 古殿奚와 率麻君과 斯二岐君과 散半奚君의 아들, 多羅의 二首位 訖乾智, 子他의 旱岐, 久嗟 旱岐 백제에 감 → 2차 사비회의	〃 5년 11월조

가라국에는 현이 존재했으며, 문제의 임나4현은 가라국의 현으로 추정한다. 이를 백제가 차지하는 과정이 계체기에 실린 것이다. 위의 사료 5)에서 가라국이 왜 신라인들을 여러 현에 흩어져 살게 했는지는 잘 알 수 없다. 이들 신라인들이 가라의 지역 내에 살면서 신라를 위한 정치적 행동을 했을 가능성이 있다. 아마도 가라로서는 정치적 목적에 의해 이들을 흩어져 살게 했을

가능성도 있다. 그렇다면 縣보다는 그 상위의 州나 郡에 안치시켰을 것이다. 그런데 縣에 안치했다는 것은 그 상위의 주나 군이 존재하지 않았다는 점을 시사해 준다. 따라서 가라의 縣制는 진정한 의미의 군현제가 실시된 것으로 보기는 어렵다. 오히려 독립된 지역 집단이 어떠한 國으로 편성되지는 않은 채 자치적으로 움직이는 지역 조직 같은 것이 '縣'의 실체였을 가능성이 높다.[46]

임나4현의 위치에 대해서는 별도의 논고가 필요할 것이다. 여기에서는 상론하진 않고 다만 위치 비정을 위한 전제만 몇 가지 제시한다.

첫째는 『일본서기』가 '임나의 나라', '반파의 나라'라고 표현한 점을 중시해야 한다. 『일본서기』가 염두에 두는 임나는 좁은 의미의 경우, 김해 등 가야 제국 가운데 한 지역을 가리키고 있다. 넓은 의미에서는 흠명기 23년조의 '總言任那'라고 한 바와 같이 가야제국이 존재한 지역 내를 의미 한다. 이 점을 유의해서 생각해 보면, 초기 일본학자들이 본 충청도 지역은 물론 東潮 등이 주장하는 영산강 유역에 임나4현이 존재했다고 보기는 어렵다.

둘째는 이들 지역에 결국은 백제가 진출한다는 점에서, 6세기 전반 백제의 남진 루트와 관련된 곳에서 찾아야 한다. 임나4현→기문, 대사로의 진격 루트를 감안한 가야 서쪽 경계지역에서 찾아야 할 것이다.

셋째는 계체기 7년(513)의 모임에 참가하는 국들, 즉 백제, 안라, 신라, 반파 제국들 간의 이해관계가 있는 지역일 가능성이 높다. 왜국의 조정에서 왜왕의 조칙을 듣는 형태를 띠고 있지만 이는 허구이며, 가야의 어느 장소에서 행해진 회의였을 것으로 보인다. 이에 대해서는 아래에서 상술한다.

한편, 기문국의 모습을 살필 수 있는 사료는 거의 없는 편이지만 다음의 사료에서 약간의 면모는 볼 수 있다.

---

46) 백승옥, 2007(b) 앞의 논문, p.17.

사료 6) "普通 2년(521)에 그 왕 여륭이 사신을 보내 표를 올려 말
하기를 (중략) 백제 인근의 소국에는 叛波·卓·多羅·前
羅·斯羅·止迷·麻連·上己文·下枕羅가 있다."[47]

　　위 기사에서 눈에 띄는 나라로는 叛波와 上己文이다. 이들은 모두 小國으
로 기록되어 있다. 중국인들의 눈에도 그렇게 보였으니 앞서 살펴본 縣과는
차이가 있는 것이다. 여기서 傍小國의 의미는 521년 당시 梁에 遣使했지만 백
제 사신을 따라갔던 나라들을 말한다.[48] 9개국 사신 모두가 동행했는지에 대
해서는 잘 알 수 없다. 그러나 신라 사신은 이때 사신을 보낸 것이 확인된다.
『삼국사기』 신라본기 법흥왕 8년(521)조에 신라가 梁에 사신을 보냈다고 되
어 있다. 당시 신라로서는 대단한 일일 수 있지만 단 한 줄의 내용으로 그치고
있다. 이는 신라 독자적 견사가 아닌 백제에 依賴한 견사였기 때문이었을 가
능성이 높다. 『양직공도』에도 신라 시신의 모습이 그려져 있다.
　　상기문의 경우 또한 마찬가지로 이 당시 백제에 의뢰하여 자국의 사신을
중국에 보냈을 것이다. 이는 비록 자신들의 기록을 단 한 줄도 남기지 못한 소
국이었지만, 중국과의 교류를 할 정도의 정치적 역량은 가진 國임을 알 수 있
다. 그리고 기문국은 521년까지 그 독자성을 유지한 국임을 알 수 있다. 계체
기에는 513년에 백제에 귀속되는 것으로 보이고 있지만, 사료의 취사성에서
위의 기록이 우위에 있는 만큼 이 사료를 우선시해야 할 것이다.

---

47) "普通二年(521)其王餘隆遣使奉表云 (中略) 旁小國有叛波·卓·多羅·前羅·斯羅·止迷·
　　麻連·上己文·下枕羅等附之"(『梁職貢圖』百濟國使臣圖經)
48) 李鎔賢, 1999 「『梁職貢圖』百濟國使條の'傍小國'」『朝鮮史研究會論文集』 37 참조.

3) 513년 안라安羅 국제회의의 진상眞相

아래에서는 繼體紀에 보이는 회의 개최 양상을 통해 2地를 둘러싼 각국들의 입장을 살펴보고자 한다. 이를 통해 2지의 성격에 대한 일면도 볼 수 있을 것이다.

> 사료 7) 백제가 姐彌文貴將軍과 州利卽爾將軍을 穗積臣押山(『百濟本記』에 의하면 '倭의 意斯移麻岐彌'라고 한다)에게 딸려 보내 오경박사 段楊爾를 바쳤다. 따로 주청하여 "伴跛國이 신의 나라인 己汶의 땅을 빼앗았습니다. 엎드려 바라건대 천은으로 판단하여 본래의 소속으로 되돌려 주십시오"라고 하였다.[49]

> 사료 8) 조정에서 백제의 姐彌文貴將軍, 斯羅의 汶得至, 安羅의 辛已奚, 賁巴委佐, 반파의 旣殿奚, 竹汶至 등을 나란히 세우고 은칙을 받들어 선포하고, 己汶, 帶沙를 백제국에 주었다. 이 달에 반파국이 즙지를 보내 珍寶를 바치고 기문의 땅을 달라고 하였으나, 끝내 주지 않았다.[50]

앞의 사료 7)에 의하면, 백제가 姐彌文貴將軍과 州利卽爾將軍을 倭에 보내

---

49) "百濟遣姐彌文貴將軍 州利卽爾將軍 副穗積臣押山[百濟本記云 委意斯移麻岐彌] 貢五經博士段楊爾 別奏云 伴跛國略奪臣國己汶之地 伏願 天恩判還本屬"(『日本書紀』권17, 繼體天皇 7년(513) 6월)

50) "於朝廷 引列百濟姐彌文貴將軍 斯羅汶得至 安羅辛已奚及賁巴委佐 伴跛旣殿奚及竹汶至等 奉宣恩勅 以己汶帶沙賜百濟國 是月 伴跛國 遣戢支獻珍寶 乞己汶之地 而終不賜"(『日本書紀』권17, 繼體天皇 7년(513) 11월)

본래 자신의 땅인 己汶을 伴跛國이 빼앗았음을 호소하고 있다. 이어 사료 8)의 기사에는 倭가 百濟, 斯羅(新羅), 安羅, 伴跛의 諸臣들을 朝庭에 불러서 己汶과 帶沙를 백제국에 주었다고 하고 있다. 이 또한 고대 일본 중심주의 번국사관이 개입되어 있음은 말할 필요도 없다. 그러나 사실 추구의 실마리도 있다.

이 기사들을 통해 볼 때 2지에 대한 귀속 문제를 多國이 모여 논의한다는 점이 흥미롭다. 그런데 정작 당사국인 기문과 대사의 모습은 보이지 않고 있다. 이러한 형태의 기사는 계체기 29년조와 흠명기 2, 5년조에도 보이고 있다.

그동안 학계에서는 신라와 백제의 가야 지역 진출과 관련하여 열린 회의로는 529년 安羅高堂會議와 백제 수도 사비에서 열린 541년과 544년의 두 차례를 합해 도합 세 차례의 회의에만 관심을 가졌었다.[51] 그러나 계체기 7년(513) 11월조에도 관심을 가질 필요가 있다. 필자는 이 기사에 대한 검토를 통해 이를 4국 사신들이 안라국에 모여 회의를 한 것으로 본 바가 있다.[52] 최근 위가야 또한 이 기사를 왜를 포함한 5국이 왜의 조정이 아닌 안라에서 국제회의를 개최한 사실을 전하는 것으로 보았다.[53] 원 사료를 『일본서기』의 찬자가 임나지배사관에 입각하여 개변한 것으로 파악한 것이다.

> 사료 9) "이 달에 近江毛野臣을 安羅에 보내 조칙으로 신라에 권하여 南加羅, 喙己呑을 다시 건립하도록 했다. 백제는 將軍君尹貴, 麻那甲背, 麻鹵 등을 보내 안라에 가서 조칙을 듣도록 하였다. 신라는 번국의 관가를 깨트린 것을 두려워하여 大人을 보내지 않고 夫知奈麻禮, 奚奈麻禮 등을 보내 안라에 가서 조칙을 듣도록 하였다. 이에 안라는 새로이 高

---

51) 백승옥, 2004 「'安羅高堂會議'의 성격과 安羅國의 위상」 『지역과 역사』 14.
52) 위의 논문, p.27.
53) 위가야, 2016 앞의 논문.

堂을 짓고 칙사를 인도하여 올라가는데 國主는 뒤따라 계
단을 올라갔고 국내의 대인으로서 미리 당에 오른 사람은
하나 둘이었으며 백제사신 將軍君 등은 堂 아래에 있었다.
그 뒤로 몇 달 동안 두세 번 堂 위에서 모의했는데 장군군
등은 뜰에 있는 것을 한탄했다."[54]

사료 10) "安羅의 次旱岐 夷吞奚·大不孫·久取柔利, 加羅의 上
首位 古殿奚, 卒麻의 旱岐, 散半奚의 旱岐의 兒, 多羅의
下旱岐 夷他, 斯二岐의 旱起의 兒, 子他의 旱岐 등과 任
那日本府 吉備臣[이름자를 잃었다]이 백제에 가서 조서
를 들었다. 백제 성명왕은 임나 한기들에게 "일본천황이
말씀한 바는 오로지 임나를 다시 건립하라는 것이오. 이
제 어떤 계책을 써서 임나를 일으켜 세울 수 있겠소."[55]

사료 11) "백제가 사자를 보내 日本府臣과 任那執事를 불러 말하
기를 (중략) 지금 일본부의 臣 및 임나국의 집사가 와서
칙언을 받들어 듣고, 같이 임나의 일을 모의하라"고 하였
다. 일본의 吉備臣, 安羅의 下旱岐 大不孫과 久取柔利,

---

54) "是月 遣近江毛野臣 使于安羅 勅勸新羅 更建南加羅·喙己呑 百濟遣將軍君尹貴 麻那甲
背麻鹵等 往赴安羅 式聽詔勅 新羅恐破蕃國官家 不遣大人 而遣夫智奈麻禮 奚奈麻禮等
往赴安羅 式聽詔勅 於是 安羅新起高堂 引昇勅使 國主隨後昇階 國內大人 預昇堂者一二
百濟使將軍等 在於堂下 凡數月再三 謨謀乎堂上 將軍君等 恨在庭焉"(『日本書紀』권
17, 繼體天皇 23년(529) 3월)

55) "安羅次旱岐夷吞奚·大不孫·久取柔利 加羅上首位古殿奚 卒麻旱岐 散半奚旱岐兒 多羅
下旱岐夷他 斯二岐旱岐兒 子他旱岐等 與任那日本府吉備臣[闕名字] 往赴百濟 俱聽詔書
百濟聖明王謂任那旱岐等言 日本天皇所詔者 全以復建任那 今用何策 起建任那"(『日本
書紀』권19, 欽明天皇 2년(541) 4월)

加羅의 上首位 古殿奚와 率麻君과 斯二岐君과 散半奚
君의 아들, 多羅의 二首位 訖乾智, 子他의 旱岐, 久嗟의
旱岐가 백제에 갔다. 이에 百濟의 聖明王이 조서를 대략
보이고 말하기를 (중략) 임나의 나라를 일으키고 계승시
켜 오히려 옛날과 같이 길이 형제가 되기를 원하는 것이다.
(중략) 바라는 바는 많은 어려움을 이겨서 강적(고구려)
을 타파하려는 것이다. (중략) 북적(고구려)은 강대하고
우리는 약하다. (중략) 그러나 이제 돌아가서 삼가 일본
대신[임나에 있는 일본부의 대신을 말한다]·안라왕·가
라왕에게 말하여 함께 사신을 보내 천황에게 같이 상주
하겠습니다."[56]

이들 기사를 보면 모두 이미 멸망한 임나 지역의 복건을 위한 회의라는
점이다. 이 점에서 보면 계체기 7년 11월조[사료 8]와 동일하다. 그 형태도
모두 천황의 勅을 받아 이루어진다. 이를 알기 쉽게 표를 만들어 보면 〈표 2〉
와 같다.

계체기 7년(513) 11월조에 보이는 내용에서 일본의 藩國史觀을 벗겨내면,
이는 기문, 대사 2지의 귀속 문제를 두고 열린 多者間 국제회의로 볼 수 있다.
이 회의가 개최된 경위에 대해서는 앞의 사료 7)을 통해서 잘 알 수 있다. 伴

---

56) "百濟遣使 召日本府臣任那執事曰 (中略) 今日本府臣及 任那國執事 宜來聽勅 同議任那
　　日本吉備臣, 安羅下旱岐大不孫 久取柔利 加羅上首位古殿奚 率麻君 斯二岐君 散半奚君
　　兒 多羅二首位訖乾智 子他旱岐 久嗟旱岐 仍赴百濟 於是 百濟王聖明 略以 詔書示曰 (中
　　略) 欲冀興繼任那之國 猶如舊日 永爲兄弟 (중략) 唯庶克濟多難 殲撲强敵 (中略) 北敵强
　　大 我國微弱 (中略) 今願歸以敬諮日本大臣(謂在任那日本府之大臣也) 安羅王 加羅王 俱
　　遣使 同奏天皇 此誠千載一會之期 可不深思而熟計歟"(『日本書紀』 권19, 欽明天皇 5년
　　(544) 11월)

〈표 2〉 6세기 전반 加耶 復建을 위한 국제회의 양상

연도	장소	참가국(참가자 직위, 이름)	목적	결과	출처
513	安羅	百濟(姐彌文貴將軍) 斯羅(汶得至) 安羅(辛已奚, 賁巴委佐) 伴跛(旣殿奚, 竹汶至) 倭(穗積臣押山)	己汶, 帶沙의 귀속문제	백제 귀속	繼體 7년 11월조
529	安羅	安羅(國主, 國內大人) 百濟(將軍君尹貴, 麻那甲背, 麻鹵) 新羅(夫智奈麻禮, 奚奈麻禮) 倭(近江毛野臣?)	신라에 복속된 南加羅, 喙己呑의 복건	백제 사신 홀대	繼體 23년 3월조
541	百濟	安羅(次旱岐 夷呑奚, 大不孫, 久取柔利) 加羅(上首位 古殿奚) 卒麻(旱岐) 散半奚(旱岐의 아들) 多羅(下旱岐 夷他) 斯二岐(旱起의 아들) 子他(旱岐) 任那日本府(吉備臣)	임나 복건. 친신라 성향의 임나일본부 성토, 가야 지역에 백제 郡領과 城主 주둔 필요 강조	백제 입장 강조	欽明 2년 4월조
544	百濟	安羅(下旱岐 大不孫, 久取柔利) 加羅(上首位 古殿奚) 率麻(君) 斯二岐(君) 散半奚(君의 아들) 多羅(二首位 訖乾智) 子他(旱岐) 久嗟(旱岐) 日本(吉備臣)	임나 복건책 논의	백제 성왕 가야 재건책 강조	欽明 5년 11월조

跛國이 己汶을 차지하자, 백제가 기문은 본래 자기의 땅이라고 해서, 그 귀속
여부 문제를 두고 개최되는 것이다. 기문이 본래 백제 땅이라는 주장은 백제
측의 일방적 주장이기 때문에 그 사실 여부에 대해서는 확인하기 어렵다. 아
마도 의례적 주장일 가능성이 높다. 다만 현재 반파가 차지하고 있으며 백제
가 갖고 싶어 하는 곳임은 분명하다. 회의 개최의 주동자는 議案의 당사자인
백제 아니면 반파일 가능성이 높다. 회의 결과 2지가 백제에 귀속된다는 점에
서 백제가 개최를 주동한 회의였을 가능성이 높다. 이는 사료의 원 출처가 백

제계 사료일 가능성이 높다는 점에서 더욱 그러하다.

다음 검토의 대상은 회의가 열린 장소의 문제이다. 『일본서기』에서는 왜에서 열린 것으로 되어 있지만, 이는 그대로 신빙할 수 없다. 계체 6년(512) 12월조 기사[사료 1]의 후반부 기사에서도 알 수 있는 바와 같이 당시 왜 조정 내에서 임나4현 할양 문제는 매우 중시된 사안이었다. 그리고 왜 조정 내에서는 반대 의견이 많았다. 이는 당시 왜의 중신인 物部大連麁鹿火(모노노베노오무라지아라카히)와 그의 妻 사이의 대화 내용을 통해서도 알 수 있거니와, 大兄皇子(나중의 安閑天皇)까지 동원되어 4현 백제 할양을 반대하는 것으로 보아서도 짐작할 수 있다.[57] 또한 흠명기 2년에 보이는 흠명과 신하들 사이에서의 대화 내용, 즉 옛 계체천황 때의 4현 할양은 잘못된 결정이었다는 이야기를 하는 것을 통해서도 알 수 있는 것이다.[58] 이러한 분위기의 왜 조정 내에서 2지의 백제 할양을 승인하는 회의가 개최되었을 리가 없다. 4현과 2지는 동일 선상에서 논의되어지는 것이기 때문이다. 더군다나 회의 개최 측인 백제가 원하지 않았을 것이다. 그리고 다자국간의 회의 장소로서 왜는 거리상으로도 불편한 곳이다.

그러면 회의의 장소는 어디였을까? 백제와 반파는 이해의 직접적 당사자들이기 때문에 개최지로서 가능성이 낮다. 신라 또한 거리상 적당치 않거니와 이 문제에 대해 적극적 개입을 원치 않았을 것이다. 결국 중립적 입장에 있는 안라에서 회의가 개최되었을 가능성이 높다.

회의에서 각국의 입장은 달랐다. 반파와 백제는 말할 필요 없이 2地의 점유권이 목표였다. 안라의 경우 중립적 입장이 강했지만, 백제의 4현 2지 잠식은 향후 자국에도 영향을 미칠 것이기 때문에 내심 반대 의견을 가졌을 수도 있다. 529년 안라고당회의에서 반백제적 입장을 고수하는 점에서 추측할 수

---

57) 『日本書紀』 권17, 繼體天皇 6년(512) 12월.
58) 『日本書紀』 권19, 欽明天皇 2년(541).

있다.

신라의 경우, 중립적이라 해도 백제의 주장을 반대할 수 있는 입장은 아니었을 것이다. 그것은 향후 가야 남부 지역으로의 진출 야욕 때문이었다. 실제 신라는 이 시기 이후 가야 남부 지역으로의 진출을 시도한다. 백제는 이에 대해서 심히 염려하고 있었지만 직접적으로 제어할 수는 없었다. 어쩌면 신라의 513년 회의 참석 의도는 향후 전개할 남진 정책의 타당성 여부를 엿보는 것이었을 가능성이 높다. 백제의 4현 2지에 대한 점령과 신라의 가야 남부 지역 점령에 대한 양국 간의 합의가 이루어졌을 가능성도 배제할 수 없다.

倭의 향방이다. 이는 백제와 왜 사이에서 실무적 활동을 했던 인물인 穗積臣押山(호즈미노오미오시야마)의 행적을 통해서 살펴 볼 수 있다. 그는 왜의 사신으로 백제에 왔다가 그 다음에는 哆唎國守로 나타난다. 기존 연구들에서는 이 인물을 허구의 인물로 보는 경향이 강했다.[59]

그러나 사료 7)의 '穗積臣押山[『百濟本記』에 의하면 倭(委)의 意斯移麻岐彌라고 한다.'라는 기사를 주목할 필요가 있다. 이는 기사 작성 시 『백제본기』를 기초 사료로 한 증거이다. 왜의 사신이 백제와 임나지역에 왔다는 점은 사실로 인정할 수 있을 것이다. 그가 穗積臣押山이다. 注의 『백제본기』가 이를 보증해 준다. 그러면 그가 온 목적이 궁금해진다.

백제 측 자료를 바탕으로 이루어진 사료라는 점에서 倭의 회의 참석 가능성은 높다. 그리고 왜 측 사신으로 회의에 참석했을 가능성이 가장 높은 인물로는 穗積臣押山이다. 계체 6년(512) 4월조에 의하면, 그는 축자국 말 40필을 가지고 백제에 사신으로 온 인물이다.[60] 그리고 12월조에 의하면, '哆唎國守'

---

59) 백승충은 임나 4현 할양 기사에서 (하)다리국수 穗積臣押山의 내용은 사실성을 갖기 어렵다고 하고 있다. 백승충, 2012 「계체·흠명기 '임나(국) 4현 할양' 기사의 성격」 『지역과 역사』 31, p.107.

60) 『日本書紀』 권17, 繼體天皇 6년 하4월.

라는 지위를 가지고 있다. 그런데 다리국수에서 守를 『일본서기』는 '미코토모치'라 읽고 있다. 즉 哆唎國守는 哆唎國의 王이거나 首長이 아니라 왜가 哆唎國에 보낸 사신인 것이다.

이는 이후 흠명기에 등장하는 '임나일본부'와 기본적으로 같은 성격의 인물로 보아 좋을 것이다. 이제까지 임나일본부에 대해서는 주로 흠명기에 등장하는 인물들을 중심으로 연구를 진행해 왔다. 그들의 행적 추적을 통해 보아 임나일본부들은 대개 반백제 친신라적 성향을 띠고 있었다.

그런데 穗積臣押山의 경우 친백제적 성향을 띠고 있다. 더 나아가 임나4현의 백제 귀속에 큰 역할을 하고 있다. 그리고 왜 조정 내의 실력자인 大伴大連金村(오도모노오무라지카나무라)과도 친연성이 있는 인물이다. 그는 계체 7년 6월에 왜로 돌아가는데, 이때의 내용으로 보아 그의 원래 파견 목적은 五經博士의 교체와 관련있는 것 같다[사료 2) 참조]. 즉 선진문물의 수입과 관련된 업무가 그의 본업이었다고 보여 진다.

그런 그가 백제의 4현 2지 장악에 크게 기여하는 것은 백제의 외교적 노력에 의한 것으로 보인다. 『일본서기』가 표현한 '流言(백제가 뇌물을 주었다는)'은 실제 있었던 일이었을 것이다. 4현의 백제 할양은 穗積臣押山과 大伴大連金村 2인에 의해 무리하게 이루어진 결정이었다. 大伴大連과 穗積臣押山이 4현의 백제할양과 관련하여 백제로부터 뇌물을 받은 것은 백제 외교 활동의 실질적 모습으로 볼 수 있다.

이러한 穗積臣押山의 행적으로 보아 513년 안라에서 개최된 회의에도 참석했을 가능성은 높다. 그의 회의 참석은 백제의 외교적 노력도 있었을 것이다. 그는 결국 백제의 주장에 동조하는 인물이었기 때문이다. 회의의 결과가 백제 측의 의도대로 결정되는 것으로 보아서도 추측되는 일이다. 이로 보면 백제의 4현 2지 장악은 외교적 노력에 의한 것으로 볼 수 있다.

2지 할양과 관련하여 반파 또한 왜 측에 외교적 노력을 쏟지만 실패하고 만다.[61] 이는 결국 백제와 왜 사이의 전통적 관계를 바탕으로 하는 백제 외교의 승리로 볼 수 있을 것이다. 백제의 이러한 노선 선택은 신라에의 의식과 사료에서도 보이는 바와 같이 북쪽의 '强敵' 고구려를 의식한 때문이었을 것이다.

4. 맺음말

역사 연구의 경우, 시각에 따라 결과는 물론 관심의 유무도 달라진다. 가야사 또한 예외가 아니다. 가야를 단일연맹체로 볼 경우 해명되지 않는 부분은 물론 볼 수 없는 부분도 많다. 어떠한 시각과 연구의 접근 방법이냐에 따라 4현 2지로 대표되는 영·호남 경계지역 가야 정치체들의 모습도 달라질 수 있다고 생각한다. 지금까지 우리는 올바른 시각을 가지고 가야사 연구에 임했는가를 반성해 보아야 한다.

『일본서기』의 한반도 관계기사는 虛構와 史實이 동시에 結構되어 있기 때문에 사료로 사용할 경우 주의하지 않으면 안 된다. 계체기 임나 4현 할양기사와 기문, 대사 관련기사도 고대 일본 중심주의 藩國史觀에 의해 기록된 것이다. 따라서 비판적 시각을 가지고 보지 않으면 안 된다.

任那4縣에서 '縣'에 대해서 주목해 보았다. 현재의 자료로서는 가야 제국 가운데 縣을 가진 나라는 加羅國이 유일하다. 『삼국사기』에서의 '省熱縣', 『일본서기』에서의 '諸縣' 등이다. 이에 임나4현은 가라국의 현으로 보았다. 그러나 가라의 縣制는 진정한 의미의 군현제가 실시된 것은 아니었다. 독립된 지역 집단이 어떠한 國으로 자립하지 않은 채, 자치적으로 움직이는 지역 조직 같은 것이 '縣'의 실체였을 것이다. 이를 백제가 차지하는 과정이 『일본서기』 계체기에 실린 것이다.

---

61) 『日本書紀』 권17, 繼體天皇 7년 11월.

『일본서기』계체기 7년(513) 11월조에 보이는 諸國들의 모임을 기문, 대사의 귀속 문제를 결정하기 위한 국제회의로 보았다. 그 개최지는 왜가 아니라 안라로 보았다. 당시 회의에 참석한 신라는 향후 진행할 남진 정책을 위해 백제의 주장을 반대하기 어려웠다. 왜는 백제의 외교적 노력에 의해 4현과 2지의 백제 귀속에 찬동했다. 결국 513년 안라 국제회의에서 기문, 대사 2지의 백제 귀속 결정은 백제 외교력이 발휘된 결과였다.

이곳에서 정작 기문, 대사의 모습은 보이지 않는다. 다만 『양직공도』의 내용으로 보아, 기문은 南朝 梁에 遣使할 정도의 국력을 유지한 채 521년까지 존속된 小國이었음을 알 수 있다. 4현과 2지는 백제와 가야(임나)의 경계에 위치했다. 6세기 전반 한반도는 통합의 시대였다. 그러나 自存의 능력이 없는 소국들은 결국 주변 강국에 복속되고 만다. 통합이 진행되고 있던 시대에 그 동력이 없었던 것이다.

참고문헌

곽장근, 1999 『호남 동부지역 석곽묘 연구』, 서경문화사

곽장근, 2000 「湖南 東部地域 高塚의 分布相과 그 意味」 『百濟研究』 31

곽장근, 2015 「운봉고원의 제철유적과 그 역동성」 『百濟文化』 52

곽장근, 2018 「동북아 문물교류 허브 남원 유곡리·두락리고분군」 『가야고분군Ⅲ』(가 야고분군 연구총서 4권), 가야고분군 세계유산등재추진단

金世基, 1995 「大伽耶 墓制의 變遷」 『加耶史研究 -대가야의 政治와 文化-』, 慶尙北道

김재홍, 2012 「전북 동부지역 백제, 가야, 신라의 지역지배」 『한국상고사학보』 78

김재홍, 2018 「전북 동부지역 가야 고분의 위세품과 그 위상」 『호남고고학보』 59

김태식, 1993 『加耶聯盟史』, 一潮閣

김태식, 2014 『사국시대의 한일관계사 연구』, 서경문화사

김태식, 2019 「가야의 공간적 범위 재론」 『가야사의 공간적 범위』, 고령군 대가야박물 관·계명교 한국학연구원

남재우, 2003 『安羅國史』, 혜안

朴天秀, 1996 「대가야의 국가형성과 발전」 『석오 윤용진교수 정년퇴임기념논총』, 석오 윤용진교수 정년논총간행위원회

백승옥, 2003 『가야 각국사 연구』, 혜안출판사

백승옥, 2004 「安羅高堂會議의 성격과 安羅國의 위상」 『지역과 역사』 14

백승옥, 2007(a) 「己汶·帶沙의 위치비정과 6세기 전반 대 加羅國과 百濟」 『5~6세기 동 아시아의 국제정세와 대가야』, 고령군 대가야박물관·계명대학교 한국 학연구원

백승옥, 2007(b) 「加耶 '縣'의 성격과 省熱縣의 위치 -于勒의 출신지에 대한 재검토」 『韓 國民族文化』 30

백승옥, 2010 「변·진한 및 가야·신라의 경계-역사지도의 경계 획정을 위한 試考-」 『韓 國古代史研究』 58

백승옥, 2014 「加耶諸國의 존재형태와 '加耶地域國家論'」 『지역과 역사』 34

백승옥, 2017 「가야의 왕릉급 고분에 대한 역사적 해석」 『韓國古代史研究』 88

백승옥, 2019 「고등학교 한국사 교과서 및 부도에 실린 가야 영역 지도의 검토」 『가야 사의 공간적 범위』, 고령군 대가야박물관·계명대학교 한국학연구원

백승충, 1992 「于勒十二曲의 해석문제」 『韓國古代史論叢 3』, 한국고대사회연구소

백승충, 2000 「6세기 전반 백제의 가야진출과정」『百濟硏究』 31

백승충, 2012 「계체·흠명기 '임나(국) 4현 할양' 기사의 성격」『지역과 역사』 31

송완범, 2009 「'일본 율령국가'와 '일본 중심주의' - "일본서기"를 중심 소재로 하여」
　　　　　『동아시아 세계의 일본사상 -'일본 중심적 세계관' 생성의 시대별 고찰』,
　　　　　동북아역사재단

위가야, 2016 「백제의 기문·대사 진출과정에 대한 재검토 - 513년 국제회의의 실상을
　　　　　중심으로 -」『史林』 58

윤용구, 2018 「해제-"翰苑"의 편찬과 蕃夷部」『譯註 翰苑』, 동북아역사재단 한국고중세
　　　　　사연구소

李基白, 1976 「新羅 初期佛敎와 貴族勢力」『震檀學報』 40

李基白, 1978 『新羅時代의 國家佛敎와 儒敎』, 韓國硏究院

이동희, 2004 「전남동부지역 가야계 토기의 역사적 성격」『한국상고사학보』 46

이동희, 2011 「全南 東部地域 加耶文化의 起源과 變遷」『百濟文化』 45

李丙燾, 1948 『朝鮮史大觀』, 同志社

李丙燾, 1959 『韓國史 古代篇』, 乙酉文化社

李丙燾, 1976 『韓國古代史硏究』, 博英社

이영식, 1995 「백제의 가야진출 과정」『한국고대사논총 7』, 한국고대사회연구소

이영식, 2016 『가야제국사연구』, 생각과종이

李熙濬, 1995 「토기로 본 大伽耶의 圈域과 그 변천」『加耶史硏究 -대가야의 政治와 文
　　　　　化-』, 慶尙北道

李熙濬, 2017 『대가야고고학연구』, 사회평론

전영래, 1974 「任實 金城里 石槨墓群」『全北遺蹟調査報告 3』, 서경문화사

전영래, 1985 「百濟南方境域의 變遷」『천관우선생환력기념한국사논총』, 정은문화사

정재윤, 2008 「백제의 섬진강 유역 진출에 대한 고찰」『백제와 섬진강』, 서경문화사

주성지, 2003 「웅진시대 백제의 蟾津江 水系 진출」『慶州史學』 22

崔根泳 등 편역, 『日本 六國史 韓國關係記事 譯註』, (財)駕洛國史蹟開發硏究院

今西龍, 1919 「加羅疆域考」『史林』 4-3·4

今西龍, 1920 「加羅疆域考補遺」『史林』 5-1

今西龍, 1922 「己汶伴跂考」『史林』 7-4

今西龍, 1937 『朝鮮古史の硏究』, 近澤書店

末松保和, 1971『任那興亡史』, 吉川弘文館(증정 5판)

李鎔賢, 1999「梁職貢圖'百濟國使條の'傍小國'」『朝鮮史研究會論文集』37

長谷部將司, 2004『日本古代の地方出身氏族』, 岩田書院

田中俊明, 1990「于勒十二曲と大加耶連盟」『東洋史研究』48-4

鮎貝房之進, 1937「日本書紀朝鮮地名攷」『雜攷』7-下

津田左右吉, 1913「任那疆域考」『滿鮮歷史地理研究1 -朝鮮歷史地理-』, 南滿洲鐵道株式
　　　　會社

津田左右吉 1964,『津田左右吉全集 11』, 岩波書店

坂本太郎, 1970『六國史』, 吉川弘文館

제2부
가야와 그 바깥

가야 제국諸國과 고구려의 관계

· 신가영 ·

1. 머리말

한반도 동·남부 지역에 있었던 가야 제국(諸國)은 한(漢) 군현, 백제와 신라, 그리고 왜로 이어지는 해상 교역루트의 주요 거점에 위치하고 있었기에 지리적 이점을 바탕으로 성장해 나갔다. 가야 세력들에 있어서 주변국과의 교역·교섭은 국가 존립과 관련된 문제였다. 가야 제국이 주변 세력들과 다양한 관계를 맺고 있었던 것은 고고자료와 문헌자료를 통해 확인할 수 있다.

그렇다면 지리적으로 멀리 떨어져 있던 고구려와는 어떤 관계가 있었을까. 고구려, 백제, 신라는 오랜 기간 동안 우호와 대립을 반복하며 서로 많은 영향을 미쳤다. 가야 제국은 인접한 백제와 신라로부터 많은 영향을 받았지만, 고구려와는 경계를 맞닿고 있지 않았기에 교섭과 교류가 빈번하게 이루어질 수 없었다. 가야와 고구려의 관계를 분석하기 위한 자료는 그리 많지 않고 연구도 적은 편이지만, 고고자료를 중심으로 교류사를 분석하거나[1] 문헌자료를 중심으로 검토한 연구[2]가 참고된다.

---

1) 李永植, 2006 「가야와 고구려의 교류사 연구」 『韓國史學報』 25 ; 2016 『가야제국사 연구』, 생각과종이.

이 글에서는 가야 각국의 입장에서 고구려와의 관계를 살펴보고자 한다. 가야와 고구려가 간접적 적대 관계[3]에 있었다거나 '동맹' 관계[4]를 형성했다고도 하지만 서로를 어떻게 인식하고 있었는지 기록이 소략하여 자세히 파악하기는 어렵다. 일부 세력이 고구려와 교섭했음이 확인되지만 모든 가야 세력들이 동시기에 고구려와 관계를 맺었던 것은 아니었다. 고구려가 한반도의 정세에 미치는 영향은 적지 않았기에 가야의 제세력 역시 고구려로부터 직·간접적 영향을 받았을 것으로 추정되지만, 고구려와의 관계가 일률적으로 가야 제국 전체에 영향을 미쳤는지 여부는 검토가 필요한 과제이다. 이 글에서는 3세기부터 6세기 중반까지 가야사의 흐름 속에서 가야 제국이 고구려와 어떻게 관계를 맺었고, 그 의의가 무엇이었는지를 살펴보고자 한다.

2. 4~5세기 전반의 가야 제국諸國과 고구려

1) 낙랑·대방군 소멸 이후 교역체계의 변화

4세기 이전 가야 제국은 중국-한반도-일본열도로 이어지는 해상 교역로를 통해 활발한 교섭 활동을 하였다. 낙동강 하구의 김해 지역에 자리 잡고 있었던 구야국(狗邪國, 가락국, 금관가야)은 한반도 남부의 중요한 해상 교통의 거점에 자리 잡고 있었다. 구야국은 낙동강을 거슬러 내륙으로 올라가는 관문(關門)에 해당되는 동시에 동·서·남해안을 연결하는 지점에 위치하며, 더

---

2) 金泰植, 2002 「廣開土大王代 高句麗와 加耶의 關係」 『고구려연구회 학술총서』 3 ; 2006 「5~6세기 高句麗와 加耶의 관계」 『北方史論叢』 11 ; 2014 『사국시대의 사국관계사 연구』, 서경문화사.

3) 김태식, 2006 앞의 논문 ; 2014 위의 책, p.37.

4) 유우창, 2013 「가야-고구려 동맹의 형성과 추이」 『역사와 세계』 44.

불어 일본열도를 연결하는 해로상의 요지라는 교통상의 이점을 갖추고 있었다.[5] 『삼국지』 동이전 왜조에는 한 군현(帶方郡)에서 왜(倭)로 가는 길이 상세하게 기록되어 있는데,[6] 그 과정에서 구야한국(狗邪韓國)이 특별히 기록되었다. 구야국이 대방군과 왜를 연결하는 중간 기항지 역할을 했음을 알 수 있다.

고고자료를 통해서도 황해도의 낙랑·대방군으로부터 서남해안을 따라 김해 지역의 구야국에 이르기까지 여러 지역의 세력이 낙동강 하구를 거점으로 하여 활발히 교류하고 있었던 것이 확인된다.[7] 가야 제국을 비롯한 한반도의 세력들은 한 군현과의 조공 무역에 적극 참여하여 중국의 문물을 수입하였다.

『삼국지』에 기록된 진·변한의 소국들의 명칭이 당시 활용되었던 여러 교통로를 중심으로 정리된 것이었다면,[8] 초기에는 진·변한의 소국들이 서로 협조적인 관계를 유지했을 것으로 생각된다. 하지만 이런 협력 관계는 오래 유지되기는 어려웠다. 구야국은 낙동강 수로를 두고 사로국(신라)과 경쟁하였는데,[9] 점차 신라보다 뒤처지게 되었던 것으로 추정된다.[10]

한편 4세기 초 고구려가 낙랑군과 대방군을 소멸시키면서 가야 제국과

---

5) 李賢惠, 1994「三韓의 對外交易體系」『李基白先生古稀紀念韓國史學論叢(上)』; 1998 『韓國 古代의 생산과 교역』, 一潮閣, p.275.

6) "倭人在帶方東南大海之中 … 從郡至倭 循海岸水行 歷韓國 乍南乍東 到其北岸狗邪韓國 七千餘里 始度一海 千餘里至對馬國"(『三國志』 권30, 魏書 東夷傳 倭)

7) 鄭仁盛, 2003「弁韓·加耶의 對外交涉-樂浪郡과의 교섭관계를 중심으로-」『가야 고고학의 새로운 조명』, 혜안 참조.

8) 千寬宇, 1991『加耶史研究』, 一潮閣, pp.60~61, pp.97~99 ; 남혜민, 2018「三韓 소국 네트워크의 위계 구조와 斯盧國」『韓國古代史研究』 92, pp.28~30.

9) 이형우·이형기, 1996「斯盧國의 洛東江流域 進出-黃山津 戰鬪를 중심으로-」『嶠南史學』 7, pp.17~18.

10) 白承忠, 1990「3~4세기 한반도 남부지방의 제세력 동향-초기가야세력권의 변화를 중심으로-」『釜山史學』 19.

신라의 관계가 변화하게 되었다. 2군이 사라지게 되자, 한반도 서북부 지역에서 일본열도로 이르는 교섭루트는 침체기에 빠졌던 것으로 추정된다. 낙랑·대방군에서 낙동강 하구로 이어지던 기존의 교섭루트 대신 한반도 북방에서 경주 지역으로 그리고 경주 지역에서 낙동강 하구로 연결되는 교섭루트가 활성화되었던 것으로 파악된다.[11]

　낙랑·대방군의 소멸 이후 가야의 제세력이 낙랑군과 대방군을 통해 중국을 비롯한 북방 문물을 받아들일 수 없었다는 것이 일반적인 이해이지만, 이와 달리 금관가야가 서·남해안 해상로를 통해 요서 지역의 전연(前燕)과 교섭했다는 견해도 있다. 김해 대성동 88호분에서 금동대금구(金銅帶金具), 동모(銅鉾), 파형동기(巴形銅器) 등이 발굴되었고, 대성동 91호분에서는 로만글라스, 중국 동북계 마구(馬具)와 청동용기, 일본열도산 유물이 출토되어 주목을 받았다.[12] 김해 지역에서 출토되는 북방 유물, 특히 전연의 유물을 근거로 낙랑·대방군이 소멸된 이후에도 금관가야가 기존의 교섭루트를 이용하여 중국 및 북방 세력과 교섭하였다는 견해가 제기된 것이다.[13] 나아가 금관가야가 철을 수출하고 전연의 마구 및 청동용기를 위세품(威勢品)으로 받아온 것으로

---

11) 李賢惠, 1988 「4세기 加耶社會의 交易體系의 변천」『韓國古代史硏究』 1 ; 2001 「加耶의 交易과 經濟-낙동강 하구지역을 중심으로-」『한국 고대사 속의 가야』, 혜안, p.322.

12) 대성동고분박물관, 2015『金海 大成洞古墳群 : 85호분~91호분』.

13) 김일규, 2016 「금관가야와 중국의 교류」『금관가야 고분의 축조세력과 대외교류』, 국립가야문화재연구소 ; 심재용, 2016 「金官加耶의 外來系 威勢品 受用과 意味」『嶺南考古學』 p.74, 66, 80 ; 조성원, 2017 「4세기 금관가야의 대외관계 검토」『고고광장』 21 ; 백진재, 2019 「4~5세기 전후 가야와 주변정세-가야제국의 대외교섭과 광개토왕 남정을 중심으로-」『가야 기마인물형토기를 해부하다』, 주류성, pp.163~180. 한편, 마한 지역의 세력을 매개로 중원과 교섭하였을 것으로 추정되기도 한다 (이영식, 2014 「김해 대성동고분군 출토 외래계 유물의 역사적 배경」『금관가야의 국제교류와 외래계 유물』, 주류성, p.37).

추정하기도 한다.[14]

하지만 4세기 전반에 금관가야가 중국 동북 지역의 세력들과 '직접' 교섭할 수 있었는지는 의문이 든다. 금관가야가 전연으로부터 직접 위세품을 받은 것이라면, 어떻게 전연과 교섭할 수 있었는지 그 배경에 대한 설명이 있어야 한다. 이와 함께 당시 김해 지역에서 남해안과 서해안을 거쳐 북방의 요서 지역까지 바닷길을 이용하여 교류할 수 있었는지 신중히 따져볼 필요가 있다.

금관가야가 기존의 교섭루트를 안정적으로 이용하려면 교섭루트에 있었던 세력들과 긴밀한 관계를 유지할 필요가 있었을 것이다. 김해 지역에서 요서 지역에 이르기까지 기항하지 않고 한 번에 갈 수 없었기 때문이다. 즉, 백제를 비롯한 서남해안의 세력들과 한반도 서북부를 차지한 고구려의 협조 없이는 전연과의 교섭은 불가능했을 것으로 생각된다.

고고자료를 근거로 금관가야가 영산강 유역 일대의 세력들과 지속적으로 교류했던 것으로 추정되지만, 4세기 후반 이후 백제를 비롯한 금강 유역의 세력들과의 교류는 점차 줄어들었다. 동래·김해·마산 지역에서 4세기대의 금강·영산강 유역 계통의 토기가 출토되고 있어 금관가야가 백제, 마한 세력들과 교류하였던 것으로 추정할 수는 있지만, 백제·마한계 토기가 부장되는 양상은 금관가야와 백제의 관계가 정치적·경제적으로 긴밀하였던 근거로 보기는 어렵다.[15] 4세기 후반의 마한·백제계 문물은 부산 온천천 수계와 진해 안골만에서 출토되었는데, 모두 영산강 유역의 계통으로 이해된다. 반면 금강 유역의 유물은 거의 확인되지 않는다. 이는 백제를 중심으로 한 금강 유역 세

---

14) 심재용, 2016 앞의 논문, p.80 ; 백진재, 2019 앞의 논문, p.171. 철을 수출한 대가로 위세품을 받아왔다고 추정하는데, 전연을 비롯한 중국 동북 지역에 있었던 세력들에게 있어서 김해 지역의 철이 필요했었는지가 먼저 분석될 필요가 있다.

15) 홍보식, 2006 「한반도 남부지역의 왜계 요소-기원후 3~6세기대를 중심으로-」 『韓國古代史研究』 44, pp.30~32 ; 김량훈, 2007 「4~5세기 남부가야제국과 백제의 교섭 추이」 『역사와 경계』 65, p.186 참조.

력과의 관계가 소원했던 것을 의미한다. 5세기 이후가 되면 김해 지역에서 백제와 관련된 유물이 확인되지 않는 점으로 볼 때 금관가야와 마한·백제권역의 교역 관계는 활발히 이루어지지 않았던 것으로 추정된다.[16]

설령 백제의 도움을 받았다고 하더라고 고구려로 인해 요서 지역까지 쉽게 가기 어려웠던 상황을 감안할 필요가 있다. 4세기 초 이후 고구려는 낙랑·대방 지역을 점령하였는데,[17] 많은 중국계 망명인과 유이민을 받아들여 안치시키고 있었다.[18] 고구려는 이들을 활용하여 해양 활동을 활발히 전개하였다.[19] 무엇보다 백제와 고구려의 대립구도 속에서 금관가야가 마한·백제만을 매개로 중국 및 북방 세력과 긴밀히 교섭하기 어려웠을 것이다. 고구려가 낙랑·대방 지역을 차지한 이후 황해연안항로 중심의 교섭루트는 경색되었다. 대방 지역 세력은 황해중부횡단항로를 통해 동진, 후조와 교류를 지속하였는데, 대방 지역의 세력 일부가 백제로 유입되면서 백제 역시 황해중부횡단항로라는 새로운 항로를 통해 동진과 교섭하였다고 추정한 견해가 참고된다.[20]

---

16) 洪潽植, 2008 「문물로 본 가야와 백제의 교섭과 교역」 『湖西考古學』 18, p.131. 4세기 후반~5세기 전반에 마한·백제와 가야·신라와의 교류루트는 남해안과 서해안을 연결한 연안 항로와 내륙루트가 계속 유지되었지만, 교류의 종착지로서 낙동강 하구의 김해와 부산 지역은 쇠퇴하고, 거제도와 진해 용원 지역에 집중된 양상이 주목된다(홍보식, 2013 「마한·백제와 변·진한 및 가야·신라의 교류」 『영남지역 속에 스며든 마한·백제계 문물의 흔적』, 대한문화재연구원·국립김해박물관·고분문화연구회, p.13).

17) 고구려의 낙랑·대방고지 지배과정에 대해서는 안정준, 2016 『高句麗의 樂浪·帶方郡 故地 지배 연구』, 연세대학교 박사학위논문 ; 2017 「4~5세기 樂浪·帶方郡 故地의 中國地名 官號 출현 배경」 『韓國古代史硏究』 86 참조.

18) 4세기 초~5세기 중반 고구려에 유입된 중국계 유이민·망명인에 대해서는 안정준, 2014 「4~5세기 高句麗의 中國系 流移民 수용과 그 지배방식」 『한국문화』 68 참조.

19) 이정빈, 2016 「4세기 전반 고구려의 해양활동과 황해-고구려와 후조·모용선비의 관계를 중심으로-」 『역사와 실학』 59.

이처럼 금관가야는 고구려의 직·간접적 협조 없이는 요서 지역에 있었던 전연과 교섭하기는 어려웠을 것이다. 그렇다면 전연을 비롯한 중국 동북 지역의 문물이 어떻게 낙동강 하구지역에 이입될 수 있었을까. 지금으로서는 중국 동북부 지역에서 고구려, 그리고 신라로 이어지는 교역루트가 낙동강 하구 지역까지 이어졌던 것으로 추정하는 것이 가장 합리적이라고 생각된다.[21]

고구려는 전연과 각축을 벌이면서도 교섭도 했다. 전연, 북연(北燕)의 관인(官人)이 고구려로 망명한 사례도 살펴볼 수 있다.[22] 전연과 고구려는 서로 영향을 주고받았을 것으로 추정되는데, 고구려와 삼연(三燕) 마구의 유사성을 통해 짐작할 수 있다.[23] 이 뿐만 아니라 355년 고구려가 전연과 책봉 관계[24]를 맺었던 점도 간과하기 어렵다.

당시 고구려는 백제를 견제하기 위해 적극적으로 신라와 우호 관계를 맺었다. 신라는 낙랑·대방군이 소멸된 이후 고구려와 교섭하여 문물을 입수할 수 있었다. 영남 지역에서 출토된 4세기 전반으로 추정되는 고구려계 유물을 통해 신라와 고구려의 교류가 이른 시기부터 이루어졌을 것으로 추정되며,[25]

---

20) 임동민, 2016 「백제와 동진의 교섭 항로」 『백제학보』 17.
21) 李永植, 2006 「가야와 고구려의 교류사 연구」 『韓國史學報』 25 ; 강현숙, 2012 「高句麗 古墳과 新羅 積石木槨墳 交叉編年에서의 몇 가지 論議」 『한국상고사학보』 78 ; 박천수, 2016 「가야사 연구 서설-소국에서 영역국가로-」 『가야고고학개론』, 진인진, p.14.
22) 안정준, 2014 앞의 논문, p.123쪽 표1 참조.
23) 강현숙, 2006 「고구려 고분에서 보이는 중국 삼연 요소의 전개과정에 대하여」 『韓國上古史學報』 51.
24) 『三國史記』 권18, 高句麗本紀6 故國原王 25년 12월. 가야 제국도 전연에 책봉되었을 가능성이 제기되었지만(백진재, 2019 앞의 논문, pp.170~171), 백제가 전연으로부터 책봉되지 않았던 사실을 염두에 둘 필요가 있다.
25) 영남지역에서 출토되는 甲冑와 馬具 등은 고구려 계통일 가능성이 높다(송계현, 1999 「우리나라 甲冑의 변화」 『고대의 전사와 무기』, 복천박물관 ; 姜賢淑, 2003 「考

문헌기록에서도 신라와 고구려의 밀접한 관계가 확인된다. 신라는 377년, 381년에 고구려 사신과 동행하여 전진(前秦)에 사신을 파견하였고,[26] 392년에 이찬(伊湌) 대서지(大西知)의 아들 실성(實聖)을 고구려에 인질로 보냈다.[27] 이러한 양국의 밀접한 관계로 인하여 영남 지역에서는 신라가 가장 적극적으로 고구려를 통해 북방 문물을 받아들일 수 있었던 것으로 추정된다.[28]

따라서 가야 지역에서 확인되는 고구려 및 중국 동북 지역의 문물은 신라를 매개로 유입되었을 가능성을 상정할 수 있다.[29] 가야 문물이 고구려에 의해 '직접' 전해졌는지 여부는 판단하기 쉽지 않다. 지금으로서는 가야의 제세력이 고구려와 직접 교섭을 했다고 추정하기는 어렵다. 낙랑·대방군의 소멸 이후 가야 제국이 새롭게 문물을 제공받기 위해서는 낙동강 수계로 이어진

古學에서 본 4·5세기 高句麗와 伽耶의 成長」『加耶와 廣開土大王』(第9回 加耶史 國制學術會議) ; 이영식, 2016 앞의 책, p.879).

26) 『資治通鑑』 권104, 晉紀26 太元 2년 ; 『三國史記』 권3, 新羅本紀3 奈勿尼師今 26년 ; 『通典』 권185, 邊防1 東夷上 新羅.

27) 『三國史記』 권3, 新羅本紀3 奈勿尼師今 37년 ; 권17, 高句麗本紀6 故國壤王 8년.

28) 경주 정래동고분과 월성로 29호분에서 출토된 短甲과 월성로고분에서 출토된 고구려계 綠釉토기를 통해 고구려와 신라로 이어지는 교역루트가 새롭게 이용되었을 것으로 추정되며(李賢惠, 1988 「4세기 加耶社會의 交易體系의 변천」『韓國古代史研究』 1 ; 1998 앞의 책, p.304), 월성로 가5호에서 출토된 고구려 陶器, 월성로 가13호(4세기 3/4분기)에서 출토된 유리제품을 통해서도 신라가 일찍부터 고구려와 교류하였던 것을 알 수 있다(李熙濬, 1996 「경주 月城路 가-13호 積石木槨墓의 연대와 의의-」『碩晤尹容鎭教授停年退任紀念論叢』, p.308).

29) 李永植, 2006 앞의 논문, p.61 ; 2016 앞의 책, pp.885~886. 한편 가야 지역에서 출토되는 고구려계 문물이 백제를 통해서 유입되었다는 견해가 있다. 고구려와의 전쟁을 통하여 고구려계 甲胄·馬具類가 백제로 전해졌는데, 당시 백제는 대방군의 역할을 자임하고 있었으므로 고구려계 유물이 자연스럽게 가야 제국으로 유입되었을 것으로 본다(유우창, 2005 「대외관계로 본 가라국의 발전-5세기대를 중심으로-」『지역과 역사』 16, pp.180~181).

신라와 우호 관계를 가질 필요가 있었다. 반면, 신라와 경쟁하던 금관가야는 교역체계의 변동으로 인하여 점차 신라와의 경쟁에서 뒤쳐졌을 뿐만 아니라 주변의 세력을 제어하기 어렵게 되는 가운데 점차 쇠퇴하게 되었던 것으로 추정된다.

이처럼 신라를 매개로 고구려와 관계를 맺었기에 가야 제국이 고구려와 직접 교섭했을 가능성은 적다고 생각된다. 하지만 고구려로부터 받은 영향은 적지 않았던 것으로 보인다. 낙랑·대방군을 소멸시킨 고구려로 인하여 서남 해안의 교역체계에 큰 변동이 일어나는 가운데, 신라에 비해 가야 제국은 국면 전환을 제대로 대처하지 못했던 것으로 평가된다.

2) 400년 고구려군의 남정南征과 그 영향

400년 고구려군의 남정(南征)은 가야 지역만이 아니라 영남 지역의 대대적인 변화를 야기한 역사적 사건으로 이해된다. 고구려와의 전쟁 경험은 400년 이후 가야와 신라 사회의 물질문화의 변동에 지대한 영향을 미쳤던 것으로 파악된다.[30] 그렇기에 400년 고구려군의 남정은 가야 세력의 변동과 밀접

---

30) 김해, 부산지역을 중심으로 한 고고학 연구에서 이러한 인식이 두드러지게 나타난다. 5세기 전반 대성동고분군의 대형고분 축조가 중단되었다고 파악되면서 금관가야가 고구려와의 전쟁으로 큰 피해를 입었다고 추정되었다(申敬澈·金宰佑, 2000 『金海大成洞古墳群Ⅰ-槪報-』, 慶星大學校博物館, pp.191~193). 이후 금관가야의 지배세력이 김해지역을 떠나 경상도 내륙지역과 일본열도로 이주하였다고 추정되었고, 더 나아가 경상도 각지로 이주한 금관가야 사람들로 인하여 다른 가야 세력들이 발전하였다고 파악하는 견해가 다수이다(신경철, 1991 「김해대성동고분군의 발굴성과」 『伽倻文化』 4 ; 金泰植, 1993 「前期加耶聯盟의 해체」 『加耶聯盟史』, 一潮閣 ; 조영제, 2000 「多羅國의 成立에 대한 硏究」 『가야 각국사의 재구성』, 혜안, pp.366~369 ; 조영제, 2006 『서부경남 가야제국의 성립에 대한 고고학적 연구』, 부산대학교 박사학위논문).

한 관련이 있으며, 400년을 기준으로 '전기 가야'와 '후기 가야'로 시기 구분하는 것이 일반적이다.

하지만 단 한 번의 고구려와의 전쟁으로 여러 가야 세력이 어떻게 400년을 기점으로 동시에 변화하게 되는지, 가야 사회에 미친 고구려의 영향력이 지나치게 과장된 것이 아닌지 의문을 가질 필요가 있다.[31] 또 광개토왕의 남진(南進)은 고구려와 백제의 양자 대립 구도를 전제하고 분석하는 경향이 있는데, 400년 고구려군의 남정 역시 백제와의 관계에서 비롯된 것으로 이해하였다. 당시 가야 제국이 백제, 왜와 함께 고구려와 적대적 관계에 있었다고 추정하지만, 「광개토왕비」에서 고구려는 임나가라(任那加羅), 즉 금관가야를 백제·왜처럼 적대 세력으로 여기지 않았던 것을 알 수 있다.[32] 따라서 고구려의 가야 공격의 배경, 목적, 그리고 영향에 대해서 새롭게 접근할 필요가 있다.

「광개토왕비」에 의하면, 399년 백제와 왜가 화통(和通)하자 광개토왕이 평양 지역에 내려왔고, 이때 신라 사신이 도착하여 왜가 침입하였음을 알리고 구원을 요청하였다. 이듬해 400년에 고구려의 5만의 보병과 기병이 신라에 와서 왜를 물리쳤다. 이 과정에 고구려 군사가 가야 지역(임나가라의 종발성)에서도 군사 활동을 하였던 것이 확인된다.

> ① 9년 기해에 百殘이 誓를 어기고 왜와 和通하였다. 왕이 평양으
> 로 巡하였다. 신라가 사신을 보내 왕에게 아뢰기를, "왜인이 그
> 국경에 가득차 城池를 潰破하고 奴客을 民으로 삼으니 왕에게

---

31) 이에 대한 비판은 朱甫暾, 2006 「高句麗 南進의 性格과 그 影響-廣開土王 南征의 實
   相과 그 意義-」『大邱史學』 82 ; 2017 「가야사 연구의 새로운 進展을 위한 提言」『韓
   國古代史硏究』 85 ; 신가영, 2019(a) 「광개토왕비문의 가야 관계 기사에 대한 재검
   토-400년 전쟁과 가야 諸國-」『문자로 본 가야』(국립김해박물관·한국역사연구회
   공동 심포지움) 참조.
32) 신가영, 2019(a) 위의 논문.

歸하여 命을 請합니다"고 하였다. 태왕이 恩慈하여 그 충성을
稱하였다. 사신을 보내 돌아가서 □計를 고하게 하였다.[33]
(「廣開土王碑」永樂 9년)

② 10년 경자에 敎하여 보병과 기병 5만을 보내어 가서 신라를 구
원하게 하였다. 男居城을 거쳐 신라성에 이르니 倭가 그곳에
가득하였다. 관군이 막 도착하자 倭賊이 물러났다. …… 그 뒤
를 급히 추격하여 任那加羅의 從拔城에 이르니 성이 곧 歸服하
였다. 신라인 戍兵을 두었다. 신라성과 □성을 □하였다. 倭寇
가 궤멸되니, 성의 십분지구는 …… 신라인 戍兵을 두었다. …
… 신라인 戍兵을 두었다. 옛날에는 신라 寐錦이 몸소 와서 論
事한 적이 없었다. 國岡上廣開土境好太王에 이르러 …… 매금
이 ……하여 조공하였다.[34] (「廣開土王碑」永樂 10년)

광개토왕비문의 훈적기사에 등장하는 세력들은 모두 기록될 만한 이유를
밝히고 있는데, 가야는 비문의 일반적 서술방식과 달리 기술되고 있다.[35] 광

---

33) "九年己亥 百殘違誓 与倭和通 王巡下平穰 而新羅遣使白王云 倭人滿其國境 潰破城池
以奴客爲民 歸王請命 太王恩慈 稱其忠誠 □遣使還 告以□計" (광개토왕비문의 판독은
盧泰敦, 1992 「廣開土王陵碑」『譯註 韓國古代金石文 I -고구려·백제·낙랑 편-』, 駕洛
國史蹟開發硏究院을 따랐으나, 武田幸男, 2009 『廣開土王碑墨本の硏究』, 吉川弘文館
의 판독안을 참조하여 보완하였다).

34) "十年庚子 敎遣步騎五萬 往救新羅 從男居城 至新羅城 倭滿其中 官軍方至 倭賊退□□
背急追 至任那加羅從拔城 城卽歸服 安羅人戍兵□新羅城□城 倭寇大潰 城□十九盡拒
□□ 安羅人戍兵滿□□□□其□□□□□□□言□□□□□□□□□□□□□□□□
□□□□□□□□□辭□□□□□□□□□□□□□潰□□□□ 安羅人戍兵昔新羅寐錦
未有身來論事 □國上廣開土境好太王□□□□寐錦□□僕勾□□□□朝貢"

35) 신가영, 2017 「광개토왕비문의 '安羅人戍兵'에 대한 재해석」『東方學志』178, pp.8~ 9.

개토왕의 업적을 강조하기 위해서는 5만의 군대를 파견하여 왜를 물리쳤을 뿐만 아니라 가야 세력 역시 복속시켰다는 내용을 기술하는 것이 당연했을 것인데, 유독 비문에서 가야가 왜 고구려군의 공격 대상이 되었는지에 대한 언급은 없다. 비문에서 임나가라는 고구려가 신라를 도와 왜를 추격하는 과정에서 등장할 뿐이다.

한편 400년 고구려군의 남정과 관련하여 임나가라 뿐만 아니라 함안 지역의 가야 세력인 안라(安羅, 아라가야) 역시 관련되었다고 파악되고 있다. 영락(永樂) 10년조에서 3번 보이는 '안라인수병(安羅人戍兵)'은 대체로 안라인의 수병(戍兵, 변경 수비병)으로 해석된다. 따라서 안라가 고구려에 적대하였다는 견해가 다수이지만,[36] 고구려와 연합하여 왜군을 물리쳤던 것으로 이해하기도 한다.[37]

대체로 5세기 초 임나가라와 함께 안라도 고구려와 직접 대면했던 것으로 이해되지만, '안라인수병'은 '안라인의 수병'으로 해석하기 어렵다.[38] 광개토왕비문의 서술 방식을 감안하면, 안라가 3번이나 등장할 수 있었던 이유와 고구려와의 관계를 이해할 만한 배경이 기술되었을 것인데, 정작 영락 10년조에서는 안라와의 관계에 대해서는 전혀 언급이 없고 신라와의 관계를 강조

---

36) 李永植, 1985 「伽倻諸國의 國家形成問題」 『白山學報』 32 ; 延敏洙, 1987 「廣開土王碑文에 보이는 倭關係 記事의 檢討」 『東國史學』 21, p.23 ; 金鉉球, 1993 『任那日本府研究: 韓半島南部經營論批判』, 一潮閣, p.99 ; 이용현, 2001 「가야의 대외관계」 『한국 고대사 속의 가야』, 혜안, p.354 ; 이영식, 2006 앞의 논문, pp.62~63 ; 연민수, 2013 「광개토왕비에 나타난 고구려의 남방 세계관」 『광개토왕비의 재조명』, 동북아역사재단, p.241 ; 이용현, 2013 「광개토왕비문의 고구려와 가야」 『광개토왕비의 재조명』, 동북아역사재단, pp.280~281.

37) 山尾幸久, 1989 『古代の日朝關係』, 塙書房, p.202 ; 南在祐, 2003 앞의 책, pp.153~154 ; 유우창, 2005 앞의 논문, p.188 ; 2013 앞의 논문, pp.15~21.

38) 주보돈, 2006 앞의 논문 ; 신가영, 2017 앞의 논문 ; 위가야, 2019 「6세기 前半 安羅國 주도의 加耶諸國 관계 이해를 위한 기초적 검토」 『韓國古代史硏究』 94.

하면서 마무리되었다. 따라서 '안라인수병'은 '신라인의 변경 수비병을 두다'로 해석하는 것이 가장 합리적이며, 고구려군이 신라에 5만의 군사를 파견해야 했던 목적을 보여주는 문구로 판단된다. 따라서 안라는 400년 고구려군의 남정과 직접적인 관련이 없었던 것으로 이해된다.

그러므로 광개토왕비문에서는 가야 세력 중 임나가라, 즉 금관가야[39]만 기술되었던 것이라고 생각된다. 임나가라의 종발성이 고구려군에 '귀복(歸服)'하였기에 이후 금관가야가 고구려에 '해마다 토산물을 바치는' 우호 관계에 있었던 것으로 보기도 하지만,[40] 고구려는 종발성을 신라에 인계하는 조치('安羅人戍兵')를 취했으므로 금관가야와 고구려가 어떠한 관계에 있었는지는 분명하지 않다. 다만, 비문에서는 임나가라를 동부여, 백제, 신라 등과 같이 '속민'(屬民)으로 표현되지 않았던 것을 볼 때 400년 이후 금관가야와 고구려의 직접 교섭을 상정하기는 어렵다.

400년 고구려군의 남정 이후 금관가야는 일부 지역(종발성)을 고구려·신라 연합군에 의해 빼앗겼기에 고구려를 적대적으로 인식했을 수도 있다. 하지만 고고자료와 문헌자료에 알 수 있듯이 금관가야는 400년 이후 쇠퇴하게 되어 명맥만을 겨우 유지했기에 고구려와 신라에 적극 대응하기는 쉽지 않았다. 고구려 계통의 갑주, 마구 등이 가야 지역에서 지속적으로 출토되는 것을 고려해보면,[41] 이전 시기와 마찬가지로 신라를 매개로 고구려 문물을 수입했던 것으로 추정된다.

금관가야 외의 다른 가야 세력들 역시 신라와 대립하기는 어려웠을 것이다. 고구려는 신라를 돕기 위해 대군을 파견하여 왜를 물리쳤을 뿐만 아니라

---

39) 임나가라는 김해지역의 금관가야와 고령지역의 대가야로 파악하는 견해로 나뉘고 있다. 이 글에서는 김해지역으로 비정하는 견해를 따른다.

40) 유우창, 2013 앞의 논문 p.18.

41) 이영식, 2016 앞의 책, pp.887~888 표2 참조.

신라의 영역을 넓혀 주었다. 그렇기에 가야 세력들은 가야 지역으로 진출하려는 신라를 경계했을 것이지만, 동시에 신라와 우호 관계를 맺으면서 신라로부터 고구려 및 중국 동북 지역의 문물을 받아들이고자 했을 것이다.

요컨대 가야 각국은 이미 400년 고구려군 남정 이전부터 변화하고 있었으며 그 변화의 원인은 낙동강 하구 유역으로 진출하려는 신라와 이에 제대로 대응하지 못한 금관가야의 쇠퇴에서 비롯되었던 것이라고 이해된다. 그리고 400년 고구려군의 남정 이후에는 신라가 고구려의 원조를 받아 낙동강 하구 지역을 장악하고 이를 통해 가야 세력을 압박하였기 때문에 가야 사회는 이전과 다른, 다양한 방향으로 신라의 압력을 해결하려 했을 가능성을 상정해 볼 수 있다.

400년 고구려군 남정 이후 가야 제국의 동향은 크게 두 가지 흐름으로 정리될 수 있다. 먼저 신라와 밀접한 관계를 유지하며 신라에 편입되거나 신라가 주도하는 낙동강 하구 교역권에 복속되는 것이었다. 또는 신라와 전면적으로는 대립하지 않는 가운데, 왜와 독자적으로 교섭하거나 백제와 긴밀한 관계를 구축하면서 지원세력을 모으는 방향으로 전개되었던 것으로 추정된다.[42]

---

42) 4세기 중엽 탁순은 금관가야의 세력권에서 벗어나 독자적으로 백제·왜와 교섭하였고(『日本書紀』권9, 神功 46년), 합천지역의 옥전고분군에서 백제 금동관모가 출토된 것으로 볼 때 다라국의 경우 형식적이지만 백제와 상하관계를 맺기도 했던 것으로 추정된다. 대가야의 역시 백제와의 관계에서 발전할 수 있었던 것으로 보기도 한다(김현숙, 1998 「대가야(大伽耶)의 정치발전과 영역지배방식」 『加耶文化遺蹟 調査 및 整備計劃』, 가야대학교 가야문화연구소, p.59 ; 李炯基, 2009 『大加耶의 形成과 發展 研究』, 景仁文化社, p.111). 이에 대해서 향후 연구를 통해 자세히 다루고자 한다.

3. 5세기 후반~6세기 전반의 가야 제국과 고구려, 그 교섭과 한계

1) 대가야의 대외 교섭과 고구려

475년 고구려는 백제의 수도 한성을 함락시키고, 금강 유역으로 깊숙이 진출하여[43] 백제와 신라를 압박하였다. 이전 시기보다 가야 제국과 고구려의 지리적 거리는 가까워졌다. 고구려가 낙동강 하구 지역까지 이르러 군사 활동을 전개한 적이 있었기에 가야 제국도 고구려의 움직임을 예의 주시하면서 경계했을 것이다.

당시 백제와 신라는 함께 연합하여 고구려에 맞섰는데, 대가야도 이러한 군사협력관계에 참여하기도 했다.[44]

> 3월에 고구려가 말갈과 함께 북쪽 변경에 쳐들어왔다. 狐鳴 등 7성을 빼앗았고, 彌秩夫까지 진군하였다. 우리 군사와 백제·가야의 원병이 길을 나누어 막으니, 적들이 패하여 퇴각하였다. 추격하여 泥河의 서쪽에서 격파하고 1천여 명의 목을 베었다. (『三國史記』권3, 新羅本紀3 炤智麻立干 3년)

481년 고구려와 말갈이 신라를 공격하였다. 고구려군은 狐鳴城 등 7성을

---

43) 여호규, 2013 「5세기 후반~6세기 중엽 고구려와 백제의 국경 변천」『백제문화』48 참조.

44) 백제·신라·대가야가 '동맹' 관계에 있었던 것으로 추정되기도 한다(李文基, 1995 「大加耶의 對外關係」『加耶史研究-대가야의 政治와 文化-』, 慶尙北道, p.225 ; 양기석, 2007 「5世紀 後半 韓半島 情勢와 大加耶」『5~6세기 동아시아의 국제정세와 대가야』(대가야학술총서 5), 고령군 대가야박물관·계명대학교 한국학연구원, p.47).

빼앗고 彌秩夫(포항)까지 이르렀다. 다급한 상황에 처했던 신라는 백제에 도움을 청하였는데, 가야도 신라에 군사를 파견하여 함께 고구려의 침입을 물리쳤던 것을 알 수 있다. 이때 가야는 대가야로 추정되는데,[45] 대가야 외의 가야 세력이 함께 군사를 파견했는지는 자세히 알기 어렵다.

그렇다면 대가야는 어떻게 신라에 구원군을 파견하였던 것일까. 5세기대의 대가야는 백제와 긴밀한 관계에 있었다. 고령 지역은 내륙에 위치하고 있어 바닷길로 주변국들과 교류할 수는 없었지만, 한강과 금강 유역을 차지하고 있었던 백제와는 육로를 통해 비교적 쉽게 교류할 수 있었다. 고고자료를 통해 한성시기 백제와 가야 세력들과의 교류가 활발하게 이어지고 있었음을 알 수 있다.[46] 백제가 웅진으로 천도한 이후에도 우호 관계를 유지했던 것으로 짐작된다.

479년에 대가야는 남제(南齊)와 교섭하였는데, 이 과정에서 백제의 도움을 받았던 것으로 추정된다. 『남제서(南齊書)』에는 가라국왕 하지(荷知)가 남제에 사신을 파견하여 '보국장군 본국왕(輔國將軍 本國王)'이란 책봉호를 받았음이 확인된다.[47] 가라국은 대체로 고령 지역의 대가야로 파악되며,[48] 가라

---

45) 대가야 중심의 가야연맹으로 이해되기도 한다(金泰植, 1993 앞의 책, pp.111~113 ; 盧重國, 1995 「大加耶의 政治·社會構造」 『加耶史硏究-대가야의 政治와 文化-』, 慶尙北道, pp.179~180 ; 양기석, 2007 앞의 논문, p.46).

46) 金奎運, 2011 「5世紀 漢城期 百濟와 加耶 關係」 『중앙고고연구』 9, pp.127~129.

47) "加羅國 三韓種也 建元元年 國王荷知使來獻 詔曰 量廣始登 遠夷洽化 加羅王荷知款關海外 奉贄東遐 可授輔國將軍本國王" (『南齊書』 권58, 列傳39 加羅國)

48) 김해 지역(今西龍, 1919 「加羅疆域考」 『史林』 4·5 ; 1940 『朝鮮古史の硏究』, 近澤書店, p.337 ; 延敏洙, 1997 「金官國의 멸망과 東아시아」 『伽倻文化』 10, pp.179~180 ; 2011 「輔國將軍·本國王과 金官國」 『韓日關係史硏究』 38, pp.15~16)이나 함안 지역(鬼頭淸明, 1974 「加羅諸國の史的發展について」 『朝鮮史硏究會論文集』 11 ; 『古代朝鮮と日本』, 龍溪書舍, p.128)으로 추정되기도 하지만, 대체로 고령 지역으로 파악된다(千寬宇, 1976 「三韓의 國家形成 下」 『韓國學報』 3, p.145 ; 金泰植, 1993 앞의 책, pp.106~107).

국왕 하지는 가실왕(嘉悉王)으로 추정되는데, 하지가 고유명사인지 위호인지는 알 수 없다.[49] 대가야와 함께 백제가 남제에 사신을 파견한 기록이 함께 나타나지 않기에 479년 남제로의 사신 파견은 대가야의 독자적 외교 교섭으로 평가하는 견해가 많지만,[50] 백제의 도움을 받았을 가능성을 간과하기 어렵다.[51]

신라는 377년 고구려의 도움을 받아 전진에 사신을 파견하였고, 521년에는 백제의 도움을 받아 양(梁)에 사신을 파견하였다. 왜의 경우에도 백제 사신과 함께 사신을 파견하지는 않았지만, 478년 왜왕이 宋에 보낸 상표문(上表文)에서 "송(宋)으로 가는 길에 백제에 들러 선박을 꾸미고 수리하였다"[52]라는 기록을 통해 왜도 백제의 도움을 받고 중국으로 향했던 것을 알 수 있다.[53] 신라와 왜의 사례를 참고해 볼 때 대가야도 백제로부터 항로 정보, 통역 등의 도움뿐만 아니라 최소한 중국 왕조에 대한 정보, 사신을 파견하는 절차에 대한 정보 등을 제공받았을 것으로 추정된다.[54]

전북 부안의 죽막동 유적은 항해의 안전을 기원하는 백제의 국가적 제장

---

49) 金泰植, 1993 앞의 책, p.107.

50) 田中俊明, 1992 앞의 책, p.71 ; 金泰植, 1993 앞의 책 p.108 ; 이영식, 2016 앞의 책, pp.488~489.

51) 이용현, 2001 「가야의 대외관계」『한국 고대사 속의 가야』, 혜안, pp.365~368 ; 이근우, 2003 「熊津·泗沘期의 百濟와 大加羅」『古代 東亞細亞와 百濟』(百濟研究叢書 12), 서경, pp.304~315 ; 양기석, 2007 「5世紀 後半 韓半島 情勢와 大加耶」『5~6세기 동아시아의 국제정세와 대가야』(대가야학술총서5), 고령군 대가야박물관·계명대학교 한국학연구원, pp.38~39 ; 이형기, 2009 앞의 책, p.111 ; 신수진, 2016 「5세기 후반 加羅國의 성장과 帶山城 전투의 성격」『韓國史研究』172, p.121. 한편, 고구려의 도움을 받았을 것으로 추정하는 견해도 있다(白承忠, 1995 『加耶의 地域聯盟史 研究』, 부산대학교 박사학위논문, p.151 ; 유우창, 2005 앞의 논문, pp.197~198).

52) 『宋書』 권97, 列傳57 倭.

53) 양기석, 2007 앞의 논문, p.39.

54) 신수진, 2016 앞의 논문, p.121.

(祭場)이었는데,[55] 대가야의 유물을 봉납(捧納)하여 제사지낸 흔적이 확인되었다.[56] 이를 고려하면 대가야가 백제를 경유하여 남제로 향했을 것으로 추정된다.[57] 즉, 대가야의 사신은 백제 사신과 함께 입조(入朝)하지는 않았지만, 일종의 향도(嚮導)인 백제의 도움을 받아 남제에 사신을 파견했던 것으로 판단하는 것이 자연스럽다.

대체로 대가야가 백제의 요청에 따라 신라에 구원군을 보냈던 것으로 이해되고 있는데,[58] '백제가야원병(百濟加耶援兵)'이라고 하여 백제만이 아니라 가야 역시 분명히 기록된 점을 주목할 필요가 있다. 신라가 백제와 대가야에 각각 구원 요청을 했을 가능성도 배제할 수 없다. 『일본서기』에서도 신라가 고구려군의 공격을 받고 임나왕에게 도움을 청했던 기록이 확인된다.[59] 웅략(雄略) 8년조에는 '일본부 행군원수(日本府 行軍元帥)'라는 후대적 표현이 보이며 『한서』와 『삼국지』의 내용을 거의 그대로 베껴 기술하였다.[60] 그렇기에 사료를 그대로 취신하기는 어렵지만, 신라가 위기에 처했을 때 가야에 도움을 청했다는 것은 사실에 근거를 둔 기록이었을 것으로 추정된다.[61]

미질부(彌秩夫)는 포항시 흥해읍 일대로 비정되는데, 고구려가 신라 왕경과 아주 가까운 지역까지 침입해 왔던 것을 알 수 있다. 지리적으로 보면 당시 대가야가 백제보다 신속하게 군사를 파견할 수 있었던 위치에 있었다. 다급한 상황 속에서 신라는 대가야와 백제에 각각 구원을 요청하였고, 대가야 군

55) 崔光植, 1998 「百濟의 國家祭祀와 竹幕洞 祭祀遺蹟의 性格」 『扶安 竹幕洞 祭祀遺蹟 研究』, 國立全州博物館, p.140.
56) 이용현, 2001 앞의 논문, pp.365~368.
57) 李炯基, 2009 앞의 책, p.111.
58) 양기석, 2007 앞의 논문, p.48 ; 노중국, 2012 앞의 책, p.243.
59) 『日本書紀』 권14, 雄略 8년 2월.
60) 小島憲之, 1962 『上代日本文學と中國文學(上)』, 塙書房, p.325 ; 金泰植 외, 2004 『譯註 加耶史史料集成 1』, 駕洛國史蹟開發研究院, pp.176~178.
61) 김태식, 2014 앞의 책, pp.44~47.

사는 백제군보다 빠르게 신라에 도착했을 것으로 추정된다.[62] 이를 계기로
대가야와 신라의 관계는 우호적으로 바뀌었던 것으로 이해된다.[63] 496년 대
가야가 신라에 꼬리의 길이가 5척(尺)인 흰 꿩을 보냈던 것[64]도 대가야와 신
라의 관계가 이전과 달랐음을 보여준다.

이처럼 백제·신라와의 우호적 관계에서 대가야 역시 적극적으로 고구려
를 상대하였던 것을 알 수 있다. 그런데 『일본서기』에서는 대가야가 고구려와
교섭을 시도했음을 보여주는 기록을 전한다.

> ① 이 해(487년)에 紀生磐宿禰가 임나를 跨據하고 고구려와 交通
> 하였다. 장차 서쪽 三韓의 왕이 되고자 하여 관부를 정비하고 스스로
> 神聖이라고 칭하였다. ② 임나의 左魯 那奇他 甲背 등의 계책을 써서
> 백제의 適莫爾解를 爾林에서 죽였다[이림은 고구려의 땅이다]. 帶山
> 城을 쌓아서 東道를 막아 지키고, 식량을 운반하는 나루를 차단하여
> 군사를 굶주리고 곤핍하게 하였다. ③ 백제왕이 크게 노하여 領軍 古
> 爾解와 內頭 莫古解 등을 보내 군사를 거느리고 나아가 대산을 공격하
> 게 했다. ④ 이에 생반숙녜가 진군하여 역습하였다. 담력과 용기가 더
> 욱 강해져서 향하는 곳마다 모두 깨뜨렸으니, 하나가 백을 상대하였
> 다. 머지않아 병사가 다 없어지고 힘이 고갈되니, 일이 성공하지 못할 것
> 을 알고 임나로부터 돌아왔다. ⑤ 이로 말미암아 백제국이 좌로 나기
> 타 갑배 등 3백여 인을 죽였다.[65] (『日本書紀』 권15, 顯宗 3년)

---

62) 신수진, 2016 앞의 논문, p.120.

63) 481년 이전에 대가야와 신라의 관계는 긴밀하지는 않았지만, 그렇다고 적대적 관계
    에 있었던 것은 아니었을 것이다. 481년 미질부 전투가 벌어지기 이전부터 대가야
    와 신라가 우호관계에 있었기에 대가야 역시 신라 구원에 빠르게 이루질 수 있었을
    것이다.

64) "加耶國送白雉 尾長五尺" (『三國史記』 권3, 新羅本紀3 炤智麻立干 18년 2월)

487년 무렵 한반도에 거주하던 왜의 키노이쿠하노스쿠네(紀生磐宿禰)가 고구려와 교섭하면서 백제를 공격하였는데, 이 과정에서 백제와 '임나'가 대립하였다고 한다. 위 기록은 키노이쿠하노스쿠네의 가문의 전승이 부회되어 한반도에서의 역할을 내세우기 위해 재구성된 기사로 파악되기에 기록을 그대로 사실로 볼 수는 없다.[66]

키노이쿠하노스쿠네와 관련된 ①과 ④를 제외하고, 사건의 큰 줄기인 고구려와 백제의 대립구도 속에 가야 세력이 연관되었다는 기록은 면밀히 검토해 볼 필요가 있다. 영군 고이해(領軍 古爾解), 내두 막고해(內頭 莫古解)와 같은 백제 인명·관직명과 이림(爾林), 대산성(帶山城) 등의 지명 등을 볼 때 사료적 가치가 있을 것으로 추정되기 때문이다.[67]

그렇다면 키노이쿠하노스쿠네가 고구려와 교섭한 것이 아니라 임나, 즉 가야 측에서 고구려와 교섭을 시도했던 것으로 이해될 수 있다. 여기서 임나는 성주 지역(伴跛國),[68] 남원 지역(己汶國),[69] 함안 지역(安羅)[70] 등으로 추정

---

65) "是歲 紀生磐宿禰 跨據任那 交通高麗 將西王三韓 整脩官府 自稱神聖 用任那左魯那奇他甲背等計 殺百濟適莫爾解於爾林[爾林高麗地也] 築帶山城 距守東道 斷運糧津 令軍飢 因 百濟王大怒 遣領軍古爾解內頭莫古解等 率來趣于帶山攻 於是 生磐宿禰 進軍逆擊 膽氣益壯 所向皆破 以一當百 俄而兵盡力竭 知事不濟 自任那歸 由是 百濟國殺佐魯那奇他甲背等三百餘人"

66) 이용현, 2007 『가야제국과 동아시아』, 통천문화사, pp.47~50 참조.

67) 이에 대한 연구사 정리는 신수진, 2016 앞의 논문을 참조.

68) 大山誠一, 1980 「所謂「任那日本府」の成立について」『古代文化』 32-9·11·12 ; 1999 『日本古代の外交と地方行政』, 吉川弘文館 ; 李永植, 1993 『加耶諸國と任那日本府』, 吉川弘文館, p.311 ; 白承忠, 1995 앞의 논문, pp.261~262.

69) 全榮來, 1985 「百濟南方境域의 變遷」『千寬宇先生還曆紀念 韓國史學論叢』, 正音文化社, p.145 ; 延敏洙, 1990 「任那日本府論-소위 日本府官人의 出自를 중심으로-」『東國史學』 24, p.170 ; 1998 『고대한일관계사』, 혜안 ; 李根雨, 2003 앞의 논문, pp.316~320 ; 김병남, 2003 「百濟 東城王代의 대외 진출과 영역의 확대」『韓國思想과 文化』 22, p.232.

된다. '가야계 소국'으로 구체적 지명을 거론하지 않는 견해도 있듯이[71] 고구려와 교섭한 임나가 어느 지역을 가리키는지 판단하기는 쉽지 않다. 다만 백제와 대립했던 임나의 좌로 나기타 갑배(左魯 那奇他 甲背)는 대체로 대가야에 속했던 지역의 지배세력으로 추정되기에 지금으로서는 사건의 무대는 백제와 인접했던 전북 동부 지역이 유력한 후보지로 생각된다.

다시 위의 기록을 보면 5세기 말부터 백제의 상황이 급변하게 되자 대가야가 이전과 같이 백제와 긴밀하게 유지하지 못하였음을 보여준다. 대가야는 신라와의 우호 관계를 바탕으로 새롭게 고구려와 교섭하면서 백제와 대립했던 것으로 짐작된다. 하지만 대가야의 시도는 나기타 갑배 등 300여 명이 죽임을 당하게 되면서 실패하였다(③, ⑤). 그리고 백제는 섬진강 유역의 기문, 대사 지역을 차지하였고, 대가야를 비롯한 가야 제국을 압박하기 시작하였다. 이후 대가야와 고구려와의 관계는 확인되지 않는데,[72] 신라 교섭(결혼 동맹)[73]을 통해 백제와의 문제를 해결하고자 했던 것으로 추정된다.

대가야는 한반도의 복잡한 국제정세 속에서 주변 세력들과 다양한 교섭 활동을 벌였다. 이 과정에서 대가야 역시도 백제, 신라와 함께 고구려에 대항하기도 했고, 백제와의 관계가 원만하지 않을 때는 고구려의 도움을 얻어 백

---

70) 남재우, 2003 『安羅國史』, 혜안, p.159.

71) 李永植, 1995 앞의 논문, pp.204~205.

72) 551년 백제는 신라와 함께 고구려를 공격하여 漢城의 땅을 얻었고, 또 진군하여 平壤을 토벌하여 모두 6郡의 땅을 되찾았는데, 이 과정에서 '任那'도 함께 하였다(『日本書紀』 권19, 欽明 12년). 대체로 이 무렵의 가야 제국은 백제에 부용되었고, 임나는 대가야 혹은 대가야를 중심으로 한 가야 제국으로 추정하고 있지만, 이때 백제와 함께 고구려를 공격하고 신라의 관산성을 공격한 가야 세력은 소가야였을 가능성이 있다(신가영, 2019(b) 「가야, 관산성 전투에 참전하다」 『새로운 동아시아 국제질서의 시작 한강유역과 관산성』, 충청남도역사문화연구원·경북문화재단).

73) 『三國史記』 권4, 新羅本紀4 法興王 9년 3월 ; 『新增東國輿地勝覽』 권29, 高靈縣 建置沿革.

제와 경쟁하고자 했다. 하지만 대가야의 고구려 교섭은 일회성으로 끝났기에 지속적 효과를 얻기에는 어려웠던 것으로 생각된다.

2) 안라(아라가야)의 고구려 교섭과 이나사 · 마도移那斯 · 麻都

백제와 신라는 고구려의 압박에 효과적으로 대응하여 한강 유역에서 고구려에 맞섰다. 한편, 백제와 신라는 가야 지역을 둘러싸고 치열하게 경쟁하였다. 갈등이 수면 위로 떠오르는 상태는 아니었지만, 백제와 신라는 각기 가야 지역에서 우위에 서고자 노력하였다. 사비회의 이후 가야 제국은 백제에 종속되어 갔다고 이해하고 있지만,[74] 그 이후에도 백제와 신라의 각축은 계속되었다.

백제와 신라의 신경전이 벌어지는 가운데, 안라는 독자적 외교노선을 걷게 된다. 안라는 백제, 신라, 왜와 활발하게 교섭하면서 자구책을 마련하고자 하였는데, 새롭게 고구려와도 교섭하면서 백제를 견제하고자 했다.

> ① (548년) 여름 4월 백제가 中部 杆率 掠葉禮 등을 보내 "德率 宣文 등이 칙을 받들어 臣의 나라에 이르러 '요청한 구원병은 때에 맞춰 보내겠다'라는 말을 전하였습니다. 삼가 恩詔를 받으니 기쁘기 그지없습니다. 그러나 馬津城 전투에서 사로잡은 포로가 '안라국과 일본부가 불러들여 정벌하기를 권했다'라고 말하였습니다. 상황을 미루어 볼 때 참으로 그럴 법한 일입니다. 그

---

74) 金泰植, 1993 앞의 책, pp.283~289 ; 이희진, 1995 『加耶政治史硏究』, 學硏文化社, pp.157~158 ; 김영심, 2007 「관산성전투 전후 시기 대가야·백제와 신라의 대립」 『5~6세기 동아시아의 국제정세와 대가야』, 고령군 대가야박물관·계명대학교 한국학연구원, pp.239~240.

러나 그 말의 진위를 확인하고자 세 번이나 사신을 보내 불렀으
나 모두 오지 않았습니다. 그래서 더욱 걱정됩니다. 엎으려 바라
옵건대, 황공하신 천황께서 먼저 조사하여 주십시오. 요청한 원
군을 잠시 보류하시고 신의 보고를 기다려 주십시오"라고 상주
하였다. 천황은 조를 내려 "상주한 내용을 듣고 우려하는 바를
살펴보니 일본부와 안라가 이웃의 어려움을 구하지 않는 것은
짐도 또한 괴롭다. 또 고구려에 몰래 사신을 보냈다는 것은 믿을
수 없다. 짐이 명하였다면 보냈을 것이다. 명하지 아니하였는데
어찌 맘대로 보낼 수 있겠는가. 원하건대 왕은 옷길을 열고 허리
띠를 풀고 편안한 태도로 평정심을 가지고 편안한 마음으로 너
무 의심하고 두려워하지 말라. 임나와 함께 전에 명한대로 힘을
합쳐서 北敵를 막고 각각 봉토를 지켜라. 짐은 사람을 보내 안
라가 도망가 버린 空地를 채우도록 하겠다"고 명하였다. (『日
本書紀』권19, 欽明 9년)

② (549년) 여름 6월 將德 久貴와 固德 馬次文 등이 돌아가기를 청
하였다. 이에 조서를 내려 "延那斯, 麻都가 몰래 사사로이 고구
려에 사신을 보낸 것은 짐이 마땅히 사람을 보내어 虛實을 물을
것이다. 요청한 군사는 바라는 바에 따라 중지시키겠다"고 하
였다. (『日本書紀』권19, 欽明 10년)

548년 고구려가 백제의 독산성(獨山城)을 공격하였는데,[75] ①의 마진성
(馬津城) 전투와 동일한 사건으로 추정된다. ①과 ②를 살펴보면, 안라가 고구

---

75) 『三國史記』권4, 新羅本紀4 眞興王 9년 ; 권19, 高句麗本紀7 陽原王 4년 ; 권26, 百濟
本紀4 聖王 26년.

려의 백제 공격에 개입하고 있었던 것을 알 수 있다.[76] 백제는 고구려와의 전투에서 사로잡은 포로를 통해 안라가 고구려에 사신을 파견하였던 사실을 알게 되었다.

당시 안라는 신라의 군사적 압박을 저지하기 위해 백제에 원군을 요청하는 한편, 백제의 군령·성주(郡令·城主) 역시 철수하기를 요구하였다.[77] 하지만 백제는 고구려와 상대하여 한강 유역을 회복하는 것이 더 중요했기 때문에 안라를 도와줄 여력이 없었다. 안라는 백제에서 개최된 1차 사비회의에 참석한 이후 곧바로 신라와도 교섭하면서 자구책을 마련하고자 했다.[78] 나아가 안라는 새롭게 고구려와의 관계를 통해서 자구책을 마련하고자 했던 것을 알수 있다.

하지만 고구려의 백제 공격이 실패하게 되면서 안라의 새로운 자구책 마련도 성공하지 못했다. 안라와 고구려의 교섭은 『일본서기』에만 기록되어 있고, 다른 문헌자료에서는 전혀 살펴볼 수 없기에 안라가 고구려에 사신을 파견한 목적이나 고구려가 안라와의 교섭을 어떻게 인식하고 이용했는지는 파악하기 어렵다.[79] 이후 안라에 대한 기록이 『일본서기』에서도 거의 나타나지

---

76) 안라가 백제에 비협조적이었음을 비방하기 위한 백제측의 일방적 외교적 주장으로 신빙성이 없는 기록으로 파악하기도 하지만(李永植, 1995 「六世紀 安羅國史 研究」 『國史館論叢』 62, pp.126~127 ; 2016 앞의 책, p.862 ; 백승충, 2012 「대가야의 대외관계'에 대한 연구현황과 과제」 『대가야사 연구의 현황과 과제』, 고령군 대가야박물관·계명대학교 한국학연구원, pp.148~150), 백제와 고구려의 전쟁, 백제의 고구려 포로의 획득과 왜왕에 대한 증여했다는 기록은 역사적 사실로 볼 수 있다. 따라서 안라와 고구려의 교섭 역시 실제로 이루어졌던 것으로 생각된다(南在祐, 2003 앞의 책, p.251 ; 이영식, 2016 앞의 책, pp.896~897).

77) 『日本書紀』 권19, 欽明 5년 11월.

78) 『日本書紀』 권19, 欽明 2년 7월.

79) 안라가 백제의 압력을 완화하고 가야 연맹의 결속을 다시 도모하기 위해 고구려와 교섭하였고, 고구려의 도움을 받아 백제를 혼란에 빠뜨리고자 하는 목적이 있었던 것으로 추정한 견해가 있다(김태식, 2014 앞의 책, p.74).

않는다. 그렇기에 안라가 다시 고구려와의 교섭을 추진했는지 여부는 자세히 알기 어렵지만 대가야의 사례를 참고해보면, 안라의 고구려 교섭 역시도 일회성에 그쳤을 가능성이 높아 보인다.

한편 안라와 고구려의 교섭이 실패한 이후 백제가 안라에 대한 영향력을 확대하였다고 이해되지만,[80] 이나사와 마도가 안라와 함께 고구려에 사신을 파견했던 것을 주목해 볼 필요가 있다.

①에서는 '일본부(日本府)'라고만 표현되지만 ②에서는 구체적으로 연나사(延那斯, 이나사)와 마도의 이름이 확인된다. 이나사와 마도가 몰래 사사로이[陰私] 고구려에 사신을 보낸 것을 알 수 있다. 6세기대 안라의 대외 교섭에는 '임나일본부(任那日本府)'로 표현된 사람들도 참여하고 있었는데, 주로 안라 측의 입장에서 백제, 신라와 상대하였다. 이나사와 마도 역시 '임나일본부'였다.[81] 이나사와 마도의 경우 신라와 우호 관계에 있었던 반면, 백제와는 대립하는 교섭 활동을 하였던 점이 주목되어 6세기대 안라가 '반백제'·'친신라'적 대외 교섭을 전개하였다고 추정되었다.

> 신이 매우 우려하는 것은, 佐魯麻都가 비록 韓腹이지만 그 지위가 大連에 있다는 것이다. 일본 집사의 사이에 섞여 영예롭고 귀한 반열에 들어갔으나, ① 지금은 도리어 신라 奈麻禮冠을 쓰고 있다. … ② 지금도 그대로 다른 옷[他服]을 입고 날마다 신라의 땅에 나아가 公私로 來往하면서 도대체가 꺼려하지 않는다. … ③ 지금 마도 등은 신라에

---

80) 김태식, 2014 앞의 책, p.148.

81) 이나사, 마도에 대해서는 延敏洙, 1990 「任那日本府論-所謂 日本府官人의 出自를 중심으로-」『東國史學』 24 ; 白承忠, 1996 「安羅의 移那斯·麻都에 대한 검토」『지역과 역사』 2 ; 박윤선, 2010 「6세기 중반 고구려와 신라의 통호와 이나사·마도」『역사와 현실』 77 참조. 이와 달리 이나사·마도를 '임나일본부'의 범주에서 제외하는 견해도 있다(이연심, 2014 「'임나일본부' 활동과 안라국」『지역과 역사』 35, p.82).

매우 충실하여, 결국 그 옷을 입고 아침 저녁으로 왕래하며 남몰래 간
악한 마음을 굳혔다. (『日本書紀』 권19, 欽明 5년 3월)

위의 기록은 백제가 왜에 사신을 파견해 전달한 표문(表文)의 일부분이다.
541년 1차 사비회의 이후 백제가 '임나 복건'을 위한 회의가 개최되지 못한
배경을 설명하고 있는데, 이 과정에서 이나사·마도의 행동에 대해 백제측이
강하게 비판하고 있는 것을 알 수 있다.[82] 흥미로운 점은 마도의 복식에 대해
거듭 서술되고 있는 것이다. ①의 '나마례관(奈麻禮冠)', ②의 '타복(他服)', ③의
'기복(其服)'이라고 표현되었는데, 백제는 마도 등이 '친신라적' 활동을 하고
있는 것이 가장 큰 문제라고 왜에 알리고 있다.

①의 나마(奈麻)라는 신라 관등과 함께 마도가 신라와 왕래하고 있었다는
점을 고려하면 마도 등이 입었던 옷을 일반적인 평상복으로 파악하기는 어렵
다. 특히 마도가 신라의 경위를 가지고 있었던 점이 주목된다. 신라는 520년
관등제를 정비하였는데, 경위(京位) 17관등과 별도로 11등급의 외위(外位)가
설정되었다. 경위를 수여받는 대상 범위는 왕경의 6부에 그쳤고, 지방인을 대
상으로 해서는 외위를 수여하였다. 신라 관등제 속에서 살펴보면, 540년대
'나마'였던 마도는 '신라의 왕경인'이 되었을 가능성이 있다.[83] 이나사·마도가
경계를 넘어 경작을 하고서는 6월에 도망갔다[84]는 내용도 함께 기록되었는
데, 이들의 신분을 고려하면 직접 '경작' 활동을 했던 것은 아닐 것이다. 즉 경

---

82) 河內直·移那斯·麻都 등이 안라에 머물고 있어서 임나를 세우기 어렵기에 그들을 本
處로 옮겨야 한다는 백제 성왕과 신하들의 언급도 주목된다(『日本書紀』 권19, 欽明 4
년 11월).
83) 이나사와 마도의 신라 망명이 548년에서 554년 사이에 행해졌다는 추정이 있지만
(이용현, 2007 앞의 책, p.77), 마도가 이미 그 이전에 신라 경위인 나마를 가지고 활
동하였던 점을 감안할 필요가 있다.
84) 『日本書紀』 권19, 欽明 5년 3월.

계를 넘어 신라 지역에서 경작을 했다는 것은 이나사·마도의 활동은 친신라적 외교 활동으로만 파악하기보다는 신라에 거주했음을 보여주는 기록이라고 생각된다.[85]

또한 6세기 전반 '나마'였던 신라인들은 중앙에서 파견된 관리로 주위 여러 나라들과의 외교 업무, 제소국 수장의 감찰, 교역의 감시, 축성과 군사적인 업무 등 대외관계의 일을 포괄적으로 책임외교 활동을 했던 것으로 추정되기도 한다.[86] 아마도 마도는 금관국 왕족의 사례[87]와 같이 신라에 망명하여 관등을 받았고 신라에 거주지가 마련되었을 것으로 생각된다.

이후 나마라는 경위와 마도의 함안 지역에서 활동상을 보면, 마도는 신라 중앙에서 외교 활동의 임무를 받고 다시 안라에 파견되었을 가능성도 있다고 생각된다. 이러한 상황을 『일본서기』에서는 "지금 마도 등은 신라에 매우 충실하여, 결국 그 옷을 입고 아침저녁으로 왕래하며 남몰래 간악한 마음을 굳혔다"(③)로 기술했던 것으로 보인다.

마도는 540년대 무렵 신라와 우호적 관계에서 교섭한 결과 신라로부터 나마를 받을 수 있었다. 이후 '신라인'이 되어 안라에 파견되었던 것으로 추정된다. 따라서 안라와 고구려의 교섭 배경에는 신라가 개입하고 있었던 것으로 생각된다.[88] 당시 신라와 백제는 우호 관계에 있었지만, 신라는 고구려와도 교섭하고 있었음이 확인된다.[89] 신라는 백제와 전략적 우호 관계를 유지

---

85) 신가영, 2019(b) 앞의 논문, p.64.

86) 전덕재, 1987 「上古期 新羅의 팽창과 주변 諸'小國'의 編制」, 서울대학교 석사학위논문, pp.46~47.

87) 구형왕과 그의 직계 가족들은 왕경에 안치되었고, 上等의 지위와 本國을 식읍으로 받았다(『三國史記』 권4, 新羅本紀4 法興王 19년 ; 『三國遺事』 권2, 紀異2 駕洛國記).

88) 신라의 개입 없이 안라가 고구려와 직접 교섭했던 것으로 추정되거나(이영식, 2016 앞의 책, p.897), 이나사·마도를 통해 신라가 고구려와 '통호'하게 되었던 것으로 파악하기도 한다(박윤선, 2010 「6세기 중반 고구려와 신라의 통호와 이나사·마도」 『역사와 현실』 77, p.242).

하는 것을 원했지만, 가야 지역에서 백제보다 우위에 서고자 끊임없이 노력했다. 그래서 신라는 이나사와 마도를 통해 고구려와 백제의 대립을 부추기고, 안라와 백제가 서로 갈등하게 하였던 것이다. 이 뿐만 아니라 마도를 통해 백제가 가야 세력들을 회유하거나 제어하지 못하도록 방해했던 것으로 생각된다.

4. 맺음말

가야 제국에 있어서 대외관계는 하나의 생존전략이었다. 가야 제국은 백제와 신라라는 강대국 사이에서 상당히 오랜 시간 동안 한쪽으로 치우치지 않고 독자 세력으로서 존재했다. 한반도와 일본열도를 연결해 주는 지리적 이점을 바탕으로 대외 교섭력을 발휘하였고 백제, 신라뿐만 아니라 왜와의 상호 관계를 통해 가야 각국은 성장해 나갔다.

그런데 가야는 고구려와 지리적으로 멀리 떨어져 있었기에 직접 교섭하거나 지속적으로 교류하기에는 쉽지 않았다. 그렇지만 고구려의 영향으로부터 동떨어져 있었던 것은 아니었다. 고구려에 의해 낙랑·대방군이 축출된 이후 고구려와 신라를 중심으로 전개된 새로운 교역체계 속에서 신라가 금관가야를 비롯한 가야 제국보다 앞서 나가게 되었다. 결국 400년 고구려군의 남정 이후 신라는 낙동강 하구 교역권에서의 주도권을 장악하였다. 이 과정에서 가야 제국은 새로운 진로 모색을 고민할 수밖에 없었다.

가야사에 가장 큰 외부 충격으로서 400년 고구려군의 남정이 평가되고 있지만, 엄밀히 따지면 김해 지역을 중심으로 한 금관가야 세력권에 한해 직접적 피해를 입었다고 생각된다. 안라를 비롯한 다른 가야 세력들은 그 영향

---

89) 『日本書紀』권19, 欽明 13년 5월 ; 『三國遺事』권1, 紀異1 眞興王.

권 밖에 있었던 것으로 파악된다. 4~5세기의 고구려를 비롯한 북방 문물은 신라를 통해 가야 사회에 들어올 수 있었고, 고구려를 등에 업은 신라가 가야 지역에 영향을 미치게 되면서 가야 제국은 다양하게 변화하게 된 것으로 추정된다.

지금까지의 자료를 볼 때 가야 제국으로서는 고구려와 지속적인 교섭 및 교류를 유지하기 위한 노력은 보이지 않는다. 고구려 역시 백제와 신라에 비하면 가야 세력에 대한 관심은 상대적으로 떨어졌다고 생각된다. 다만, 고구려·백제·신라의 역학관계에 따라 가야 제국 중 일부가 신라·백제와 함께 고구려에 대항하기도 하고, 백제를 견제하기 위해 고구려와 손을 잡기도 했던 모습을 확인할 수 있다. 고구려 역시 백제와의 대립 구도 속에서 필요한 경우 가야 세력과의 연계를 도모하기도 하였다.

이처럼 가야 각국이 개별적으로 고구려와 교섭하였고, 일시적으로 이루어졌기 때문에 고구려가 가야 사회에 미친 영향은 제한적일 수밖에 없었다. 하지만 가야 제국이 백제와 신라의 틈바구니 속에서 살아남기 위해 경우에 따라 고구려를 외교적 수단으로서 활용했다는 점에서 고구려와의 교섭은 그 의의가 있었다고 생각된다.

참고문헌

권주현, 2011 「『삼국사기』에 보이는 4~5세기의 加耶와 삼국과의 관계」 『신라문화』 38

김영심, 2007 「관산성전투 전후 시기 대가야·백제와 신라의 대립」 『5~6세기 동아시아의 국제정세와 대가야』, 고령군 대가야박물관·계명대학교 한국학연구원

김일규, 2016 「금관가야와 중국의 교류」 『금관가야 고분의 축조세력과 대외교류』, 국립가야문화재연구소

金泰植, 1993 『加耶聯盟史』, 一潮閣

金泰植, 2002 「廣開土大王代 高句麗와 加耶의 關係」 『고구려연구회 학술총서』 3

김태식, 2006 「5~6세기 高句麗와 加耶의 관계」 『北方史論叢』 11

김태식, 2014 『사국시대의 사국관계사 연구』, 서경문화사

김태식, 2019 「가야의 외교」 『한국의 대외관계와 외교사-고대 편-』, 동북아역사재단

南在祐, 2003 『安羅國史』, 혜안

남혜민, 2018 「三韓 소국 네트워크의 위계 구조와 斯盧國」 『韓國古代史研究』 92

박윤선, 2010 「6세기 중반 고구려와 신라의 통호와 이나사·마도」 『역사와 현실』 77

박천수, 2018 『가야문명사』, 진인진

백승옥, 2004 『가야 각국사 연구』, 혜안

白承忠, 1996 「安羅의 移那斯·麻都에 대한 검토」 『지역과 역사』 2

백진재, 2019 「4~5세기 전후 가야와 주변정세-가야제국의 대외교섭과 광개토왕 남정을 중심으로-」 『가야 기마인물형토기를 해부하다』, 주류성

신가영, 2017 「광개토왕비문의 '安羅人戍兵'에 대한 재해석」 『東方學志』 178

신가영, 2019 「가야, 관산성 전투에 참전하다」 『새로운 동아시아 국제질서의 시작 한강유역과 관산성』(백제-신라문화권 상생협력을 위한 제3회 공동학술포럼), 충청남도역사문화연구원·경북문화재단

신가영, 2019 「광개토왕비문의 가야 관계 기사에 대한 재검토-400년 전쟁과 가야 諸國-」 『문자로 본 가야』(국립김해박물관·한국역사연구회 공동 심포지움)

신수진, 2016 「5세기 후반 加羅國의 성장과 帶山城 전투의 성격」 『韓國史硏究』 172

심재용, 2016 「金官加耶의 外來系 威勢品 受用과 意味」 『嶺南考古學』 74

양기석, 2007 「5世紀 後半 韓半島 情勢와 大加耶」 『5~6세기 동아시아의 국제정세와 대가야』, 고령군 대가야박물관·계명대학교 한국학연구원

여호규, 2013 「5세기 후반~6세기 중엽 고구려와 백제의 국경 변천」 『백제문화』 48

위가야, 2019 「6세기 前半 安羅國 주도의 加耶諸國 관계 이해를 위한 기초적 검토」『韓國古代史硏究』 94

유우창, 2005 「대외관계로 본 가라국의 발전-5세기대를 중심으로-」『지역과 역사』 16

유우창, 2013 「가야-고구려 동맹의 형성과 추이」『역사와 세계』 44

李文基, 1995 「大加耶의 對外關係」『加耶史硏究-대가야의 政治와 文化-』, 慶尙北道

이연심, 2014 「'임나일본부' 활동과 안라국」『지역과 역사』 35

李永植, 2006 「가야와 고구려의 교류사 연구」『韓國史學報』 25

이영식, 2014 「김해 대성동고분군 출토 외래계 유물의 역사적 배경」『금관가야의 국제교류와 외래계 유물』, 주류성

이영식, 2016 『가야제국사 연구』, 생각과종이

이용현, 1997 「五世紀末における加耶の高句麗接近と挫折」『東アジアの古代文化』 90

李鎔賢, 2000 「加羅(大加耶)를 둘러싼 국제적 환경과 그 대외교섭」『韓國古代史硏究』 18

이용현, 2001 「가야의 대외관계」『한국 고대사 속의 가야』, 혜안

이용현, 2007 『가야제국과 동아시아』, 통천문화사

李賢惠, 1998 『韓國 古代의 생산과 교역』, 一潮閣

이현혜, 2001 「加耶의 交易과 經濟-낙동강 하구지역을 중심으로-」『한국 고대사 속의 가야』, 혜안

李炯基, 2009 『大加耶의 形成과 發展 硏究』, 景仁文化社

이희진, 1995 『加耶政治史硏究』, 學硏文化社

조성원, 2017 「4세기 금관가야의 대외관계 검토」『고고광장』 21

朱甫暾, 2006 「高句麗 南進의 性格과 그 影響-廣開土王 南征의 實相과 그 意義-」『大邱史學』 82

千寬宇, 1991 『加耶史硏究』, 一潮閣

6세기 백제의
가야 진출에 대하여

· 장미애 ·

이 논문은 2018년 대한민국 교육부와 한국연구재단의 지원을 받아 수행된 연구임 (NRF-2018S1A5B5A01036808).

1. 머리말

백제와 가야의 관계를 전하는 기록은 4세기 중반 백제가 卓淳國을 통해 왜와 통교하고자 한 것을 시작으로 백제-가야-왜의 교섭과 관련한 기록이 주를 이루고 있다. 백제와 가야의 관계를 연구하는 데[1] 있어서 가장 어려운 점

---

1) 초기 가야사 연구에서는 6세기를 전후하여 나타나는 기록들에 보이는 '임나일본부'와 관련한 연구가 집중되는 경향을 보인다. '日本府'라는 명칭은 464년(雄略8)에 '日本府 行軍元帥'를 통해 나타나고 있다. 그러나 '임나일본부'의 명칭이 최초로 보이는 것은 541년(欽明2)에 있었던 사비국제회의에 참석하였던 吉備臣이 '임나일본부'를 칭한 경우이다. 임나일본부와 관련한 연구가 본격적으로 시작한 것은 일제 시기이다. 이 시기 연구는 주로 『일본서기』가 가지고 있었던 천황을 중심으로 한 왜 특유의 천하관에 입각하여 '임나일본부'를 '왜의 출선기관'으로 설명했다. 그러나 최근에는 임나일본부와 관련한 문헌 자료의 재검토와 함께 가야문화권에서 다양한 고고 자료가 집적됨에 따라 임나일본부의 성격과 역할 등에 대해 새로운 논의가 전개되고 있다. 이를 통해 4세기에서 6세기에 이르기까지 백제와 가야, 왜의 관계에 대한 연구에서도 전환점이 마련되었다. 이는 한반도 내부에서 전개되었던 백제와 가야의 관계를 보다 면밀하게 살펴볼 수 있는 계기가 되었다. 임나일본부와 관련한 연구사는 다음의 연구들이 참조된다. 金泰植, 1993 『加耶聯盟史』, 一潮閣, pp.221~228 ; 연민수, 1998 『고대한일관계사』, 혜안, pp.222~228 ; 나행주, 2005 「6세기 한일관계의 연구사적 검토」 『임나 문

은 자료가 부족하다는 점을 꼽을 수 있다. 가야사에 대한 문헌 자료는 거의 남아 있지 않으며, 그 나마도 대부분의 자료가 『日本書紀』에 집중되어 있다. 『일본서기』 기록의 상당 부분이 천황중심적 사관으로 윤색되어 있다는 점이 연구의 어려움을 가중시키고 있다. 다만, 1977년 고령 지산동 44·45호분이 발굴된 이후 최근에 이르기까지 고고학 발굴이 상당 부분 진전됨에 따라 부족한 문헌 기록을 보완해 줄 수 있는 자료가 늘어가고 있다는 점은 고무적이라고 할 수 있다. 그럼에도 불구하고 문헌 기록과 고고 자료를 유기적이고 종합적으로 해석해야만 그 일단이라도 알 수 있다는 점에서 가야사 연구는 여전히 어려운 측면이 있다.·

이러한 어려움 속에서도 6세기를 전후하여 『일본서기』, 『南齊書』, 『梁職貢圖』 등을 통해 가야의 대외 관계를 알 수 있는 일련의 기록들이 확인되고 있는 점은 주목할 만하다. 특히 이 시기는 백제의 안정화와 신라의 성장에 따라 양국의 가야에 대한 압박이 가중되고 있던 시기였다. 때문에 대부분의 가야와 관련한 기록은 이들 나라들과의 관계에 집중되어 있다고 해도 과언이 아니다. 본고 역시 백제의 가야 진출 과정과 그 목적을 살피는 것이 목적이다.

6세기에 백제는 고구려와의 전쟁을 수행함과 동시에 가야 지역으로의 진출을 본격화하고 있었다. 백제는 이러한 대외 정책으로 인해 주변의 신라 및 가야 諸國과 복잡한 관계를 맺을 수밖에 없는 상황이었다. 본고에서는 이른바 임나 4현 할양으로부터 시작하여 기문·대사의 할양, 안라국제회의와 사비국제회의 개최에 이르기까지의 기록들을 통해 백제의 가야 지역 진출 과정에 대해 살펴보고자 한다. 그리고 이러한 백제의 가야 지역 진출이 어떠한 목적을 가지고 이루어진 것이었는가를 6세기 백제의 대외 정책의 전개 방향과 관련하여 설명해 보고자 한다.

논의의 전개 과정에서 백제가 중심이 될 수밖에 없는 측면이 있으나, 가

제와 한일관계」, 景仁文化社, pp.19~42.

능한 당시 백제의 활동에 대해 가야 諸國이 어떻게 대응하고 있었는가에 대해서도 함께 살펴보고자 한다.

2. 임나任那 4현縣 및 기문己汶 · 대사帶沙의 위치

6세기에 들어서면서 백제는 크게 두 가지 방향으로 대외 정책을 전개해 나간다. 하나는 한강 유역의 탈환을 목적으로 한 것이었으며, 다른 하나는 가야 지역을 중심으로 한 한반도 남부 지역으로의 진출이었다.[2] 이와 같은 양 방향의 대외 정책은 백제로 하여금 주변 국가들과 매우 복잡한 관계를 맺어 나갈 수밖에 없는 상황을 만들었다. 고구려와의 전쟁 수행을 위해서는 주변 국과 긴밀한 협력 관계를 유지해야 했던 반면, 가야 지역으로의 진출은 가야 諸國뿐 아니라 이 지역으로의 진출을 노리고 있었던 신라와의 대립을 피할 수 없었기 때문이다. 특히, 백제가 가야 지역으로 진출하는 과정에서 가야 諸 國의 반발이 컸음은 『일본서기』에 전하는 기문·대사 지역을 둘러싼 伴跛와의 갈등, 안라국제회의 등을 통해 알 수 있다. 이하에서는 우선 백제의 가야 진출 과정과 밀접한 관련이 있는 임나 4현과 기문, 대사의 위치를 살펴보고자 한다.

6세기에 백제의 가야 지역 진출을 보여주는 본격적인 기록은 512년(繼體 6)의 일로 전하는 이른바 '임나 4현의 할양' 기사이다.

> A- 겨울 12월 백제가 사신을 보내어 調를 바쳤다. 따로 표를 올려
>
> 任那國의 上哆唎 · 下多唎 · 娑陀 · 牟婁의 4현을 청했다. 哆唎

---

2) 장미애, 2019 「5세기 후반~6세기 중반 백제의 대외 정책과 백제-신라 관계의 추이」
『史林』 68, p.166.

國守 穗積臣押山이 "이 4현은 백제와 인접해 있고 일본과는 멀리 떨어져 있습니다. 아침저녁으로 통하기 쉽고 닭과 개를 구별하기 어려우니 지금 백제에게 주어 합쳐서 같은 나라로 만들면 굳게 지키는 계책이 이보다 나은 것이 없습니다. 비록 주어서 나라를 합치더라도 후세에는 오히려 위태로울 것인데, 하물며 다른 곳이 된다면 몇 년이나 지킬 수 있겠습니까"라 아뢰었다. …내리는 물건과 制旨를 붙여서 表에 따라 임나의 4현을 주었다.

(『日本書紀』 권17, 繼體天皇 6년)

사료 A에 따르면 백제의 요구에 의해 임나국의 上哆唎·下哆唎·娑陀·牟婁를 백제에 할양해 주었다는 것을 알 수 있다. 백제가 '請'하였고, 이에 따라 백제에 임나 4현을 '賜'하였다는 표현은 『일본서기』 특유의 천황중심적 사관에 의한 것이라는 점에 유의한다면, 백제가 4현을 병합하였다고 보는데 큰 이견은 없다.[3] 따라서 이들 임나 4현 지역이 어느 곳이었는가는 백제의 가야 지역으로의 진출 과정과 관련하여 살펴볼 필요가 있다.

임나 4현의 위치와 관련하여서는 일제시대 이래 많은 논의가 이루어지고 있다.[4] 이들 연구에 따르면 대체로 영산강 유역을 중심으로 한 지역에서 찾는 견해와 섬진강 하류에서 찾는 견해로 양분되는 양상을 보인다. 전자의 경우 주로 일본학계의 견해로서 대표적으로 末松保和는 전라남도 서쪽의 광범위한 지역으로 비정하면서, 대체로 상다리·하다리 지역은 전라남도 광주·영암·장성 등으로 보고 있다. 한편 사타의 경우 전라남도 구례로, 모루는 영광·

---

3) 백승충, 2012 「'임나 4현'의 위치비정」 『역사와 경계』 85, p.51.

4) 이하 4현의 위치와 관련한 기존 연구 성과는 朴天秀, 2009 「호남 동부지역을 둘러싼 大伽耶와 百濟-任那四縣과 己汶, 帶沙를 중심으로」 『韓國上古史學報』 65, pp.109~111 ; 백승충, 2012 앞의 논문, pp.51~53 ; 洪性和, 2016 「『日本書紀』 소위 '任那 4縣 할양' 기사에 대한 고찰」 『史叢』 87, pp.124~128 참고.

고창·함평 등으로 비정하고 있다.[5] 이후 일본 연구자들은 대체로 이 견해에 동조하는 양상을 보였다.[6] 이와는 달리 한국학계에서는 초기에는 4현을 함양·산청 혹은 거창·진주·사천·삼천포 등과 같이 경상도 일대에서 찾기도 하였으나[7] 전영래에 의해 4현 지역이 여수, 순천, 광양 지역으로 비정된[8] 이래 대체로 이에 따라 섬진강 유역에서 4현 지역을 찾고 있다.

최근에는 '4현'의 규모와 '임나'의 범주에 대한 고찰을 통해 『일본서기』의 '현'은 소국을 구성하는 하위 단위로 볼 수 있으며, 임나 4현은 상·하다리를 중심으로 사타와 모루 등으로 구성된 '帶沙國'의 핵심 단위체라고 보는 견해가 제시되었다. 이에 따르면 임나 4현의 위치는 섬진강 하류와 전남 동부·경남 서부해안을 포함하는 대사국의 범위 내에서 찾아야 하며, 따라서 상다리는 여수시, 하다리는 돌산읍, 사타는 순천, 모루는 광양으로 비정하고 있다.[9] 이와는 달리 문헌 및 고지명에 대한 검토와 연계하여 6세기 초 서부 경남 일대에 나타나는 횡혈식 석실의 수용 양상, 분구묘의 도입, 왜계 고분의 축조 등을 통해 보았을 때 고성·창원을 비롯한 경남 서부 일대에서 임나 4현의 위치를 찾아야 한다는 주장이 다시 제기되기도 하였다.[10]

---

5) 末松保和, 1956 『任那興亡史』, 吉川弘文館, pp.120~123. 스에마쓰의 연구에 따를 경우 영산강 유역을 중심으로 한 광범위한 지역에서 임나 4현 지역을 찾아야 한다. 그러나 뒤에 논하겠지만 임나 4현의 공략은 이어지는 기문·대사의 진출과 계기적으로 일어난 사건이며, 『일본서기』繼體紀에 전하는 기록을 통해 보았을 때 백제와 주로 대립하는 국가는 반파, 즉 대가야였다. 그렇다면 적어도 이들 지역은 백제와 대가야가 인접한 지역이거나 대가야와 관련한 지역이어야 한다. 그런데 스에마쓰의 주장에서와 같이 영산강 유역에서 임나 4현을 찾을 경우 당시 백제와 대가야의 영역 범위와 맞지 않는 측면에서 받아들이기 힘들다.
6) 백승충, 2012 앞의 논문, p.52.
7) 위와 같음 ; 洪性和, 2016 앞의 논문, p.127.
8) 全榮來, 1985 「百濟南方境域의 變遷」 『千寬宇先生還曆紀念 韓國史學論叢』, p.146.
9) 백승충, 2012 앞의 논문, pp.54~86.
10) 洪性和, 2016 앞의 논문, pp.128~144.

임나 4현의 할양 기사는 6세기에 본격적인 백제의 가야 지역 진출을 보여 주는 기록이라는 점에서 의미를 지닌다. 특히 임나 4현이 백제에 할양된 이듬 해인 513년부터 516년에 이르기까지 보이는 己汶의 하사 및 529년의 多沙津 하사 기사를 통해 보았을 때 백제의 임나 4현 영유는 백제가 가야 지역으로 진출하는 계기가 되었던 사건이라고 생각한다.[11] 그러한 점에서 볼 때 임나 4 현과 기문·대사는 인접 지역에서 찾아야 한다고 생각한다. 다음은 기문과 대 사의 위치와 관련한 대표적인 사료들이다.

> B- ① 옛날 磯城瑞籬宮御宇御間城入彦天皇의 시대에 任那國이
> 奏하기를 "신의 나라 동북쪽에 三己汶[上己汶, 中己汶, 下
> 己汶]의 땅이 있습니다. 땅은 方 300리이며, 토지와 인민이
> 또한 부유하고 풍요롭습니다. 신라국과 더불어 서로 다투니
> 피차 섭치가 불가능합니다. 전쟁[兵戈]이 서로 이어져 민이
> 편안히 살 수 없습니다. 신이 청컨대 장군에게 이 땅을 다스
> 리게 한다면 곧 貴國의 한 부분이 될 것입니다."하였다. (『新
> 撰姓氏錄』左京皇別下 吉田連)
> ② 右京人 左京亮 從5位上 吉田宿禰書主, 越中介 從5位下 吉

---

11) 今西龍의 경우 임나 4현의 할양 직후 기문·대사의 할양이 이루어졌다는 점에서 양 사건은 동일한 성격의 것으로 보았다. 이마니시는 이에 따라 기문·대사는 임나 4현 가운데 중요한 두 지점을 가리키는 것으로 이해하였다(今西龍, 1970 『百濟史研究』, 國書刊行會, p.149). 연민수 역시 임나 4현 할양과 기문·대사 할양을 포함하는 계체 기 6년에서 10년에 이르는 사건은 계기적 사건으로 보아야 하며, 이를 통해 본다면 이 사건들은 넓은 의미에서 동일 지역에서 일어난 사건으로 보아야 한다고 하였다 (연민수, 1998 앞의 책, p.182). 이와는 달리 임나 4현 할양은 529년(繼體23)에 있었 던 신라의 4촌 抄掠 기사를 참고하여 백제의 가야 병합을 정당화하는 상징적인 사건 으로 기문·대사 기사에 앞서 삽입된 것으로 보는 견해도 있다(白承忠, 2000 「6세기 전반 백제의 가야진출과정」『百濟研究』 31, p.67).

田宿禰高世 등에게 興世朝臣의 성을 내려 주었다. 시조 鹽
乘津은 倭人이었는데, 후에 나라의 명에 따라 三己汶에 가
서 살았다. 그 땅은 마침내 백제에게 예속되었다. (『續日本
後紀』 권6, 仁明天皇 承和 4년)

③ 『括地志』에 이르기를 「… 또 基汶河가 나라에 있는데, 원류
는 나라 남쪽 산에서 나오며, 동남쪽으로 흘러 대해로 들어
간다. 그 안의 수생동물은 중국과 같다.」 (『翰苑』 百濟)

사료 B-①·②에서 보이는 정보를 종합하면 기문은 任那의 東北에 있으며,
상·중·하의 三己汶으로 나뉘고, 신라와의 전투가 잦은 지역이었던 것으로 보
인다. 이후 어느 시점엔가 백제에 예속되었음을 알 수 있다. 그런데 이와 같은
기록은 일정 부분 모순된 측면이 보이고 있다. 기문이 임나의 동북에 있으며,
신라와 相爭하는 곳이었다면 그 위치는 가야 諸國과 신라의 경계에 있었을 가
능성이 크다.[12] 그런데 이후 이 지역이 백제에 편입되었다는 기록을 통해 본
다면 임나와 신라의 경계에서 '신라와 상쟁하는' 지역이 백제에 편입되었다
고[13] 생각하기에는 어려운 측면이 있다.[14] 따라서 B-①·②만으로 기문의 위

---

12) 천관우의 경우 己汶에 대한 『日本書紀』의 음독이 '고몽(コモン)'인 점에 착안하여 '고
몽'을 甘文에 비정하고 있다(千寬宇, 1991 『加耶史研究』, 一潮閣, p.43).

13) 이와 관련하여서는 이 시기 가야의 주요 세력의 분포 범위에 대한 연구가 참고 된다.
이에 따르면 5~6세기 가야는 고령·합천 서부·거창·함양·산청 북부·남원 서부·장
수를 포괄하는 대가야권과 고성·단성·진주를 중심으로 하는 세력권, 함안의 안라
세력권으로 나뉜다(이희준, 2017 『대가야 고고학연구』, 사회평론, pp.53~65). 따라
서 대가야는 황강과 남강 수계 및 하동으로 이어지는 섬진강 수계의 일부를 포괄하
고 있다(朴天秀, 1997 「政治體의 相互關係로 본 大伽耶王權」 『加耶諸國의 王權』, 신서
원, p.185). 이들 연구를 참고한다면 당시 가야 제국은 동쪽의 낙동강과 남강을 사이
에 두고 신라와 대치하고 있었던 것으로 생각할 수 있다.

14) 서보경 역시 사료 B-①·②에 따르면 임나의 동북에 위치하고 신라와 상쟁했다는 내

치를 판단하기 어렵다.

　한편 기문과 관련한 지명으로 『한원』에는 '基汶河'라는 명칭이 보이고 있다. 이에 따르면 기문하는 남쪽의 산에서 발원하여 동남쪽으로 흘러 바다로 들어감을 알 수 있다. 기문하에 대해서는 대체로 지금의 섬진강으로 비정하는 견해가 다수이다.[15] 실제로 섬진강은 전라북도 진안군과 장수읍의 경계에 있는 팔공산에서 발원하여 전라남·북도의 임실-남원-순창-구례-곡성-광양을 거쳐 경상남도의 하동 등을 동남으로 흘러 남해로 들어간다는 점에서 『翰苑』에 기록된 '源出其國南山 東南流入大海'의 조건에 부합하고 있다.[16] 이상의

용에 따르면 현재의 甘文 지역을 가리키는 것으로 보이나 감문은 5세기 말~6세기에 신라에 편입된 지역이라는 점에서 부합하지 않는다는 점을 지적하고 있다(徐甫京, 2003 『『日本書記』 한반도 관계 기사 검토』, 고려대학교 박사학위논문, p.24).
한편 이와는 전혀 다른 관점에서 기문의 위치를 파악한 견해도 있다. 『한원』과 『신찬성씨록』의 사료적 가치를 모두 인정한다면 기문은 양 사서에서 전하는 지역 모두에서 찾아야 한다는 것이다. '加羅'가 고령과 김해에 존재했던 모든 가야 세력을 지칭하는 용어였다는 점을 상기할 때 기문 역시 같은 경우로 볼 수 있다는 것이다. 따라서 『일본서기』 계체기와 『한원』에 전하는 기문은 섬진강 유역으로 볼 수 있으며, 『신찬성씨록』에 전하는 기문은 낙동강 유역에 존재했던 것으로 볼 수 있다는 견해이다(백승옥, 2007 「己汶·帶沙의 위치비정과 6세기 전반대 加羅國과 百濟」 『5~6세기 동아시아의 국제정세와 대가야』, 고령군 대가야박물관·계명대학교 한국학연구원, pp.203~216).

15) 今西龍은 『三國史記』 지리지에 보이는 南原小京의 옛 이름인 古龍郡의 원래 이름이 'ko-mil', 즉 大水라는 점에 착안하여 지금의 남원지방으로 비정하고, 기문하를 섬진강으로 비정하였다(今西龍, 1979 『朝鮮古史の硏究』, 國書刊行會, pp.388~390(金泰植 1993 앞의 책, p.121 재인용)). 이후 대체로 기문하는 섬진강으로 보는 견해가 다수를 이루고 있다. 관련 연구로는 末松保和, 1956, 앞의 책, p.126 ; 김태식, 위의 책, p.121 ; 연민수, 1998 앞의 책, p.172 ; 李永植 1995 「百濟의 加耶進出過程」 『韓國古代史論叢 7』, 駕洛國史蹟開發硏究院, p.210 참고.

16) 徐甫京, 2003 앞의 박사학위논문, p.24. 이와는 달리 섬진강은 금남호남정맥의 '데미샘'에서 발원하여 서남쪽으로 흐르다 광양만까지 구간에서는 그 방향을 바꾸어 동남쪽으로 흐르는 점에서 발원지의 위치나 상류구간에서 서남쪽으로 흐르는 점은 『한

논의들을 통해 보았을 때 현재까지 확인되는 한에서 기문은 남원 지역에 비정하는 것이 보다 안정적이라고 생각한다. 이는 기문과 짝하여 나오고 있는 대사의 위치를 통해서도 짐작할 수 있다.

대사의 위치 역시 기문과 같이 섬진강 유역에서 찾는 경우와 낙동강 유역에서 찾는 경우로 나뉘고 있다. 전자의 경우 『삼국사기』 지리지 하동군조[17]와 『신증동국여지승람』의 하동현조[18]에 전하는 '韓多沙郡'이 '帶沙'와 유사하다는 점을 바탕으로 대사를 지금의 경상남도 하동에서 찾고 있다.[19] 이와는 달리 하동의 경우 『일본서기』 神功紀 50년조에 '多沙城'이라고 전하는 점을 들어 '帶沙'와는 구분하여야 하며, 오히려 星州에 위치하였던 伴跛가 경산의 子呑·帶沙에 축성하였다는 514년의 기록을 바탕으로 대사는 성주·경산에서 가까운 達城郡 河濱縣으로 보는 견해도 제시되었다.[20] 또한 514년 반파의 축성기사가 왜의 침입에 대비하여 축성했다는 기록은 당시 축성지인 자탄과 대사가 일본의 침입로에 있었음을 의미하며, 당시 왜의 침입로는 언제나 낙동강 유역이었다는 점에서 대사의 위치는 낙동강 유역에 비정하여야 한다는 주장도 있다. 이에 따르면 당시 대사를 섬진강 유역에 비정할 경우 6세기 초까지

원』의 기록과는 큰 차이를 보인다는 점을 지적하고, 오히려 남덕유산 동남쪽 기슭에서 발원하여 동남쪽으로 흘러 아영분지와 운봉고원을 거쳐 임천강과 만나게 되는 남강을 기문하로 보아야 한다는 견해도 제기되었다(郭長根, 2006 「옹진기 백제와 가야의 역학관계 연구」 『百濟研究』 44, p.108).

17) "河東郡 本韓多沙郡 景德王改名 今因之 領縣三"(『三國史記』 권34, 雜志3 地理1 河東郡)

18) "[建置沿革] 本新羅韓多沙郡 景德王改今名 高麗顯宗 屬晉州 明宗 置監務 本朝 太宗朝 以南海縣 來合號河南縣 置令 後復析爲縣監"(『新增東國輿地勝覽』 권31, 慶尙道 河東縣)

19) 末松保和, 1956 앞의 책, p.126 ; 田中俊明, 1992 『大加耶聯盟の興亡と「任那」』, 吉川弘文館, p.129 ; 김태식, 1993 앞의 책, p.126 ; 李永植, 1995, 앞의 논문, p.217 ; 남재우, 2003 『安羅國史』, 혜안, p.196.

20) 千寛宇, 1991 앞의 책, pp.43~44.

백제가 섬진강이 관통하는 호남지역을 장악하지 못했다는 점에 의문을 제기
하며, 이런 점을 통해서 보았을 때도 대사는 낙동강 유역에서 찾아야 한다는
것이다.[21]

대사에 대한 백제의 진출 과정에서 대립하였던 伴破와의 관계를 생각한
다면 대사의 위치를 파악하는 데 도움이 될 것으로 보인다. 반파에 대해서는
일반적으로 대가야의 異稱으로 보고 있다. 513년(계체7) 11월 백제에게 기
문·대사를 할양하는 과정에서 나오는 伴跛의 旣殿奚와 541년(흠명2) 사비국
제회에 참가하였던 加羅의 上首位 古殿奚를 동일 인물로 보아 반파와 가라가
같은 대상을 가리키는 것으로 본 것이다. 이에 따르면 반파는 5세기 후반 대
가야를 표방하는 고령지방의 前主體勢力이라고 설명하고 있다.[22] 이를 통해

---

21) 김현구, 2000 「百濟의 加耶進出에 관한 一考察」 『東洋史學研究』 70, pp.121~125.

22) 김태식, 1993 앞의 책, p.102. 김태식은 旣殿奚의 일본식 표기가 '코덴케이'로 古
殿奚의 일본식 표기와 동일한 것으로 표기하였으나 小島憲之 外, 2000 『日本書紀』,
小學館, p.303에 따르면 旣殿奚의 일본식 표기는 '키덴케이'라는 점에서 일부 착
오가 있었던 것으로 보인다. 그러나 이는 반파=대가야라는 설명을 부정할 만큼의 차
이라고는 생각하지 않는다.
이와는 달리 반파와 대가야를 동일한 정치체로 볼 수 없다는 견해도 제시되었다. 전
영래의 경우 남원 월산리 고분군의 묘제를 3단계(제 I 형 석관·제 II 형 석곽·제 III형
석실)로 구분한 후 고령 지산동 고분군과 같은 형식의 무덤은 제III형 석실에서만 나
타난다는 점을 들어 고령 대가야에게 정복되기 이전 시기에 존재했던 정치 세력을
반파국으로 보았다(全榮來, 1983 『南原月山里古墳群發掘調査報告』, 원광대학교 마한
백제문화연구소, pp.73~79(김태식, 1993 앞의 책, p.104)). 그러나 월산리 고분군의
경우 계기적으로 발전을 해나간 것으로 각 형식들 사이의 묘제나 유물 성격에 근본
적 차이가 있다고 볼 수 없으며(김태식, 1993 앞의 책, p.105), 당시 월산리 고분군의
축조 세력이 계체기에 보이는 반파로 볼 만큼 강력한 정치체였다고 보기 힘들다는
점(백승옥, 2007 앞의 논문, p.218) 등과 같은 반대 견해가 제기되기도 하였다. 한편,
백승옥의 경우 전영래의 견해에는 동조하지 않았으나 반파와 대가야를 구분해야 한
다는 데 대해서는 의견을 같이 하였다. 그에 따르면 『양직공도』에 백제의 旁小國 중
하나로 叛波가 전하고 있는데, 가라국은 479년 남제에 견사하고 있으며 이는 梁에도

본다면 반파, 즉 지금의 대가야 문화권과 관련한 지역에서 대사의 위치를 파악해야 할 것으로 보인다. 그런데 순천 운평리 고분군에서 대가야식 수혈식 석곽을 가진 고총군이 확인되었다는 점,[23] 고성양식·고령양식·함안양식 등으로 나뉘는 가야계 토기 중 고령양식은 섬진강 이서의 전남해안지역 주거지·산성·수혈과 영산강 수계에 입지한 九州系 횡혈식 석실에서 출토된다는 점[24] 등을 통해 볼 때 섬진강 유역을 따라 형성된 대가야 문화권 내에서 대사의 위치를 찾는 것이 보다 합리적이지 않을까 한다.

이상을 통해 보았을 때 임나 4현과 기문·대사 지역은 섬진강 유역을 중심으로 여수, 순천, 남원, 하동 등에서 찾을 수 있을 것으로 보인다. 이들 지역은 백제가 가야 지역으로 진출하는 과정에서 교두보 역할을 하였을 것이다. 다음 장에서는 계체~흠명기에 걸쳐 나타나는 『일본서기』의 관련 기사를 바탕으로 이 시기 백제의 가야 진출 과정이 어떤 방식으로 이루어졌는가에 대해 살펴보겠다.

3. 가야 지역 진출 과정과 그 특징

『일본서기』 계체기~흠명기에 이르는 기사의 상당 부분은 한반도 관계 기사, 특히 백제와 가야 지역의 관계와 관련한 내용이 중심을 이루고 있다. 6세

이어졌을 것으로 보았다. 따라서 백제의 旁小國으로 표기된 반파와 가라국(=대가야)를 동일국으로 볼 수 없다는 것이다(백승옥, 2007 위의 논문, pp.219~221). 그러나 『양직공도』의 '旁小國'과 관련한 기록은 백제의 자의적 해석이 전해진 결과로 볼 수 있다는 점에서 이 점이 곧 반파와 대가야를 동일시 할 수 없는 근거로 보기는 어렵다고 생각한다.

23) 林天秀, 2009 앞의 논문, p.113.
24) 洪潽植, 2008 「문물로 본 가야와 백제의 교섭과 교역」 『湖西考古學』 18, p.128.

기 백제가 가야 지역으로 진출하는 과정은 『일본서기』 계체·흠명기의 내용을 통해서만 확인할 수 있다고 해도 과언이 아니다.

6세기에 이루어지는 백제의 가야진출은 백제가 서남해안을 따라 東進하는 과정으로 이해할 수 있으며, 그 과정에서 백제와 대립하는 국가는 伴破(加羅)와 安羅로 나타나고 있다.[25] 그런데 백제에 대한 이들의 대응은 다소 다른 면모를 보인다. 백제에 대한 반파와 안라의 대응은 백제의 가야 지역 진출 과정에서 해당 지역의 대표 세력으로서의 대응이라는 측면에서 이해할 수 있다면, 대응 방식의 차이는 백제의 진출 방식에 따른 결과로 볼 수 있지 않을까? 이런 관점에서 볼 경우 백제의 가야 진출 과정을 단계적으로 보았을 때 반파(가라)와 안라의 대응이라는 측면을 고려하여 접근할 필요가 있다고 생각한

---

25) 이와 관련하여 6세기에 이루어지는 백제의 가야 진출 과정을 단계적으로 이해한 백승충의 연구가 주목된다(白承忠, 2000 「6세기 전반 백제의 가야진출과정」 『百濟研究』 31 ; 백승충, 2014 「안라국과 '임나일본부', 그리고 백제」 『지역과 역사』 35). 이에 따르면 6세기 전반 진행된 백제의 가야진출 과정은 크게 가라와 안라에 대한 진출로 나눌 수 있으며, 임나 4현 및 기문·대사와 관련한 사건은 가라 진출 과정으로, '안라회의'에서 '임나복건회의'로 이어지는 사건은 안라에 대한 진출 과정을 보여주는 것이라고 보고 있다. 그리고 이는 근초고왕 대에 이루어지는 남하와 달리 영역화의 의지를 가지고 이루어진 것이었다고 보고 있다. 무령왕~성왕 대 이루어지는 南進은 가라국의 견제와 남해안 제해권의 확보에, 이후 낙동강 하류의 안라로의 진출은 안라를 부용화하면서 신라에의 우위확보를 위한 것이었다고 설명하고 있다(백승충, 위의 논문, p.116).
백제의 가야 진출 과정이 일정한 단계에 걸쳐서 이루어졌으며 각 단계 마다 일정한 목적이 있었다는 점은 본고가 가지고 있는 문제의식과 유사한 측면이 있다. 그리고 본고의 작성 과정에서 이는 큰 시사점을 주었다. 그러나 본고에서는 6세기 대에 이루어지는 백제의 가야 진출은 백제의 東進이라는 연속성에서 파악하고자 하며, 그 목적 역시 6세기 전반을 통틀어 동일하게 전개되었을 것으로 생각한다. 반파와 안라의 경우 東進의 흐름 속에서 각 지역을 대표하는 정치체로서 백제에 대항하는 모습을 보인 것이다. 다만, 동진 과정에서 백제가 각국에 취한 방식이 달랐으며, 이에 따라 반파와 안라의 백제에 대한 대응 방식 역시 달랐을 가능성이 있다.

다. 이를 염두에 두고 우선 반파(가라)와의 관계가 중심이 되는 단계에 대해 살펴보고자 한다.

C- ① 7년(513) 여름 6월, 백제가 姐彌文貴將軍, 洲利卽爾將軍을 보내서 穗積臣押山[백제본기에는 왜의 意斯移麻岐彌라고 전한다]을 따라 五經博士 段楊爾를 바쳤다. 별도로 주하기를, "伴跛國이 臣國의 己汶을 약탈하였습니다. 엎드려 청컨대 天恩으로 판단하여서 本屬으로 돌려주십시오."하였다. (『日本書紀』권17, 繼體天皇 7년)

② (7년;513) 겨울 11월 乙卯, 조정에서 백제의 姐彌文貴將軍과 斯羅 汶得至, 安羅 辛已奚 및 賁巴委佐, 伴跛의 旣殿奚 및 竹汶至 등을 열지어 세우고 은칙을 내렸다. 己汶, 帶沙를 백제국에게 주었다. 이달에 반파국이 戢支를 보내 珍寶를 바치고 己汶의 땅을 구하였다. 그러나 끝내 주지 않았다. (『日本書紀』권17, 繼體天皇 7년)

③ (8년;514) 3월 伴跛가 子呑, 帶沙에 축성하여 滿奚에 연결하고 봉화를 올리는 곳과 식량을 두는 창고를 만들어 일본에 대비하였다. 또 爾列比와 麻須比에 축성하고 麻且奚·推封에 연결하였다. 사졸과 병기를 모아서 신라를 공격하였다. 자녀를 약취하고 村邑을 노략질 하였다. 흉적이 더해지는 곳에 남는 것이 드물었다. 무릇 포악 사치하고 괴롭히고 침략하고 살상하는 바가 매우 많아 상세히 기록할 수 없다. (『日本書紀』권17, 繼體天皇 8년)

④ 9년(515) 봄 2월 丁丑, 백제 사신 文貴將軍이 귀국을 청하였다. 칙하여 物部連[이름이 빠졌다.]을 딸려서 돌려보냈다.[百濟本記에는 物部至至連이라고 전한다.] 이 달에 沙

都嶋에 도착하였는데, 전하여 듣기를 반파인이 원한을 품고 강한 것을 믿고 포악한 일을 마음대로 한다고 하였다. 그래서 物部連이 수군 500을 거느리고 곧바로 帶沙江에 이르렀다. 文貴將軍은 신라로부터 갔다. 여름 4월, 物部連이 帶沙江에 머무른 지 6일, 반파가 군사를 일으켜 공격하였다. 옷을 벗기고 물건을 빼앗았으며 장막을 모두 태웠다. 物部連 등은 두려워 도망하였다. 근근이 생명을 보존하여 汶慕羅에 도망하였다.[汶慕羅는 섬의 이름이다.] (『日本書紀』권 17, 繼體天皇 9년)

⑤ 10년(516) 여름 5월 백제가 前部木刕不麻甲背를 보내 物部連 등을 己汶에서 맞이하고 인도하여 입국시켰다. (『日本書紀』권17, 繼體天皇 10년)

⑥ 23년(529) 봄 3월 백제왕이 下哆唎國守 穗積押山臣에게 이르기를 "무릇 조공하는 使者는 늘 嶋曲[바다 가운데 섬의 굽은 해안을 말한다. 속칭 美佐祁라고 한다.]을 피하느라 매번 風波에 고통을 겪습니다. 이 때문에 가지고 가는 물건이 젖어서 모두 상하여 보기 흉합니다. 加羅의 多沙津을 臣들이 조공하는 나루길로 삼기를 청합니다"라 하였다. 이에 押山臣이 듣고 아뢰었다. 이 달 物部伊勢連父根과 吉士老 등을 보내어 津을 백제왕에게 내려 주었다. 이에 加羅王이 勅使에게 이르기를 "이 津은 官家를 둔 이래로 臣의 조공하는 나루터였습니다. 어찌 갑자기 바꾸어서 이웃나라에 줄수 있으며 처음에 봉해 주었던 것을 어길 수 있습니까"라 하였다. 勅使 父根 등이 이 때문에 바로 줄 수 없어서 大嶋로 되돌아 왔다가 따로 錄史를 보내어 결국 扶餘에게 내려 주었다. 그러자 加羅가 신라와 한 편이 되어 일본을 원망하였

다. (『日本書紀』 권17, 繼體天皇 23년)

사료 C-①~⑥은 백제의 요청에 의해 왜 천황이 기문과 대사[多沙津]을 백제에 주었고, 이에 대해 반파[가라]가 반발하는 일련의 과정을 보여주고 있다. 사료 C에서 『일본서기』 특유의 천황중심적 사관을 덜어내면 다음과 같은 사실들을 취합할 수 있다.

먼저, 사료 C-①·②·③을 통해 백제의 기문 진출과 이에 대한 반파의 반발을 볼 수 있다. 이와 관련하여서는 앞서 제시한 사료 A와 함께 생각해 볼 필요가 있다. 사료 A에 따르면 백제는 기문으로 진출하기 직전 해인 512년 임나 4현 지역에 대한 진출을 먼저 행하고 있다. 그런데 사료 A와 C의 사건들이 계기적으로 이루어진 것이라고 한다면 다소 의문이 남는 점이 있다.

사료 A에서 백제가 공략한 지역으로 나타나고 있는 임나 4현 지역은 여수·순천·광양 지역으로 이 지역들은 섬진강 하류의 바다에 인접한 지역들이었다. 그에 비해 사료 C-①·②에 기록된 기문의 경우 섬진강 중류의 남원 지역으로 추정하고 있다. 이 시기 백제 중심지가 熊津이었다는 점을 통해 볼 때, 백제는 보다 가까운 기문이 아닌 그 보다 남쪽에 위치한 임나 4현을 먼저 공략한 것이 된다. 이는 아무래도 부자연스러운 측면이 있는 것이 사실이다. 또한 사료 A의 임나 4현과 C-②·⑥에 보이는 대사[다사진]가 인접하여 있는 것에 비해 기문으로 비정되는 남원 지역은 이들 지역으로부터 다소 떨어진 지역에 있다는 점에서 백제의 진출 과정과 시점에 의문이 남는 것이다. 그렇다면 이는 어떻게 이해해야 할까? 이를 이해하기 위해서는 백제의 가야 지역 진출 방향에 대한 논의가 우선 이루어져야 할 것으로 보인다.

사료 A와 C를 종합해 보면 백제는 임나 4현→기문→대사의 순서를 거쳐 점차 東進하고 있음을 알 수 있다.[26] 이는 기문을 제외하고 본다면 남해안 지

---

26) 사료 C-②에 의하면 백제에 기문과 대사를 동시에 할양한 것으로 기록되어 있으나,

역에서 해안을 따라 동진이 이루어지고 있었을 가능성을 보여주는 것이 아닌가 한다. 이는 백제의 가야 지역으로의 진출이 남해안 경로를 따라 이루어졌음을 생각할 수 있게 한다. 실제로 이들 지역의 고고학적 문화 양상도 이를 일정 정도 반영하고 있는 것으로 보인다.

5세기 후반~6세기 전반에 이르는 이 지역들의 고고학적 문화는 복잡한 양상을 보인다. 섬진강 하류의 순천·여수·광양 지역의 경우 5세기 중엽에서 6세기 전반까지 소가야계 석곽묘와 유물이 빈출하고 있는데, 이는 대가야 세력의 확대에 따라 축소하는 양상을 보이기도 한다.[27] 5세기 3/4분기 이후 남강 상류역에서 대가야 양식 토기와 묘제 등이 중심을 이루고 있으며, 특히 5세기 4/4분기에 가서는 남강 상류역에서 소가야 양식 토기가 대부분 사라지는 것과는 다른 양상이다.[28] 이들 지역의 경우 5세기 대까지 독자적으로 지역

이 기사를 전·후하여 나타나는 기록에 따르면 513~516년까지의 내용은 백제의 기문 요구와 그에 대한 왜의 응답, 기문의 할양에 따른 반파의 반발 등이 중심을 이루고 있다. 이후 529년에 가서야 다사진의 할양이 이루어지고 있다는 점에서 기문과 대사 지역에 대한 백제의 진출은 어느 정도 시차를 두고 이루어진 것으로 보인다. 백제의 대사[다사진] 진출과 관련하여서는 『삼국사기』 법흥왕 9년(522)의 대가야와 신라 사이의 通婚기록에 근거하여 백제의 다사진 진출은 522년 이전에 이루어졌을 가능성이 제기되기도 하였다(田中俊明, 1992 앞의 책, p.135). 그러나 氏가 이미 지적하였듯 대사에 대한 진출이 단계적으로 이루어졌을(田中俊明, 위의 책, p.129) 가능성이 있으며, 그 결과 『일본서기』에서는 대사에 대한 백제의 최종 진출 시점인 529년에 백제에 대한 다사진 할양 기사를 배치한 것으로 볼 수 있지 않을까 한다. 이는 C-②·③·④에서 지속적으로 대사와 관련한 백제의 진출 시도가 있었으며, 그에 대한 반파의 반발이 보이고 있는 점과 연계하여 생각할 경우 더욱 개연성을 가지는 것이 아닌가 한다. 한편, 백제의 대사 진출에 대해서는 이영식(1995 앞의 논문, pp.203~204)과 백승충(2000 앞의 논문, pp.64~68) 역시 529년으로 이해하고 있다.

27) 이동희, 2008(a) 「섬진강유역의 고분」 『백제와 섬진강』, 서경문화사, p.94.
28) 박천수, 2000 「考古學으로 본 加羅國史」 『가야 각국사의 재구성』, 혜안, pp.141~144.

연맹체를 형성할 만한 역량을 갖추지 못한 상태에서 일시적으로 소가야 연맹에 속했을 것이지만, 이 역시 결속 관계가 약했기 때문에 대가야 세력의 진출이 용이했을 것으로 보는 견해도 있다.[29] 이러한 추론이 가능하다면, 백제의 진출 가능성 역시 충분히 상정이 가능하다고 생각한다.[30]

섬진강 하류역에서 발견되는 백제계 문화 양상으로 대표적인 것은 고분군과 산성이라고 할 수 있다. 광양 용강리 고분군 11·21호의 경우 6세기 전반기 고분으로, 백제의 횡혈식 석실분 축조방식과 유사한 횡구식 석곽묘로서 인접한 마로산성의 축조방식과도 유사한 형태를 보이고 있음이 주목된다.[31] 순천 죽내리 고분의 1~3호분은 백제계 석곽묘로서 6세기 전반의 묘제로 편년되고 있으며,[32] 여수 죽림리에서도 백제계 횡구식 석곽묘가 확인되었다.[33] 이러한 문화 양상들은 『일본서기』 계체기에 전하는 백제의 임나 4현 진출과 관련하여 상당부분 일치하는 면모를 보이고 있다고 할 수 있다.

그런데, 『일본서기』에 따르면 512년 임나 4현 진출 직후인 513년 백제는 계속하여 섬진강 하류 지역을 따라 東進하는 것이 아니라 섬진강 중류의 기

---

29) 이동희, 2008(b) 「全南東部地域의 加耶文化 -순천 운평리 유적을 중심으로-」 『한국 상고사학회 2008년 11월 학술대회 논문집』, p.34.

30) 이와 관련해 2000년 부산대학교 한국민족문화연구소가 주최한 '가야 각국사의 재구성' 학술 심포지움에서 박천수의 「考古學으로 본 加羅國史」에 대한 홍보식의 토론에서도 하동을 중심으로 한 섬진강 하류지역에 대가야계 토기가 확산되는 양상이 보이지 않으며, 백제의 가야 진출은 섬진강 하구에 중요성을 두고 이루어진 것으로 보인다는 견해가 주목된다(홍보식, 2000 「考古學으로 본 加羅國史 토론문」 『가야 각국사의 재조명』, 혜안, p.154).

31) 이동희, 2008(a) 앞의 논문, p.109.

32) 이동희, 2006 「全南東部地域 複合社會 形成過程의 考古學的 研究」, 성균관대학교 박사학위논문, p.256.

33) 다만, 죽림리 고분의 경우 6세기 중엽 경에 축조된 것으로 추정된다는 점에서(이동희, 2008(a) 앞의 논문, pp.112~113) 본고에서 중점적으로 검토하고 있는 6세기 전반에 비해 한 세대 정도 늦은 시기의 유적이라는 점은 유의할 필요가 있다.

문 지역에 대한 공략에 나선다. 이는 이후 529년 다사진으로의 진출이 섬진강 하류 지역에 대한 공략이라는 점에서 그 진행 방향에서 차이를 보인다. 이와 관련하여 사료 C-①에서 보이는 사실에 주목할 필요가 있다. C-①에 보이는 백제의 奏文에는 '伴跛國略奪臣國己汶之地'라고 하여 원래 백제의 땅이었던 기문을 반파가 약탈한 것으로 기록되어 있다. 이 기사를 신빙한다면 기문에 대한 백제의 진출은 반파에 빼앗긴 기문을 백제가 되찾은 것이라고 할 수 있다.[34]

백제의 기문 지역에 대한 진출은 기문이 가지고 있었던 전략적 요충지로서의 성격 때문이라고 생각한다. 기문, 즉 지금의 남원 지역은 5세기 대 이후 대가야와 접경지를 형성하고 있었을 뿐만 아니라 602년 아막성 전투를 통해 알 수 있듯 대가야 멸망 이후에는 신라와 국경을 접하는 요충지이기도 했다.[35] 이는 기문이 백제가 섬진강 유역을 안정적으로 지배하기 위해 반드시 확보해야 하는 지역이었음을 보여주는 것이다. 앞서 언급하였듯 백제의 가야 진출 방향은 남해안 경로를 따라 동진하는 것이었다. 다만, 이러한 진출 방향을 안정적으로 유지하기 위해서라도 섬진강 유역에 대한 안정적 확보는 불가결한 문제였다고 생각한다.[36] 임나 4현을 확보한 후 대사[다사진]로 진출하기

---

34) 이와 관련하여서는 『日本書紀』에서 顯宗 3년(487)에 '帶山城'을 공략하였다는 기사가 참조된다. 대산성은 『三國史記』 권37, 地理志에 신라의 帶山縣으로 전하고 있는 전북 정읍군 태인면으로 추정되고 있다. 이를 통해 볼 때 백제는 5세기 말엽이면 이미 섬진강과 인접한 금강 북서부권에 진출하였음을 알 수 있으며, 이들 지역은 지형상 장애물이 없어 백제의 지배 권역과 동일한 지역으로 볼 수 있을 듯하다. 한편 5세기 말엽까지 가야 내지 고령양식 토기가 섬진강 수계권에서 보이지 않고 있다(郭長根, 1999 『湖南 東部地域 石槨墓 研究』, 書景文化社, pp.286~287). 이 때문에 당시 기문을 섬진강이 아닌 남강에서 찾아야 한다고 보기도 하지만(郭長根, 1999 위의 책, pp.273~281), 오히려 사료 C-①을 통해 본다면 섬진강 수계, 특히 백제에 가까운 섬진강 상·중류 지역에 백제가 진출해 있었던 결과로 볼 수도 있지 않을까 한다.

35) 이한상, 2009 『장신구 사여체제로 본 백제의 지방지배』, 서경문화사, p.220.

전에 다소 돌출적으로 나오고 있는 기문에 대한 공략은 위와 같은 이유로 진행된 것이 아닌가 생각한다.

백제의 임나 4현 및 기문, 대사로의 진출에 대해 민감하게 반응한 것은 반파[가라]였다. 다만 반파의 반응은 임나 4현과 기문·대사 진출에서는 다소 다른 측면을 보이고 있다. 사료 A에 따르면 백제가 임나 4현 지역을 공략하는데 대해 반파는 별다른 반응을 보이고 있지 않다. 그런데 이듬해 기문에 대한 공략에 대해서는 매우 민감하게 반응하고 있음을 알 수 있다. 반파는 백제의 기문 영유를 승인한 왜에 즉각 사신을 보내 다시 반파로 돌려줄 것을 요구한다. 이것이 받아들여지지 않자 子吞, 帶沙에 축성하는 한편, 이를 萬奚까지 연결하여 왜에 대비하는 모습을 보인다. 이러한 반파의 태도는 백제의 기문 진출이 매우 큰 위협으로 다가왔음을 보여주는 것이 아닌가 한다. 앞서 언급하였듯 기문이 위치한 남원은 백제와 가야의 접경지이자 섬진강 유역의 지배권을 확보하는 데 있어서 지리적으로 중요한 위치에 있었다는 점은 반파의 반응을 이해할 수 있는 실마리를 제공해 준다. 반파의 저항에도 불구하고 이후

---

36) 이희준은 5세기 전반에 고흥 지역이 이미 백제의 세력권에 편입되었기 때문에 대가야의 입장에서 순천·광양·여수 일대는 하동 지역에 대한 백제의 공세를 차단하려할 때 역점을 두어야 할 곳으로 설명하고 있다. 한편, 임나 4현을 빼앗은 백제가 곧바로 대사로 나아가지 못하고 기문을 공략한 이유에 대해 기문이 하동 지역을 직접 후원할 수 있는 지역이었기 때문이라고 보았다(이희준, 1997 앞의 책, pp.288~292). 이러한 견해는 백제가 임나 4현 및 기문으로 진출하는 과정을 설명하는데 일정한 시사점을 준다. 다만, 임나 4현이 백제가 진출한 지 얼마 되지 않아 다시 대가야에 넘어갔다고 보는 견해는 이후 백제의 지속적인 東進을 생각할 때 쉽게 수긍할 수 없는 측면이 있다. 즉, 이 지역에 대한 대가야의 공세가 지속되고 있었다면 남해안 루트를 따라 이루어졌던 것으로 보이는 백제의 동진이 안정적으로 이루어지기 어려운 측면이 있기 때문이다. 오히려 『일본서기』의 기록을 통해 볼 때 530년 대 이후 백제의 가야 진출 과정에서 백제와 대립하는 나라가 안라국으로 나타나고 있다는 점에서 이 시기 임나 4현 및 대사 지역을 상실하면서 대가야는 사실상 남해안을 중심으로 한 교통로에 대한 지배권을 상실해 가고 있었던 것으로 볼 수 있지 않을까 한다.

기문은 백제가 영유하게 된 것으로 보인다. 이는 516년 왜에서 파견한 物部連 등을 백제의 前部木刕不麻甲背가 기문에서 맞이하는 것을 통해서도 알 수 있다.

백제는 기문을 확보한 직후 대사로의 진출을 꾀하였던 것으로 보인다. C-⑥에 따르면 529년(계체 23)에 백제는 왜 천황에게 多沙津을 朝貢津路로 삼기를 청하고 있다. 다만, 백제의 임나 4현 진출이 512년, 기문 진출이 513년에 이루어진 것을 생각한다면 대사 진출은 다소 늦어진 측면이 있다. 이는 앞서 살펴본 기문에 대한 반파[가라]의 완강한 저항으로 인한 결과가 아닐까 한다. C-⑥에 따르면 백제에 대한 다사진 할양에 반대한 가라가 '結儻新羅, 生怨日本'하였다는 것을 통해 알 수 있듯 백제의 東進에 대한 가라의 반발이 매우 거셌음을 알 수 있다.[37] 그러나 결국 백제는 다사진의 영유를 통해 섬진강 유역에 대한 지배권을 확고히 하게 되었음을 알 수 있다.[38] 이렇게 섬진강 유역에

---

37) 여기서 한 가지 생각할 수 있는 점은 반파의 '結黨'의 대상이 신라였다는 것이다. 『삼국사기』 법흥왕9년(522)의 기록에서는 신라와 대가야 간의 通婚이 이루어졌다고 기록된 반면, 『일본서기』에서는 계체23년(529)에 반파와 신라의 통혼 기사가 있어 두 기록에서 시점 상 혼란이 있다. 이는 본고에서 자세히 논할 사항은 아니다. 다만, C-②~④에서 보이는 것과 같이 지속되고 있는 백제의 東進에 대해 대가야와 신라가 위기 의식을 공유하면서 양국 사이의 통혼이 이루어졌으나 신라의 실질적 도움이 크지 않은 상황이 지속되면서 혼인 파기가 이루어진 것이 아닌가 생각한다.

38) 이와 관련하여서는 다소 후대의 것이기는 하지만 남원 척문리와 남해 남치리 고분군에서 발견된 백제의 은화 관식을 통해서도 짐작할 수 있지 않을까 한다. 은화 관식은 6품 奈率 이상의 고위 관인만이 착용할 수 있었던 장신구라는 점에서 중앙에서 파견되었거나 그에 준하는 관인이 해당 지역에 거주하였을 가능성을 보여주는 것이라고 할 수 있다. 사비 천도 이후 영역 지배가 관철되면서 장신구는 관위를 가진 관리의 관복을 장식하는 물품으로 성격이 변화하였으며, 지방 출토 장신구의 경우 지방 거주민의 官人化 경향을 보여주는 것이라는(이한상, 2009 앞의 책, p.227) 견해를 참고한다면 은화 관식이 출토된 지역들의 백제 영역화 가능성에 대해서도 생각해 볼 수 있다.

대한 지배권을 확보하면서 백제의 가야 진출 방향은 더 동쪽을 향하게 되었던 것으로 보인다.

D- ① (23년;529, 3월) 이 달 近江毛野臣을 安羅에 사신으로 보내어 명령을 내려 신라에게 南加羅와 喙己呑을 다시 세우도록 권하게 하였다. 백제는 장군 君尹貴와 麻那甲背·麻鹵 등을 보내어 安羅에 가서 조직을 받게 했다. 신라는 번국의 官家를 없앤 것이 두려워서 大人을 보내지 않고 夫智奈麻禮와 奚奈麻禮 등을 보내어 安羅에 가서 조직을 듣게 했다. 이에 安羅는 새로이 高堂을 세워서 勅使를 오르게 하고 國主는 그 뒤를 따라 계단을 올라갔다. 국내의 大人으로서 堂에 올랐던 사람은 한둘 정도였다. 백제의 사신 장군 君 등은 堂 아래에 있었는데 몇 달간 여러 번 당 위에 오르고자 하였다. 장군 君 등은 뜰에 있는 것을 한스럽게 여겼다. (『日本書紀』 권17, 繼體天皇 23년)

② (2년; 541) 여름 4월, 安羅의 次旱岐 夷呑奚, 大不孫, 久取柔利와 加羅의 上首位 古殿奚, 卒麻 旱岐, 散半奚 旱岐의 아이, 多羅의 下旱岐 夷他, 斯二岐 旱岐의 아이, 子他 旱岐와 더불어 任那日本府의 吉備臣[이름이 빠졌다]과 백제에 가서 함께 칙서를 들었다. … ⓐ임나의 旱岐 등이 말하기를, "먼저 다시 3번 신라와 의논하였으나 대답이 없습니다. 의도한 바를 다시 신라에 말해도 보고할 바가 없을 것입니다. 지금 마땅히 사신을 보내 천황에게 아뢰십시오. 임나를 재건하는 것은 大王의 뜻에 있습니다. 교지를 받들려고 하는데 누가 감히 사이에 말을 넣겠습니까. 임나의 경계가 신라와 접해 있어서 卓淳 등이 화를 입을까 두렵습니다.[등이라

는 것은 喙己呑, 加羅를 말한다. 卓淳 등의 나라는 패망할
화근을 가지고 있었다고 말한다]”고 하였다. 성명왕이 말하
기를, “옛적에 우리 선조 速古王과 貴首王 때에 安羅, 加羅,
卓淳의 旱岐 등이 처음 사신을 보내고 상통하여 친밀하게
친교를 맺었다. 子弟의 나라가 되어 더불어 융성하기를 바
랐다. 그런데 지금 신라에 속임을 받고 천황의 노여움을 사
서 임나의 원한을 사게 된 것은 과인의 잘못이다. … 만일 사
자가 돌아오지 않았을 때 신라가 틈을 엿보아 임나를 공격
하면 나는 마땅히 가서 구원할 것이다. … 따로 그대들의 말
대로 卓淳 등의 화를 입을 것을 두려워함은 신라가 스스로
강해서가 아니다. 喙己呑은 가라와 신라의 경계에 있어 해
마다의 침공으로 패하였다. 임나도 구원할 수가 없었다. 이
때문에 망한 것이다. 남가라는 땅이 협소하여 졸지에 방비
할 길이 없고 의탁할 곳도 없었다. 이로 인해 망했다. 탁순은
위아래 둘로 갈라져 있었다. 군주는 스스로 복종하리라는
생각이 있어 신라에 내응하였다. 이 때문에 망한 것이다.
(『日本書紀』권19, 欽明天皇2년)

③ (5년; 544) 2월 百濟가 施德馬武, 施德高分屋, 施德斯那奴
次酒 등을 任那에 사신으로 보내어 日本府와 任那의 旱岐
등에게, “나는 紀臣 奈率彌麻沙, 奈率己連, 物部連 奈率用
奇多를 보내어 천황에게 조회하고 알현하였는데, 彌麻沙
등이 日本에서 돌아와 조서를 선포하여, ‘그대들은 거기에
있는 日本府와 함께 빨리 좋은 계획을 세워 짐의 바라는 바
에 부응하라. 그대들은 경계하여 다른 사람의 속임에 빠지
지 말라’고 하였다. 또 津守連이 日本에서 와서 [『百濟本
記』에서는 津守連己麻奴跪라 하였다. 그러나 방언이므로

정확하지 않아 잘 알 수 없다] 조칙을 전하고 任那의 정사를 물었다. 그러므로 ⓐ日本府와 任那의 執事와 함께 任那의 정사를 의논하여 천황에게 아뢰려고, 사자를 보내어 부른 것이 세 번이나 되는데 아직도 오지 않고 있다. 이로 말미암아 任那의 정사를 도모할 계획을 함께 의논하여 천황에게 아뢰지 못하고 있다. … 그대 日本府의 卿과 任那의 旱岐들은 각기 사자를 보내어 내가 보내는 사자와 함께 천황이 베푸는 조서를 들으라.”고 하였다. … 또 日本府의 卿과 任那의 旱岐 등에게, “任那國을 세우는 일은 천황의 위엄을 빌리지 않고서는 누가 할 수 있겠는가. 그러므로 나는 천황에게 가서 군사를 청하여 任那國을 도우려 한다. 병사들의 양식은 내가 운반해야 하겠으나, 군사의 수를 아직 모르고 군량을 운반할 곳도 또한 스스로 결정하기 어렵다. 한 군데에 모여서 같이 可否를 의논하고, 그 좋은 것을 택하여 천황에게 아뢰기를 원하나, ⓑ여러 번 불러도 그대들이 오지 않아 의논할 수 없다”라고 말하였다. 日本府가 답하여, “任那의 執事가 부름에 나아가지 않은 것은 우리가 보내지 않았던 까닭으로 가지 못한 것입니다. … 후에 ⓒ津守連이 이곳을 지날 때, ‘지금 내가 百濟에 파견되는 것은 下韓에 있는 百濟의 郡令·城主를 내보내려고 하는 것이다’라고 말하였습니다. 오직 이 말만을 들었고, 任那와 日本府가 百濟에 모여서 천황의 칙언을 들으라는 말은 듣지 못하였습니다. 그러므로 가지 않았으니 任那의 뜻이 아닙니다.”고 하였다. 이 때에 任那의 旱岐들이, “사신이 와서 부르므로 곧 가려고 하였으나 日本府의 卿이 보내려 하지 않았습니다. 그러므로 가지 못했습니다. 대왕은 任那를 세우려고 자세한 것까지도 지시

6세기 백제의 가야 진출에 대하여　275

하셨습니다. 이를 보고 기뻐함은 이루 다 말하기 어렵습니다."라고 하였다. (『日本書紀』권19, 欽明天皇 5년)

④ 11월 백제가 사신을 보내어 日本府 臣과 任那 執事를 불러, "… 이제 日本府臣과 任那國 執事는 마땅히 와서 勅을 듣고 함께 任那의 문제를 논의해야 할 것이다."고 하였다. 日本의 吉備臣, 安羅의 下旱岐大不孫과 久取柔利, 加羅의 上首位古殿奚, 卒麻君, 斯二岐君, 散半奚君의 아이, 多羅의 二首位訖乾智, 子他旱岐, 久嗟旱岐가 이에 백제에 나아갔다. … 聖明王이 이들에게 일러, "任那라는 나라는 우리 백제와 예로부터 子弟가 되기를 약속하였다. 이제 日本府印岐彌[任那에 있던 日本 신하의 이름이다]가 이미 신라를 토벌하고 다시 장차 우리를 치려고 하며, 또 신라의 허망한 거짓말을 즐겨 듣는다. 무릇 印支彌를 任那에 보낸 것은 본래 그 나라를 침탈하여 해롭게 하고자 하는 것이 아니었다.[자세하지 않다] 예로부터 지금까지 신라는 무도하며 약속을 어기고 신의를 거스르고 卓淳을 멸망시켰다. 충직한 나라를 속히 회복코자 하는데 도리어 후회할 것이다. 그러므로 사신을 보내어 (日本府의 臣과 任那의 執事를) 오게 하여 함께 恩詔를 받들어, 任那의 나라를 일으켜 맥을 잇고 옛날처럼 길이 형제가 되기를 바랐다. 가만히 듣건대 新羅·安羅두 나라 사이에는 큰 강이 있어 적을 방비하기 좋은 곳이라 한다. 내가 이를 차지하여 6성을 수축하고, 삼가 천황에게 3천 병사를 청하여 매성마다 5백 명씩 배치하고 아울러 우리 병사들이 (신라인들로 하여금) 농사를 짓지 못하도록 하려는데, 걱정스러운 것은 久禮山의 5城이 거의 무기를 버리고 항복하였다는 점이다. 卓淳의 나라 또한 다시 부흥시켜야

할 것이니, 청한 병사는 내가 옷과 식량을 지급할 것이다. 이를 천황에게 주청하고자 하는 계책이 첫째이다. 오히려 ⓐ 南韓에 郡令과 城主를 두는 것이 어찌 천황을 거스르고 貢調의 길을 차단하고자 하는 것이겠는가. 다만 바라는 바는 많은 어려움을 이기고 강적(고구려)을 물리치는 것이니, 무릇 그 흉칙한 무리들이 누구인들 부용하려고 꾀하지 않겠는가. 북쪽의 적(고구려)은 강대하고 우리나라는 미약하니, 만일 南韓에 郡令·城主를 설치하여 방호시설을 수리하지 않는다면 이 강적을 방어할 수 없을 것이며, 또한 신라를 제어할 수 없을 것이다. 그러므로 오히려 이들을 두어 신라를 공격 핍박하여 임나를 위로하고 흉문할 것이다. 만일 그렇지 아니하면 멸망을 당해 조빙할 수 없을까 두렵다. 이를 천황에게 주청하고자 하니 그 책략의 둘째이다. 또 吉備臣·河內直·移那斯·麻都가 오히려 任那國에 있기 때문에, 천황이 비록 조를 내려 任那를 세우라 하였으나 이를 시행할 수 없었다. 이 4명을 옮겨 각각 그 本邑에 돌려보낼 것을 천황에게 아뢰어 청하는 것이 그 계책의 셋째이다. …."고 하였다. 이에 吉備臣과 旱岐 등이, "ⓑ大王이 말한 세 가지 책략은 또한 우리의 뜻과 같을 뿐입니다. 이제 돌아가 日本 大臣[任那에 있는 日本府의 大臣을 일컫는다], 安羅王·加羅王에게 공경히 아뢰고 모두 사신을 보내어 함께 천황에게 주청하기를 원합니다. 이는 진실로 천 년에 한 번 올 정도의 기회로, 깊이 생각하고 자세히 계획하지 않을 수 있겠습니까"라고 말하였다. (『日本書紀』 권19, 欽明天皇 5년)

D-①~④는 대사를 영유한 이후 백제의 가야 진출 과정과 관련하여 주목

된다. 사료 D에서는 사료 A·C에서는 볼 수 없었던 새로운 사실이 나타나고 있다. 먼저 이른바 '任那復建'의 문제가 본격적으로 제기되었다는 점이다. 그리고 이때 復建되어야 할 대상으로 지목된 것은 南加羅와 喙己呑이었다. 사료 D에 보이는 임나 복건이 실제 백제 혹은 왜가 목표한 바였는가에 대해서는 의문이 있다.[39] 따라서 '임나 복건'이라는 수사를 걷어내면 이 사료에서는 백제와 安羅를 중심으로 한 가야 諸國 사이의 논의만이 남게 된다.

백제가 본격적으로 가야 진출을 재개하는 것은 D-①의 기사를 통해 볼 때 530년 대 이후의 일로 보인다.[40] 그런데 이때 백제가 명분으로 내세운 것은 '임나 복건'이었다. 이는 529년 안라국제회의에서 주요 의제로 삼았던 내용이라는 점에서 주목된다. 앞서 언급하였듯 백제가 내세운 '임나 복건'은 명분에 불과한 것이었을 가능성이 크다. 그럼에도 불구하고 이러한 명분이 필

---

39) 남가라·탁기탄의 복건에 대해 『일본서기』에서 남가라·탁기탄을 임나와 혼용할 경우 대부분 '建任那'의 형식을 취했다는 점을 들어 임나의 복건과 관련한 기록은 대부분 후대의 인식에 따른 윤색의 결과로 본 견해가 주목된다(위가야, 2019 「6세기 前半 安羅國 주도의 加耶諸國 관계 이해를 위한 기초적 검토」 『한국고대사연구』 94, p.221). 이 견해에 따른다면 이 시기 남가라와 탁기탄 등의 임나 복건은 명분에 불과한 것이었다고 생각할 수 있다. 오히려 이는 백제 성왕이 가야 제국의 위기감을 고조시키는 외교적 수사였다고 보기도 한다(신가영, 2018 「백제의 사비회의 개최와 가야 諸國의 대응」 『사학연구』 131, p.62).

40) D-①에 따르면 왜의 임나 복건 요구에 따라 안라에서 백제, 신라를 포함한 諸國이 모이는 국제회의가 개최된 것으로 보인다. 신라의 경우 官家를 멸망시킨 주체로서 표현되고 있는 만큼 신라가 실제 이 회의에 복건의 주체로 참석한다는 것은 모순되는 점이 있다. 오히려 이때 임나 복건의 주체로 참석할 수 있었던 나라는 안라와 함께 백제였을 것으로 보이나 백제는 이 회의에서 철저히 배제되고 있는 양상을 보인다. 이는 백제가 꾀하고 있었던 가야 지역으로의 진출이 가야 諸國의 저항으로 인해 저지되고 있었음을 보여주는 것이 아닌가 한다. 백승충 역시 백제가 안라 등 동남부 가야 지역에 대해 재진출을 시도한 시기를 사비 천도(538) 이후로 보고 있다(白承忠, 2000 앞의 논문, p.75).

요했던 이유가 무엇이었는가에 대해서 생각해 볼 필요가 있다. 이와 관련하여서는 D-②-ⓐ에 보이는 임나의 卑岐 등의 말을 통해서 짐작할 수 있을 듯하다. D-②-ⓐ에 따르면 '임나 복건'을 위해 가야 諸國의 한기들은 신라와 3차례에 걸쳐 의논을 했다고 보고하고 있다. 이는 D-①에서 안라국제회의에 임나 복건 회의의 주체 중 하나로 신라가 초대되었던 것과 궤를 같이하고 있었음을 보여준다. 이때 신라가 실제 임나 복건의 주체가 될 수는 없었을 것이라는 점에서 이러한 내용을 제외한다면 가야 제국과 신라와의 제휴의 가능성만이 남게 되는 것이다.[41] 백제로서는 이러한 가야 제국과 신라와의 관계를 단절하고 가야 제국의 움직임을 자국에 유리한 방향으로 전환시킬 필요성이 있었던 것이다. 그리고 이를 위해 자신들이 '임나 복건'의 적임자임을 강조하였던 것이 아닌가 한다.

백제의 이러한 접근 방식은 이전에 이루어졌던 임나 4현이나 기문·대사에 대한 진출 방식과는 차이를 보이고 있다. 앞서 이루어진 가야 지역으로의 진출은 다분히 군사적 점령의 방식을 취하고 있었던 것으로 보인다. 비록 『일본서기』에서는 '할양'이라고 기록하고 있으나 반파가 축성을 하고 대항한 점이라던가 왜에서 物部連을 보낼 때 수군 500을 함께 보낸 점 등을 통해 볼 때 백제와 반파 사이의 물리적 충돌을 예상할 수 있는 측면이 있다. 그러나 D-②·③에서 보이는 백제의 안라 지역으로의 진출은 이와는 달리 '회의'를 통한 '회유'의 형태를 띠고 있다.

백제의 이러한 태도는 당시 백제의 대외 정책과도 관련이 있을 것으로 생각한다. 이 시기 백제의 대외 정책은 대 고구려전의 수행과 가야 지역으로의 진출이라는 양축을 중심으로 전개되었다. 양자는 각 정책의 수행 과정에서 서로 영향을 줄 수밖에 없었다. 이와 관련하여 540년 대 이후 백제의 고구려에 대한 공격이 본격화되고 있음이 주목된다.[42] 이를 위해 백제는 541년 신

---

41) 이를 가야 제국의 친신라 경향으로 설명하기도 한다(신가영, 2018 앞의 논문, p.66).

라와 화친을 꾀하는[43] 등 고구려에 대한 공격 준비에 많은 힘을 기울이고 있었다. 이러한 상황에서 무력을 통한 가야 지역으로의 진출은 다소 무리가 있었을 것이다. 따라서 당시 백제가 취할 수 있는 최선의 방법은 가야 諸國에 대한 회유를 통해 백제에 친연적인 세력으로 포섭하는 것이 아니었을까 한다. 사비국제회의 과정에서 성왕이 백제와 가야 제국 사이의 오랜 친연성을 강조하는 것은 이러한 의도에 의한 것이었다.

그러나 백제의 바람과는 달리 당시 안라를 중심으로 한 가야 諸國은 백제의 가야 지역 진출에 강한 반감을 가지고 있었다. 이는 D-③-ⓐ·ⓑ·ⓒ와 D-④-ⓑ의 사례를 통해서 짐작할 수 있다. D-③-ⓐ·ⓑ에 따르면 백제는 임나의 일을 의논하기 위해 日本府臣과 任那執事, 임나의 한기 등을 여러 차례에 불렀음에도 불구하고 가야 諸國이 이에 응하지 않았음을 알 수 있다.[44] 특히 가야 제국에서 문제로 삼은 것은 백제가 파견한 郡令·城主였다. 군령과 성주의 파견 지역과[45] 파견 시점에[46] 대해서는 정확하게 알 수 없으나 이에 대한 본

---

42) 장미애, 2019 앞의 논문, p.181.

43) "百濟遣使請和 許之"(『三國史記』 권4, 新羅本紀4 眞興王 2년)

44) 『일본서기』에 따르면 欽明 4년 12월에 한 차례, 欽明 5년 1월에 각 두 차례 임나 집사와 일본부 집사 등을 소집하였으나 정월 초하루로 기일을 미루거나("是月乃遣施德高分 召任那執事與日本府執事 俱答言 過正旦而往聽焉"(『日本書紀』 권19, 欽明天皇 4년)), 제사를 핑계로 미루는 등("五年春正月 百濟國遣使 召任那執事與日本府執事 俱答言 祭神時到 祭了而往"(『日本書紀』 권19, 欽明天皇 5년)) 백제의 소환에 불응하고 있다.

45) 군령·성주의 파견 지역에 대해서는 대체로 다사진이 있었던 하동에서 안라가 위치한 함안에 이르는 지역에 설치되었을 가능성이 크지 않을까 한다(李永植, 1995 앞의 논문, pp.228~229 ; 남재우, 2003 앞의 책, pp.247~248).
군령·성주가 파견된 지역은 이미 백제가 영유한 지역들이었을 것으로 볼 수 있다. 안라 등의 가야 諸國의 요구는 이러한 백제의 영유 지역에 대한 영역화 시도에 대한 반발이었으며, 백제는 이에 대해 더 이상의 東進을 시도하지 않는 선에서 가야 제국을 설득하고자 한 것이 아니었을까 생각한다. 그러나 군령·성주의 파견을 통한 직접적

격적인 문제 제기가 시작된 것은 543년 왜가 津守連을 보내 백제의 군령과 성주를 日本府에 귀속시켜야 한다고 했을 때[47] 부터였다고 보인다. 그리고 D-④-ⓐ를 통해 알 수 있듯 군령·성주 문제는 안라를 비롯한 가야 諸國에게 매우 위협적으로 다가왔던 것으로 보인다.[48] 따라서 가야 諸國의 백제에 대한 제1차적인 요구는 이 군령·성주의 철수에 있었을 것이다. 그러나 D-④-ⓐ에서 알 수 있듯 백제는 이에 대해 명확한 거부의 의사를 밝히고 있다. 이러한 백제의 태도에 가야 諸國은 백제의 가야 지역으로의 진출 의지를 확실하게 인지하였을 것으로 보인다.

4. 백제의 가야 지역 진출 목적

이상의 논의를 통해 확인할 수 있는 점은 백제의 가야 지역으로의 진출 방향이 일관되게 남해안 경로를 따라서 이루어지고 있었다는 점이다. 남해안 경로의 확보는 두 가지 측면에서 백제에게 중요한 의미를 지니고 있었다. 첫

영역화 시도와 철수 요구 무시는 결국 백제의 가야 진출 의지에 대한 가야 제국의 의심을 더욱 증폭시켰으며, 이로 인해 이후 가야 제국은 백제에 대한 협력을 사실상 거부하게 되는 결과를 가져왔던 것으로 보인다.

46) 군령·성주의 파견 시점에 대해서는 下韓의 문제가 541년(欽明2년)에 처음 나타나고, 541년 사비국제회의에서는 보이지 않는 점, 안라국의 회의 참여가 541년에도 이루어지고 있었던 점 등을 통해 541년 이후 배치된 것으로 보는 견해가 있어(남재우, 2003 위의 책, p.247) 참고 된다.

47) "十一月丁亥朔甲午 遣津守連 詔百濟曰 在任那之下韓 百濟郡令城主 宜附日本府" (『日本書紀』 권19, 欽明天皇 4년)

48) 이에 대해 군령·성주가 백제의 지방관으로서 백제의 영역에 대한 직접 지배를 실현하는 존재로서, 이는 백제에 가까이 위치한 가야 세력에 큰 위협이 되었을 것이라는 견해가 이미 제시된 바 있다(신가영, 2018 앞의 논문, p.74).

째는 왜와의 교섭 경로에 대한 안정적 확보이다. 神功 46년 백제가 탁순국을 통해 왜와 통교한 이후 백제와 왜는 지속적인 교섭 관계를 유지하고 있었다. 여기서 백제가 왜와의 첫 통교를 위해 탁순국을 찾았다는 점은 당시 백제가 왜와의 주요 교섭 창구를 탁순으로 인지하고 있었을 가능성을 생각할 수 있다. 탁순의 위치에 대해서는 논란의 여지가 있으나[49] 대체로 창원지역으로 보는 경우가 많다. 창원은 쓰시마[對馬島]에서 이키[壹岐]를 거쳐 큐슈[九州] 연안에 이를 수 있는 최단 항로와 가까운 지역이었다는 점에서 한반도와 왜를 잇는 주요 교통로의 하나였다.

이와 관련하여 풍납토성에서 아라가야와 소가야계의 토기가 발견되었다는 점은[50] 중요한 의미를 지닌다. 이는 백제와 남해안 지역에 위치한 가야 세력과의 교류 관계를 입증해 주는 것이기 때문이다. 백제가 이렇듯 남해안 지역에 위치한 가야 세력과의 교류를 지속적으로 유지하고자 했던 것은 이 지역들이 가지고 있는 대왜 창구로서의 역할과 관계가 있다.[51] 백제가 임나 4현

---

49) 탁순의 위치와 관한 연구사는 백승옥, 1995 「「卓淳」의 位置와 性格」 『부대사학』 19 참고.

50) 권오영, 2002 「풍납토성 출토 외래유물에 대한 검토」 『백제연구』 36 ; 洪潽植, 2008 앞의 논문 pp.138~140. 한편 5세기 중엽~6세기 전반 소가야계 석곽묘와 유물이 여수, 순천, 광양 지역을 중심으로 빈출되고 있는 것은 주목할 만하다(이동희, 2008(a) 앞의 논문, pp.94~95). 소가야가 위치하였던 고성은 백제가 왜와 교섭을 시작할 때 매개가 되었던 탁순이 위치한 창원과 비교적 가까운 지역에 위치하고 있다. 풍납토성에서 출토된 가야계 유물이 대체로 5세기 중반 정도로 추정되고 있음을 통해 본다면, 백제에서 가야를 거쳐 왜로 이어지는 교섭 경로를 추정할 수 있다. 이는 백제가 대왜 교섭을 목적으로 한 가야 지역으로의 진출 이유를 설명하는 데 의미를 지니는 것이라고 생각한다.

51) 낙랑·대방군이 삼한-예맥을 거쳐 왜까지 직접 통제를 시도하면서 서해안과 남해안을 거쳐 일본 열도에 이르는 대외교역로가 개척되었을 것으로 보는 한편, 3세기 말~4세기 초로 추정되는 포상팔국의 난에 참여한 포상팔국 중 지명 고증이 가능한 5개의 나라가 마산(=골포국), 함안 칠포면(=칠포국), 고성군 고성읍(고사포국=고자

을 확보한 뒤 기문·대사로까지 진출한 데에는 왜와의 교섭을 원활히 하기 위한 안전한 항로를 확보하기 위한 것이었다고 볼 수 있다.[52] 이는 사료 C-⑥에서 안전한 조공로를 위해서 다사진이 필요하다고 언급한 것을 통해서도 짐작할 수 있다. 백제는 남해안 항로를 확보하기 위해 가야 지역으로 진출하는 한편, 이를 보다 안정적으로 유지하기 위한 목적에서 군령·성주를 파견하였던 것으로 보인다.

군령·성주의 파견은 백제가 진출한 가야 지역에 대한 지배권의 확립이라는 의미를 지닌다. 이는 앞서 언급한 안정적인 남해안 항로의 확보를 위해서이기도 하지만 또 다른 목적도 있었을 것으로 보인다. 이는 사료 D의 내용을 통해서 짐작할 수 있다.

사료 D에 따르면 백제의 가야 진출 과정에서 반파[가라]와 안라라는 가야 제국을 제외하고 새롭게 신라가 등장하고 있다. 그리고 적어도 530년 대 이후 백제의 가야 진출 과정에서 백제가 가장 관심을 기울인 국가 역시 신라였던 것으로 보인다. D-②·④에서 백제 성왕은 오랫동안 친교를 유지하였던 백제와 가야 諸國의 사이가 멀어진 이유로 '신라의 속임'을 들고 있으며, 이러한 무도한 신라가 신의를 어기고 탁순 등을 멸망시켰음을 언급하고 있다. 이는 신라가 적극적으로 가야 세력을 복속·통합해 가는 것에 대한[53] 백제의 위기

국), 사천시 사천읍(=사물국)이 낙랑·대방에서 김해를 잇는 철 교역로와 중첩되어 있다는 견해는(정상희, 2018 「포상팔국 전쟁의 개전(開戰)시기와 전쟁양상에 대한 재검토」 『역사와 현실』 110, p.50) 경남 남해안 지역이 가지고 있던 대왜 교역 창구로서의 가능성을 설명하는 데 참고가 된다.

52) 정재윤, 2008 「백제의 섬진강 유역 진출에 대한 고찰」 『백제와 섬진강』, 서경문화사, p.261. 한편 박천수는 대가야의 관식·이식·마구·철부·성시구 등이 5세기 후반 왜에서 다량 출현하고 있는 것은 고령에서 하동으로 이어지는 對倭 무역 루트가 작동한 결과로 설명하고 있다(朴天秀, 1997 앞의 논문, p.186). 이는 대가야가 왜와의 교류에 있어서 활발하게 이용했던 경로가 섬진강 하구를 통한 것이었음을 짐작할 수 있게 한다.

감의 발로였던 것으로 보인다.[54]

　백제는 6세기 내내 고구려와의 전쟁과 가야 지역으로의 진출이라는 두 개의 축을 중심으로 대외 정책을 전개해 나갔다. 이 과정에서 신라와의 연대는 불가피한 선택이었다. 하지만 이는 대 고구려전에 국한된 것일 뿐이었다. 당시 고구려-백제-신라가 상호 공방을 벌이고 있었던 상황에서 남해안 항로를 확보하고 이를 안정적으로 유지하기 위해서는 마찬가지로 가야 지역으로의 진출을 꾀하고 있었던 신라와의 대립은 피할 수 없었다. 다만, 이미 고구려와의 전투가 본격화한 상황에서 가야 諸國에 대한 무력 행사나 신라와의 전면전을 준비하기에는 부담이 있었을 것이다. 이러한 이유로 인해 백제는 '국제회의'라는 방법을 택했던 것으로 보인다. 신라와의 직접 대립을 피하면서도 가야 諸國의 협력을 바탕으로 가야에 대한 백제의 영향력을 높이고자 하였다.[55] 그리고 이를 통해 가야 지역으로 진출하고 있던 신라를 견제하고자 한

---

53) 신라는 6세기 전반 가야 지역으로의 진출을 본격화하였던 것으로 보인다. 이사부가 沿邊官으로서 가야 지역을 빼앗은 사례나("智度路王時 爲沿邊官 襲居道權謀 以馬戲 誤加耶 或云加羅國 取之"(『三國史記』 권44, 列傳4 異斯夫)), 529년(계체23)에 上臣 伊叱夫禮智干岐에 의한 多4村의 抄掠("新羅改遣其上臣伊叱夫禮智干岐 新羅 以大臣爲[上 臣 一本云 伊叱夫禮知]奈末 率衆三千 來請聽勅 … 上臣抄掠四村[金官·背伐·安多·委陀 是爲四村 一本云 多多羅須那羅和多費智爲四村也]"(『日本書紀』 권17, 繼體天皇 23년)) 등은 대표적인 예라고 할 수 있다. 이와 함께 532년(法興王19)에는 금관국왕 구해가 항복함으로써 금관가야에 대한 복속을 마무리하고 있다.

54) 한편 D-②에 보이는 임나 한기들의 발언과 성왕이 이전 신라의 공격에 구원하지 못한 데 대한 반성 및 추후의 지원 약속 등을 통해 볼 때 안라를 비롯한 가야 제국 역시 신라의 西進에 대해 불안을 느끼고 있었던 것으로 추정된다. 541년 사비국제회의에 이들 諸國이 참가한 것 역시 신라의 서진에 대한 대응의 측면에서 이루어진 것이 아닌가 생각한다.

55) 신가영은 백제가 회의라는 방식을 택한 것에 대해 백제가 관념적으로 가야 제국을 통할한다는 宗主國 의식을 바탕으로 가야 제국에 대한 국력의 과시를 통해 가야 제국을 포섭하여 자발적인 협력을 기대했다고 보았다(신가영, 2018 앞의 논문, p.68).

것으로 보인다.

당시 백제가 처한 상황으로 인해 가야 諸國의 협력이라는 간접적인 방식을 통해 가야 지역으로의 진출을 꾀하고 있었으나 실제 백제의 목적은 이들 지역에 대한 직접 지배까지 염두에 둔 것이었다. D-④-ⓐ에서 군령·성주의 철수를 요구하는 안라 등 가야 諸國에 대해 고구려와 신라에 대응하기 위한 필요성을 역설하며 거절한 것에서 백제의 의중을 알 수 있다. 당시 군령·성주의 파견 지역이 하동-함안 사이의 지역이었을 것으로 추정된다는 점에서 백제가 내세운 고구려에 대한 방어의 목적은 명목에 불과하다고 보인다. 오히려 고구려와 함께 신라가 거론되고 있다는 점이 보다 중요하다. 백제는 향후 가야 지역에 대한 지속적 진출과 직접 지배의 실현 과정에서 신라와의 대립을 피할 수 없다고 판단했을 가능성이 있다. 이를 위해서라도 이미 확보한 가야 지역들에 대한 지배권을 확고히 할 필요가 있었으며, 그를 위해 군령·성주를 파견하였던 것으로 보인다. 이러한 백제의 가야 진출 목적과 관련하여 531년(계체25) 백제의 乞乇城 조영 기사가 눈에 띈다.

> E- (25년, 531) … 어떤 책에는 천황이 28년 甲寅년에 죽었다고 하였다. 그러나 여기에서 25년 辛亥년에 죽었다고 한 것은 『百濟本記』를 취하여 쓴 것이다. 거기에 "辛亥年 3월에 군대가 나아가서 安羅에 이르러 乞乇城을 쌓았다. … 이에 따라 말한다면 辛亥年은 25년에 해당한다.[56] (『日本書紀』 권17, 繼體天皇 25년)

---

56) "… 或本云 天皇廿八年歲次甲寅崩 而此云 廿五年歲次辛亥崩者 取百濟本記爲文 其文云 太歲辛亥三月 軍進至于安羅 營乞乇城 … 由此而言 辛亥之歲 當廿五年矣" (『日本書紀』 권17, 繼體天皇 25년)

사료 E에 의하면 『百濟本記』에 辛亥年, 즉 531년에 백제가 안라에 군대를 보내 걸탁성을 쌓았다는 것을 알 수 있다. 현재 걸탁성의 위치에 대해서는 정확히 알 수 없으나 대체로 진주 또는 함안 포덕산성이나 함안 서쪽 등으로 추정하고 있다.[57] 이를 통해 본다면 진주 또는 함안 지역에 걸탁성이 있었던 것으로 추정할 수 있다. 그리고 이들 지역에 백제가 군대를 보내 성을 조영했다는 것은 백제의 가야 지역 영유에 대한 의도를 보여주는 것이 아닌가 생각한다.[58]

이러한 백제의 의도는 가야 諸國의 반발을 불러 왔으며, 적극적인 협력을 끌어내지 못하는 결과로 나타났다. D-④-ⓑ에서 성왕의 의견에 찬성하는 듯 하면서도 안라·가라의 왕과 일본부 대신에 보고한다는 명목으로 백제의 제안에 대해 즉답을 피하고 있는 것이 이를 보여준다.

이상에서 6세기 백제의 가야 진출 과정의 목적에 대해 살펴보았다. 임나 4현에 대한 공략으로 시작한 백제의 가야 지역 진출은 남해안 항로의 확보라는 1차적 목적에는 일정 부분 성공한 것으로 보인다. 남원 척문리와 남해 남치리에서 발견된 은화 관식은 6세기 단계에 임나 4현 및 기문·대사 지역에 대해서는 백제의 직접 지배가 어느 정도 실현되고 있었다고 보이기 때문이다. 그러나 이후의 東進 과정에서는 고구려와의 전쟁이라는 큰 목표와 가야 諸國의 저항, 신라의 西進에 따른 대립 관계 형성의 부담 등으로 인해 '사비국제회의'라는 간접적인 방법으로 이루어질 수밖에 없었다. 이러한 백제의 가야 지역 진출은 한계를 가질 수밖에 없었으며, 이후 가야 제국이 신라로 편입되면서 백제는 남해안 경로를 따라 이어지는 교통로의 대부분을 상실하게 되었

---

57) 연민수 외, 2013 『역주 일본서기 2』, 동북아역사재단, p.297, 각주190.

58) 이상 백제의 가야 지역에 대한 영유 의도와 관련하여서는 지난 2019년 10월 11일 경상남도 창원 성씨 고택에서 있었던 한국고대사학회 가야사 기획 학술회의 「가야의 대외관계」의 토론에서 위가야 선생님의 조언이 있었다.

을 것으로 보인다.

5. 맺음말

이상에서 6세기 백제의 가야 진출과 관련하여 임나 4현에서 기문·대사의 위치를 살피는 한편, 각 지역으로의 진출은 별도의 사건이 아닌 백제의 東進 과정에서 계기적으로 일어난 사건임을 논하였다.

『일본서기』 계체기의 내용을 통해 볼 때 6세기 백제의 진출은 남해안 경로를 따르는 東進의 성격을 가졌던 것으로 보았다. 다만, 이러한 東進의 과정은 당시 백제의 또 다른 대외 정책이었던 對고구려전의 전개에 따라 다소 다른 방식으로 전개될 수밖에 없었던 것으로 보인다. 『일본서기』에서 임나 4현, 기문·대사의 진출 과정에서 보이는 백제의 군사적 움직임과 그에 대한 반파[가라]의 격렬한 저항은 본격적인 對고구려전이 시작되기 전이었기 때문에 가능했다고 생각한다. 그러나 540년 대 이후 백제의 對고구려전이 본격화됨에 따라 직접적 군사 행동에 부담을 느낀 백제는 이른바 국제회의라는 간접적 방식을 통해 가야 諸國을 회유하고자 하였던 것으로 추정하였다. 이러한 백제의 의도는 이미 진출하였던 가야 지역에 대한 군령·성주의 파견과 이를 통한 직접 지배의 실현을 꾀하는 모순적 태도로 인해 안라를 대표로 하는 가야 제국의 지지를 얻지 못하는 결과를 가져왔다.

백제가 이렇듯 남해안 경로로의 東進을 꾀한 1차적 목적은 안정적인 對倭 교섭로의 확보에 있었던 것으로 추정하였다. 이미 영산강 유역권의 서남해 지역을 확보한 상태에서 남해안 경로까지 확보한다면 백제는 보다 안정적으로 배후의 왜와 교섭이 가능해지며, 이를 통해 신라에 대한 견제를 보다 강화할 수 있다는 이점을 지니고 있었기 때문이다. 이와 함께 신라의 西進에 대한 저지 역시 백제의 가야 지역 진출의 목적 중 하나였음은 재론이 필요하지 않다.

그러나 고구려와의 전쟁이 지속되는 상황에서 무력을 통한 진출이 용이하지 않았으며, 가야 諸國으로부터 충분한 지지를 확보하지 못하면서 백제의 가야 지역 진출은 한계를 가질 수밖에 없었다. 이후 가야 제국이 차례로 신라에 편입되면서 백제는 남해안 경로를 따라 이어지는 교통로의 대부분을 상실하였던 것으로 보인다.

참고문헌

『三國史記』·『新增東國輿地勝覽』·『翰苑』·『日本書紀』·『新撰姓氏錄』·『續日本後紀』

郭長根, 1999 『湖南 東部地域 石槨墓 硏究』, 書景文化社

郭長根, 2006 「웅진기 백제와 가야의 역학관계 연구」 『百濟硏究』 44

권오영, 2002 「풍납토성 출토 외래유물에 대한 검토」 『百濟硏究』 36

金泰植, 1993 『加耶聯盟史』, 一潮閣

김현구, 2000 「百濟의 加耶進出에 관한 一考察」 『東洋史學硏究』 70

나행주, 2005 「6세기 한일관계의 연구사적 검토」 『임나 문제와 한일관계』, 景仁文化社

남재우, 2003 『安羅國史』, 혜안

朴天秀, 1997 「政治體의 相互關係로 본 大伽耶王權」 『加耶諸國의 王權』, 신서원

박천수, 2000 「考古學으로 본 加羅國史」 『가야 각국사의 재구성』, 혜안

朴天秀, 2009 「호남 동부지역을 둘러싼 大伽耶와 百濟-任那四縣과 己汶, 帶沙를 중심으로」 『韓國上古史學報』 65

백승옥, 1995 「「卓淳」의 位置와 性格」 『부대사학』 19

백승옥, 2007 「己汶·帶沙의 위치비정과 6세기 전반대 加羅國과 百濟」 『5~6세기 동아시아의 국제정세와 대가야』, 고령군 대가야박물관·계명대학교 한국학연구원

白承忠, 2000 「6세기 전반 백제의 가야진출과정」 『百濟硏究』 31

백승충, 2012 「'임나 4현'의 위치비정」 『역사와 경계』 85

백승충, 2014 「안라국과 '임나일본부', 그리고 백제」 『지역과 역사』 35

徐甫京, 2003 「『日本書記』 한반도 관계 기사 검토」, 고려대학교 박사학위논문

신가영, 2018 「백제의 사비회의 개최와 가야 諸國의 대응」 『사학연구』 131

연민수, 1998 『고대한일관계사』, 혜안

연민수 외, 2013 『역주 일본서기 2』, 동북아역사재단

위가야, 2019 「6세기 前半 安羅國 주도의 加耶諸國 관계 이해를 위한 기초적 검토」 『한국고대사연구』 94

이동희, 2006 「全南東部地域 複合社會 形成過程의 考古學的 硏究」, 성균관대학교 박사학위논문

이동희, 2008 「섬진강유역의 고분」 『백제와 섬진강』, 서경문화사

이동희, 2008 「全南東部地域의 加耶文化 -순천 운평리 유적을 중심으로-」『한국상고사
　　　학회 2008년 11월 학술대회 논문집』

李永植 1995 「百濟의 加耶進出過程」『韓國古代史論叢 7』, 駕洛國史蹟開發研究院

이한상, 2009 『장신구 사여체제로 본 백제의 지방지배』, 서경문화사

이희준, 2017 『대가야 고고학연구』, 사회평론

장미애, 2019 「5세기 후반~6세기 중반 백제의 대외 정책과 백제-신라 관계의 추이」
　　　『史林』 68

全榮來, 1985 「百濟南方境域의 變遷」『千寬宇先生還曆紀念 韓國史學論叢』

정상희, 2018 「포상팔국 전쟁의 개전(開戰)시기와 전쟁양상에 대한 재검토」『역사와 현
　　　실』 110

정재윤, 2008 「백제의 섬진강 유역 진출에 대한 고찰」『백제와 섬진강』, 서경문화사

千寬宇, 1991 『加耶史研究』, 一潮閣

홍보식, 2000 「考古學으로 본 加羅國史 토론문」『가야 각국사의 재조명』, 혜안

洪潽植, 2008 「문물로 본 가야와 백제의 교섭과 교역」『湖西考古學』 18

洪性和, 2016 「『日本書紀』 소위 '任那 4縣 할양' 기사에 대한 고찰」『史叢』 87

今西龍, 1970 『百濟史研究』, 國書刊行會

末松保和, 1956 『任那興亡史』, 吉川弘文館

小島憲之 外, 2000 『日本書紀』, 小學館

田中俊明, 1992 『大加耶聯盟の興亡と「任那」』, 吉川弘文館

6세기 전반
가야와 신라의 관계

· 이연심 ·

1. 머리말

가야는 신라와 백제와 함께 한반도 남부지역에서 치열하게 경쟁하였지만 결국 신라에게 멸망하게 된다. 비록 가야 사람들이 직접 남긴 기록이 현존하지 않지만 한·중·일 사료에 가야 관련 기록이 남아있다. 게다가 영남지역에 분포한 가야유적에서는 수많은 유물들이 확인되고 있다.[1] 즉 가야는 700여 년 동안 존속하면서 백제·신라와 함께 경쟁하면서 한반도 남부지역에서 우위를 점하기 위해 끊임없이 노력하였음을 문헌 및 고고 자료를 통해서 확인할 수 있다.

다만 가야는 자국의 역사를 기록한 역사서를 남기지 못 했기 때문에 가야사 복원이 쉽지 않은데, 1980년대 이후 가야 유적 발굴 성과가 축적되면서 가야 각국사의 연구가 활발하게 이루어지면서 가야사 연구의 체계는 어느 정도 갖춰졌다고 할 수 있다.[2] 또한 『일본서기』에 가야 관련 기사가 다수 포함되어

---

1) 영남지역에 분포하는 가야 유적과 유물은 박천수 외, 2003 『가야의 유적과 유물』, 학연문화사를 참조하기 바란다.

2) 千寬宇, 1991 『加耶史研究』, 一潮閣. 金泰植 1993 『加耶聯盟史』, 一潮閣. 白承忠 1995

있고, 가야와 고대 일본의 대외교류를 보여주는 고고 유물이 다수 확인되고 있기 때문에 가야의 대외관계사 연구는 주로 일본과의 관계를 중심으로 연구가 진행되고 있다.[3]

게다가 가야가 신라와 백제 사이에 자리 잡고 있었던 만큼 신라와 백제와도 밀접한 관계를 가지고 있었을 것이다. 이처럼 가야가 700여 년 동안 존속하면서 주변국과 활발하게 교류한 것은 문헌 또는 고고 자료를 통해서 확인 가능한 바이다.

다만 가야의 대외관계가 가야를 주체적으로 다루어지기 보다는 일본 위주 또는 백제 위주로 다루어지는 경우가 많다. 이는 『일본서기』에 전하는 가야 관계 기사를 통해서 가야의 대외관계를 연구하는 것과 무관하지 않을 것이다. 그러나 가야는 신라에게 멸망하지만 김유신의 가계가 신라귀족사회로 편입된 후 삼국통일의 주역이 되었다. 이처럼 가야 멸망 이후 가야후손이 신라에서 활약할 수 있었던 것은 가야 멸망이전 양국의 교류가 있었기 때문에 가능한 것이라고 생각한다.

가야와 신라의 관계에서 주목되는 것은 6세기 전반이다. 6세기 전반은 한

「加耶의 地域聯盟史 硏究」 부산대학교 박사학위 논문. 연민수, 1998 『고대한일관계사』, 혜안. 부산대학교 한국민족문화연구소, 2000 『가야 각국사의 재구성』, 혜안. 남재우, 2003 『安羅國史』, 혜안. 백승옥, 2003 『가야 각국사 연구』, 혜안. 박천수, 2007 『새로 쓴 고대 한일교섭사』, 사회평론. 이용현, 2007 『가야제국과 동아시아』, 통천문화사. 김현구, 2009 『고대 한일교섭사의 諸問題』, 일지사. 권주현, 2004 『가야인의 삶과 문화』, 혜안. 이형기, 2009 『대가야의 형성과 발전 연구』, 경인문화사. 이영식, 2016 『가야제국사연구』, 2016.

3) 연민수, 2003 『고대한일교류사』, 혜안. 한일관계사연구논집 편찬위원회, 2005 『임나 문제와 한일관계』, 경인문화사. 박천수, 2007 『(새로 쓰는)고대 한일교섭사』, 사회평론. 김현구, 2009 『고대 한일교섭사의 제문제』, 일지사. 연민수, 2014 『고대일본의 대한인식과 교류』, 역사공간. 이재석, 2019 『고대한일관계와 『일본서기』-『일본서기』의 허상과 실상』, 동북아역사재단. 신가영, 2020 「4~6세기 가야제국의 동향과 국제관계」, 연세대학교 박사학위논문.

반도 남부지역을 둘러싸고 신라와 백제가 치열하게 각축을 벌이게 된다. 이는 가야의 입장에서 본다면 신라와 백제의 양국의 공세 속에서 자구책을 강구할 수밖에 없는 상황이었다. 가야의 발전 원동력은 철을 매개로 한 교류인데, 6세기에 접어들면서 신라와 백제의 공격에 대응하기 위해서 주변세력과 교류를 더욱 활발하게 전개하게 된다. 특히 6세기 전반 가야는 그 어느 시기보다 신라와의 관계를 돈독하게 유지하고자 한다.

본고에서는 가야와 신라의 관계가 어느 때보다 밀접하였던 6세기 전반을 살펴보고자 한다. 특히 6세기 전반 백제가 섬진강 유역으로 본격적으로 진출하여 가야를 압박하자 가야는 친신라 외교정책을 통해 국가적 위기 상황을 돌파하고자 한다. 6세기 전반 가야의 친신라 외교정책이 어떻게 추진되었는지 구체적으로 살펴보겠다.

2. 가라국과 신라의 결혼동맹과 신라의 남부가야제국 병합

1) 가라국과 신라의 결혼동맹

6세기대 접어들면서 삼국통일 전쟁이 본격화되면서 한반도 남부지역에서 우위권을 확보하기 위해 신라·백제·가야는 상호 간의 적극적인 외교관계를 전개하였다. 이와 같은 6세기 전반 한반도 남부정세 속에서 주목되는 것은 가라국과 신라의 결혼동맹이다. 먼저 결혼동맹 관련 기사는 소개하면 다음과 같다.

> 가-① 춘3월 가야국왕이 사신을 보내 청혼하므로, 왕이 伊湌 比助
> 　　　夫의 누이동생을 보내었다.[4]
> 가-② 釋順應傳에는 "大伽倻國의 月光太子는 正見의 10세손이

요. 그의 아버지는 異腦王인데, 신라에 청혼하여 夷粲 比枝
輩의 딸을 맞이하여 태자를 낳았으니 이뇌왕은 惱窒朱日의
8세손이다"라고 하였다. 그러나 역시 참고할 것이 못 된다.[5]

가-③ 이달, 物部伊勢連父根, 吉士老 등을 보내어 (그) 나루를 百
濟王에게 하사하다. 이때에, 加羅王이 勅使에게 일러 말하
길, '이 나루는 관가를 설치한 이래부터, 臣이 조공하는 津涉
으로 삼았습니다. 어찌하여 함부로 변경하여 이웃나라에
하사할 수 있습니까? 원래 封한 바 한계지역에 위배되는 것
입니다'라고 하였다. 勅使 父根 등은 이 때문에 面前에서
하사하는 것이 어려워 물러나 大嶋로 돌아갔다. 따로 錄史
를 보내 결국 扶余에게 하사하였다. 이 때문에 加羅가 新羅
와 結儻하고 일본을 원망하게 되었다. 加羅의 왕이 新羅의
왕녀에게 장가들어 마침내 아이를 가졌다. 新羅가 처음 딸
을 보낼 때, 아울러 百人을 보내어 딸의 從者로 삼았다. (이
들을) 받아들여서 여러 縣에 散置하고, 新羅의 衣冠을 착용
하도록 하였다. 阿利斯等이 그들이 變服한 것에 성을 내고,
使者를 보내어 불러들여 (新羅로) 되돌려보냈다. 新羅는 크
게 부끄러워하고, 도리어 딸을 돌려 받고자 하여 말하길, '전
에 그대가 예를 갖추어 장가들려는 것을 승인하고, 내가 곧
혼인을 허락하였다. 지금 벌써 이와 같이 되었으므로, 청컨
대 왕녀를 돌려달라'고 하였다. 加羅의 己富利知伽[未詳]
가 답하여 말하길, '배필로 맞아들여 부부로 합쳤는데, 어찌
하여 다시 이별할 수 있겠습니까? 또한 아이도 있는데, 그를

---

4) 『삼국사기』 권4, 신라본기 4 법흥왕 5년 3월조.
5) 『신증동국여지승람』 권29, 고령현 건치연혁조.

버리고 어디로 가겠습니까?'라고 하였다. 마침내 (新羅가)
지나가는 길에 있는 刀伽·古跛·布那牟羅의 3城을 쳐 빼
앗았다. 또한 북쪽 국경의 5城을 쳐 빼앗았다.[6]

위의 사료는 가라국과 신라의 결혼동맹을 전하는 사료인데, 가-①·②은
가라국왕이 신라에게 구혼하여 결혼동맹이 성립된 사실만을 간략하게 전하
고 있다. 그리고 가-③에서는 가라국과 신라의 결혼동맹 성립에서 파탄에 이
르는 일련의 과정을 비교적 상세하게 전하고 있다. 이상의 기사를 통해서 가
라국과 신라의 결혼동맹의 전모를 파악해 보고자 한다.

먼저 가라국과 신라의 결혼동맹의 체결된 시기에 관해서 살펴보고자 한
다. 위의 사료에서 결혼동맹의 시기를 직접 전하고 있는 것은 가-①이고, 가-
②의 경우 가라국의 왕계가 불명하기 때문에 결혼동맹 시기를 특정하기 어렵
다. 또한 가-③은 결혼동맹 성립부터 결렬되는 추이를 전하고 있고 전체적으
로 결혼동맹 결렬에 초점에 맞춰져 있다. 그렇다고 한다면 결혼동맹이 성립
된 시기는 가-①의 연대를 따르는 것이 마땅하다고 생각한다.

즉 가라국과 신라의 결혼동맹은 522년에 성립되었고, 529년에 파탄에 이
르렀음을 확인할 수 있다. 한국 사료의 경우 결혼동맹이 성립한 사실만 기재
하고 있고, 사료 가-③의 경우 결혼동맹의 파탄에 이르는 과정 및 그 이후의
정황이 기록되어 있다. 여기에서 분명하게 알 수 있는 것은 522년 가라국과
신라는 결혼동맹을 맺었다는 것이다. 그러나 가라국과 신라의 결혼동맹을 맺
은 계기는 위의 사료에서 전혀 언급이 되어 있지 않아 알 수가 없다. 다만 가
라국이 신라와 결혼동맹을 맺게 된 것은 가라국의 대내외 정세와 무관하지
않을 것이다. 그렇다면 6세기 전반 가라국의 정세를 통해 가라국과 신라의 결
혼동맹의 계기를 살펴보고자 한다.

6) 『일본서기』 권17, 계체23년 3월 시월조.

6세기 전반 가라국의 정세와 관련하여 주목되는 것은 백제가 가야지역으로 진출을 본격화한다는 것이다. 백제의 가야진출은 『일본서기』 계체기를 통해서 알 수 있다.[7] 관련 사료에 의하면 백제의 가야진출은 왜가 백제에게 임나4현 및 기문·대사를 주는 형식을 취하고 있다. 그러나 왜가 백제가 임나4현·기문·대사를 하사했다는 기록을 역사적 사실로 받아들일 수 없다. 이는 『일본서기』가 일본 고대국가가 완성되는 천황제 율령국가의 통치 이념, 정당성을 주장하는 입장에서 서술되었기 때문이다.[8] 그렇다면 『일본서기』에 전하는 기사로 백제의 가야진출을 살펴볼 때 『일본서기』 편찬 이데올로기에서 비롯된 왜의 임나지배 관념을 걷어내야 한다. 이러한 점은 감안하여 6세기 전반 백제의 가야진출 과정을 정리하면 다음과 같다.

첫째, 백제의 가야진출이 일시적으로 이루어졌다기보다는 여러 차례에 걸쳐서 시도함으로써 자신의 영역화에 성공한 것이 아닐까 한다. 이는 『일본서기』 계체 6·7·8·9·10년과 23년조에는 백제의 임나4현 및 기문·대사의 할양에 관한 기사를 전하고 있는 것에서도 알 수 있다. 물론 이들 기사에서 왜가 가야지역을 백제에게 직접 할양으로 전하고 있지만, 이는 백제의 가야 진출로 이해하는 것이 일반적이다. 다만 이들 기사에는 지명과 인명 등에서 유사함이 보일 뿐 아니라 기문·대사가 함께 또는 따로 언급되고 있기 때문에 이들 기사를 해석함에 있어 차이를 보이고 있다.[9]

---

7) 백제의 임나 4현 및 기문·대사 진출 관련 내용은 『일본서기』 권17, 계체6년 12월·계체7년 6월·계체7년 11월·계체7년 11월 시월·계체8년 3월·계체9년 2월 시월·계체9년 4월·계체10년 5월·계체10년 9월·계체23년 3월·계체23년 3월 시월의 기사를 통해서 확인할 수 있다.

8) 『일본서기』의 사료적 특성과 관련하여 오야마 세이이치 지음·연민수 옮김, 2012, 『일본서기와 천황제 창출』, 동북아역사재단을 참조하기 바란다.

9) 일본서기에는 임나4현·기문·대사의 할양을 별개의 사건으로 서술하고 있지만, 동일한 지명이 보인다든지, 서술형태가 비슷하기 때문에 이들 기사를 동일한 사건을 중복 게재한 것으로 이해하기도 한다(三品彰英, 2002 『日本書紀朝鮮關係記事考證』(下卷),

백제의 임나4현·기문·대사 진출을 전하는 기사의 경우 이들 지명이 섬진강 수계라는 점, 등장인물이 동일한 점, 왜가 백제에게 할양했다고 하는 동일한 서술형태 등으로 볼 때, 일련의 사건을 중복적으로 기술한 것으로 볼 수 있을 것이다.

그렇다면 계체6년부터 계체23년에 이르기까지 전하고 있는 백제의 가야진출에 관한 기사는 일련의 사건을 중복적으로 전하고 있기 때문에 같은 사건이 선후관계 없이 기록되어 있는데, 이는 당시 백제의 가야지역의 진출이 일시적으로 이루어진 것이 아니라 점진적으로 이루어졌기 때문이 아닌가 한다.

둘째, 백제의 가야진출에는 왜의 묵시적인 동조가 있었다는 것이다. 『일본서기』에는 백제의 가야진출을 왜가 백제에게 할양한 것으로 서술되어 있다. 물론 당시 가야의 영역인 임나4현·기문·대사를 왜가 백제에게 하사했다는 기록은 역사적 사실로 받아들이기 어렵다. 이는 『일본서기』 편찬 이데올로기에 비롯된 왜의 임나지배라는 관념에서 기인한 것으로 볼 수 밖에 없다. 다만 백제가 가야진출 할 무렵 왜 사신 수적신압산이 백제에 파견되어 백제의 가야진출을 적극적으로 도와주는 것과 그 대가로 백제로부터 뇌물을 받았다는 것은[10] 왜가 백제의 가야진출을 협조한 것으로 이해할 수 있지 않을까 한다.

왜가 백제의 가야진출에 협조한 사유에 관해서는 『일본서기』 기록만으로 전모를 알 수 없다. 다만 계체천황은 왕권강화를 위해 한반도와의 교류를 적극적으로 추진하게 되는데, 왜의 입장에서는 선진문물 수용을 위해 백제와의 관계가 중요했을 것이다. 그렇다면 왜는 백제로부터 선진문물을 안정적으로 확보하기 위해 백제의 가야진출에 협조한 것으로 볼 수 있는 않을까 한다. 이

天山舍, pp.225~227. 연민수, 1998 『고대한일관계사』, 혜안, p.182. 白承忠, 2000 「6세기 전반 백제의 가야진출과정」 『百濟研究』 31, pp.66~67). 반면에 계체7·8·9·10년조와 계체23년조를 별개의 사건으로 이해하기도 한다(김현구 공저, 2003 『일본서기 한국관계기사 연구(II)』, 일지사, pp.57~58).

10) 『일본서기』 권17, 계체6년 12월조.

는 백제가 가야지역으로 진출할 무렵 왜에게 오경박사를 교번제로 제공하고 있다는[11] 기사를 통해서도 알 수 있다. 즉 백제는 가야 진출을 원활하게 진행하기 위해 왜와의 관계를 돈독히 하면서 백제의 가야진출에 묵시적으로 동조를 얻었다고 할 수 있다.

왜는 5세기 말 중국·백제와의 외교 단절로 혼란기를 맞이하였는데, 이러한 혼란을 극복하기 위해서 왜는 무엇보다 한반도와의 관계 회복이 중요하였다.[12] 당시 왜가 한반도와의 관계 개선을 중시한 상황을 감안한다면 왜가 백제의 가야진출에 대해서 묵시적으로 동조한 것은 당연할 것이다.

이상과 같이 백제는 한성함락 이후 동성왕의 왕권강화 정책으로 인하여 국내적 정세가 안정됨에 따라 섬진강 수계를 중심으로 한 가야지역에 대한 관심이 높아지게 되면서 본격적을 가야진출을 시도하게 되었다. 백제의 가야 진출은 기문·대사 지역을 중심으로 진행되었으며, 왜·안라국 등 주변세력과의 관계를 돈독히 하면서 전개되었다.

앞서 살펴보았듯이 백제의 기문·대사 진출은 일시적으로 이루어진 것이 아니기 때문에 가야제국도 장기간에 걸쳐 진행된 백제의 가야 진출을 저지하고자 하였을 것이다. 여기에서는 백제의 가야 진출에 대한 가야제국의 대응책을 살펴보고자 한다.

백제의 기문·대사 진출에 직면한 반파국은 적극적으로 대응하고 있는데,[13] 이는 반파국과 기문·대사가 지리적으로 인접하기 때문이라고 생각한다. 반파국은 축성을 통해 백제의 가야 진출을 저지하고자 하였다.[14] 즉 반파

---

11) 『일본서기』 권17, 계체7년 7월조·계체10년 9월조.
12) 6세기 전반에 즉위한 계체천황이 한반도와의 관계를 개선하면서 당시 당면한 국내외의 혼란을 극복하였다(이연심, 2008 「'가야왜계관인'을 매개로 한 안라국과 왜」 『韓日關係史研究』 31, pp.13~16).
13) 『일본서기』 권17, 계체8년 3월조·계체9년 2월 시월조·계체9년 4월조.
14) 『일본서기』 권17, 계체 8년 3월조.

국은 자탄-대사-만해, 이열비-마수비-마차해-추봉을 잇는 지역에 각각 축성하였다. 반파국이 축성한 원인에 대해서 언급하고 있지 않지만, 전후 기사의 문맥을 살펴볼 때 백제의 기문 지역에 대한 진출의 대비로 볼 수 있을 것이다.[15] 다만 사료에서는 반파국의 축성이 일본과 신라를 대비한 것이라고 하였는데, 여기서 신라를 안라국으로 보는 것이 가능하다면 앞에서 언급하였듯이 백제의 가야진출을 묵시적으로 동조한 안라국과 왜를 견제함으로써 백제의 가야 진출을 대비한 것으로 이해할 수 있지 않을까 한다. 즉 반파국의 축성은 백제의 기문 잠식에 대한 대응으로 볼 수 있다.

반파국이 축성으로 백제의 가야 진출에 적극 대응한다고 한다면, 이것이 반파국의 단독 대응인지, 가야제국의 합의에 의한 대응인지에 대해서 살펴볼 필요가 있다. 우선 반파국의 축성이 반파국 이외의 가야제국과의 관련성을 언급하는 사료가 없기 때문에 단정할 수 없다. 다만 후술하겠지만 신라의 가야 진출이 본격화 되면서 안라국이 '안라회의'를 통해서 친신라적 외교정책을 전개한다든지, 백제가 개최한 '임나복건회의'에 가야제국의 한기가 함께 참여하는 것으로 볼 때 반파국의 축성은 반파국 단독으로 진행되었다기 보다 당시 반파국을 중심으로 백제의 남하를 저지하기 위해 가야제국이 반파국의 축성에 참여한 것으로 볼 수 있지 않을까 한다.

그렇지만 모든 가야제국이 반파국의 축성에 적극 참여하였다고 할 수 없다. 왜냐하면 앞에서 언급했듯이 백제의 기문 진출이 왜와 안라국 등 친백제 세력 묵시적인 동조 속에서 이루어지기 때문에 가야제국 중에서 백제의 진출에 반대하는 세력들이 반파국을 도와서 축성에 참여하였을 것이다. 이러한

---

15) 사료에 의하면 반파국의 축성은 일본과 신라를 대비하였다고 하는데, 당시 기문의 지리적 위치를 감안한다면 반파국이 신라를 대비하여 축성했을 가능성은 없다. 다만 『일본서기』의 신라 적대의식 및 안라국이 왜와 함께 백제의 기문·대사 진출을 묵시적으로 동조한 것으로 보아 신라는 안라의 오기로 보기도 한다(白承忠, 1995 「加耶의 地域聯盟史 硏究」, 부산대학교 박사학위논문, pp.192~193).

반파국의 축성은 백제의 가야진출을 무력적으로 저지하고자 한 것이다. 반파국의 무력적 대응은 축성으로 끝나는 것이 아니라, 이후 대사강 공격으로 더욱 적극적으로 백제의 가야진출에 대응하고 있음을 알 수 있다.[16] 반파국의 대사강 공격은 백제의 기문 진출 이후 진행된 대사지역에 대한 진출을 저지하고자 한 것으로 볼 수 있을 것이다. 이러한 반파국의 무력적 대응은 계체9년 2월 시월조에 보이듯이 반파국이 한을 품고 포악함을 저지른다고 한 것에서도 알 수 있다.

이상과 같이 백제의 가야진출이 활발하게 전개될 때 가야제국 중 반파국은 기문·대사지역과의 지리적 인접성 때문에 다른 가야제국에 비해 적극적으로 대응할 수 밖에 없었을 것이다. 반파국의 대응은 축성·대사강 공격 등 무력적 대응을 주로 전개하였다. 그렇지만 반파국은 무력적으로만 기문·대사 공격에 대응한 것은 아니다. 즉 백제의 기문·대사 진출을 저지할 목적으로 왜를 끌어들였다. 이러한 반파국의 외교적 대응에 관한 것은 계체7년 11월조에 전한다. 물론 이 기사에서도 반파국이 왜에게 기문을 돌려달라고 요청하였지만, 이를 거절당하였다고 기술하고 있다. 이는 왜의 입장에서 서술한 것이기 때문에 사료의 내용을 있는 그대로 받아들일 수 없다. 다만 반파국이 백제의 기문 진출 이후 백제의 가야진출을 더 이상 허용하지 않기 위한 방책으로 왜를 끌어들였지만, 왜는 앞에서 살펴보았듯이 백제의 가야진출을 묵시적으로 동조하였기 때문에 반파국의 요청을 받아들일 수 없었던 것이다. 결국 반파국이 왜를 끌어들여 백제의 가야진출을 저지하고자 한 것은 실패하였지만, 당시 반파국이 백제의 기문 진출을 무력적으로만 대응한 것이 아니라 주

---

16) 반파국의 대사강 공격은 『일본서기』 권17 계체9년4조(여름 4월, 物部連가 帶沙江에 머무른 지 6일, 伴跛가 군사를 일으켜 가서 정벌하였다. 핍박하여 저고리와 바지를 벗기고, 가져온 것(재물)을 劫掠하고 휘장과 장막을 모두 태웠다. 物部連 등은 매우 두려워 달아났다. 겨우 身命을 보존하여 汶慕羅[汶慕羅는 섬의 이름이다]에 정박하였다)에 전하고 있다.

변의 세력을 끌어들여 외교적으로 해결하고자 노력한 것으로 이해할 수 있을 것이다.

반파국의 수장은 기문·대사 지역과의 인접성 때문에 백제의 가야진출에 대해 가야제국의 그 어느 수장보다 적극적으로 대응하였지만, 백제는 가야진출을 위해 왜 및 안라국의 묵시적 동조를 얻음으로써 이를 성공적으로 마무리 한 것이다. 즉 반파국을 중심으로 전개된 백제의 가야 진출에 대한 저지책은 실패하였다. 이러한 반파국의 실패는 가라국으로 하여금 더 이상 백제의 가야 진출을 그냥 두고 볼 수 없게 한 것이다. 가라국은 반파국의 실패를 감안하여 신라와의 외교 관계를 통한 자구책을 모색한 것으로 보인다. 즉 가라국은 백제의 가야 잠식에 대한 자구책으로 신라와 결혼 동맹을 맺게 된다.

가라국은 백제의 가야진출이 대응책으로 신라와 결혼동맹을 맺었으나 결국 파탄을 맞이하게 된다. 결혼동맹의 파탄 과정을 요약하면 신라 왕녀가 시집올 때 데려온 종자의 변복 문제를 아리사등이 제기하고, 가라의 이부리지가의 만류에도 불구하고 종자들이 본국으로 돌아가는데, 3성과 북경 5성을 함락하면서 마무리된다(사료 가-③). 결국 결혼동맹의 파탄의 결정적인 원인은 결혼동맹으로 가야지역에 온 신라인들의 변복을 둘러싼 갈등이라는 것이다. 즉 가라국의 친신라 외교정책을 둘러싼 갈등으로 양국의 결혼동맹은 파탄에 이르게 되었다는 것이다.

비록 결혼동맹은 양국의 입장의 차이로 인하여 결렬되었지만, 가라국과 신라의 결혼동맹은 백제의 가야진출을 저지하고자 한 가라국의 대응책이라고 할 수 있을 것이다. 이러한 가라국의 결혼동맹에 대해서 가야제국의 수장들이 어떻게 받아들였는지는 결혼동맹 파탄 과정을 통해서 확인할 수 있다. 즉 결혼동맹 결렬을 둘러싸고 가야제국의 수장은 찬·반으로 분열된 양상을 보인다(사료 (가)-③). 이는 백제의 가야진출이 본격화 되면서 자국의 이해관계에 따른 가야제국의 분열 양상으로 이해할 수 있지 않을까 한다.

이상에서 살펴보았듯이 백제의 기문·대사 진출에 대해서 가야제국은 자국의 이해관계를 중심으로 적극 대응하고자 하였다. 즉 지리적 인접성 때문에 백제의 군사적 압박에 직면한 반파국은 무력적으로 대응하는 한편 왜의 세력을 끌어들여 외교적으로 해결하는 모습을 보인다. 또한 가라국은 백제의 기문·대사 진출이 마무리될 무렵 백제에 대한 견제책으로 신라와 결혼동맹을 맺게 된다. 이러한 결혼동맹은 결렬과정에서 볼 수 있듯이 가야제국의 분열양상을 촉진시켰다.

2) 신라의 남부가야제국 병합

신라는 400년 고구려 남정 이후 김해·부산 지역을 중심으로 한 남부가야 지역에 대한 영향력을 행사하였다.[17] 이러한 신라의 가야진출은 6세기에 접어들면서 본격화 된다고 할 수 있는데, 6세기대 신라의 가야진출과 관련하여 주목되는 것은 법흥왕이 남경을 순회하고 가야국왕이 내회한다는 것이다.[18] 즉 앞에서 언급했듯이 522년에 가라국과 신라의 결혼동맹을 맺었다는 점을 감안한다면 법흥왕이 순행한 지역은 당시 가야와 신라의 경계지역이고, 가야 왕은 신라의 순행에 참여한 것이다. 즉 522년 결혼동맹 이후 가야와 신라의 친선관계는 유지되고 있었다는 것을 의미한다.

그런데 가야와 신라의 관계 변화가 보이기 시작 것은 결혼동맹 이후이다. 즉 신라는 결혼동맹 결렬을 빌미로 남부가야지역을 군사적으로 압박하는 것이 보인다. 이는 신라가 결혼동맹이 결렬된 후 돌아가는 길에 刀伽·古跛·布那牟羅 3성과 北境5성을 빼앗는 것을 통해서 확인할 수 있다.[19] 다만 신라가 군

---

17) 신라의 가야지역에 대한 영향력은 고고유물을 통해서 확인할 수 있는데, 김해 예안리·부산 복천동·양산 부부총 등에서 출토된 유물은 이를 뒷받침한다.
18) 『삼국사기』 신라본기 4, 법흥왕11년 9월조.
19) 『일본서기』 권17, 계체23년 3월조.

사적으로 압박한 지역이 구체적으로 어디인지 단언할 수 없지만, 당시 신라의 가야진출 경로를 감안한다면 남부가야제국의 인근지역이 아닐까 한다. 이처럼 결혼동맹 결렬된 이후 신라는 가야지역에 대한 군사적 압박을 본격화하였다고 할 수 있다.

결혼동맹 이후 신라의 가야진출이 본격화되면서 남부가야제국은 신라에게 병합된다. 그러나 가야의 멸망 전하는 것은 김해 가락국과 고령 가라국뿐이다. 즉 김해 가락국은 투항하였고, 가라국은 이사부의 기습공격에 의해 일시에 패망하였다. 이처럼 가야제국 중 가락국과 가라국을 제외하고는 멸망과정을 거의 알 수 없다. 다만 탁순·탁기탄 등 남부가야제국의 멸망 원인에 관해서는 『일본서기』에 언급되어 있다.

> 나-① 특히 그대들은 탁순 등의 화를 불러들일까봐 두렵다고 말하고 있지만, 신라가 스스로 강하기 때문에 그렇게 할 수 있었던 것은 아니오. 록기탄은 가라와 신라의 경계선에 있어서 해마다 공격을 받아 패하였다. 임나는 능히 구원할 수 없었다. 이로 말미암아 망하게 된 것이다. 그 남가라는 땅이 협소하여, 갑자기 방비할 수 없고, 의탁할 곳을 알지 못 하였다. 이로 말미암아 망하게 된 것이다. 그 탁순은 상하 둘로 갈라져 있었다. 국주가 스스로 붙고자 하여, 新羅에 내응하였다. 이로 말미암아 망하게 된 것이다. 이것으로 인하여 보니 삼국이 패망한 것은 모두 이유가 있었다.[20]
>
> 나-② 탁국의 함파한기가 가라국에 딴 마음을 먹고 신라에 내응하니, 가라는 바깥으로부터 싸움을 하는 입장이 되었습니다. 이 때문에 (탁국은) 멸망한 것입니다. 만약 함파한기가

---

20) 『일본서기』 권19, 흠명2년 4월조.

내통하지 못하도록 하였다면 탁국은 비록 소국이지만 망하
지 않았을 것입니다. 탁순의 경우도 또한 그렇습니다. 만약
탁순국의 왕이 신라와 내통하여 적을 불러들이지 않았더라
면, 어찌 멸망에 이르렀겠습니까. 여러 나라가 패망한 화근
을 두루 살펴보면 모두 내응하거나 딴 마음을 품은 자 때문
에 비롯된 것입니다.[21]

위의 사료에서는 주로 백제가 남부가야제국의 멸망에 관해서 언급하는
것인데, 남부가야제국이 신라에 스스로 내응한 것이 멸망의 주요 원인이라고
한다. 그렇다면 백제가 남부가야 멸망 원인을 신라에 내응한 것이라고 한 것
은 가야의 친신라 외교정책을 비판하기 위한 것이다. 백제는 임나복건을 명
분으로 '임나복건회의'를 개최하는데, 백제는 안라국 등 가야제국의 친신라
정책을 저지하기 위해 여러 가지 방안을 모색하는 것을 확인할 수 있다.[22] 그
렇다면 남부가야지역의 멸망은 신라와 밀접한 관련이 있다고 할 수 있다.

사료 나-①·②에서는 남부가야제국의 멸망 원인에 대해 서술하고 있다.
물론 이 사료는 성왕의 회고담 속에 언급된 것이기 때문에 그 이전에 이미 탁
기탄, 남가라, 탁순이 멸망한 것은 분명하다. 다만 『일본서기』에는 이들의 멸
망시기에 대해서 언급하지 않지만, 『삼국사기』에는 남가라의 멸망 시기(532
년)를 언급하고 있다. 그렇기 때문에 이들 삼국의 멸망 시기에 대해서 단언하
기는 어렵지만, 회고담에서 언급한 대로 탁기탄, 남가라, 탁순이 순차적으로
신라에 병합된 것이 아닐까 한다. 이는 신라의 가야진출이 일시적으로 전개
된 것이 아니라는 것에서도 확인할 수 있다.

신라의 가야진출이 무력적으로만 전개된 것이 아니라는 것을 확인할 수

---

21) 『일본서기』 권19, 흠명5년 3월조.
22) 『일본서기』 권19, 흠명5년 11월조.

있는데, 탁순국의 멸망 원인이 그것이다. 사료에 의하면 탁순국의 멸망은 상하로 분열되었으며, 主가 스스로 신라에 내응하였기 때문이라고 하였다. 이는 탁순국의 멸망이 친신라 세력에 의한 것이라는 것이다. 가야제국에 있어서 친신라 세력의 등장은 앞에서 언급하였듯이 가라국과 신라의 결혼동맹 이후라고 할 수 있다. 그렇다고 탁순국이 결혼동맹 이후 친신라화한다고 할 수 없다. 왜냐하면 결혼동맹 이후 신라의 가야 잠식의 의도를 안 탁순국왕(아리사등)은 결혼동맹을 파탄에 이르게 한다든지, 왜에 사신을 파견하여 신라가 자국을 침략하는 것을 알리고 구조를 요청하는 것[23]에서 탁순국은 친신라 세력이라기보다는 신라에 대항하는 세력으로 볼 수 있기 때문이다. 이러한 탁순국의 상황에 변화를 보이는 것은 신라에 의한 분열책 즉 친신라 세력에 의한 분열책이었을 것이다. 따라서 탁순국의 멸망 원인은 신라의 군사적 압박과 함께 내부 분열책에 있었던 것이다.

또한 안라국은 결혼동맹 이후 신라의 군사적 압박이 강해지자 '안라회의'를 개최하게 되는데, 안라국은 '안라회의'를 계기로 친신라 정책을 본격화한다. 게다가 신라는 '안라회의'에 백제에 비해 낮은 관등의 관리를 파견하였지만 고당에 올라 안라국과 함께 회의에 참여하였다.[24] 이는 당시 신라가 안라국에 대해서는 군사적 압박보다 친신라 세력을 이용한 가야진출을 전개한 것으로 볼 수 있을 것이다.

이상에서 살펴본 바, 신라의 가야진출은 가라국과의 결혼동맹을 계기로 본격화 되었다. 즉 결혼동맹 결렬 이후 신라는 가야제국내의 친신라 세력을 활용한 분열책과 군사적 압박으로 탁기탄·탁순을 순차적으로 병함으로써 남부가야제국으로의 진출에 성공하게 된다.

---

23) 『일본서기』 권17, 계체23년 4월조.
24) 『일본서기』 권17, 계체23년 3월 두 번째 시월조.

3. 안라국의 친신라 정책

신라의 남부가야진출이 본격화 되면서 안라국은 동·서 양방향으로부터 백제와 신라의 압박을 받게 된다. 게다가 신라의 남부가야제국 병합이 마무리 될 무렵, 안라국은 신라와 직접 경계를 접하게 된다. 이러한 주변정세로 인하여 안라국은 자국의 독자성 확보를 위한 자구책을 모색하게 된다. 안라국의 자구책으로 주목되는 것은 '안라회의'이다. 우선 '안라회의'에 관련된 사료를 소개하면 다음과 같다.

> 다. 이 달, 近江毛野臣을 安羅에 使者로 보냈다. 勅書로 新羅에게
> 다시 南加羅·喙己呑을 세울 것을 勸하였다. 百濟는 將軍君尹
> 貴·麻那甲背·麻鹵 등으로 하여금 安羅에 가서 이르게 하여,
> 삼가 조칙을 듣게 하였다. 新羅는 蕃國의 官家를 깨뜨린 것을
> 두려워하여 大人을 보내지 않고서 夫智奈麻禮·奚奈麻禮 등
> 으로 하여금 安羅에 가서 이르게 하여 삼가 조칙을 듣게 하였
> 다. 이때에, 安羅가 새로 高堂을 건축하고, 勅使를 인도하여 오
> 르게 하였다. 國主가 뒤를 따라 계단을 올랐다. 國內의 大人으
> 로 사전에 미리 堂에 오른 자가 하나 둘이었다. 百濟의 使者 將
> 軍君 등이 堂下에 있었다. 무릇 수개월간에 再三 堂上에서 의
> 논하였다. 將軍君 등이 마당에 있는 것에 원한을 품었다.[25]

'안라회의'의 배경을 직접적으로 전하는 사료는 없지만, 이와 관련해서는 사료 다에서 근강모야신이 임나에 파견된 목적에 대해서 언급한 부분을 주목해야 한다. 근강모야신이 임나에 파견된 것은 남가라·탁기탄 등 남부가야제

---

25) 『일본서기』 권17, 계체23년3월 두 번째 시월조.

국을 재건하기 위함인 것처럼 서술되어 있는데, 이는 『일본서기』에서 보이는 전형적인 왜 중심 서술이기 때문에 역사적 사실로 인정할 수는 없다. 다만 여기에서 한반도 정세와 관련하여 신빙할 수 있는 것은 남부가야제국이 위기를 맞이한 사실이다. 남부가야제국이 국가적 위기를 맞이한 것은 당시 백제·신라의 가야 진출과 밀접한 관련이 있다. 따라서 '안라회의'를 개최하게 된 배경은 여러 가지로 언급할 수 있겠지만 그중 하나는 당시 백제·신라의 가야진출이라고 할 수 있다.

'안라회의'는 신라의 남부가야진출이 본격화됨에 따라 안라국의 위기를 극복하기 위해서 개최된 것이라고 할 수 있다. '안라회의'는 백제·신라·왜뿐만 아니라 가야제국 등이 참여한 국제회의였다. 우선 '안라회의'에 참여한 가야제국에 대해서 구체적으로 살펴보고자 하는데, 사료 다에서 국내대인이 고당에 올라 함께 의논하였음은 분명하게 전하고 있다.[26] 이것만으로 '안라회의'에 참여한 가야제국을 구체적으로 언급할 수는 없다. 다만 안라국은 '안라회의'를 통해 당시 국가적 위기를 가야제국과 함께 극복하고자 하였던 것은 분명하다고 할 수 있다. 또한 흠명2년~동5년까지 진행된 '임나복건회의' 개최과정에서도 안라국은 '임나일본부'와 임나한기와 함께 의논한 것을 확인할 수 있는데, 이는 '안라회의'에서 결정된 정책을 가야제국과 함께 의논하면서 전개한 것으로 볼 수 있지 않을까 한다.

'안라회의'는 안라국의 독자성 확보를 위한 수단이라고 할 수 있다. 그렇

---

26) '안라회의'에 참여한 국내대인에 대하여 안라국의 뜻에 동조하는 소국들의 대표로 이해하거나(金泰植, 1993 『加耶聯盟史』, 一潮閣, pp.201~202), 안라지역연맹체에 속하는 소국단위의 수장으로 보기도 한다(백승옥, 2004 「'安羅高堂會議'의 성격과 安羅國의 위상」 『지역과 역사』 14, pp.22~23). 또한 안라국 이외의 제국은 참여하지 않았기 때문에 안라국의 재지대표세력으로 이해하기도 한다(白承忠, 1995 「加耶의 地域聯盟史 硏究」, 부산대학교 박사학위논문, p.242). 그러나 '안라회의'가 국제회의인 것을 감안한다면 가야제국의 참여 가능성도 충분하다고 본다.

다면 안라국이 '안라회의'를 통해서 어떠한 자구책을 모색했을까? 이것에 대하여 직접 언급하는 사료가 없기 때문에 단정하기 어렵다. 다만 사료 다에서 알 수 있듯이 백제·신라가 이 회의에 참여하고 있는데, 신라가 백제에 비해 낮은 관등의 관리를 파견하지만, '안라회의'에 가야제국의 국내대인과 함께 고당에 오르는 것에 주목할 필요가 있다.

'안라회의'에 신라는 백제에 비해 낮은 관등의 관리를 파견했는데, 이는 당시 양국의 안라국에 대한 외교적 입장의 차이를 보여준다고 할 수 있다.[27] 이는 당시 남부가야진출에 있어서 신라가 우위를 점한 것과 관련이 있을 것이다. 즉 백제는 기문·대사 진출 이후 국내 사정으로 인하여 가야 진출이 용이하지 않았던 반면 신라는 남가라 등 남부가야지역으로의 진출이 본격적으로 이루어졌다고 할 수 있다. 이로 인하여 백제는 안라국에서의 신라의 영향력 확대를 견제하기 위해서 고관을 파견하였고, 신라는 남부가야지역에 대한 진출이 본격적으로 진행되는 상황에서 군사적 압박보다 외교적인 수단으로 안라국에서의 영향력 확대를 꾀한 것으로 이해할 수 있다.

안라국의 친신라적 외교정책은 '안라회의'에서 백제가 신라에 비해 고관을 파견하였으나 고당에 오르지 못 한 것을 통해서 알 수 있다. 즉 친신라적 외교정책을 위해 개최된 '안라회의'에서 백제는 의논의 대상에서 제외되는 것이 당연할 것이다.

---

27) '안라회의'에 백제가 고관을 파견한 것에 대해서 신라가 이 회의에 하급관리를 보낸 것은 신라가 이 회의를 중시하지 않았기 때문이고, 백제가 고위층을 파견한 것은 회의에서 주도권을 행사하기 위한 것으로 이해하기도 한다(金泰植, 1993 『加耶聯盟史』, 1993, p.201. 연민수, 1998 『고대한일관계사』, 혜안, pp.207~208). 반면 당시 남가라 등이 신라에 병합된 상태에서 백제는 강경책을 쓸 수 없었기 때문에 고관을 보내어 안라국에 대해 저자세를 취한 것이고, 신라는 안라국을 외교적으로 끌어들일 수 있다는 자신감을 바탕으로 외교·군사 업무상의 독자적인 권한을 가진 하급관리인 '奈麻禮'를 파견한 것으로 이해하기도 한다(白承忠, 2000 「6세기 전반 백제의 가야진출과정」 『百濟硏究』 31, p.72).

이상과 같이 '안라회의'를 통해서 안라국과 신라의 외교적 접촉이 성립되었다고 할 수 있다. 신라의 남부가야제국 잠식으로 인하여 안라국은 신라와 경계를 접하게 되면서 신라로부터 직접적인 압박을 받게 된다. 안라국은 이와 같은 위기상황을 극복하기 위해 국제회의인 '안라회의' 개최를 계기로 친신라적 외교정책을 전개하여 독자성을 확보하고자 했던 것이다.

'안라회의' 개최 이후부터 안라국은 친신라 정책을 본격적으로 전개함으로써 자국의 독자성 확보에 힘썼던 것이다. 당시 안라국에서 활동한 '왜계가야관료'[28]도 안라국의 친신라 외교정책을 따르게 되었다. '왜계가야관료'가 백제로부터 비난의 대상이 되거나 본처로의 송환을 요구받는 것을 통해서 확인할 수 있다.[29] 이는 백제가 '왜계가야관료'의 친신라적 외교 활동을 저지하기 위해 취한 조치로 이해할 수 있다.

신라의 가야진출에 대해서 친신라적 외교정책을 통해 독자성을 확보하고자 하였던 안라국과 달리 신라에 대항하면서 자구책을 모색한 가야제국도 존재하였는데, 그 대표적인 존재가 탁순국이라고 할 수 있다. 탁순국은 '안라회의'가 개최될 쯤에 신라의 가야 침략을 비난하면서 자구책을 모색하는 것을 확인할 수 있다.[30] 탁순국은 인근 지역인 안라국과 달리 반신라적 태도를 보이는데, 이는 결혼동맹 결렬 과정에서 엿볼 수 있다. 앞에서 언급하였듯이 신라가 결혼동맹을 통해서 신라의 진출을 본격적으로 전개하고자 한 의도를 안 탁순국은 결혼동맹의 결렬을 주장하면서 반신라적 태도를 보인다. 이는 결혼동맹을 파탄에 이르게 함으로써 신라의 가야진출을 저지하고자 한 것이다.

탁순국의 반신라적 성향은 이후에도 계속 지속된다고 할 수 있는데, 안라

---

28) 종래 '임나일본부'를 포함하여 503·40년대 안라국에서 활동한 왜인을 '왜계가야관료'로 상정하였다. 이에 관한 상세한 것은 이연심, 2008 「왜계가야관료를 매개로 한 안라국과 왜」『韓日關係史硏究』31을 참조하기 바란다.

29) '왜계가야관료'의 활동은 이연심, 위의 논문, 〈표 3〉을 참조하기 바란다.

30) 『일본서기』 권17, 계체23년 4월조.

국이 '안라회의'를 통해서 친신라적 세력의 활동이 활발하게 전개되는 것을 우려하여 이에 대한 대책으로 탁순국은 왜를 끌어들여 자국의 독자성을 확보하려고 하였다.[31] 이는 탁순국이 안라국과 같이 백제·신라·왜를 끌어들여 자구책을 확보하고자 한 것으로 볼 수 있다.

이러한 탁순국의 반신라적 활동이 남부가야제국 중 가장 늦게까지 존속할 수 있게 한 원인이 아니었을까 한다. 하지만 결국 탁순국도 신라에 병합되게 되는데, 탁순국의 멸망 원인은 상하분열 즉 내부분열이라는 것은 앞에서 언급하였다. 이처럼 탁순국의 분열은 친신라 세력의 활동에 의한 것이라고 할 수 있는데, 여기에서 주목되는 것은 '안라회의'에 참여한 근강모야신이 탁순국에 머물면서 여러 악행을 행하였다고 하였다. 다만 '안라회의'에 참여한 근강모야신의 활동은 구체적으로 언급할 수 없다. 관련 사료에서 '안라회의' 참석이라든지, 임나일본부와 같이 백제로부터 비난을 받는 대상이 된다거나, 본처로의 송환 대상이 되는 것을 확인할 수 있는데, 이는 모야신의 활동이 친신라적이기 때문이 아닐까 한다.[32] 모야신의 친신라적 성향을 감안한다면 모야신이 탁순국에 파견된 것은 친신라 세력을 이용한 내부분열을 위한 것이 아닐까 한다. 모야신의 탁순국에 대한 내부분열책이 성공적으로 이루어지면서 탁순국은 신라에 병합되게 된다.

'안라회의'를 통해서 안라국을 중심으로 한 가야제국의 수장은 친신라적 외교정책으로 신라의 가야진출에 적극적으로 대응하고 있음을 알 수 있다. 이러한 가야제국의 수장의 노력은 흠명대까지 계속 지속되는데, 이는 백제가 가야제국의 친신라적 외교정책을 저지하고자 개최한 '임나복건회의'를 통해서도 확인할 수 있다. 백제가 개최한 '임나복건회의'는 크게 보아 두 차례에

---

31) 『일본서기』 권17, 계체23년 4월조.

32) 근강모야신의 활동은 이연심, 2006 「近江毛野臣의 任那派遣에 대한 검토」 『釜大史學』 30, pp.21~28을 참조하기 바란다.

걸쳐 이루어졌다고 할 수 있다.[33] 관련 사료에 의하면 백제 성왕은 '임나복건'을 위해 가야제국의 한기 등을 한 자리에 모이게 하였다. 하지만 성왕이 소집한 '임나복건회의'의 진행은 순조롭지 못하였다. 이는 제1차 회의 이후 여러 차례 백제가 가야제국의 한기를 불렀지만, 이에 응하지 않는 것은 통해서 알 수 있다.

백제가 '임나복건회의'를 개최한 목적에 관해서 살펴보고자 하는데, '임나복건회의'의 개최 목적과 관련하여 주목되는 것이 두 번째 개최된 '임나복건회의'에서 제시된 성왕의 세 가지 계책이다.[34] 성왕의 계책은 '안라회의' 이후 가야제국에서 위축된 백제의 입지를 강화하기 위한 것이다. 앞에서 언급하였듯이 남부가야제국은 신라의 가야진출 이후 친신라적 성향이 짙게 나타나게 되는데 이와 같은 가야제국에서의 백제의 영향력 확대를 위해 북부가야지역의 진출을 위한 기반을 다지기 위해 '임나복건회의'를 개최하고자 한 것이다.

또한 성왕의 세 번째 계책은 '왜계가야관료'를 비롯한 친신라적 성향을 지닌 인물들의 본처로의 송환을 요구한 것인데, 이는 백제가 가야제국의 친신라적 성향으로 인한 백제의 가야진출이 원활하게 전개되지 못하기 때문에 이들을 제거하고자 한 것일 것이다. 이는 1차 '임나복건회의' 이후 여러 차례 백제가 가야제국의 한기를 소집하였으나 가야제국이 이에 응하지 않은 것, 백제가 "왜계가야관료"를 비롯한 친신라 세력에 대해 비난하는 것 등을 통해서도 알 수 있다. 이상과 같이 성왕이 개최한 두 차례 '임나복건회의'는 가야제국의 친신라 정책을 저지함으로써 백제의 북부가야진출의 기반을 다지기 위

---

33) 백제가 개최한 '임나복건회의' 전개 과정은 『일본서기』 권19 흠명2년4~5년11월을 통해서 확인할 수 있다. 이들 기사를 크게 세 부분으로 정리하면 첫째, '임나복건회의'를 성사시키기 위한 예비모임, 둘째, 임나일본부 등 친신라계 인물들의 활동으로 회의가 열리지 못 하는 과정, 셋째, 임나복건을 위한 성왕의 세 가지 계책이다(白承忠, 1993「「任那復興會議」의 전개와 성격」『釜大史學』 17, pp.60~61).

34) 『일본서기』 권19, 흠명2년 11월조.

해서 개최된 것이다.

두 차례에 걸쳐 개최된 '임나복건회의'에는 남부가야제국 멸망 이후 잔존한 가야제국 한기들이 '임나복건회의'에 참여하고 있지만, 이들을 일괄적으로 한 계층으로 볼 수 없을 것이다. 특히 수위계열과 한기계열이 가야제국의 권력구조를 알려 줄 수 있는 자료일 수 있지만, '임나복건회의'에 참여한 가야제국의 각 국의 대표는 한기·수위·군 등 혼재되어있기 때문에 이 자료만으로 가야제국의 권력구조를 살펴보기 어렵다고 할 수 있다. 다만 이들은 가야제국 각국의 대표로서 소집된 것은 분명할 것이다. 그렇다고 한다면 백제가 두 차례에 걸쳐 소집한 가야제국의 대표들은 당시 가야제국의 수장들로 볼 수 있지 않을까 한다. 따라서 '임나복건회의'의 소집 대상은 6세기 전반 남부가야제국의 멸망 이후 잔존한 가야제국의 수장일 것이고, 백제는 이들을 친백제 세력화시킴으로써 가야제국 특히 북부가야제국에 대한 백제의 영향력을 강화하고자 한 것으로 이해된다.

'임나복건회의'의 개최과정에서도 가야제국은 각각 자국의 이해관계를 중심으로 분열되는 것을 확인할 수 있다. 이는 '임나복건회의'가 개최될 때 안라국과 '왜계가야관료'의 친신라적 활동이 활발하게 전개될 뿐만 아니라, 가라국은 백제와 우호관계를 보이는 것에서도 명확하게 알 수 있다. 즉 이는 가야제국의 수장들이 자국의 이익을 위해서 외교적 노력을 적극적으로 전개한 것으로 이해할 수 있지 않을까 한다.

신라의 가야진출이 본격화 되면서 가야제국 내에서 친신라 세력의 활동이 본격화 된다고 할 수 있다. 신라는 가라국과의 결혼동맹 이후 가야 진출을 친신라 세력을 적극 활용하고자 하고자 하였는데, 이에 따라 남부가야지역을 중심으로 신라의 침략이 본격화 되면서 친신라 세력의 활동이 두드러지게 나타난다. 안라국은 친신라 외교 정책을 통해서 신라와 백제의 공세 속에서 독자성을 유지하게 된다. 이는 530·40년대 안라국 관련 기사가 집중적으로 나타나는 것도 이와 무관하지 않을 것이다. 다만 532년 남부가야 멸망 이후 가야제국 내 친신라 세력은 독자적인 외교정책을 추진하기 보다는 신라의 가야 병합에 적극 동조하였을 것이다. 이는 김유신 등 가야계 인물들이 신라 귀족 사회에 편입된 것과도 관련이 있다고 생각한다.

4. 맺음말

본고에서는 6세기 전반 가야와 신라의 관계를 살펴보았다. 6세기 전반은 백제·신라·가야의 항쟁 특히 한반도 남부지역에서의 우위권을 점하기 위하여 치열하게 경쟁한 시기이었다. 특히 가야는 백제와 신라의 공격으로부터 자국의 독자성을 확보하기 위한 자구책을 모색하게 되는데, 6세기 전반 가야와 신라의 관계를 어떻게 전개되었는지 정리하면 다음과 같다.

백제의 가야진출이 본격화 되자 가야제국은 자국의 이해관계를 중심으로 적극 대응하고자 하였다. 즉 지리적 인접성 때문에 백제의 군사적 압박에 직면한 반파국은 무력적으로 대응하는 한편 왜의 세력을 끌어들여 외교적으로 해결하는 모습을 보인다. 또한 가라국은 백제의 기문·대사 진출이 마무리될 무렵 백제를 견제하기 위해 신라와 결혼동맹을 맺게 된다.

가라국과 신라의 결혼동맹의 결렬과정에서 알 수 있듯이 가야제국은 자국의 이해관계에 따라 분열하게 된다. 안라국은 결혼동맹 이후 신라의 군사적 압박이 강해지자 '안라회의'를 개최하게 되는데, 안라국은 '안라회의'를 계기로 친신라 정책을 본격화한다. 게다가 신라는 '안라회의'에 백제에 비해 낮은 관등의 관리를 파견하였지만 고당에 올라 안라국과 함께 회의에 참여하였다. 이는 당시 신라가 안라국에 대해서는 군사적 압박 보다 친신라 세력을 이용한 가야진출을 전개한 것으로 볼 수 있을 것이다. 이로 말미암아 신라는 6세기 중반까지 가야 전역을 병합하는데 성공하게 된다.

신라의 가야진출이 본격화 되면서 가야제국 내에서 친신라 세력의 활동이 본격화 된다고 할 수 있다. 신라는 가라국과의 결혼동맹 이후 가야 진출을 친신라 세력을 적극 활용하고자 하고자 하였는데, 이에 따라 남부가야지역을 중심으로 신라의 침략이 본격화 되면서 친신라 세력의 활동이 두드러지게 나타난다. 안라국은 친신라 외교 정책을 통해서 신라와 백제의 공세 속에서 독자성을 유지하게 된다. 이는 530·40년대 안라국 관련 기사가 집중적으로 나타나는 것도 이와 무관하지 않을 것이다. 다만 532년 남부가야 멸망 이후 가야제국 내 친신라 세력은 독자적인 외교정책을 추진하기보다는 신라의 가야 병합에 적극 동조하였을 것이다. 이는 김유신 등 가야계 인물들이 신라 귀족 사회에 편입된 것과도 관련이 있다고 생각한다.

참고문헌

金泰植, 1993 『加耶聯盟史』, 一潮閣

남재우, 2003, 『安羅國史』, 혜안

김현구 공저, 2003 『일본서기 한국관계기사 연구(II)』, 일지사

백승옥, 2003 『가야 각국사 연구』, 혜안

백승옥, 2004 「安羅高堂會議'의 성격과 安羅國의 위상」『지역과 역사』 14

白承忠, 1993 「「任那復興會議」의 전개와 성격」『釜大史學』 17

白承忠, 1995 「加耶의 地域聯盟史 研究」, 부산대학교 박사학위논문

白承忠, 2000 「6세기 전반 백제의 가야진출과정」『百濟研究』 31

부산대학교 한국민족문화연구소, 2000 『가야 각국사의 재구성』, 혜안

연민수, 1998 『고대한일관계사』, 혜안

이연심, 2006 「近江毛野臣의 任那派遣에 대한 검토」『釜大史學』 30

이연심, 2008 「왜계가야관료를 매개로 한 안라국과 왜」『韓日關係史研究』 31

三品彰英, 2002, 『日本書紀朝鮮關係記事考證』(下卷), 天山舍

일본日本 규슈九州지역과 가야加耶의 교류 양상

-왜계석실倭系石室을 중심으로-

· 김준식 ·

일본日本 규슈九州지역과 가야加耶의 교류 양상

김준식

1. 머리말

6세기 전반 가야지역에는 수장층 묘역을 중심으로 기왕의 수혈식석곽(竪穴式石槨)을 대신하여 횡혈식석실(橫穴式石室)이 축조되기 시작한다. 그리고 이 무렵 가야지역 횡혈식석실 내외부에서 왜계요소(倭系要素)가 다수 반영된 왜계석실(倭系石室) 역시 가야 남부지역을 중심으로 돌연 출현하게 된다.

한반도 남부지역의 왜계석실은 가야 남부지역을 비롯하여 백제 서남부지역의 영산강유역에서도 다수 확인되는데, 영산강유역에서는 전방후원분(前方後圓墳)[1), 방분(方墳) 등의 분형으로도 조성되기 때문에 가야지역 보다 훨씬

---

1) 일본 내 역사학계에서 '전방후원분(前方後圓墳)'이라는 고분의 역사적 의미를 논할 때 야마토(大和)정권과 지방정권 간의 정치적 지배 및 복속관계로 설명하고 있기 때문에 이러한 용어를 국내에서도 그대로 사용하는 것이 과연 바람직 한 것인가에 관한 논란이 있을 수 있다. 이에 일부 연구자들은 이러한 부분을 우려하여 '전방후원형고분(前方後圓形古墳)'이라는 용어를 사용하기도 한다. 그러나 전방후원분이란 용어는 일본 내에서도 학술적 용어로 이미 오래전부터 사용되어 왔고, 국내의 전방후원분을 일본 내 역사적 해석(중앙-지방, 지배-복속 등)에 따라 굳이 해석할 필요는 없을 것으로 판단된다. 또한, 이러한 고분이 내포한 의미와 실체를 가장 잘 표현할 수 있는 용어는 역시 전방후원분이라 생각되기 때문에 본고에서는 전방후원분이란 용어를 그대로 사용

더 다양한 양태로 존재하는 것이 특징이다. 이 왜계석실은 6세기 전반을 중심으로 백제 서남부지역~가야 남부지역에 걸쳐 집중적으로 확인되기 때문에 당시 백제-가야-왜의 교류양상을 한 눈에 살펴볼 수 있는 중요한 자료이다. 이에 현재까지 확인된 고고자료 중 6세기 이후 한반도 남부지역과 왜의 교류양상을 가장 적극적으로 반영하고 있는 것은 왜계석실이라고도 할 수 있다.

한반도 남부지역에는 야요이시대(弥生時代) 토기와 청동기 등 삼국시대 이전의 왜계문물도 다수 확인되는데[2], 이를 통해 당시부터 활발한 교류가 이루어지고 있었음을 쉽게 짐작할 수 있다. 그러나 이때의 교류는 대부분 고분 내 부장품 등 물건의 이동인 것에 반해 왜계석실이 출현한 6세기 이후부터는 물건의 이동을 넘어 묘제와 장제의 이동까지 이루어지게 되면서 교류의 수준과 방식이 변화된 것은 분명한 사실이다.

기왕의 연구에서는 주로 한반도 남부지역 왜계석실의 계보, 피장자의 출신과 성격, 출현 배경 등에 집중해왔고, 이에 관해서는 충분히 연구되었다고 볼 수 있다. 그러나 근본적으로 왜계석실은 한반도 남부지역과 왜의 적극적인 교류관계를 내포하고 있기 때문에 상호간의 대외교류에 관한 정보 역시 매우 중요하고 유용한 것으로 평가할 수 있다. 즉, 한반도 남부지역의 왜계석실이 현재 일본 내 특정 지역에서 유래되었다면 어떠한 경로를 통해 들어왔는지, 일본 내 지역 중에서도 집중적으로 교류한 곳은 어디인지, 한반도 남부지역에 정착하는 과정에서의 지역 차이가 발생하는지에 대한 검토가 필요하다.

이에 본고에서는 먼저 가야지역에 분포하는 왜계석실의 현황과 특징, 그동안의 연구동향에 대해서 정리하고자 한다. 그리고 가야지역에 왜계석실이 등장한 이후 가야와 왜 사이의 교류양상을 일본 규슈(九州)지역 중에서도 북

하고자 한다.

2) 柳田康雄, 1989「朝鮮半島における日本系遺物」『九州における古墳文化と朝鮮半島』, 學生社, p.17.

부지역과 중서부지역으로 구분하여 각각 어떠한 출현 배경과 목적에 따라 가야지역으로 이동하였는지에 대해서 살펴보고자 한다. 아울러 왜계석실로 평가되면서도 구조적으로 재지 묘제와 복합된 경우는 대외교류의 관점에서 어떻게 이해하는 것이 합리적인지에 대해서도 살펴보고자 한다.

2. 가야지역 왜계석실의 현황과 연구동향

1) 가야지역 왜계석실의 현황과 특징

가야지역에서 현재까지 알려진 왜계석실은 거제 장목고분, 고성 송학동 1B-1호분, 사천 선진리고분, 사천 향촌동Ⅱ-1호분, 의령 경산리1호분, 의령 운곡리1호분 등 모두 6기가 해당된다. 분포현황을 보면 의령지역에 위치한 2기를 제외한 나머지는 모두 남해안 일대에 인접하고, 의령지역에 위치한 것 또한 낙동강 서안과 남강 북안에 인접하기 때문에 가야지역 왜계석실은 모두 수계와 연관된 곳에 입지하는 것이 특징이다(그림 1).

가야지역 왜계석실은 다양한 왜계요소를 포함하고 있는데, 이러한 왜계요소 중 거의 대부분은 일본 규슈지역에서 유래한 것이다(〈표 1〉). 여러 요소 중에서 가장 대표적인 것은 연도와 현실 경계를 구분하는 현문시설(門柱石, 門楣石, 門地枋石, 門扉石)로 볼 수 있고, 이 외 석실 하단부에 배치된 요석(腰石, 대형석재), 석실 벽면에 돌기처럼 튀어나와 있는 석붕(石棚), 석실 내부에 안치된 석관(石屋形石棺, 石障形石棺) 등도 5~6세기 일본 규슈지역 횡혈식석실의 대표적인 특징으로 볼 수 있다.

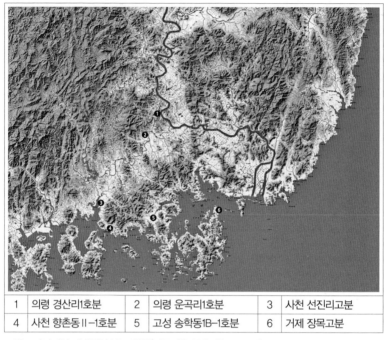

1	의령 경산리1호분	2	의령 운곡리1호분	3	사천 선진리고분
4	사천 향촌동Ⅱ-1호분	5	고성 송학동1B-1호분	6	거제 장목고분

그림 1. 가야지역 왜계석실 분포 현황(낙동강은 굵은 선으로 표시)

〈표 1〉 가야지역 왜계석실에서 확인되는 왜계요소표

위치	왜계요소	내용
석실 내부	玄門施設	문주석, 문미석, 문지방석, 문비석으로 이루어진 문틀시설
	胴張平面	석실 양단벽보다 중심부가 더 넓어 배가 부른 평면형태
	梯形平面	석실 후벽이 전벽보다 넓은 사다리꼴 평면형태(장방형)
	'八'字羨道	연도의 평면형태가 '八'자상으로 벌어짐
	腰石(大形石材)	장대석을 벽면 최하단석(또는 측벽석)으로 사용
	朱漆	석실 내면에 적색안료를 채색
	石棚(木棚)	석실 벽면에서 내부공간으로 돌출해 있는 납작한 석재, 돌선반
	石棺	석옥형(石屋形), 석장형(石障形)
	'ㄷ'形 屍床配置	바닥의 시상이 후벽을 기준으로 평면상 'ㄷ'형으로 설치
석실 외부	葺石	봉토 표면에 얇게 펴서 간 석재(소형할석, 역석 등)
	圓筒形土器	하니와(埴輪)와 유사한 형태의 토기를 봉토 주변에 배치

그리고 가야지역 왜계석실의 입지와 규모, 왜계요소 등을 정리하면 다음 〈표 2〉와 같다. 〈표 2〉와 그림 2의 내용을 보면 석실의 평면형태를 비롯하여 연도 길이, 평면 넓이, 고분 입지(고분군 형성) 등에서 서로 간의 차이점이 확인된다. 이를 통해 가야지역 왜계석실의 경우 석실 내외부의 구조적인 공통점 보다는 차이점이 더 많다는 것을 알 수 있고, 그렇기 때문에 비록 6기에 불과하지만 동일한 계통 또는 유형으로 설정하기 어렵다는 것 또한 짐작할 수 있다.

〈표 2〉 가야지역 왜계석실 속성표

고분	규모(m)	연도(m) 위치	평면 넓이(㎡)	고분군 형성	왜계요소
거제 장목고분	3.21×1.82	1.30 / 중앙	5.84	단독	腰石, 玄門施設, '八'字羨道, 梯形平面, 葺石, 圓筒形土器
고성 송학동 1B-1호분	6.70×2.00	3.30 / 중앙	13.40	고분군	玄門施設, 朱漆, 木棚, 圓筒形土器
사천 선진리고분	5.70×2.27	3.34 / 중앙	12.94	단독	大形石材, 玄門施設
사천 향촌동 Ⅱ-1호분	2.60×1.95	0.90 / 중앙	5.07	고분군	石障形石棺, 玄門施設
의령 경산리1호분	5.20×2.58	3.04 / 중앙	13.42	고분군	石屋形石棺, 板石閉鎖, 葺石
의령 운곡리1호분	4.15×2.50	1.60 / 중앙	10.38	고분군	胴張形平面, 石棚, 'ㄇ'形 屍床配置

다만, 여기서 석실 내부 규모(면적)의 차이가 크게 두 개의 그룹으로 구분되는 것이 주목된다. 즉, 그림 2와 같이 의령 경산리1호분·고성 송학동1B-1호분·사천 선진리고분을 한 그룹, 거제 장목고분·사천 향촌동Ⅱ-1호분·의령 운곡리1호분을 한 그룹으로 구분할 수 있다. 이와 관련하여 〈표 3〉은 지금까지 조사된 가야지역 횡혈식석실을 평면 넓이의 순서대로 정리한 것이다. 역

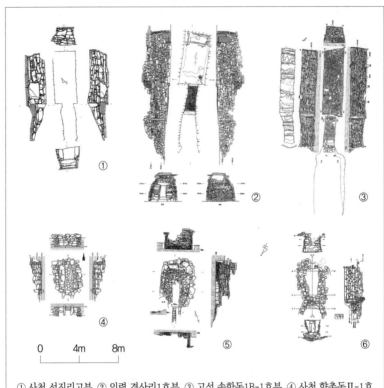

① 사천 선진리고분, ② 의령 경산리1호분, ③ 고성 송학동1B-1호분, ④ 사천 향촌동Ⅱ-1호분, ⑤ 의령 운곡리1호분, ⑥ 거제 장목고분

그림 2. 가야지역 왜계석실

시 여기서 주목할 점은 의령 경산리1호분, 고성 송학동1B-1호분, 사천 선진리고분의 경우 가야지역 횡혈식석실 전체와 비교하여도 상당히 큰 규모에 해당하는 것을 알 수 있다.

〈표 3〉 가야지역 횡혈식석실 내부 규모 비교표

연번	고분	현실			연도 길이(m) / 위치	비고
		규모(m) 길이×너비	넓이(㎡)	장단비		
1	고령 고아2동고분	4.80×3.70	17.76	1.30:1	6.80/중앙	
2	진주 원당1호분	5.28×2.88	15.21	1.83:1	2.93/중앙	
3	함안 남문외11호분	7.00×2.00	14.00	3.50:1	2.00/중앙	
4	의령 경산리1호분	5.20×2.58	13.42	2.02:1	3.04/중앙	왜계석실
5	고성 송학동1B-1호분	6.70×2.00	13.40	3.35:1	3.30/중앙	왜계석실
6	고성 송학동1C호분	5.00×2.65	13.25	1.88:1	2.00/중앙	
7	사천 선진리고분	5.70×2.27	12.94	2.51:1	3.34/중앙	왜계석실
8	고성 내산리34호분	5.20×2.45	12.74	2.12:1	1.70/중앙	

2) 연구동향

　　가야지역을 포함한 한반도 남부지역 왜계석실은 석실 구조를 포함하여 내부에서 확인되는 다수의 왜계요소를 대상으로 많은 연구가 진행되었다. 먼저, 가야지역을 포함한 한반도 남부지역 왜계석실의 계보는 일반적으로 5세기 후반의 일본 규슈지역 횡혈식석실에서 구하고 있다. 그 대표적 연구 사례를 살펴보면, 먼저 야나기사와 가즈오(柳澤一男)[3]는 한반도 남부지역 왜계석실과 일본 규슈지역 횡혈식석실의 구조를 비교하여 이식형과 복합형으로 구분하였고, 간토(關東)지방의 영향이 보이는 일부 사례를 제외한 거의 대부분의 경우 규슈지역에서 그 계보를 찾았다. 김낙중[4] 역시 규슈지역과의 관계를 상정하였고 도입형, 발전형, 창출형의 3가지로 세분화하였다. 홍보식[5]은 규

---

3) 柳澤一男, 2006 「5~6世紀韓半島と九州-九州系埋葬施設を中心として」, 第12回 加耶史國際學術會議.

4) 김낙중, 2009 『영산강유역 고분 연구』, 학연문화사.

슈지역에서 직접 계보를 구할 수 있는 규슈계와 재지 고분에 왜계석실의 일부 요소가 반영되어 새로이 등장한 창출계로 이원화하였다(그림 3·4). 최근의

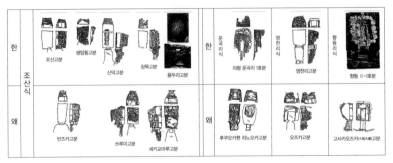

그림 3. 규슈계(九州系) 왜계석실(홍보식, 2011, 수정 후 인용)

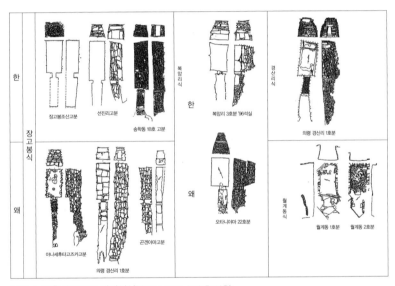

그림 4. 창출계(創出系) 왜계석실(홍보식, 2011, 수정 후 인용)

---

5) 홍보식, 2011 「한반도 남부지역의 왜계 횡혈식석실의 구조와 계통」 『한반도의 전방 후원분』, 학연문화사.

연구에서도 가야지역을 포함한 한반도 남부지역 왜계석실의 계보는 규슈지역에서 구하는 것이 가장 합리적이라는 견해가 있었다.[6]

다음, 가야지역 왜계석실 연구에서 가장 많이 언급된 피장자 문제를 살펴보면, 석실 내외부에서 왜계요소가 가장 많이 반영된 거제 장목고분의 피장자를 왜인으로 보는 것에 대해서는 대부분의 연구자가 인정하고 있다. 그러나 나머지 5기에 대해서는 왜인, 재지인, 정주한 왜인(2세대) 등 아직까지 연구자마다 세부적인 견해차가 남아 있다(〈표 4〉).

사실 왜계석실 연구는 '왜계(倭系)'라는 개념에 내포된 의미에 집중하는 것이 중요하다. 실제로 그 계보를 어디에서 구할 수 있는가에서 출발하여 만약 복합적인 구조라면 일본 내 어느 지역의 요소가 더 많이 반영되었는지, 석실의 기본 축조 메커니즘은 무엇인지, 재지수장층 묘제 형식과 연속적인 선상에서 바라볼 수 있는지 등을 따져보는 것이 더 중요한 것으로 판단된다. 결국 앞으로도 이러한 문제들이 해결되지 못한다면 피장자의 출신과 성격에 관한 논란은 계속해서 이어질 수밖에 없다.

그리고 가야지역 왜계석실의 출현 배경으로는 당시 가야와 왜의 활발한 교류에 의한 것으로 보는 견해가 다수를 차지하는 가운데, 대가야의 정치적 목적에 의한 것으로 보는 견해도 있다(〈표 4〉). 여기서 왜계석실을 매개로 당시 가야와 왜의 정치적 관계를 논하기 위해서는 백제 서남부지역과 달리 가야지역에서는 전형적인 전방후원분이 축조된 사례가 없다는 점 등 향후 풀어야할 숙제가 많을 것으로 판단된다[7].

이상으로 가야지역 왜계석실의 특징과 기왕의 연구동향을 정리하면 다음

---

6) 김준식, 2017 「長鼓峰類型 倭系石室의 性格과 類型設定 檢討」 『湖南文化財研究』 23.

7) 고성 송학동1호분의 경우 전방후원분을 의식한 상태에서 축조한 것으로 보는 견해도 있다(하승철, 2010 「5-6世紀 固城地域 古墳文化의 理解」 『경남의 가야고분과 동아시아』, 경남발전연구원 역사문화센터, p.108).

<표 4> 가야지역 왜계석실 피장자의 출신과 성격에 관한 견해표

연구자	피장자의 출신과 성격에 관한 견해	비고
조영현 (2004)	석실 내에서 왜인과 관계된 유물이 거의 출토되지 않았고, 묘제와 정치적 관계가 직결되지 않는다. 그리고 고분에서 왜계요소가 확인된다고 해서 무조건 피장자를 왜인으로 보기 어렵기 때문에 재지수장층에 해당한다.	재지인
하승철 (2005)	고분축조의 연속성, 고분의 외형, 매장시설, 부장유물의 상관관계에 따라 거제 장목고분을 제외한 나머지는 모두 재지수장층에 해당한다.	재지인
박천수 (2003, 2006)	규슈지역 출신의 왜인들이 대가야의 통제 속에서 對倭, 對百濟, 對新羅와의 교섭과 견제 등의 정치적인 목적에 따라 활동한 인물 즉, 친대가야계 왜인의 가능성이 있다.	왜인
조영제 (2004)	규슈 서부지역의 구마모토(熊本)를 중심으로 한 왜인들이 선진문물을 흡수하기 위하여 정착하였다.	왜인
홍보식 (2011)	석실의 구조가 각기 다른 것은 피장자의 다양한 출신과 관계있고, 서로 긴밀하게 연결되지 않은 상태에서 거의 동시기에 축조되었다. 이에 지역 간의 교류에 목적을 둔 규슈지역 출신의 왜인에 해당한다.	왜인
柳澤一男 (2006)	매장시설의 구조를 이식형과 복합형 석실로 구분하여 고성 송학동1B-1호분과 사천 선진리고분은 재지수장층, 의령 운곡리1호분과 경산리1호분은 한반도에 정주한 왜인, 거제 장목고분은 해상교역로상에 위치한 기타규슈지역 출신의 왜인에 해당한다.	왜인/ 재지인
김준식 (2015)	매장시설의 구조와 매장관념, 고분군 형성문제를 재지고분과 비교하여 총 4개의 유형으로 구분하였다. 이에 A유형(고성 송학동1B-1호)과 B유형(의령 경산리1호)은 재지수장층, C유형(의령 운곡리1호, 사천 향촌동II-1호)과 D유형(거제 장목고분, 사천 선진리고분)은 규슈지역 출신의 왜인에 해당한다.	왜인/ 재지인

과 같다. 첫째, 가야지역 왜계석실의 계보는 석실 구조와 내부에서 확인되는 왜계요소를 근거로 5세기 후반 일본 규슈지역 횡혈식석실에서 구하는 것이 타당하다. 둘째, 피장자는 재지인, 왜인, 정주한 왜인 등 다양한 견해가 제시되고 있으나 향후 이러한 문제를 해결하기 위해서는 석실 구조와 매장행위(관념) 등에 집중한 상태에서 판단할 필요가 있다. 셋째, 출현 배경은 대체적

으로 가야-왜 사이의 활발한 교류의 결과로 이해하는 것이 합리적이다. 다음 장에서는 기왕의 연구에 대한 문제 인식과 내용을 토대로 왜계석실을 통해서 일본 규슈 내 각 지역과 가야 사이의 교류양상에 대해서 살펴보고자 한다.

3. 규슈 북부지역과 가야의 교류

1) 거제 장목고분의 출현 배경과 대외 항로

전술한대로 가야지역 왜계석실을 규정하는 왜계요소 중에서 가장 많이 거론되는 것은 아마 현문시설일 것이다. 문주석, 문미석, 문지방석, 문비석으로 구성된 현문시설은 규슈지역에서 전반적으로 확인되는 양상이나 현재 후쿠오카현(福岡縣)의 규슈 북부지역 횡혈식석실에서 주로 확인된다. 따라서 6세기 전반 가야지역에서 축조된 횡혈식석실 중 현문시설이 제대로 확인되는 것은 곧 규슈 북부지역 횡혈식석실의 영향을 강하게 받았음을 의미하기도 한다.[8] 현문시설은 거제 장목고분과 고성 송학동1B-1호분이 잘 갖추어져 있고, 사천 선진리고분과 사천 향촌동Ⅱ-1호분에서는 문주석, 문미석 또는 문지방석 등 현문시설의 일부가 확인되었다. 여기서 사천 향촌동Ⅱ-1호분은 현실 평면형태를 비롯해 석실의 기본 구조에서 규슈 북부지역 보다는 중서부지역과 유사하기 때문에 다음 절에서 상술하고자 한다.

가야와 백제를 포함한 한반도 남부지역에서 현문시설이 잘 갖추어진 왜계석실은 요석, 제형 평면형태, '八'자 연도 등의 규슈 북부지역 횡혈식석실의

---

8) 백제(사비기)와 신라 횡혈식석실에서도 현문시설이 확인되나 정황상 왜계요소의 영향이라고 판단하기 어렵다. 축조시기도 한반도 남부지역에서 왜계석실이 더 이상 축조되지 않는 6세기 후반 이후에 해당한다.

요소가 함께 확인되는 경우가 많다. 가야지역 왜계석실 중 이러한 규슈 북부
지역 횡혈식석실의 영향이 강하게 반영되었고, 이를 통해 교류관계를 가장
적극적으로 인정할 수 있는 것은 역시 거제 장목고분이라 할 수 있다.

거제 장목고분은 최초 발견 당시부터 5세기 후반 규슈 북부지역 횡혈식
석실의 특징인 현문시설, 요석, 제형 평면형태, 'ハ'자 연도 등이 모두 확인되
었고, 심지어 고분의 입지도 해안가에 단독으로 위치하기 때문에 재지 고분
과 이질적인 부분이 상당수 확인되었다. 그리고 봉토 주변에서 출토된 원통
형토기를 비롯하여 연도 우측벽에 꽂힌 채 발견된 철모 1점, 연도 밀봉토에
꽂힌 채 발견된 철모 1점과 삼지창 1점, 봉토 즙석 하부에 완전히 구부러진
채로 발견된 철도 1점 등은 5세기 후반의 후쿠오카현 반즈카고분(番塚古墳)
에서 철도자 3점이 후벽에 꽂힌 채 발견된 것과 유사하다. 이를 통해 묘제뿐
만 아니라 고분 제사행위에 있어서도 규슈 북부지역과 유사하다는 것을 알

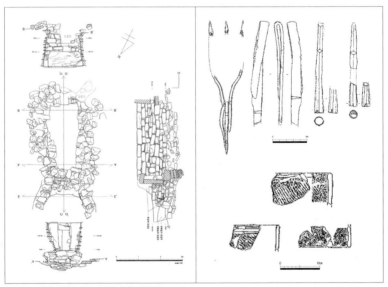

그림 5. 거제 장목고분 석실과 출토유물

수 있다.

기왕의 연구에서 지적한 것처럼 거제 장목고분의 피장자는 석실의 계통에 의해 규슈 북부지역에서 건너 온 왜인으로 보는 것이 자연스럽고, 거제 최북단에 위치한 고분의 입지로 볼 때 가야 남부지역과 규슈 북부지역을 연결하는 해상 교통로상에서 주도적으로 활동한 인물이었을 가능성이 크다. 장목고분이 위치한 장목면 일대는 농소리에서부터 낙동강 하구로 연결되는 현재 거가대교 노선과 같이 거제에서 김해, 부산으로 이어지는 남해안 일대 최적의 연안 항로 설정이 가능하다.

이에 현재 후쿠오카현 등 규슈 북부지역에서 출항했을 경우 이키(壹岐)와 쓰시마(對馬)를 거쳐 가야 남부지역으로 왕래할 수 있는 가장 빠른 항로 중 하나였을 것이다(그림 6). 따라서 장목고분이 위치한 장목면 농소리 일대는 지리적으로 규슈지역에서 가야지역으로 선

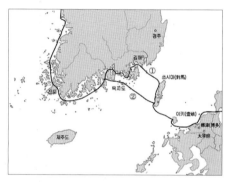

그림 6. 6세기 중엽 이전(①)과 이후(②)의 대왜항로
(하승철, 2017)

박이 이동할 경우 꼭 거치게 되는 관문이자 고성, 통영, 마산, 창원, 진해, 김해 등 남해안 일대를 그물망처럼 연결하는 꼭짓점에 해당하기 때문에 항로상 매우 중요한 위치에 해당한다.

거제 장목고분의 출현 배경을 살펴보면, 먼저 북쪽으로 약 1.5㎞ 떨어져 당시 재지수장층 묘역으로 판단되는 구영리고분군이 위치하고 있기 때문에 거제 장목고분의 출현 배경에서 재지 세력을 완전히 배제할 수는 없다. 즉, 장목고분처럼 왜인이 축조한 것이 거의 확실시 되는 고분이 가야지역에서 축조되기 위해서는 재지 세력과 어느 정도의 유대감은 형성되었을 것으로 보는

것이 자연스럽다.

그러나 가야-왜를 연결하는 대외항로의 꼭짓점에 위치하는 장목고분의
지리적인 중요성을 고려하면 중소규모에 해당하는 구영리고분군 축조 세력
이 자신들의 목적과 이익에 따라 왜인을 주도적으로 이용하거나 대외항로의
거점지역으로 배치하는 등의 영향력을 행사하였다고 보기 어렵다. 만약 거제
장목고분의 출현 배경에 이러한 요소들이 내재되어 있었다면 훨씬 더 상위
계층과의 관계 속에서 이루어졌을 것으로 보는 것이 자연스럽다. 따라서 거
제 장목고분의 피장자는 그 주변 세력과의 관계를 완전히 배제하기는 어려우
나, 이 일대 최고수장층과의 관계를 배경으로 일정 수준 이상의 독립성은 확
보하였던 것으로 추정된다.

결과적으로 고분의 피장자는 단순 교류 활동에 종사한 인물이 아니라 가
야 남부지역의 공통된 이익과 목적에 의해 규슈 북부지역에서 직접 파견되어
가야-왜를 연결하는 대외항로 전문가였을 가능성이 크고, 그 표지적인 위치
에 고분이 조성되었을 것으로 판단된다.

그리고 6세기 이후 가야 남부지역 중 남해안 일대는 소가야권역에 해당
하는데,[9] 당시 소가야 최고수장층은 고성 송학동고분군 축조 세력으로 볼 수
있다. 따라서 장목고분의 근본적인 출현 배경은 이와 관계되었을 가능성이
크다. 실제로 고성 송학동1B-1호분에서 다수의 왜계요소가 확인될 뿐만 아
니라, 여기에 더해 반즈카고분의 성격을 한반도 남부지역 전방후원분 축조
세력과 관계된 스오나다(周防灘) 연안의 호족으로 상정한 견해[10]로 볼 때, 당
시 규슈 북부지역에서 백제·가야 등 한반도 남부지역으로 파견된 왜인은 일
반적인 교역이나 교류의 수준을 넘어 최고수장층과의 긴밀한 관계와 목적 등

---

9) 김규운, 2018 「고고자료로 본 소가야의 권역과 변천」 『韓國古代史硏究』 92, pp.97~
101.
10) 박천수, 2007 『새로 쓰는 고대 한일교섭사』, 사회평론, pp.176~177.

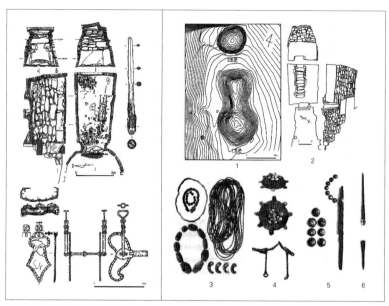

그림 7. 일본 후쿠오카현 반즈카고분과 함평 신덕고분 석실 및 출토유물(박천수 외, 2011)

정치적인 영역에서도 활동하였을 가능성이 있다.

　이러한 사실은 영산강유역 전방후원분 내 매장시설의 절반 이상이 규슈 북부지역의 소위 '기타규슈형(北九州型)' 횡혈식석실이라는 것에서도 알 수 있다. 또한, 반즈카고분 내 출토유물 중 대가야 마구와 백제 서남부지역에서 유입된 것으로 추정되는 조족문(鳥足文) 호가 함께 확인되고, 기타규슈형 석실과 유사한 함평 신덕고분 내 출토유물 중 백제 마구와 경식이 일본산 은제 철모, 은제환두대도 등과 함께 확인되는 것은 규슈 북부지역 출신 피장자의 위계를 짐작할 수 있다. 따라서 규슈 북부지역 출신의 왜인은 일반적인 교류의 형태를 넘어 정치적인 관계까지 형성하였을 가능성이 있고, 백제와 가야 지역에서 동시에 확인되는 것으로 보아 지리적으로도 광범위한 영역에서 활동하였다는 것을 알 수 있다(그림 7).

2) 장고봉유형長鼓峰類型 왜계석실의 성격과 교류양상

　장고봉유형 왜계석실은 재지 묘제와 복합된 창출계에 해당하는데, 전방
후원분인 해남 장고봉고분을 표지로 하여 고성 송학동1B-1호분, 사천 선진
리고분이 포함된다.[11] 기왕의 연구에서는 장고봉유형 왜계석실의 공통점을
세장방형 평면형태, 세장하고 직선으로 길게 뻗은 연도, 현문시설 등으로 보
고 있다. 고분 입지는 남해안을 따라 분포하고, 고분군을 형성하고 있는 고성
송학동1B-1호분을 제외한 나머지 2기는 단독분으로 조성된 것이 특징이다.
이 장고봉유형 왜계석실의 계보에 대해서는 그동안 많은 연구가 진행되었으
나 석실 구조가 복잡하여 일본
내에서도 동일한 구조의 횡혈
식석실을 찾기가 어렵다는 점
에서 아직까지 분명하게 밝혀
지지 못한 상태이다.

　하지만 당시 가야와 규슈지
역과의 활발한 교류와 지리 조
건을 고려하면 장고봉유형 왜
계석실 역시 규슈지역과 관계
되었을 것으로 보는 것이 자연
스럽다. 그러나 일본 군마현(群
馬縣) 일대의 횡혈식석실 중 일
부가 이 장고봉유형과 구조적
으로 유사하다는 점을 근거로
그 성립에 관계되었을 것으로

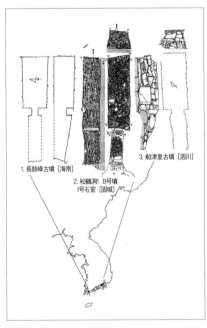

1. 長鼓峰古墳 [海南]
2. 松鶴洞1 B号墳
　1号石室 [固城]
3. 船津里古墳 [泗川]

그림 8. 장고봉유형 왜계석실 분포(小林孝秀, 2014)

---

11) 柳澤一男, 2002「日本における横穴式石室受容の一側面」『清溪史學』16·17.

보는 견해도 있다.[12]

실제로 6세기 초 일본 내에서도 세장방형 횡혈식석실은 군마현이 속한 간토지방에 주로 분포하고 있다. 그러나 이러한 상황을 한반도와 바로 연결하기보다는 이 일대의 자체적인 전개에 의한 것으로 보는 견해가 최근까지 계속해서 제시되고 있다.[13] 아울러 해남 장고봉고분의 석실 평면형태를 전형적인 세장방형으로 설정하기 어렵고, 해남 용두리고분과 조산고분 등 주변의 왜계석실로 보아 규슈 북부지역에 계보를 둔 기타규슈형 왜계석실과 구조적으로 유사하다는 점을 근거로 장고봉유형 왜계석실의 계보를 간토지방에서 구하기 어렵다고 보는 견해도 있다.[14]

따라서 장고봉유형 왜계석실의 계보 역시 한반도 남부지역의 다른 왜계석실과 마찬가지로 규슈지역에서 구하는 것이 타당하다. 가야지역의 경우 출현 배경은 기본적으로 가야 남부지역과 규슈지역과의 교류에 의한 것으로 보는 것이 자연스럽고, 현문시설과 요석(거대석) 등을 고려하면 역시 규슈 북부지역과 관계되었을 것으로 추정된다.

단, 가야지역에 속한 고성 송학동1B-1호분과 사천 선진리고분은 석실 내부 규모가 규슈 북부지역 횡혈식석실에 비해 상당히 크고, 거제 장목고분과도 큰 차이를 보이고 있다. 사천 선진리고분의 경우 직경 30m 이상의 대형 고분을 재지수장층 묘역에서 떨어져 단독분의 형태로 축조하였다는 점은 출현 배경과 목적이 단순 교류가 아니었을 가능성이 크다. 즉, 왜계석실임에도 고대(高大)한 분형을 갖춘 대형 고분을 가야지역에서 축조할 수 있다는 것은 이 일대 최고수장층과의 긴밀한 관계없이는 거의 불가능에 가깝다.

---

12) 柳澤一男, 2006 앞의 논문.
13) 右島和夫, 2004 「上野の初期横穴式石室の研究」『東国古墳時代の研究』, 学生社 ; 小林孝秀, 2014 『横穴式石室と東國社會の原象』, 雄山閣.
14) 김준식, 2017 앞의 논문.

이에 이러한 부분을 통해 거제 장목고분을 포함하여 규슈 북부지역 출신의 왜인이 축조한 것으로 판단되는 가야지역 왜계석실은 단순 교류를 넘어 정치적인 목적까지 수반되었을 가능성이 크다는 것을 재차 확인할 수 있다. 고성 송학동1B-1호분은 선행하는 수혈식석곽(1A호분) 및 후행하는 횡혈식석실(1C호분)과 중복 조성되어 있고, 소가야 최고수장층 고분군에서 축조되었다는 점에서 비록 규슈 북부지역 횡혈식석실의 요소가 반영된 왜계석실로 평가받고 있으나 재지 세력과의 친연성 또한 간과하기 어렵다. 이 부분은 송학동1B-1호분 석실 내부에서 왜계요소 뿐만 아니라 대가야, 신라, 백제계 유물 등이 출토되는 것으로 보아 당시 소가야 최고수장층의 주도하에 규슈지역은 물론 남해안과 남강주변의 내륙지역에서까지 활발하게 이루어진 대외교류에 의한 것으로 판단된다.[15)]

한편, 규슈 북부지역에 계보를 둔 한반도 남부지역의 왜계석실은 가야 멸망 이전에 거의 대부분 축조가 중단되는 양상이다. 이러한 현상은 백제 서남부지역도 마찬가지인데, 538년 사비 천도 이후에는 전방후원분을 포함한 왜계석실이 거의 축조되지 않는다. 이러한 배경으로는 백제 중앙과 야마토(大和) 정권의 정치적 관계를 상정하기도 한다.[16)] 후술하겠으나 규슈 중서부지역에 계보를 둔 왜계석실은 가야 멸망 이후에도 그 세력을 거의 그대로 유지한 상태에서 계속해서 고분군을 형성하는 것으로 파악되기 때문에 여기서 두 지역 간의 차이가 발생한다.

결국, 규슈 북부지역 왜계석실의 경우 단순 교류를 넘어 가야 최고수장층과의 긴밀한 관계가 형성되었기 때문에 가야 멸망 이후에는 더 이상 축조되지 못하였을 것으로 판단된다. 이 부분은 백제와 왜 사이의 정치적 의도가 상

---

15) 하승철, 2010 앞의 논문, p.128.
16) 김규운·김준식, 2010 「한반도 전방후원분과 왜계석실의 분포유형 검토」 『韓國上古史學報』 70.

당한 전방후원분 내 매장시설은 대부분 규슈 북부지역 횡혈식석실이라는 점에서도 엿볼 수 있다. 즉, 규슈 북부지역 왜계석실의 출현 배경 중 그 구체적인 목적이 사라지면 해당 지역에서 더 이상 축조가 이루어지지 않는다는 것을 직간접적으로 알 수 있다.

4. 규슈 중서부지역과 가야의 교류

1) 왜계석실의 출현과 고분군 형성

규슈 중서부지역은 현재 구마모토현(熊本縣)을 중심으로 사가현(佐賀縣), 나가사키현(長崎縣)을 포함하는 범위를 말한다. 이 곳 규슈 중서부지역 횡혈식석실은 제형(장방형) 평면형태의 규슈 북부지역과 달리 현실의 평면형태가 거의 방형이고, 이 지역의 특징인 동장형 평면형태가 확인된다. 현실 내부에는 석관·관대 등 피장자 안치를 위한 별도의 시설이 잘 갖추어져 있다. 특히, 석옥형석관과 석장형석관 등을 통해 이 일대 횡혈식석실은 이전 시기의 수혈계 매장시설의 개념이 강하게 반영된 것으로 이해하기도 한다.[17]

그리고 현실 단벽 중앙에 부착된 연도는 대부분 현실 길이의 절반을 넘지 못하고, 현문시설은 설치된 것과 그렇지 못한 것이 혼재되어 있다. 또한, 후벽을 기준으로 '⊓'형으로 시상이 배치되는 것을 포함하여 석붕 등도 이 지역 횡혈식석실에서 주로 확인되는 특징이다. 한편, 현실 길이는 4m를 넘는 경우가 거의 없고, 평면 넓이도 대부분 4~7㎡에 해당하여 비교적 중소규모의 횡혈식석실이 축조되었음을 알 수 있다.[18]

17) 藏冨士寬, 2009「九州地域の横穴式石室」『九州系横穴式石室の傳播と擴散』, 北九州中國書店, p.6.

아래 그림 9는 규슈 중서부지역 횡혈식석실과 가야지역 왜계석실을 비교한 것인데, 구조적으로는 의령 운곡리1호분과 사천 향촌동Ⅱ-1호분이 유사하다는 것을 알 수 있다. 상세히 살펴보면, 우선 의령 운곡리1호분은 현실 장축의 중앙 부분이 단축보다 넓은 이른바 동장형 평면형태가 가장 큰 특징이고, 후벽에 돌출된 석붕 또한 특징으로 볼 수 있다.

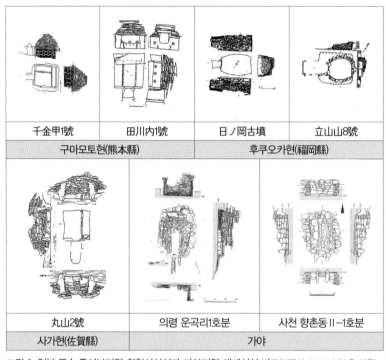

그림 9. 일본 규슈 중서부지역 횡혈식석실과 가야지역 왜계석실 비교(김준식, 2015. 수정 후 인용)

다음 사천 향촌동Ⅱ-1호분은 잘 다듬어진 판석 여러 매를 현실 바닥에 세

---

18) 古城史雄, 2009 「肥後の横穴式石室」 『九州系横穴式石室の傳播と擴散』, 北九州中國書店, pp.38~39.

워 세장방형의 공간을 구획하여 석관의 형태로 마련한 소위 석장형석관 구조를 비롯해 현문시설이 설치된 것이 특징이다. 그리고 현실 후벽을 중심으로 'ㄷ'형 시상(석관)배치, 방형에 가까운 평면형태 등은 공통된 특징에 해당된다.

한편, 의령 경산리1호분의 경우 석실의 전체적인 구조는 규슈 중서부지역과 연결시키기 어렵고, 오히려 고령·합천지역의 횡혈식석실과 유사하다.[19] 여기서 왜계요소인 현실 내 석옥형석관은 규슈 중서부지역의 특징이라 할 수 있다. 따라서 경산리1호분의 왜계요소는 규슈 북부지역 보다는 중서부지역과 관계되었다고 보는 것이 자연스럽다.

전술한대로 규슈 북부지역 계통의 왜계석실과 달리 규슈 중서부지역 계통인 의령 운곡리1호분과 경산리1호분, 사천 향촌동Ⅱ-1호분은 다수의 고분으로 구성된 고분군을 구성하고 있다. 특히, 의령 운곡리1호분은 시기를 달리하여 가야와 신라양식 토기가 복합적으로 출토되고 있는데, 그 중에서도 대가야 토기가 다수 확인되는 것이 주목된다(〈표 5〉).

〈표 5〉 의령 운곡리1호분 출토유물 현황표

출토위치	대가야	소가야	아라가야	신라	비고
A시상	장경호, 개		컵형토기	고배	관정, 관고리
B시상	고배		대부호	개, 고배	관고리
C시상				개, 고배	
D시상				개, 고배	
주구	장경호				
도굴갱	장경호, 개	고배, 장경호		개, 고배, 장경호	관정, 관고리

이는 구마모토현 에다후나야마(江田船山)고분에서 금제이식과 f자형경판비를 포함하여 대가야계통의 유물이 다수 출토되었고,[20] 역시 구마모토현 노

---

19) 김준식, 2013 「가야 횡혈식석실의 성립과 전개」, 경북대학교 석사학위논문, p.93.

즈(野津)고분군에 위치한 모노미야구라(物見櫓)고분에서도 금제이식과 파수부완이 대가야에서 제작된 것으로 파악되기 때문에 두 지역 간의 활발한 교류가 있었음을 짐작할 수 있다.

여기서 중요한 것은 운곡리1호분 석실 내 출토유물은 대부분 대가야와 관련되었지만, 소가야와 아라가야양식 토기, 심지어 신라양식 토기도 6세기 2/4분기로 편년되는 1차 시상에서부터 확인된다는 점이다. 이를 고분군의 입지를 통해 더 자세히 살펴보면, 운곡리고분군이 위치한 용덕면 일대는 남강의 서안에 해당하고, 거리상 함안과 창녕지역 등으로 진출하기에 유리한 지리적 조건을 갖추고 있다(그림 10). 또한, 6세기 전후한 시기까지 이 일원은 소가야권역에 포함되었을 것으로 판단되나, 위에서 본대로 그 이후로는 대가야와 관계 깊은 지역에 해당한다. 결과적으로 당시 운곡리고분군은 특정 권역 내 완전히 포함되었다고 보기 어렵다.

즉, 대가야·아라가야·소가야 그리고 낙동강 동안의 창녕(신라)까지 영향을 주고받을 수 있는 유리한 지점에 위치하고 있다. 따라서 다양한 세력과 집단을 대상으로 교역에 탁월한 입지 조건을 점하고 있었고, 이곳에서 고분군을 형성하는 등의 정착을 하였던 것으로 판단된다. 만약 가야 최고수장층과의 관계에서 교류나 교역 이상의 목적이 강했더라면, 가야 멸망 이후에도 계속해서 고분을 축조하기 어려웠을 것이다.

기왕의 연구에서도 지적되었듯이 의령 경산리1호분이 포함된 경산리고분군 역시 이러한 맥락으로 이해하는 것이 자연스럽고,[21] 역시 규슈 중서부지역에 계보를 둔 왜계석실 축조 세력의 특징이라 할 수 있다. 두 고분군 모두

---

20) 박천수, 2007 앞의 책, pp.196~199.

21) 의령 경산리고분군 조영 집단을 6세기 전반 가야와 신라의 교역에 종사하면서 경제적 부를 축적하였으나 562년 신라의 가야 정복으로 쇠락한 집단으로 보는 견해 또한 이를 뒷받침 한다(홍보식, 2013 「6세기 전반 남해안지역의 교역과 집단 동향」 『嶺南考古學』 65, p.26).

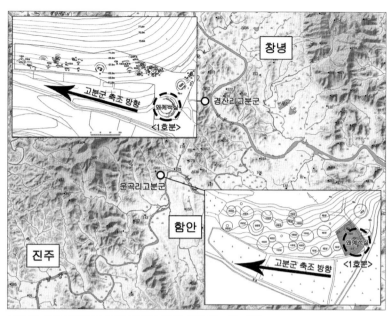

그림 10. 의령 운곡리고분군과 경산리고분군 위치 및 고분 배치도

운곡리1호분과 경산리1호분 등 왜계석실을 시작으로 고분군이 조성되기 시작하였고(그림 10), 가야 멸망 이전부터 신라계 유물이 부장된다는 점 등도 위에 내용들을 뒷받침하는 근거로 볼 수 있다.

2) 가야 멸망 이후의 교류양상

가야 각 권역별 중심고분군은 물론이고, 그 하위의 지역수장층이 조성한 고분군 역시 가야 멸망을 전후하여 고분군의 조영이 그대로 중단되거나, 거의 중단 수준에 버금갈 정도로 고분군의 전체적인 규모와 위상이 쇠락하는 경우가 많다.[22] 반대로 일부 지역수장층 규모의 고분군에서는 가야 멸망 이

---

22) 고성 송학동고분군(소가야), 함안 말이산고분군(아라가야)은 가야 멸망 이후의 고분

후에도 멸망 이전의 규모와 위상을 유지한 상태로 고분군이 계속해서 조영되기도 한다. 그러나 이런 경우는 가야 멸망 이전부터 신라 계통의 유물이 다수 출토되는 등 어떠한 방식으로든 멸망 전후한 시기부터 신라와 관계된 현상이 관찰되는 경우가 많다.[23]

의령 운곡리고분군과 경산리고분군 축조 세력은 가야 멸망 이전에는 남강에서 낙동강 방면으로 진출하는 길목에 위치하며 가야지역을 중심 대상으로 교역활동을 하였으나 가야 멸망 이후에는 자연스럽게 그 중심 대상이 신라로 바뀌었을 것이다. 특히, 가야 멸망 이후 개별 고분의 규모가 다소 축소된 경산리고분군과 달리 발굴조사에서도 나타났듯이 운곡리고분군은 가야 멸망 이후에도 지속적으로 고분군의 규모와 위상이 그대로 유지될 수 있었다. 이러한 현상은 역시 경산리1호분은 왜계석실로 평가받고 있으나 석실의 기본 구조는 고령·합천지역 횡혈식석실과 유사하다는 것이 그 배경이 아닐까 한다. 즉, 대가야와 긴밀한 관계 속에서 활동한 인물이었을 가능성도 충분하기 때문에 대가야 멸망 이후에도 계속해서 고분이 축조되기는 하지만 그 위세가 급격히 축소되었을 것으로 판단된다.

여기서 주목되는 것은 역시 규슈 중서부지역에 계보를 둔 왜계석실 축조 세력은 가야 멸망 이후에도 정착 후 계속해서 활동을 이어간다는 점이다. 가야 멸망 이후의 이러한 사정은 사천 향촌동Ⅱ-1호분이 포함된 향촌동고분군에서 훨씬 더 적극적으로 확인된다. 사천 향촌동Ⅱ-1호분은 한려해상국립공원으로 이어지는 남일대 해변 일원에 입지하고, 석실의 평면형태을 비롯해 'ㄷ'형으로 석관(3기)을 배치한 점, 현문시설 등으로 인해 규슈 중서부지역 횡

축조 현상이 거의 확인되지 않고, 고령 지산동고분군(대가야)은 신라양식 토기가 부장되는 소형의 횡구·횡혈식석실이 확인되기는 하나 멸망 이전에 비하면 그 규모와 위상이 현저히 떨어진 것으로 평가할 수 있다.

23) 대표적으로 합천 옥전고분군, 합천 삼가고분군 등이 해당된다.

혈식석실의 영향이 많이 보인다.

사천 향촌동Ⅱ-1호분은 3차 석관에서 다수의 신라양식 토기가 출토되었기 때문에 가야 멸망 이후까지 추가장이 이루어진 것은 분명하다. 오히려 석실 내부에서 확인되는 다양한 신라계 유물을 고려하면, 1차 시상에서 시기를 추정할만한 유물이 거의 출토되지 않았기 때문에 분명지는 않지만 가야 멸망 이후에 축조되었을 가능성도 있다. 그러나 2차, 3차 시상 출토유물의 연대와 한반도 남부지역 왜계석실의 출현 시기를 고려하면 초축은 가야 멸망 이전으로 보는 것이 자연스럽다.

사천 향촌동Ⅱ-1호분의 피장자는 의령 운곡리1호분·경산리1호분과 마찬가지로 가야지역에서 교역을 목적으로 활동한 왜인으로 판단되고, 역시 같은 이유에서 가야 멸망 이후까지도 고분군 조성은 물론 그 규모와 위상이 유

그림 11. 향촌동Ⅱ-1호분 3차 시상 출토 녹유대부직구호

지된 것으로 보인다. 다만, 중요한 것은 석실 내부에서 녹유(綠釉)대부직구호 (그림 11)가 출토되는 것에 더해 북쪽의 사천만, 동쪽의 통영·고성, 서쪽의 하동·순천으로 이어지는 해상 교통의 요지에 고분군이 위치한다는 것이다. 즉, 사천 향촌동고분군은 의령 운곡리나 경산리고분군 축조 세력보다 훨씬 더 광범위한 무대를 배경으로 활동한 세력으로 추정되는데, 이 부분은 석실 내부에서 출토된 녹유대부직구호를 통해서 더 자세히 살펴보고자 한다.

신라 녹유대부직구호는 7세기 이후 경주 월성 및 나정유적과 같은 신라 왕실관련 유적 또는 경주 신라왕경 및 동천동 등의 생활유적에서 소량 확인된다. 여기서 분묘유적은 5곳 정도에서만 확인되었는데, 이 역시 경주가 아닌

지방에서만 확인된 것으로 나타났다.[24)]

이에 녹유대부직구호과 같은 연유도기는 그 존재 가치가 희소할 뿐 아니라 특히, 향촌동Ⅱ-1호에서 출토된 녹유대부직구호는 분묘 출토품 중에서 가장 상태가 양호하고, 문양과 색깔이 화려하여 주목된다. 그렇다면 피장자의 성격이 왜인일 가능성이 큰 석실의 내부에서 신라 왕경에서도 보기 드문 연유도기가 부장된 이유는 무엇일까?

이것은 앞서 지적한대로 사천 남일대 앞을 포함한 주변의 탁월한 입지 조건에 의한 것으로 볼 수 있는데, 이와 관련하여 최근 남해 남치리1호분에서 익산 미륵사지 서탑 출토품과 유사한 형태의 백제 사비기 은화관식이 출토되어 주목된다(그림 12). 은화관식은 사비기 백제 제6품 관직에 해당하는 나솔(奈率) 이상의 품계가 착장할 수 있는 것으로 사비도성인 부여와 그 주변지역에서 집중적으로 출토되었고, 남원 척문리, 나주 복암리와 흥덕리에서도 확인되었다.

이는 남치리1호분의 출현 배경과 피장자의 성격 등은 차치하더라도 일단 남해안 일대에서 백제 최고위층만 착장할 수 있는 은화관식이 출토된 것 자체에 큰 의미를 부여할 수 있다. 이에 남해 남치리1호분 피장자는 사비기 백

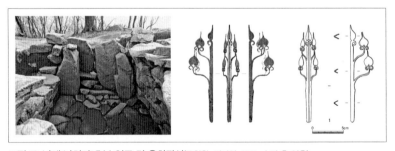

그림 12. 남해 남치리1호분 입구 및 은화관식(류창환·김미영, 2014, 수정 후 인용)

24) 이지희, 2012 「統一新羅時代 鉛釉陶器 硏究」, 충북대학교 석사학위논문, pp.45~46.

제 중앙과 관계된 것은 분명하고, 그 당시 백제 중앙에서는 현재 사천~남해 주변으로 이어지는 해상 교통로상의 거점지역에 큰 관심을 가진 것 또한 분명한 것으로 판단된다.

이러한 흐름에서 본다면 비록 은화관식에 버금가는 위세품은 확인되지 않았으나 사천 향촌동Ⅱ-1호분의 피장자 역시 신라 왕경에서도 보기 드문 연유도기를 소유하였고, 해상 교통로상 최적의 입지에 위치하였다는 점에서 남해안 일대를 배경으로 활동하면서 해상 교역에 활발히 종사한 왜인이었을 가능성이 크다. 특히, 녹유대부직구호가 1차 석관이 아닌 3차 석관에서 출토되었다는 점에서 오히려 가야 멸망 이후에 활동 영역이 더 넓어지고 강화되었을지도 모르겠다. 따라서 사천 향촌동Ⅱ-1호분의 피장자는 가야지역에 정착한 규슈 중서부지역 출신의 왜인 중에서도 가장 위계가 높았거나 교역을 목적으로 신라와 밀접한 관계 속의 인물이었을 것으로 추정된다. 즉, 남해 남치리1호분의 존재로 볼 때, 가야 멸망 이후의 사천~남해 일원 해상 교통로의 중요성이 부각되면서 신라도 이 지역에 적극적인 관계망을 형성하였을 가능성도 배제하기 어렵다.[25]

5. 맺음말

6세기 이후 가야와 왜의 대외교류 관계는 유물뿐만 아니라 묘제 즉, 횡혈식석실인 왜계석실을 통해서도 살펴볼 수 있었다. 한반도 남부지역에서 왜계석실이 출현하는 지역은 아직까지 가야 남부지역과 백제 서남부지역이 유이하고, 그 계보는 일본 규슈지역에서 구하였다. 가야지역 왜계석실은 다시 규슈지역 중에서도 북부와 중서부 계통으로 구분할 수 있다.

---

25) 김준식, 2019 「가야 횡혈식석실 연구」, 경북대학교 박사학위논문, pp.219~222.

고분시대 일본 규슈지역의 고국명(古國名)으로 살펴보면, 규슈 북부지역은 치쿠젠(筑前)과 부젠(豊前), 규슈 중서부지역은 치쿠고(筑後), 히젠(肥前), 히고(肥後)에 해당한다. 이들은 당시 가야를 포함한 한반도 남부지역을 무대로 활발한 교류(교역)활동을 벌인 고대 소국들이라 할 수 있다. 여기서 가야지역만 대상으로 할 경우 규슈 중서부지역의 치쿠고, 히젠, 히고 계통의 왜계석실을 축조한 집단은 가야 멸망 이후에도 계속해서 고분군을 조영하였고, 그 규모와 위상도 거의 그대로 유지했던 것으로 나타났다. 반대로 규슈 북부지역의 치쿠젠과 부젠 계통의 왜계석실을 축조한 집단은 가야 멸망 이전에 축조가 중단된 것으로 확인되었다.

가야지역에 분포하는 왜계석실은 일본 규슈지역과의 활발한 대외교류의 결과로 이해할 수 있다. 여기서 규슈 북부지역은 당시 최고수장층과의 긴밀한 관계 등 정치적 목적, 규슈 중서부지역은 교류 및 교역의 목적에 의해 가야지역으로 이동한 것으로 추정된다. 특히, 규슈 북부지역 출신의 왜인은 가야 최고수장층과의 정치적 관계에 놓여 있었기 때문에 가야 멸망 이후에는 더 이상 그 흔적을 찾을 수 없었던 것으로 추정된다. 반대로 규슈 중서부지역 출신의 왜인은 교역 목적의 성격이 강했기 때문에 가야 멸망 이후에도 신라와 관계를 통해서 고분군을 조성하는 등의 정착을 할 수 있었던 것으로 추정된다.

결과적으로 이러한 일본 규슈지역에 계통을 둔 왜계석실이 백제 서남부지역과 가야 남부지역에서 모두 다 확인되는 것을 통해 5~6세기 남해안 일대의 해상 교통로가 매우 활발하게 운영되었고, 7세기 이후까지도 이러한 환경이 계속해서 이어지고 있음을 알 수 있었다. 향후 백제-가야, 신라-왜의 교류활동과 관계된 연구가 계속해서 이루어지기를 기대한다.

참고문헌

김규운, 2018 「고고자료로 본 소가야의 권역과 변천」『韓國古代史硏究』 92

김규운·김준식, 2010 「한반도 전방후원분과 왜계석실의 분포유형 검토」『韓國上古史學報』 70

김낙중, 2009 『영산강유역 고분 연구』, 학연문화사

김준식, 2013 「가야 횡혈식석실의 성립과 전개」, 경북대학교 석사학위논문

김준식, 2015 「경남 남해안일대 왜계석실 피장자의 성격과 역할」『야외고고학』 23

김준식, 2017 「長鼓峰類型 倭系石室의 性格과 類型設定 檢討」『湖南文化財硏究』 23

김준식, 2019 「가야 횡혈식석실 연구」, 경북대학교 박사학위논문

류창환·김미영, 2014 「남해 남치리 1호분 발굴조사 성과」『百濟文化』 51

박천수, 2006 「任那四縣과 己汶, 帶沙를 둘러싼 百濟와 大加耶」, 第12回 加耶史國際學術會議

박천수, 2007 『새로 쓰는 고대 한일교섭사』, 사회평론

박천수, 2013 「榮山江流域과 加耶における倭系古墳の出現過程とその背景」『熊本古墳硏究』 1

박천수 외, 2011 『東아시아 古墳 歷年代 資料集』, 학연문화사

이지희, 2012 「統一新羅時代 鉛釉陶器 硏究」, 충북대학교 석사학위논문

조영제, 2004 「小加耶(聯盟體)와 倭系文物」『영남고고학회·구주고고학회 제6회 합동고고학대회 -韓日交流의 考古學-』, 영남고고학회·구주고고학회

조영현, 2004 「古冢墳 築造에서 보이는 倭系古墳의 要素」, 第10回 加耶史國際學術會議

하승철, 2010 「5-6世紀 固城地域 古墳文化의 理解」『경남의 가야고분과 동아시아』, 경남발전연구원 역사문화센터

하승철, 2017 「남해 남치리 백제고분의 출현과 그 배경」『百濟學報』 19

홍보식, 2011 「한반도 남부지역의 왜계 횡혈식석실의 구조와 계통」『한반도의 전방후원분』, 학연문화사

홍보식, 2013 「6세기 전반 남해안지역의 교역과 집단 동향」『嶺南考古學』 65

古城史雄, 2009 「肥後の横穴式石室」『九州系横穴式石室の傳播と擴散』, 北九州中國書店

柳田康雄, 1989 「朝鮮半島における日本系遺物」『九州における古墳文化と朝鮮半島』, 學生社

柳澤一男, 2002「日本における横穴式石室受容の一側面」『清溪史學』16·17

柳澤一男, 2006「5~6世紀韓半島と九州-九州系埋葬施設を中心として」, 第12回 加耶史
　　　國際學術會議

小林孝秀, 2014『横穴式石室と東國社會の原象』, 雄山閣

右島和夫, 2004「上野の初期横穴式石室の研究」『東国古墳時代の研究』, 學生社

藏冨士寛, 2009「九州地域の横穴式石室」『九州系横穴式石室の傳播と擴散』, 北九州中國
　　　書店

필자 소개

■ 윤용구 (경북대학교 인문학술원 HK교수)
「'낙랑군 호구부' 연구의 동향」『역사문화연구』 72(2019), 「《삼국지》와 《후한서》 韓傳의 '辰王' 이해」『역사와 담론』 92(2019), 「馬韓諸國의 位置再論」『지역과 역사』 45(2019) 등 다수의 저서와 논문이 있음.

■ 이동희 (인제대학교 역사고고학과 교수)
「전남동부지역의 가야계 토기와 역사적 성격」『한국상고사학보』 46(2004), 「5세기 후반 백제와 가야의 국경선」『한국 고대 사국의 국경선』(2008), 「고고학을 통해 본 안라국의 형성과정과 영역 변화」『지역과 역사』 42(2018) 등 다수의 저서와 논문이 있음.

■ 조성원 (부경대학교 박물관 학예연구원)
「삼국시대 영남지역 도질토기 생산과 유통 - 4~5세기를 중심으로 -」『嶺南考古學』 69(2014), 「영남지역 출토 4~5세기대 土師器系土器의 재검토」『한국고고학보』 99(2016), 「4세기 금관가야의 대외관계 검토」『고고광장』 21(2016) 등 다수의 저서와 논문이 있음.

■ 백진재 (양산시 학예연구사)
「加耶諸國의 對倭交涉과 浦上八國戰爭」『지역과 역사』 37(2015), 「고대 양산지역 정치체의 형성과 馬頭城 戰鬪」『고대 양산의 가야문화』(2017), 「4~5세기 전후 加耶와 주변정세 - 가야제국의 대외교섭과 광개토왕 남정을 중심으로」『가야 기마인물형 토기를 해부하다.』(2019) 등 다수의 저서와 논문이 있음.

■ 백승옥 (국립해양박물관 해양교육문화센터장)
『加耶 各國史 硏究』(2003), 「己汶·帶沙의 위치비정과 6세기 전반 대 加羅國과 百濟」『5~6세기 동아시아의 국제정세와 대가야』(2007), 「가야 '연맹체설'의 비판과 '지

352

역국가론' 제창』『쟁점 대가야사 - 대가야의 국가발전 단계』(2017) 등 다수의 저서와 논문이 있음.

■ 신가영 (연세대학교 사학과 강사)

「백제의 사비회의 개최와 가야 諸國의 대응」『사학연구』 131(2018), 「대가야 멸망 과정에 대한 새로운 이해」『가야사 연구의 현황과 전망』(2018), 「광개토왕비문 가야 관계 기사와 400년 고구려군의 남정」『문자로 본 가야』(2020) 등의 공저와 논문이 있음.

■ 장미애 (가톨릭대학교 강사)

「백제 내 이주민 집단의 위상 비교」『역사학연구』 66(2017), 「6세기 왜계백제관인을 통해 본 백제-왜 관계의 변화」『역사와 현실』 109(2018), 「5세기 후반~6세기 중반 백제의 대외 정책과 백제-신라 관계의 추이」『史林』 68(2019) 등 다수의 저서와 논문이 있음.

■ 이연심 (부산광역시 문화유산과 시사편찬 상임위원)

「6세기 전반 가야·백제에서 활동한 '왜계관료'의 성격」『한국고대사연구』 58(2010), 「안라국의 대왜교역로에 관한 검토」『한국민족문화』 51(2014), 「한일 양국의 '임나일본부'를 바라보는 시각 변화 추이」『한국민족문화』 56(2015) 등 다수의 저서와 논문이 있음.

■ 김준식 ((재)세종문화재연구원 선임연구원)

『가야고고학개론』(2016, 공저), 「고령 고아동벽화고분의 성격과 대가야 지배층」『한국상고사학보』 101(2018), 「횡혈식석실로 본 소가야 지배층 묘제의 성립과 의미」『한국고고학보』 116(2020) 등 다수의 저서와 논문이 있음.

가야와 주변, 그리고 바깥

엮은이 | 한국고대사학회
펴낸이 | 최병식
펴낸날 | 2020년 10월 8일
펴낸곳 | 주류성출판사 www.juluesung.co.kr
　　　　서울특별시 서초구 강남대로 435 주류성빌딩 15층
　　　　TEL | 02-3481-1024(대표전화) · FAX | 02-3482-0656
　　　　e-mail | juluesung@daum.net

값 20,000원

잘못된 책은 교환해 드립니다.

ISBN 978-89-6246-427-6 94910
ISBN 978-89-6246-362-0 94910(세트)

* 이 책의 일부에는 서울서체, 아리따서체가 사용되었습니다.